西漢時期全圖
長安 都城
西河郡 郡級駐所
陽關 其他居民點
政權族界
州級政區界
西域都護府
匈
蒙
西
涼
阿富汗
巴基斯坦
印度
孟加拉國
孟加拉灣
緬
甸
泰
國
哀
牢
鹹海
西域都護府
敦煌郡
酒泉郡
張掖郡
武威郡
西海郡
金城郡
隴西郡
玉門關
陽關
蒲昌海
羅布泊
青海
扎陵湖
鄂陵湖
積石山
奇林錯
納木錯
雅魯藏布江
珠穆朗瑪峰
恆河
布拉馬普特拉河
伊洛瓦底江
薩爾溫江
瀾滄江
益州郡
越嶲郡
犍為郡
蜀郡
藍氏城
罽賓
烏布蘇諾爾湖
庫蘇泊
居延澤
安加拉河
阿拉湖
阿拉山口
齋桑泊
郅支城
貴山城
塔里木河
于闐河
蔥嶺
帕米爾
喀布爾
印度河
大月氏
大夏
大宛
車師後國
車師前國
烏魯木齊
天山
于闐
精絕
且末
鄯善
扜泥
小宛
溫宿
姑墨
龜茲
焉耆
渠犁
尉犁
南城
延城
北赤古城
伊塞克湖
阿拉木圖
涿邪山
浚稽山
范夫人
格爾木
拉薩
難兜
循鮮
班公錯
西城
皮山
莎車
蒲犁
捐毒
休循
疏勒
烏秅
渠勒
戎盧
扜彌
婼羌
冥澤

漢武帝傳

楊生民——著

目錄

前言

漢武帝是漢朝文景之治以後，中國歷史上出現的一位雄才大略的皇帝。

中國歷史上人們常常把「秦皇漢武」並稱，這是有道理的，二人確有相似之處。如在統一中國方面，漢武帝就繼承、發展了秦始皇的事業，就連在追求長生不老方面，二人也有驚人的相似之處。然而，漢武帝與秦始皇也有許多不同之處，如秦始皇「坑儒」、漢武帝「尊儒」；秦始皇重法治、專任刑罰，漢武帝卻是德治、法治兼用，仁義、刑罰同施等等。這些不同方面，反映了秦朝滅亡後，封建統治階級吸取了秦二世即亡的歷史教訓，在治國的思想、方法方面向前發展了一大步；在處理歷史的繼承與發展的關係方面也前進了一大步，秦始皇「廢先王之道」、漢武帝則採「先王之道」和秦制的合理方面而兼用之就表現了這一點。因此，可以說漢武與秦皇相比是「青出於藍而勝於藍」。

漢武帝於景帝後三年（西元前一四一年）正月即帝位，後元二年（西元前八七年）二月去世，在位五十四年零一個月。武帝是位富於創新、開拓、進取的人，他在位的半個多世紀中，中國又處在充滿生機活力的改革與發展時代。在這樣一個時代，漢武帝通過他一生的活動對中國歷史發展做出了重大貢獻。這主要表現在以下方面：

在繼承、發展中國傳統文化方面做出了重大貢獻

漢武帝與秦始皇的首要顯著不同——就是尊儒術，以儒家學說作為國家的指導思想或統治思想，這是漢武帝的一個首創。在尊儒術的同時，他又重法治，對其他各家各派的學者也統統加以任用，讓他們在朝中做官，如黃老學派的汲黯；縱橫學派的主父偃、嚴助；雜家的東方朔；陰陽家的方士和占卜的術士等。

所以當時太史公稱讚漢武帝「博開藝能之路，悉延（引）百端之學」，[1]這一稱讚是符合歷史實際的。因此，可以說漢武帝奉行的學術思想政策是尊儒術、重法治、「悉延（引）百端之學」。此後中國封建社會的各個朝代，在一般情況下，也是尊儒術，而兼用諸子百家的。從這種意義上說，漢武帝可以說是中國封建時代文化思想政策的奠基人。

漢武帝與秦始皇的另一顯著不同是，秦始皇「焚書」，漢武帝卻大力搜求遺書。搜求遺書不始於武帝，秦「焚書」後，漢初就注意搜求遺書，然而到漢武帝搜求遺書才形成制度，如置寫書之官、建藏書之所等，不僅搜求儒家經籍，諸子傳記、詩詞歌賦都在搜求之中。劉歆《七略》中說：「孝武皇帝，敕丞相公孫弘，廣開獻書之路，百年之間，書積如丘山，故外則有太常、太史、博士之藏，內則有延閣、廣內、祕室之府。」[2]不僅漢中央政府在大力搜求遺書，地方政府也對此十分重視，如河間獻王劉德在搜求遺書方面就做出了突出貢獻。可以說，武帝時期全國曾出現了搜求遺書的熱潮，而搜求遺書也推動了古籍整理、目錄學、經學、史學、文學和各種學科的發展與繁榮。此

1 《史記》卷一百二十八〈龜策列傳〉。

2 《藝文類聚》卷十二〈帝王部．漢武帝〉。

外，漢武帝制禮作樂，大大促進了詩歌、音樂和漢賦的發展。據上述情況，可以說漢武帝是一位在繼承、發展中國傳統文化方面做出了重大貢獻的皇帝。

統一中國，奠定了現代中國遼闊疆域的初步基礎

中國是個多元民族的國家，古代在中國建立統一國家後，其中除既有漢族，也有少數民族，現在的中國是各民族共同締造的。追求統一是中國古代歷史發展的一個特點，統一有利於和平、安定，有利於經濟發展，有利於各民族的共同進步。商周秦漢時期，北方的遊牧民族——匈奴，與南方的農業民族進行了長期鬥爭。從西戎族之一的「犬戎」攻滅西周王朝後，春秋時期出現了「南夷與北狄交，中國不絕若線」[3]的局面，少數民族挺進中原，中原華夏諸國為生存相互拼鬥。戰國時期，北方的燕、趙、秦都北築長城，趙國曾在今內蒙河套北陰山（今大青山）一線築長城，防禦匈奴。秦始皇統一中國後又北築長城，說明對北方的遊牧民族——匈奴，一直採取著守勢。楚漢戰爭時期，匈奴冒頓單于統一了北到貝加爾湖一帶，西邊臣服西域，東至遼東，南至長城的廣大地區，並常常入塞擄掠漢朝境內的財富、人口，甚而揮大軍南下，給西漢王朝帶來巨大威脅。漢武帝時改變了被動挨打的戰略態勢，以大無畏的精神，派大軍深入匈奴腹地決戰，屢敗強敵，給了匈奴沉重打擊。這使漢強、匈奴弱成了不可逆轉之勢，發展到宣、元時期，匈奴向漢朝稱臣，成了漢朝北方的藩屬。為斷匈奴右臂，漢武帝又經營西域，使西域三十六國臣服漢朝，並在西域屯田；宣、元時，在西域設置西域都護、戊己校尉，管理西域事務。為斷匈奴左臂，漢武帝又經營遼東以東地區，在今朝鮮境內置樂浪等四郡。此外，漢武帝還統一了兩越、西南夷等地。由於漢武帝的統一，促進了中原地區先進的經濟、文化的發展，所以受到後世史家的高度評

價。又因漢武帝統一的地區比秦始皇要大得多，其中大多數地區都在今天中國境內，人們又稱讚漢武帝奠定了現代中國遼闊疆域的基礎。

幾乎終生都在孜孜不倦地興修水利

漢武帝興修水利數量之多、地域之廣，兩漢以前的最高統治者中，無人能與之相比。他不僅興修了關中地區的水利灌溉網路，還在西北的朔方、西河、河西、酒泉和東部的汝南、九江、東海、泰山等地穿渠溉田。元封二年（西元前一〇九年），武帝親臨現場堵塞黃河瓠子決口，使東南十六郡無水患；武帝後期又推廣新式農具和新的耕作方法。這些活動大大提高了農業生產潛力，為農業發展打下了基礎。

進行了經濟改革和政治體制改革

經濟方面改革的目的是擴大國有經濟成分，增加國家財政收入。政治體制改革的目的是通過選官制度、設立中朝、監察制度、分封制度諸方面的改革，加強封建專制主義中央集權。這些改革措施反映了中國封建制度的演變和發展，對後世有著深遠的影響。

3 《春秋公羊傳》僖公四年。

悔過與改弦更張

漢武帝後期出現了嚴重失誤。這表現在三點：一廣大地區小股農民起義不斷發生；二對匈奴戰爭接連失敗；三統治集團內部矛盾尖銳導致巫蠱之禍發生。《漢書．昭帝紀》贊中說武帝後期出現了「天下虛耗，戶口減半」的局面。在嚴重形勢面前，武帝下輪臺詔，認真悔過，改弦更張，從此不再出兵，推行富民政策，「思富養民」，發展農業生產。武帝這一政策轉軌，使國家避免了一次社會大動亂，為昭、宣時期國家的進一步發展、強盛創造了條件。

促進中西交流

武帝在統一中國的過程中，派張騫通西域，打通了中西交通的絲綢之路，促進了中西經濟、技術、文化的交流。

由於漢武帝是位功績大、過失也較大的皇帝，所以評價武帝常常發生激烈爭論。宣帝時下詔，說他功勞大，應如高帝（高祖）、文帝（太宗）一樣為他（世宗）立宗廟，用樂祭祀，當即受到一些朝臣的堅決反對。立了宗廟後，有的朝臣認為應毀其宗廟。漢哀帝時，爭論又起，中壘校尉劉歆等極力稱讚武帝功績，宗廟才免被毀。對武帝的評價有個如何認識他的「功」與「過」的問題，還因為他的事業是多方面的，對其認識不同，評價也就不同。東漢末應劭評價武帝時說：

> 世宗（武帝）攘夷辟境，崇演禮學，制度文章，冠於百王矣！[4]

應劭這一評價是從三個方面講的，即從「攘夷辟境，崇演禮學，制度文章」三個方面看，說漢武帝的功績都是「冠於百王」的。稍後，曹植稱讚漢武帝說：

> 世宗（武帝）光光，文武是攘，威震百蠻，恢拓土疆，簡定律曆，辨脩舊章，封天禪土，功越（超）百王。[5]

曹植這一段話，從統一中國、修訂曆法，「辨脩舊章」三方面，說漢武帝是「功越百王」的。客觀而論，從繼承、發展中國的傳統文化和統一中國等方面來看，漢武帝是對我們國家和民族的發展做出過重大貢獻的皇帝。

漢武帝一生的活動，大大提高了漢朝的國力，使漢朝成為「當時世界上最強大的國家」。[6]漢朝以一個世界性的帝國屹立在世界的東方，就是從漢武帝時期開始的，這與當時世界的形勢有關。漢武帝在位五十四年，在他即位之前南亞次大陸已因孔雀帝國的衰亡而陷於分裂，約在今阿富汗境內的巴克特利亞王國（大夏）已臣服於大月氏；兩河流域的塞琉古王朝（條支）和今埃及地區的托勒密王朝已處於衰落之中；西方的馬其頓、希臘已為羅馬所統治。而在武帝統治的後期，歐洲強國羅馬又陷入了不斷的奴隸起義和民主與獨裁的兩派鬥爭之中。當時匈奴是東亞北部佔領遼闊領土的軍事強國，在這種形勢下，漢武帝打敗匈奴，就使漢朝以一流強國出現於世界歷史舞臺上。這一點對當時的中國和東亞都有著重大的意義。

漢武帝能成就其事業，原因是多方面的。其中原因之一，就是他所從事的事業，在某些方面和某些時間內，如反擊匈奴戰爭、興修水利等等是有群眾基礎的，是受到了人民群眾支持的。《漢

---

4 應劭，《風俗通義》卷一，〈皇霸〉。見王利器，《風俗通義校注》上冊（中華書局，二〇一〇年），四九頁。

5《藝文類聚》卷十二，〈帝王部二．漢武帝〉。

6 張維華，《論漢武帝》（上海人民出版社，一九五七年）。

書》卷五十七〈司馬相如傳〉載，武帝〈告巴蜀檄〉說：「夫邊郡之士，聞烽舉燧燔，皆攝弓而馳，荷兵（拿著兵器）而走，流汗相屬，惟恐居後，觸白刃，冒流矢，議不反顧，計不旋踵，人懷怒心，如報私讎……。計深慮遠，急國家之難，而樂盡人臣之道也。」《漢書．溝洫志》載漢武帝堵黃河瓠子決口後，「用事者爭言水利」。這些事實說明武帝在反擊匈奴戰爭、興修水利方面是得到了臣民積極支持的，這種支援無疑是他的事業成功的基礎。

本書在寫作過程中，學習、參考了有關漢武帝問題的一部分專著、論文，現特此向這些學者表示誠摯的謝意。有關引用，均見本書注釋，此不一一贅述。

漢武帝及其事業，是中國古代歷史蘊積的產物，牽涉到思想文化、禮樂習俗、科學技術、社會經濟、政治制度等社會生活的各個方面之發展演變，以及中國古代各族的狀況等等。作者力圖從歷史實際出發，求實、創新，爭取把一個符合客觀實際的漢武帝奉獻給讀者，作者希望本書能受到讀者的認可和歡迎。

有感於漢武帝在振興中國方面所成就的巨大業績，以及那時人民群眾所進行的驚心動魄的鬥爭，特錄今人所作〈贊漢武帝〉古詩一首，以紀念那個偉大的時代，並供評價漢武帝時參考：

武帝雄才意欲何？文武兼資振古國。
紹發華統彰九野，敢擊匈奴正六合。
悔過曾使眾心恪，富民又啟譜新轍。
風雨茂陵依舊在，春秋千古瓠子歌。

第一章　傳奇的少兒時代

漢武帝的童年、少年時代，充滿著傳奇色彩。他虛歲四歲被封為膠東王，七歲時被立為太子，十六歲登皇帝位。在當皇帝後，提出了一個他想建立的理想的社會藍圖，並為實現這一藍圖向知識分子徵求治國的方略和辦法，勇敢地付諸實踐。按照歷史記載和傳說，漢武帝是以神童、天才少年和傳奇式的故事為背景，而登上皇帝寶座的。這基本上是歷史事實，儘管某些記載用詞上有誇大之處。

第一節　夢日入懷

漢景帝前元年（西元前一五六年），中國干支紀年的乙酉年，七月七日早晨，皇宮猗蘭殿誕生了一個男孩。由於懷這個孩子時，孩子的生母王美人說「夢日入懷」，當時為太子的景帝說「此貴徵也」。[1]這個孩子是他母親夢中的太陽，初名彘，七歲時因聰明過人，能透徹地明白事理，景帝

1《史記》卷四十九，〈外戚世家〉。

就給他改名為徹。[2]劉彘，就是後來的漢武帝；按輩數計算，劉彘是漢景帝劉啟的兒子，文帝劉恒的孫子，高帝劉邦的曾孫。

在其兄弟中的序次

景帝的皇后是薄皇后，薄皇后無子、無寵，後被廢。景帝有十四個兒子，均系嬪妃所生。景帝不同時間寵幸的嬪妃不同，所以先寵幸的嬪妃生兒子早，就是兄；後寵幸的嬪妃生子晚，就是弟。景帝寵幸的嬪妃中有六位給他生了兒子。

據《漢書．景十三王傳》等有關記載，在景帝生了兒子的六位嬪妃中，生子的先後序次如下：栗姬生子三人，即臨江王劉榮、河間獻王劉德、臨江哀王劉閼；程姬生三人，即魯恭王劉余、江都易王劉非、膠西于王劉端；賈夫人生二人，即趙敬肅王劉彭祖、中山靖王劉勝；唐姬生一人，即長沙定王劉發。以上共九人。其下，武帝生母王美人生一子，即漢武帝劉徹，所以漢武帝在其兄弟中序次為第十，即排行第十。武帝生母王美人之妹王夫人生四人，即廣川惠王劉越、膠東康王劉寄、清河哀王劉乘、常山憲王劉舜。

從上述序列中，武帝排行第十是無問題的。《漢書．武帝紀》注引《史記索隱》曰：「景十三王傳廣川王以上皆武帝兄。」廣川惠王劉越以上九人排在武帝之前，皆武帝兄，武帝排在第十是很明顯的。正因如此，所以明代人李贄說「孝武皇帝，景帝第十子也」。[3]

《漢書．諸侯王表》中在景帝諸子中，武帝排第九，但武帝長兄廢太子劉榮排在了武帝之後，如果把劉榮提前，則武帝仍然排第十。[4]

上述事實說明，景帝十四個兒子均系嬪妃所生，武帝又排行第十，如按那時的慣例，皇后無子，在其他嬪妃生子中應擇長而立，根本輪不到劉彘；如果擇賢而立，在劉徹的兄長中如河間獻王劉德也頗具德才。劉德「修學好古，實事求是」，在徵求遺書時，他採取種種措施，充分照顧了獻書者的利益，鼓勵了他們獻書的積極性，獲得了很大的成功。武帝即位後，獻王曾來朝，武帝下詔書「策問三十餘事」，對答均能「推道術而言，得事之中」。獻王去世後，漢朝中央有關大臣認為他「身端行治，明知深察」。然而，武帝這位有德有才的兄長並未立為太子，立太子、繼皇位有時是由各種因素和因緣機遇的巧合而湊成的。所以，武帝的九個兄長、四個弟弟都未能繼承皇位，恰恰排行第十的劉徹就繼承了皇位，劉徹確實是個幸運兒。

生母的家世

劉徹的生母在史籍中一般稱王夫人，有時也稱王美人。按照漢代的制度，夫人是對皇帝妾的統稱，美人則是夫人中一個特定的等級。王美人之父叫王仲，扶風郡槐裡或曰廢丘（今陝西興平

2 《漢武故事》載，劉彘三歲被封為膠東王，七歲立為皇太子，「上（景帝）曰：『彘者，徹也。』因改名曰徹。」《太平廣記》卷三，〈神仙三．漢武帝〉：劉彘「至三歲，……心藏洞徹。」「至七歲，聖徹過人，景帝令改名徹。」

3 李贄，《藏書》卷三，〈世紀．孝武皇帝〉（中華書局，一九五九年）。

4 《漢書》卷十四，〈諸侯王表〉實際是按封王先後排序的，此表中在景帝所封諸子中武帝排第九，武帝兄長廢太子劉榮反而排在了武帝之後。《史記．外戚世家》載劉榮為景帝長子，先立為太子，被廢後才封為王，因封王晚於武帝，所以排在其後，如劉榮提前，則武帝仍排第十。

縣東南）人；母名臧兒，系漢初燕王臧荼的孫女。王仲、臧兒夫婦生育了一男兩女，男名信（武帝舅父），兩女中長女名娡（武帝劉徹的生母）、次女名叫兒姁。劉徹立為太子後，景帝封其舅王信為蓋侯。[5]

王仲去世後，武帝的外祖母臧兒帶著她的兩個女兒又改嫁長陵（今陝西咸陽市東北）田氏，生兩男，即田蚡、田勝。[6]長女娡原嫁金王孫，生一女名俗。臧兒問卜，卜者告訴她，她的兩個女兒都要富貴。金王孫是個平民怎麼能富貴呢？因此，臧兒就要把娡從金王孫那裡奪回來，金氏怒，不給。你不是不給嗎？於是臧兒就把娡送進了太子宮。[7]我看你金王孫敢怎麼樣？太子就是後來的景帝劉啟。娡入宮後得到太子的寵幸，生三女一男，長女曰平陽公主、次女為南宮公主、三女為隆慮公主，後為避東漢殤帝諱改稱林慮；所生一男名彘，就是後來的漢武帝劉徹。臧兒的長女娡入了太子宮，後來次女兒姁也入了太子宮，同樣受到了劉啟的愛幸，生四子，即前述廣川惠王劉越、膠東康王劉寄、清河哀王劉乘、常山憲王劉舜。

總之，從劉彘生母王娡娘家的家庭背景來考察，劉彘的外祖父王仲系一般平民，對他能否立為太子起不了什麼作用。劉彘外祖母臧兒及其後嫁的田氏家也屬平民，在劉彘能否立為太子的問題上也起不了什麼作用。

漢初的后妃制度因襲「秦之稱號，帝母稱皇太后，祖母稱太皇太后，適（嫡）稱皇后，妾皆稱夫人。又有美人、良人、八子、七子、長使、少使之號焉。」武帝時制定倢伃、娙娥、傛華、充依，各有爵位；元帝時又加昭儀之號。這就形成了除皇后之外的，從昭儀以下至無涓等秩百石的十四等制度。[8]武帝生母王娡封號美人，為十四等中的第五等，「美人視二千石，比少上造」，祿粟月百二十斛，一歲凡得一千四百四十石。少上造為二十等爵制中的第十五等爵，整體來說，美人的地位較高，能受到皇帝的寵幸，常與皇帝接觸，能對皇帝施加影響。劉彘的生母王美人正是一位工於心計，在劉彘立為太子問題上起過重大作用的女人。而景帝的姊姊、劉彘的姑姑名嫖的長公主在這個問題上是另一位起了重大作用的女人。此外，這也是已立為太子的劉榮之生母栗姬的失誤造成的。劉彘所以能立為太子，表面上來說就是三位女人互相勾心鬥角的產物。

被立為太子的原因

中國封建社會在皇位繼承問題上，通行的辦法是嫡長子（皇后所生長子）繼承制，皇后無子則在其他嬪妃生的兒子中擇長而立，這種辦法是為保證一家一姓專制皇權世襲統治的有序性。然而，實行起來卻困難重重，其原因，一是由於皇帝周圍的特權者常常為個人的私利破壞長子繼承制，立幼不立長；二是立長不等於立賢，所以在立長與立賢的問題上常常發生矛盾與鬥爭。因此，在私利的驅動下，經常在這個問題上發生鬥爭，幾乎歷代不斷。如秦始皇病危之時欲讓長子扶蘇繼承皇位，而趙高因懼怕扶蘇即位於己不利，遂勾結少子胡亥等人矯詔賜公子扶蘇、大將蒙恬死，而由少子胡亥繼承皇位。又如漢初高帝劉邦認為太子劉盈（後來的惠帝）「仁弱」，不類似

5《漢書》卷十八，〈外戚恩澤侯表〉載，景帝中五年（西元前一四五年）五月封王信為侯。
6 武帝即帝位後封其舅田蚡為武安侯，田勝為周陽侯。
7《漢書》卷九十七，〈外戚傳〉載：「臧兒卜筮曰兩女當貴，欲倚兩女，奪金氏。金氏怒，不肯與決，乃內太子宮。」
8《漢書》卷九十七，〈外戚傳〉。

自己，又認為戚姬生的兒子趙王劉如意「類我」，所以要立劉如意為太子，此事賴大臣和叔孫通的爭諫，及張良用計請出商山四皓之策，才保住了太子劉盈的地位；然而太子即位七年而亡，呂后又兩次挑選非惠帝子的後宮小孩為少帝，而由她自己專權，呂后死後，又爆發了劉、呂兩姓爭奪皇權的大鬥爭。總之，從西元前二一〇年始皇帝死到西元前一八〇年漢文帝立，秦漢兩朝爭奪皇位的內爭持續不斷。

景帝即位後，在廢立太子的問題上，鬥爭又起。關於景帝時廢立太子的原因及其鬥爭，從下述幾點中可以看出：

一、武帝生母與姑母的作用

在景帝廢栗太子、立劉徹為太子的過程中，武帝生母與其姑母長公主嫖起了很大的作用。

漢武帝的生母王娡入太子宮以後，太子幸愛之，生三女一男，「男方在身時，王美人夢日入其懷，以告太子。太子曰：『此貴徵也。』未生而孝文帝崩，景帝即位，王夫人生男（後來的武帝）」[9]。這個情節無疑是重要的，王夫人說她「夢日入懷」，實際上等於說她懷的是龍種，是真命天子，太子景帝回答說「此貴徵也」。此事對後來劉徹被立為太子的影響無疑是重要的。

景帝薄皇后無子，栗姬所生劉榮為長子，按慣例應立劉榮為太子。景帝前四年（西元前一五三年）立劉榮為太子，因其是栗姬所生，所以也稱之為栗太子。這年又封王美人子、四歲的劉彘當膠東王。長公主嫖與景帝同為文帝竇皇后生的同胞姊弟，因為在文帝的子女中最為年長，所以稱長公主。長公主想把自己的女兒許配給太子劉榮為妃，遭栗姬拒絕，長公主碰壁後，又想把女兒許配王美人之子劉彘，王美人慨然允諾。從此，長公主就在景帝面前進「讒言」，誣陷、中傷栗姬，同時又讚美王美人的孩子劉彘。景帝自己也認為劉彘「賢」，與其母懷孕時「夢日入懷」的「貴徵」相符合。這時薄皇后已廢，於是景帝就在立誰為皇后、是否要廢立太子問題上，處於矛盾、猶豫狀態。

這時王美人知景帝對栗姬不滿，就暗使人唆使大臣奏請立栗姬為皇后，負責掌賓客禮儀的大行（武帝太初元年改名大鴻臚）奏請說：「『子以母貴，母以子貴』，今太子母宜號為皇后。」景帝聽後大怒說：「這樣的事情是你這樣的臣下所應當說的！」[10]於是誅殺大行，[11]廢太子劉榮為臨江王。栗姬更加怨怒，又見不到景帝的面，遂憂憤而死。最後，景帝立王美人為皇后，劉彘為太子。

二、栗姬的失誤

在景帝廢、立太子的過程中，栗姬和栗太子劉榮成了犧牲者。其實他們也有自己的優勢，只是沒有發揮出來。《史記．外戚世家》載，薄皇后無子、無寵，栗太子劉榮是長子，而且已被景帝立為太子。這是很大的優勢，在優勢條件下而遭失敗，一半原因是栗姬心胸狹窄（如愛吃醋、不習慣宮廷生活）所導致的失誤造成的。這表現在兩個問題上：

其一是長公主曾提出把她的女兒許配太子劉榮，但卻為栗姬所拒絕，其結果是把長公主推到

9《史記》卷四十九，〈外戚世家〉。
10「是乃所當言邪」，見《漢書》卷九十七，〈外戚傳〉。
11「非所宜言」是漢代的一條法律，犯此律者，受重處。見程樹德，《九朝律考》（中華書局，一九六三年），一〇五頁。

了自己的對立面。拒絕的原因是宮中「諸美人皆因長公主見(景帝)得貴幸，栗姬日怨怒」長公主。這是栗姬因心胸狹窄所導致的一個重大失誤。

其二是景帝曾提出把他與諸姬所生兒子託付於栗姬，說：「我死後，請好好照顧他們。」[12]這是景帝打算立栗姬為皇后的一個表示，然而栗姬不僅不答應，反而出言不遜，罵景帝「老狗」。由於漢初呂后專權時曾因妒忌毒死趙王劉如意，以及用極殘忍的辦法害死戚姬，甚而連她的兒子漢惠帝都說這不是人幹的事情，[13]所以後來的皇帝總是想方設法防止類似事情的發生。景帝向栗姬託付後事就是這種心情的反映，沒想到栗姬卻如此對待。試想，當著皇帝的面栗姬都不作任何承諾，皇帝死後她會如何呢？這是促使景帝下決心不立栗姬為皇后、而廢栗太子的一個重要因素。所以，栗姬、栗太子劉榮的失敗有一半原因是栗姬自己的失誤造成的。

三、劉徹自身的條件

《史記．外戚世家》與《漢書．外戚傳》對劉彘被立為太子、繼立皇位的記載大同小異、基本一致，其共同點都是強調成人在這次廢立活動中的作用，而忽略了劉彘幼年聰明過人在其中的作用。而《漢武故事》等有關材料卻恰恰彌補了這一不足，《漢武故事》載：

漢景皇帝王皇后內太子宮，得幸，有娠，夢日入其懷，帝又夢高祖謂己曰：「王夫人生子，可名為彘。」及生男，因名焉，是為武帝。帝以乙酉年七月七日旦生於猗蘭殿，[14]年四歲，立為膠東王。數歲，長公主嫖抱置膝上，問曰：「兒欲得婦不？」膠東王曰：「欲得婦。」長公主指左右長御百餘人，皆云不用。末指其女問曰：「阿嬌好不？」於是乃笑對曰：

「好！若得阿嬌作婦，當作金屋貯之也。」長公主大悅，乃苦要上，遂成婚（指景帝答應了這一婚事）焉。[15]

長公主嫖嫁給堂邑侯陳午，[16]生女陳阿嬌。上述故事發生在劉彘六歲左右，金屋藏嬌的故事從此流傳後世。劉彘也由此深得姑母長公主的喜愛，在長公主的「苦要」下，景帝同意了劉彘與阿嬌的婚姻，後又導致了劉彘立為太子，繼承皇位。這個故事乍看起來有點近乎兒戲，然而在兒戲中劉彘的聰明機靈、善於應對卻得到了彰顯。《太平廣記．漢武帝》載：劉彘三歲時，景帝抱於膝上問：「兒樂意做天子嗎？」劉彘回答說：「由天不由兒，願每日居宮垣，在陛下面前戲弄，也不敢安逸享樂，失去作兒子的本分。」這樣小的孩子竟然說出如此深明事理的話來，景帝大為驚奇。有一天，景帝又抱著劉彘，問他學習何書，劉彘立即背誦伏羲以來，「群聖所錄」的各種書籍「數萬言」，「無一字遺落」。這一表述難免有所誇大，不過倒頗像近現代人們推崇的神童

---

12 《史記》卷四十九，〈外戚世家〉：「吾百歲後，善視之。」

13 呂后鴆死趙王劉如意，「斷戚夫人手足，去眼……命曰『人豬』……」，惠帝說「此非人所為」。事見《史記》卷九，〈呂太后本紀〉。

14 《漢武故事》此處講，景帝為太子時武帝生母已懷武帝，而生於乙酉年即景帝前元年（西元前一五六年）七月七日。《漢書．景帝紀》載文帝後七年（西元前一五七年）六月，文帝崩，同月景帝即位。如景帝前元年（西元前一五六年）七月七日生武帝，則武帝是在景帝即位後的第十三個月出生的。又《漢武帝內傳》說其母懷十四個月而生武帝。又《漢書．外戚傳》載昭帝為鉤弋夫人「任身（妊娠）十四月乃生」。一般均認為此不可能。這是否是一種特殊現象，值得注意。

15 《漢武故事》有不同版本，互有出入，本書主要採用經魯迅先生整理校點收入古小說《沉鉤》的版本。此外，還有清代洪頤煊輯錄的《漢武故事》（二卷）等版本。

16 陳午，漢初堂邑侯陳嬰之曾孫，襲爵，見《史記．外戚世家》注引《索隱》。

所具有的驚人記憶力。[17]劉彘七歲時，因其「聖徹過人」，景帝令改名為徹。

上述記載有的明顯有誇大之處，但透過這些傳說，可以看出劉彘從小聰明過人應是事實。懷孕時的「夢日入懷」、六歲時「金屋藏嬌」的故事、三四歲時能背書數萬言的驚人記憶力、七歲時因過人的理解力、領悟力被景帝改名「徹」。這些應當說是景帝立劉徹為太子的一個重要原因，也就是說劉徹被立為太子也與其自身條件有關。

景帝前七年（西元前一五〇年）春正月，廢栗太子劉榮為臨江王。[18]這年夏四月又立王美人為皇后，同月又立膠東王劉徹為太子。至此，廢立太子的活動方告結束。

廢立太子的代價

封建時代廢立太子是國家的大事，它與皇室及其成員甚至有關大臣利害相連，甚而生死攸關。由於對皇帝來說國與家難分，所以有的皇帝也常把立后、立太子視為家事，拒絕臣下干涉，在這種情況下，一些明智的大臣一般都不公開介入。景帝這次廢栗太子劉榮、立劉徹為太子，付出的代價是很沉重的，不僅栗姬為此憂憤而亡，栗太子劉榮也被廢為臨江王。景帝中元二年（西元前一四八年），栗太子因在封國建宮室，侵宗廟地被征赴管京師治安的中尉（武帝太初元年改為執金吾）府接受審訊，畏罪自殺。朝廷官員，不僅大行因奏請立栗姬為皇后而被誅身亡，連平定吳楚之亂有大功的太尉、後為丞相、被封條侯的周亞夫和太子傅竇嬰也被牽連其中。

周亞夫乃漢初名將周勃之子。《史記．絳侯周勃世家》載「景帝廢栗太子，丞相（周亞夫）固爭之，不得。景帝由此疏之。」[19]這說明在廢立太子問題上周亞夫與景帝的爭執，是後來景帝疏遠、冷落他的主要原因。其後，竇太后與景帝要封劉徹舅父王信為侯，周亞夫不同意，又使矛盾進一步激化。劉徹立為太子後，景帝又很注意為其繼皇位掃清道路，周亞夫因此又成了被掃除的物件。

景帝有次宴請周亞夫，席上放著大塊肉，無切肉、筷子。亞夫叫侍者取筷子，心中不快，景帝笑著說「不是有意不放食具，而是偶然的疏忽。」此時，太子劉徹又用眼老是盯著他，周亞夫感到渾身不舒服，於是在「免冠」叩謝景帝後，就趕快告辭出來。景帝目送他出去說：「如此快快不服，怎麼能做少主的臣下？」不久，周亞夫的兒子為父親買尚方令監造的甲盾五百具，準備殉葬用，有人告發這是違法盜買官府的器物，事情牽連到周亞夫，官吏責問亞夫，亞夫拒不回答。景帝大怒說：「我用不著你回答！」於是把此案移廷尉辦理，廷尉責問說：「君侯想造反嗎？」亞夫回答說：「我家買的是送葬用的器物，怎麼能是造反呢？」廷尉說：「縱然你不是想活著在地上造反，也是為了死後埋在地下造反。」於是拘捕亞夫受審，亞夫在獄中絕食五日，吐血而亡。[20]景帝為太子坐穩江山，誅殺了一位功高而倔強的大臣。

在這次廢立太子的過程中，竇太后的侄兒魏其侯竇嬰也被牽連，竇嬰在平定吳楚七國之亂時為大將軍，有功，景帝前四年（西元前一五三年）「立栗太子，使魏其侯為太子傅。孝景七年，

17 梁啟超是中國近代一位公認的神童。「他聰明靈悟，腦力慧敏，讀一書過目成誦；他四歲入學，六歲讀畢《五經》……。」見《清華逸事》（遼海出版社，一九九八年九月，六～七頁），為有助於讀者了解這類現象，故錄於此。

18 《漢書．景帝紀》載，景帝「七年……春正月，廢皇太子劉榮為臨江王」。

19 《漢書》卷四十，〈周勃傳．附子亞夫傳〉載景帝「廢栗太子，亞夫固爭之，不得，上由此疏之。」

20 《漢書》卷四十，〈周勃傳〉，並參閱《漢武故事》。

栗太子廢，魏其數爭不能得。魏其謝病，屏居藍田南山之下數月，……莫能來。」正在竇嬰稱病不朝數月，無法下臺時，有個叫高遂的說客對他說：「能富貴將軍者，上（景帝）也；能親將軍者，太后也。今將軍傳太子，太子廢而不能爭，爭不能得，又弗能死。自己稱病引退，閑居而不朝，……是張揚主上的過失。如果景帝、太子兩宮怒而懲罰將軍，則將軍與妻子受誅滅而無遺類矣。」[21] 竇嬰覺得說客說得對，遂上朝如故，因此免了一死。

這次廢立太子過程中，景帝弟梁孝王劉武也深陷其中。文帝共有四子，其中景帝與劉武為竇皇后所生。竇太后對她這個小兒子非常偏愛，視如掌上明珠；梁孝王侍母至孝，如聞太后病，就不能進食，常想留在長安侍太后。劉武原封代王，後徙為淮陽王（治陳，今河南淮陽）、十二年後又徙封為梁王（治睢陽，今河南商丘南）。梁孝王與景帝的感情也非常好，景帝未生太子時，梁孝王來朝，景帝與其宴飲之後，對他說：「我千秋萬歲後，皇位傳於王。」孝王聽後內心喜歡，竇太后也很喜歡。不料，竇嬰卻進言說：「天下者，高祖天下，父子相傳，是漢代的約法，上（景帝）怎麼可以傳位給梁王！」竇太后因此憎惡侄兒竇嬰，竇嬰也輕薄其官，因此以病免官。不僅如此，竇太后還除去竇嬰門籍，不許他上門請安。

平滅吳楚七國之亂後，梁孝王有功，太后賞賜不可勝數，孝王築東苑方三百餘里，出入擬於天子，府庫金錢且百巨萬，珠玉寶器多於京師。孝王入朝，與景帝入則同輦，出則同車，遊獵上林苑中。景帝廢栗太子劉榮後，梁孝王為當儲君積極活動，太后想以梁孝王繼位，[22] 袁盎及眾大臣力諫景帝不可，最後立膠東王劉彘為太子。梁孝王怨恨袁盎及眾議臣，遂指使刺客羊勝、公孫詭等人暗殺了袁盎和眾議臣十餘人。景帝查明案情，派專使追捕刺客，梁孝王竟然把刺客藏於後宮，在臣下的諫止下，才迫使刺客羊勝、公孫詭自殺。景帝由此怨怒梁孝王，梁孝王就使人通過長公主嫖向竇太后謝罪，獲得赦免。梁孝王從此失寵，鬱鬱不樂。景帝中元六年（西元前一四四年），梁孝王打獵，有人獻牛，牛腳竟然是從牛背上長出來的，遇此不祥之兆，心中厭惡。這年六月，梁孝王病死。

景帝這次廢立太子付出的代價是很大的，值得慶幸的是，新立的太子劉徹表現出了過人的才幹。《漢武故事》說：「劉徹十四歲那年，廷尉判了一件殺人案，殺人犯防年，因繼母殺死生身父親，防年就殺死他的繼母。依照法律，防年殺死了母親，判為大逆罪。景帝對這個案件有懷疑，詔問劉徹怎樣判這個案子才準確。劉徹回答：說繼母如同生母，說明繼母與生母有不同，因為父親娶繼母為妻，她的地位才有如生母。今繼母殺了防年的生父，繼母與防年就斷絕了母子恩情。因此，防年殺繼母應按一般殺人罪判處，而不應以大逆罪判刑。」景帝聽從了他的意見，把判防年「大逆罪」改為「棄市罪」。人們稱讚這個案子判得好！考慮到劉徹才十四歲，景帝愈發感到他是個奇才。

《漢武故事》說劉徹「少而聰明有智術。與宮人、諸兄弟戲，善征其意而應之，大小皆得歡心。及上在前，恭敬應對，有如成人」。[23]這說明劉徹早慧，像個小大人，在景帝面前恭敬有禮，應對得體，並受到周圍人的歡迎。在景帝看來，他是個合格的太子。

劉彘，景帝前元年（西元前一五六年）七月生，景帝前七年（西元前一五〇年）虛歲七歲立

21《史記》卷一百零七，〈魏其武安侯列傳〉。

22《漢書》卷四十七，〈文三王傳〉載：「上廢栗太子，太后心欲以梁王為嗣。」

23 羅義俊，《漢武帝評傳》（上海人民出版社，一九八八年），三〇頁。

為太子。景帝後三年（西元前一四一年）正月景帝崩，太子劉徹即皇帝位，時虛歲十六歲，尊皇太后竇氏為太皇太后，王皇后為皇太后。三月，封其舅田蚡為武安侯、田勝為周陽侯。一位少年天子君臨天下了，他就是被史學家稱之為「雄才大略」的漢武帝。

第二節　治國理想藍圖與面臨問題

漢武帝於景帝後三年（西元前一四一年）正月即皇帝位。在中國古人的觀念中，皇帝就是天子。何謂天子？「父天母地，故稱天子，……天子無外，以天下為家，故稱天家。」[24]因此，皇帝擁有至高無上的權力，這些權力包括全國最高的土地所有權、行政權、財政權、軍事權、司法權、監察權等。為示特殊，皇帝的稱號等等在制度上都有嚴格規定。蔡邕在《獨斷》卷上說：「漢天子正號曰皇帝，自稱曰朕，臣民稱之曰陛下。其言曰：制、詔。史官記事曰：上。車馬衣服器械百物曰：乘輿。所在曰：行在所。所居曰：禁中，後曰省中。印曰：璽。所至曰：幸。」

漢武帝登上皇帝寶座，就標誌著他掌握了國家的最高權力。掌握這個權力的漢武帝要做什麼呢？在即帝位九個月後，即武帝建元元年（西元前一四〇年）十月，[25]他召開了舉賢良對策會議，會上漢武帝連下三道制書，講明自己治國所追求的理想社會藍圖，並要求參加會議的賢士大夫指出現在存在的問題，提出治國應採取的措施、辦法等。元光元年（西元前一三四年）五月再一次召開舉賢良對策會議，會議討論的主題與前次完全相同。要了解漢武帝，那麼了解他在這兩次會議上提出的治國的理想藍圖無疑是很重要的。

治國的理想藍圖

武帝是漢朝繼高帝、惠帝、呂后、文帝、景帝之後的第六位最高統治者，他沒有選擇做一位守成的君主，而選擇了大展宏圖、開拓進取，創建理想社會的道路。

建元元年（西元前一四〇年）十月，武帝在舉賢良對策會議的制書中，開宗明義指出：「朕承繼先帝極尊之位、至美之德，傳之無窮，而施之無限，任大而守重，是以夙夜不敢閒暇安樂，深思萬事之端緒，猶懼有缺點失誤，因此廣泛招徠聘請四方之豪俊，郡國諸侯公選賢良修絜博習之士，欲聞大道之要，至論之極。……朕垂聽而問焉。」這就是說武帝要聽的是治國的大道理中最精要、最高的理論問題。接著，武帝談了他治理國家所想達到的理想目標：

> 蓋聞五帝三王之道，改制作樂而天下洽和，百王同之。當虞氏（舜）之樂莫盛於韶，於周莫盛於勺。聖王已沒，鐘鼓筦絃之聲未衰，而大道微缺，……至乎桀紂之行，王道大壞矣。……伊欲風流（風俗教化流行）而令行，刑輕而奸改，百姓和樂，政事宣昭，何脩何飭而膏露降，百穀登，德潤四海，澤臻草木，三光全，寒暑平，受天之祜，享鬼神之靈，德澤洋溢，施乎方外，延及群生？[26]

---

24 蔡邕，《獨斷》卷上。

25 當時以十月為歲首。

26 《漢書》卷五十六，〈董仲舒傳〉。

從漢武帝開頭說的，夙夜不敢閒暇安樂，深思萬事之端緒，猶懼有缺點失誤，並廣招賢良之士討論，說明他對治國是非常重視和認真的。而他所提出的上述治國的理想藍圖，其內容主要有以下幾點：

其一，以歷史上五帝三王「改制作樂」大治天下實行王道作為自己治國的楷模。

其二，實現天人合一、人類社會與自然界的高度和諧統一。在社會方面，要做到通過教化而使政令措施得到執行，刑罰輕而奸邪的事情都得到改正，百姓和樂而政事宣明。自然界方面要作到「雨露降、日月星三光全、寒暑平，受天之福佑，享鬼神之靈。」

其三，要做到百穀豐登，而使皇帝「德潤四海，恩澤至於草木」，進而「德澤洋溢，施乎方外，延及群生。」這是何等的胸襟，何等的氣概，何等的理想，何等的宏圖遠略與雄心壯志。

元光元年（西元前一三四年）五月，漢武帝又一次召開舉賢良對策會議，會上再一次下詔申明自己治國所要達到的理想境界，內云：

朕聞昔在唐（堯）虞（舜），畫象而民不犯。日月所燭，莫不率俾。周之成康，刑錯不用，德及鳥獸，教通四海。海外肅眘，北發渠搜，氐羌徠服。星辰不孛，日月不蝕，山陵不崩，川穀不塞；麟鳳在郊藪，河洛出圖書。嗚呼，何施而臻此與！今朕獲奉宗廟，夙興以求，夜寐以思，若涉淵水，未知所濟。……何行而可以章先帝之洪業休德，上參堯舜，下配三王！……賢良明于古今王事之體，受策察問，咸以書對，著之於篇，朕親覽焉。[27]

詔書下發的歷史背景雖與上次所下制書有所不同，但詔書依然強調三點：一是以歷史上堯舜治國作為自己的榜樣，效法周代成康的刑錯不用；要把國家治理得「德及鳥獸，教通四海」；二是要實現天人合一，人類社會與自然界的和諧統一。提出要使「星辰不孛（彗星不現），日月不蝕，山陵不崩，川穀不塞」；[28]還要讓祥瑞並出，如麟鳳在郊藪，河洛出圖書等；三則由於當時外事四夷的活動正在展開，所以強調了海外肅慎、北發渠搜、氐羌來服等。

上述武帝的兩段話是治國理想藍圖的袒露，對此應怎樣評價呢？恐怕有以下幾點是值得注意的：

其一，這個理想藍圖中的一部分通過努力是完全可以實現的。如「百穀豐登」，雖然要求各種穀物都年年豐收是不可能的，但通過興修水利等措施使一部分土地上穀物豐收、多打糧食則是完全能夠做到的。再如，通過招徠可以使周邊一些少數民族臣服，通過反擊匈奴的戰爭可以打敗匈奴，大大阻止其對中原地區的侵擾等等。這個理想藍圖一部分在一定條件下可變為現實，就成了後來漢武帝成就事業的一個思想基礎。

其二，這個理想藍圖中的一部分根本無法實現，如要求「星辰不孛，日月不蝕」等等是根本辦不到的。有的事情一代人是完不成的，如漢武帝生前要匈奴臣服漢朝，到他死時匈奴也沒有臣服。有些事情根本無法實現，有的事情一代人無法實現，武帝也力求去實現，這就成了後來武帝失誤的一個重要思想根源。

其三，這個理想藍圖對了解武帝是很重要的。如武帝想「德潤四海，恩澤至於草木」，「施乎方外，延及群生」，「德及鳥獸，教通四海」等，這反映了當時中國新興封建制度、封建階級的總

27《漢書》卷六，〈武帝紀〉。
28「星辰不孛」指星星不變色，主要指彗星不出現。

代表對自己的事業、對國家前途充滿著自信和美好的憧憬。雖然漢武帝未能完全實現他的理想，但他在為此而奮鬥的過程中所取得的成就卻是永世長存的，是留給後世的一座豐碑。

面臨的問題

漢武帝所要達到的治國理想藍圖，說明他想使國家、社會的治理達到一個理想的境界。為達此目的，就必須解決漢初六十餘年發展所面臨的緊要問題。這些問題主要有以下五個：

一、國家的指導思想問題

漢初以黃老「無為而治」思想為指導，這明顯是當時歷史條件和社會背景下的選擇，如果歷史條件與背景變了，國家的指導思想也需要發生變化。漢初人們對「無為而治」的理解，有的僅僅認為是「柔身以寺（待）之時」[29]，就是說是當作術、當作統治方法來理解的。漢初對諸侯王、對匈奴採取妥協、退讓政策，是因為朝廷沒力量不能不如此，如果有力量，條件改變當然也就會發生變化。文帝時賈誼就提出應以儒家思想為指導而治國，他認為秦之所以二世而亡，是因為不施仁義，不行德治，而專任刑罰造成的。賈誼在〈治安策〉中指出：「人主之所積，在其取捨。以禮義治之者，積禮義；以刑罰治之者，積刑罰。刑罰積而民怨背，禮義積而民和親。」因此賈誼認為，以德教治國者，「德教洽而民氣樂」；以刑罰治國者，「法令極而民風哀」，「哀樂之感，禍福之應也」。賈誼認為儒家治國的特徵是德治，法家治國的特點是刑罰，其結果是行德治者國運長久，任刑罰者短命而亡。他舉例說：

湯武置天下於仁義禮樂，而德澤洽，禽獸草木廣裕，德被蠻貊四夷，累子孫數十世，此天下所共聞也。秦王置天下於法令刑罰，德澤亡（無）一有，而怨毒盈於世，下憎惡之如仇讎，禍幾及身，子孫誅絕，此天下所共見也。……今或言禮誼之不如法令，教化之不如刑罰，人主胡（怎麼）不引殷、周、秦事以觀之也。[30]

賈誼以秦二世而亡為誡，講專用刑罰治國之害和以仁義治國的優越性，就是希望朝廷以儒家思想為指導而治理國家。如把賈誼的上述言論與董仲舒《天人三策》一些言論加以比較，二者簡直如出一轍。然而，漢文帝時由於條件的限制，不能不以無為而治的思想為指導，漢文帝需要在這一思想指導下，崇節儉、少興作，以便讓民眾集中力量，從事生產、恢復經濟；他也需要在這一思想的指引下，在一定條件下，對吳王濞那樣的諸侯王和匈奴單于進行妥協，以免把全國拖進戰亂中去。因此，漢文帝沒有採納賈誼以儒家思想作為統治思想的建議。

總之，秦統一中國後以法家為統治思想，西漢初期以黃老無為而治思想為指導。究竟應否以儒家學說作為指導思想，究竟在什麼條件下以儒家學說作為指導思想，這是漢武帝即位後首當其衝的一個重要問題。

---

29 馬王堆漢墓帛書〈十大經‧前道〉，《文物》一九九四年第十期。

30 《漢書》卷四十八，〈賈誼傳〉。

二、漢初的文化復興與國家的文化、學術思想政策問題

秦始皇三十四年（西元前二一三年）下達焚書令、挾（藏）書律。此後，項羽又火燒秦宮，使秦宮中的藏書也付之一炬。[31]所以，漢初社會處於文化沙漠的境地，迫切需要恢復文化，開放書禁。惠帝四年（西元前一九一年）「除挾書律」[32]，此後口授的書可寫在竹、帛上傳閱，藏於夾壁牆中的書不斷被發現，所謂「漢興，改秦之敗，大收篇籍，廣開獻書之路」。[33]文帝時「天下眾書往往頗出，皆諸子傳說」。[34]

漢初以黃老「無為而治」為指導思想，在學術討論中，即使在皇帝面前，各學派的不同意見都可以進行辯論，並不因尊黃老，就對其他各學派實行專制。如景帝時，齊詩博士轅固與道家黃生辯論湯武革命。轅認為湯、武誅桀、紂，天下人心皆歸湯、武，所以是正義行為；黃生則認為，帽子雖破還得戴在頭上，鞋雖新也應當穿在腳下，這是為什麼呢？因為有上下之分也。桀、紂雖失道，然而是君上；湯、武雖聖明，卻是臣下。以臣下誅君上，不是弒君是什麼？轅固生最後指出，按黃生的理論，漢代秦，也是臣弒君嗎？雙方上綱都很高。漢景帝作結論時，只是說：「食肉不食有毒的馬肝，不算不知味。學者不言湯、武革命，不算是愚蠢！」[35]如此息事寧人，不強求一律，不扣帽子，不打棍子，同時又引導雙方不要去爭論這種問題，這樣開明的態度在古代應當說是很難得的。

漢初的學術思想政策，應當說是相當寬鬆和自由的，最高統治者問什麼，學者似乎都可以直言相告，景帝時竇太后好老子書，召齊詩博士轅固問老子書。轅回答說「此是家人言耳。」竇太后認為他貶低老子，於是令他入豬圈刺豬，景帝認為轅無罪，給了他一把刀子，一刀正中豬心，豬應手而倒，太后默不作聲，再沒給他加罪。景帝認為轅廉直，拜其為清河王太傅。

在漢初開明的學術政策下，實際上形成了尊黃老而兼用各家的局面。文帝就是一位以黃老「無為而治」為指導，又推行儒家「德治」，同時又是一位「好刑名之言」重法的君主。受文帝信任的晁錯，則是既學「申商刑名」、又從伏生「治尚書」的兼學儒、法兩家的學者。漢武帝即位之後，面臨著能否繼承漢初開明的學術思想政策的問題，是尊儒術而兼用百家呢？還是尊儒術而對百家實行專制呢？

三、漢初恢復、發展經濟的過程中所出現的社會問題

由於秦的暴政和其後戰亂，漢初社會殘破、經濟凋敝。陸賈在《新語．無為》中說「道莫大於無為」。所謂「無為」在當時條件下，就是要「因民之疾秦法，順流而與更始（除舊佈新）」[36]，就是要「掃除苛煩，與民休息」[37]。這也就是《漢書．刑法志》所說的「填以無為，從民之欲，

31《史記》卷六，〈秦始皇本紀〉載：「史官非秦記皆燒之。……天下敢有藏詩、書、百家語者，悉詣守、尉雜燒之。有敢偶語詩書者棄市，以古非今者族。……令下三十日不燒，黥為城旦。」史官所藏秦記、博士官藏圖書和醫藥卜筮種樹之書不燒。後項羽到咸陽，火燒秦宮，秦宮中藏書也應在被燒之列。

32《漢書．惠帝紀》載：四年「除挾（藏）書律」，注引張晏曰：「秦律敢有挾者族。」

33《漢書》卷三十，〈藝文志〉。

34《漢書》卷三十六，〈楚元王傳．附劉歆傳〉。

35《漢書》卷八十八，〈儒林傳．轅固傳〉。

36《史記》卷五十三，〈蕭相國世家〉。

37《漢書》卷五，〈景帝紀〉。

而不擾亂」，而去「便民」、「利民」、「便萬民之利」，[38]同樣也是說漢初的「無為而治」是以民眾的願望、利益為其出發點和歸宿的。在這一思想指導下，漢初廢除了秦代一系列的苛法，並採取輕傜、薄賦、省刑等措施，促進農業的恢復、發展。同時又採取措施發展工商業，如文帝前五年（西元前一七五年）「除盜鑄令」，「聽民放鑄」；文帝前十二年（西元前一六八年）「除關無用傳（通行證）」；文帝後六年（西元前一五八年）又「弛山澤」。師古曰：「弛，解也，解而不禁，與眾庶同其利。」在這種情況下，工商業蓬勃發展。《史記．貨殖列傳》說：「漢興，海內為一，開關梁，弛山澤之禁，是以富商大賈周流天下，交易之物莫不通，得其所欲。」

漢初在「無為」思想指導下經濟上取得的成就是巨大的。孝惠、高后時，「君臣俱欲休息乎無為，……天下晏然，刑罰罕用，罪人是稀，民務稼穡，衣食滋殖。」文帝「專務以德化民，是以海內殷富」，「孝景遵業」。社會經濟發展表現在人口方面，正如《史記．高祖功臣侯者年表》說：「天下初定，故大城名都散亡，戶口可得而數者十二三，是以大侯不過萬家，小者五六百戶。後數世，民咸歸鄉里，戶益息，蕭、曹、絳、灌之屬或至四萬，小侯自倍，富厚如之。」從這個情況看，列侯封邑在西漢前期的幾十年間人口大增，為原來人口的二倍至四倍。從物價方面來看，漢初「物踴騰糶，米至石萬錢」，後隨著生產發展，糧食增加，穀價一般在三十至八十錢之間，低時僅十餘錢或更少，高時百餘錢。從勞動生產率看，每個農業勞動力年產糧兩千斤，每個農業人口年口糧四百八十六斤。[39]漢初，馬匹缺乏，天子找不到四匹顏色一樣的馬拉車，將相或乘牛車，馬一匹值百金（百萬錢），到武帝即位初年，「眾庶街巷有馬，阡陌之間成群」，馬的價格也降至一匹數千，社會上呈現出一派繁榮景象。司馬遷說：「漢興七十餘年之間，國家無事，非遇水旱之災，民則人給家足，都鄙廩庾皆滿，而府庫餘貨財。京師之錢累巨萬，貫朽而不可校。太倉之粟陳陳相因，充溢露積於外，至腐敗不可食。……守閭閻者食粱肉，為吏者長子孫，居官者以為姓號。故人人自愛而重犯法，先行義而後絀恥辱焉！」[40]

然而，「物盛而衰，固其變也」，隨著經濟的發展和繁榮景象的出現，又出現了新的社會問題：其一、「網疏而民富，役財驕溢，或至兼併豪黨之徒，以武斷於鄉曲。」《索隱》曰：「謂鄉曲豪富無官位，而以威勢主斷曲直，故曰武斷也。」《漢書．食貨志》師古注認為「武斷鄉曲」是「持其饒富，則擅行威罰也」。這就是說，隨著經濟發展，出現了貧富分化，出現了兼併土地對勞動者「擅行威罰」的豪強地主。

其二、商人太富。文帝時，賈誼就痛切陳言：庶民買賣的奴婢穿著絲織品做的衣服、鞋的邊緣上繡著美麗的花紋，這是古代皇后的服裝；而現在下賤的庶民卻用這樣的衣服給奴婢穿。用「白縠」這種高級的絲織品為表，以「薄紈」為裡，織成特定的斧形，繡著美麗的花紋，這是古代天子穿的衣服；而現在「富人大賈」召會賓客時卻把它裝飾在牆壁上。皇帝身上穿著厚繒，富民的牆屋上披著文繡；天子皇后的衣領上繡著花紋，而庶民婢妾的鞋子緣邊也繡著花紋，這不是很荒謬的事情嗎？富商大賈及其婢妾服飾竟然超過皇帝、皇后，這是多麼荒唐的事情啊！賈誼這些話無疑會激起封建統治者對商賈的歧視和憤慨。

其三、「宗室有土，公卿大夫以下爭於奢侈，室廬車服僭上亡（無）限。」尤其是諸侯王驕奢

38《漢書》卷四，〈文帝紀〉。
39 寧可，〈漢代農業生產漫談〉，刊於《光明日報》一九七九年四月十日。
40《史記》卷三十，〈平準書〉。

淫逸想造反值得注意。早在文帝時賈誼就說，諸侯王強者先反，他們太強大了，好似人的身體，一條小腿幾乎比腰還粗，一個手指幾乎比小腿還大。患了這種病，如果不快治，後雖有扁鵲再世，也無辦法了。這種病正是天下可痛哭的事情啊！吳楚七國之亂後，諸侯王的勢力雖已削弱，但他們在國內草菅人命，劫掠財物、土地，殺死朝廷派去的官吏。「緩則驕奢易為淫亂，急則阻其強而合從以逆京師」，[41]這仍然是威脅中央的一個值得注意的重要問題。

其四、隨著經濟發展和土地兼併、貧富分化，一部分窮困的個體小農生活更困難了。文帝時晁錯在〈論貴粟疏〉中說，當時五口之家，耕田百畝的小農，畝收一石，百畝之收不過百石，這比戰國初期李悝所說魏國五口之家耕田百畝的小農，畝收一石半的畝產量還要低。而當時自然災害頻頻發生，如文帝十二年(西元前一六八年)河決酸棗；文帝三年(西元前一六一年)秋，關中「大雨，晝夜不絕三十五日，藍田山水出，沖沒九百餘家。漢水出，淹壞民室八千餘所，殺三百餘人」；三年後的春天，又發生「天下大旱」；景帝中五年（西元前一四五年），又發生大水災，「天下大潦」。[42]在上述情況下，部分農民在自然災害打擊下和地主、商人的兼併下，生活困苦，日益陷入破產，這是擺在漢武帝面前的又一重大社會問題。

總之，隨著漢初社會經濟的向前發展，社會又出現「武斷鄉曲」的豪強地主、商人太富、王侯官僚生活奢侈不遵法度、部分農民貧困化等問題都需要解決，漢武帝將怎麼處理呢？

四、漢與匈奴的關係怎麼辦？

從漢初以來漢朝一直對匈奴單于奉行著屈辱妥協的和親政策。白登之圍後，高帝「乃使劉敬奉宗室女主為單于閼氏，歲奉匈奴絮繒酒食物各有數，約為兄弟以和親。」[43]呂后時，冒頓單于遺書呂后侮辱戲弄，極為無理。呂后卻卑辭求和，贈送大量金絮繒和親，以換取暫時的邊境安寧。雖然如此，匈奴還是不斷地對漢朝進行侵擾劫掠。如：

文帝前三年（西元前一七七年），匈奴右賢王入河南地，丞相灌嬰率車騎八萬五千，逐匈奴出塞。文帝極重視，親到北方勞軍，先到上郡高奴，又至太原，留十餘日，舉功行賞，又賜民牛酒，免晉陽等地民三歲租。此時，濟北王劉興居聽說文帝「欲自擊匈奴，乃反，發兵欲襲滎陽」，文帝罷丞相軍，急令柴武為大將軍將四將軍，率十萬大軍擊濟北王，自己也回長安，發詔討逆，這次叛亂才平定了下去。

文帝前十四年（西元前一六六年），匈奴老上單于發十四萬騎入塞至雍（今陝西鳳翔南）、甘泉（今陝西淳化縣），後被漢軍擊退。

文帝後六年（西元前一五八年）匈奴軍臣單于率部大舉向漢攻掠，從上郡、雲中分兩路向南襲來，每路三萬大軍，首都長安報警，朝廷部署長安防守，緊急調動軍隊，令河內太守周亞夫為將軍，率軍駐長安西細柳；宗正劉禮為將軍駐渭北霸上；祝茲侯徐厲為將軍駐渭北棘北。文帝曾親赴軍營視察，了解防衛情況。

面對匈奴不斷的內侵劫掠，文帝時賈誼在〈治安策〉中痛切地指出：「今匈奴侮侵掠，至不敬也，為天下患，至亡（無）已也。」他認為天下之勢方倒懸，凡天子者，天下之首，何也？上

41《漢書》卷六十一，〈主父偃傳〉。

42 以上材料分見《漢書》之〈文帝紀〉、〈景帝紀〉。

43《漢書》卷九十四，〈匈奴傳〉。

也。蠻夷者，天下之足，何也？下也。……而漢歲致金絮采繒以奉之。夷狄征令，是主上之操（持）也，天子共貢，是臣下之禮也。足反居上，首顧居下，倒懸如此，莫之能解（救），怎麼能說國家有明智之人乎？非但倒懸而已，就如同足生了病無法走路，受了風，患了痱子，身上非常難受，……所以臣認為是一方病矣。醫能治之，而皇上不使用，讓人為之流涕者的就是此事。接著賈誼又說：「陛下怎麼能忍心以帝皇之號而為戎人的諸侯，勢既卑辱，而患不息，怎麼能長期安於處在這樣窮困的境地呢？」總之，在賈誼看來，漢與匈奴的關係已經到了必須解決的關頭。文帝並非不知，只是當時的歷史條件決定了他無法解決這樣重大的問題。

然而，斗轉星移，武帝即位後條件發生了很大變化，不僅經濟上出現了大好形勢，平定吳楚七國之亂後威脅漢中央政權諸侯王的勢力遭到了重大打擊，反擊匈奴的條件日益成熟。在這種情況下，漢武帝應怎樣去處理漢匈關係呢？此外，又怎樣處理與南越、閩越這類分裂割據勢力和周邊少數民族的關係呢？這也是擺在漢武帝面前的一個重大問題。

五、關於使用、提拔有實際才能的人材和培養有知識、有文化的官吏治國的問題

漢初高帝從實踐中提拔了大量有才能的人材。另外，高帝禮遇儒生，不輕易殺害，如楚懷王曾封項羽為魯公，後劉邦滅楚後圍魯（今山東曲阜），魯不降。諸儒猶自講習禮樂，弦歌之音不絕，表示忠於魯公項羽。劉邦並未因此屠戮，而是引兵北去，讓人持項羽頭令魯人視之，魯父兄乃降。為表示尊重，又以魯公禮葬項羽，並為之發哀。高帝十二年（西元前一九五年）過魯，又以太牢禮祀孔子，太牢是古代帝王、諸侯祭祀社稷時，牛、羊、豕三牲齊備的祭禮，這次祭祀是歷代帝王祭孔之始。高帝尊重儒生的態度，曾得到儒生的回報，如秦博士叔孫通曾率魯諸生為漢

制禮儀，劉邦過魯，《詩》學者浮丘伯曾率弟子申公進見劉邦。

漢初，從高帝開始雖然對各學派的知識分子採取尊重的禮遇的態度，然而由於當時歷史條件的限制，通過興辦教育，培養人材，直接任用他們執政治國不夠。關於這一點，《史記》卷一百二十一〈儒林列傳〉指出：高帝時因「尚有干戈」，為「平定四海」，顧不上興學、辦教育；孝惠、高后時「公卿皆武力有功之臣」；文帝時雖稍「徵用」一些文學之士居位，然而文帝「本好刑名之言」，對賈誼等儒家學者並未加以重用，「及至孝景，不任儒者，竇太后又好黃老之術，故諸博士具官待問，未有進者」。漢武帝即位後，條件發生了變化，過去以軍功當官的因年老已退了下去，而治理國家又需要大量有知識、有文化的官吏，儒家作為一個百科全書式的學派又恰恰能在這方面提供大量人材。因此興學、辦教育，培養大量有知識、有文化的官吏就成了當務之急。此外，由於漢武帝抱負大、要成就的事業大，所以還需要通過各種途徑提拔各學派中有用人材，選拔各種有實踐經驗有才能的人為國效力。能否完成這一任務也屬事關全域的重大問題。

漢初六十多年歷史的發展出現了三個潮流。一個是思想文化恢復發展的潮流，一個是經濟恢復發展的潮流，一個是中國由分裂走向大一統的潮流。漢武帝就是在這三個潮流發展過程中孕育出來的歷史人物，他能不能解決這三個潮流發展所積澱下來的一系列問題，能不能把這三個潮流的發展進一步推向高峰，能不能振興國家、民族，使其登上一個新的臺階呢？這就是歷史所賦予的任務。漢武帝正是在逐步解決這些問題的過程中展示他的宏圖遠略和雄心壯志的。

第二章　尊儒術　重法治　悉延百端之學

中國從統一國家出現以後，就出現了全國以一家思想為統治思想的現象。秦統一後以法家思想為統治思想、西漢初期以黃老「無為而治」思想為指導就是其表現。在這種情況下，對其他學派持什麼態度呢？一般是朝廷設博士官，任用其他學派的學者為博士，朝廷開會各學派的人都可以發言，提出自己的看法，供諮詢、顧問，朝廷可以採納，也可以不採納；其他學派的人也可以在朝廷做官。秦始皇在「焚書坑儒」以前就是這樣做的，西漢初期也是這樣做的；秦始皇「焚書坑儒」是個特例，並不代表一般情況。

漢武帝時，董仲舒建議漢武帝「罷黜百家，獨尊儒術」，其後，班固在《漢書．武帝紀》贊中說「孝武初立，卓然罷黜百家，表彰六經」。一直到現在一些權威辭書和中學教材都在強調漢武帝「罷黜百家，獨尊儒術」，然而，在這個問題上自古至今都存在著不同意見。漢武帝同時的人太史公在《史記．龜策列傳》「太史公曰」中就稱讚漢武帝「悉延（引）百端之學」；今人張維華先生指出漢武帝在尊儒的同時「也採用了法家的手段進行統治。……方士的學說，也有被採用於當時的政治制度的」；[1]羅義俊說：「漢武帝在學術、思想領域走的是『悉延百端之學』的路子。」[2]從客觀事實上來看，漢武帝「尊儒術」就是提升儒學的地位，尊為國家、社會的指導或統治思想。在尊儒術的同時，漢武帝又重法治，讓張湯、趙禹增訂法律，以嚴刑峻法治國。在此同時，又兼用百家。因此，可以說漢武帝推行的學術思想政策是「尊儒術，重法治，悉延百端之學」。究竟漢武帝尊儒術是怎樣尊的、重法制又是如何重的、對其他各學派又是如何用的？這就是本章所要論證和說明的問題。

第一節 「罷黜百家，獨尊儒術」考釋

「罷黜百家，獨尊儒術」是董仲舒提出的建議。所以，現在探討這一問題，就需從董仲舒的建議談起。董仲舒在〈賢良對策〉（出自《天人三策》，以下簡稱〈對策〉）中說：

> 今師異道，人異論，百家殊方，指意不同，是以上亡（無）以持一統；法制數變，下不知所守。臣愚以為諸不在六藝之科孔子之術者，皆絕其道，勿使並進。邪辟之說滅息，然後統紀可一而法度可明，民知所從矣。[3]

董仲舒在此要求對儒家以外的百家學說「皆絕其道」，使「邪辟之說滅息」。這是一個要「絕滅」百家，在思想領域實行專制的建議，這個建議很容易讓人理解為不讓讀儒家以外各家的書，不讓

1 張維華，《論漢武帝》（上海人民出版社，一九五七年），九〇—九一頁。
2 羅義俊，《漢武帝評傳》（上海人民出版社，一九八八年），五八頁。
3 《漢書》卷五十六，〈董仲舒傳〉。董仲舒〈賢良對策〉一文提出的時間，《通鑑》認為在建元元年十月，並附有考證；《漢書．武帝紀》則記載在元光元年五月。此處仍從《通鑑》。

儒家以外各家的學者做官。有的辭書說「罷黜諸子百家，只有通曉儒家學說的人才能做官」就說明了這一點。[4]問題在於漢武帝是否採納了這一建議呢？這從漢武帝尊儒活動的過程、內容中可以看出。

建元初年尊儒活動的失敗

漢武帝即位的建元元年（西元前一四〇年）就出現了一次尊儒活動。這年十月「詔……舉賢良方正直言極諫之士」，在這次活動過程中，丞相衛綰奏：「所舉賢良，或治申、商、韓非、蘇秦、張儀之言，亂國政，請皆罷，奏可。」這一奏議提出要罷申、商、韓法家和治蘇秦、張儀縱橫家兩個學派的學者，罷除的範圍也只限制在這年所舉賢良方正之中。這樣做絕非偶然，由於酷愛黃老之學的竇太后健在，武帝正迷信陰陽家、方士，提「罷黜百家」顯然不合時宜。值得注意的是，參加這次活動的會稽人莊助（嚴助）因對策深受武帝賞識，被擢為中大夫，而莊助就恰是一位治縱橫術的學者。[5]這次會議之後過了八個月，建元元年六月衛綰以「景帝病時諸官囚多坐不辜（罪）者……不任職」為名被免去了丞相職務。

在罷免衛綰丞相的同月，任命竇太后的侄兒竇嬰為丞相，武帝舅父田蚡為太尉。《漢書・田蚡傳》載，竇、田二人「俱好儒術」，這使政治、學術思想領域內的鬥爭進一步激化。在竇、田二人推動下，儒家治《詩》學者申公的兩個弟子，趙綰為御史大夫、王臧為郎中令，二人議立明堂、尊儒。武帝用安車蒲輪請來申公，並接見。不僅如此，趙綰出面要求不向竇太后奏事，把竇太后排除於朝政之外。為此，竇太后大怒，遂導致趙綰、王臧下獄自殺，丞相竇嬰、太尉田蚡免職。

關於此事，《漢書．武帝紀》載：建元二年（西元前一三九年）冬十月「御史大夫趙綰坐請毋奏事太皇太后，及郎中令王臧皆下獄，自殺。丞相嬰、太尉蚡免。」注引應劭曰：「太后素好黃老術，非薄五經，因欲絕奏事太后，太后怒，故殺之。」這次事件是對儒家執政者的一次嚴重打擊。此後，武帝又把雜家東方朔、縱橫家主父偃、徐樂等人羅致在左右。[6]

上述事實說明建元一、二年的尊儒活動遭到了重大挫折，至於董仲舒「罷黜百家」的建議根本就沒有執行。

置五經博士，罷諸子傳記博士

漢武帝建元五年（西元前一三六年）又發生了「置五經博士」和罷各家傳記博士的事件，這是武帝尊儒的又一重大舉措。

《漢書．武帝紀》載建元五年春「置五經博士」。東漢經學家趙岐在《孟子題辭解》中說：「漢興，除秦虐禁，開延道德，孝文皇帝欲廣遊學之路，《論語》、《孟子》、《孝經》、《爾雅》皆置博士，後罷傳記博士，獨立五經而已。」注疏中說，《論語》、《孟子》等為傳。既然如此，自然「黃

4 《辭海．罷黜百家條》。

5 《漢書》卷六十四，〈嚴助傳〉載嚴助於建元元年冬十月曾參加舉賢良對策，為武帝賞識，擢為中大夫。後為會稽太守，武帝賜書曰：「久不聞問，具以《春秋》對，毋以蘇秦縱橫。」可知嚴助原治縱橫術。

6 王益之撰《西漢年紀》載建元三年武帝把東方朔、徐樂、主父偃、司馬相如、枚皋等人羅致在左右。

老、刑名百家之言」等有關的傳記博士統統被罷黜了，而所謂「獨立五經」，就是國家只立儒學的五經博士，儒學成了國學、官學，其他國立的傳記博士統統被罷除，地位下降。從這個意義上，有的學者認為，這就是「罷黜百家，獨尊儒術」，這個解釋應當說是有一定道理的，然而仔細推敲，存在著以下兩個問題：

其一，當時《論語》、《孟子》也被列入傳記博士而被罷除，既然其他各家的國家所立傳記博士被罷除被視為「罷黜百家」，《論語》、《孟子》所設傳記博士被罷除，是否可以說儒家也被「罷黜」了呢？

其二，罷除了各家的傳記博士，並不是不讓讀各家的書。

這兩個問題，王國維先生說得很清楚。他說：置五經博士後，「《論語》、《孝經》、《孟子》、《爾雅》雖同時並罷，其罷之意則不同。《孟子》以其為諸子而罷之。至《論語》、《孝經》，則以受經與不受經者皆誦習之，不宜限於博士而罷之者也。」並進而明確指出：「武帝罷傳記博士，專立五經，乃除中學科目於大學之中，非遂廢中小學也。」[7] 據王國維先生的意見，六藝（經）為漢大學科目，《論語》、《孝經》為漢代中學必修科目，這就是說《論語》、《孝經》等儒家經典雖國家不設博士，但並未罷除。至於《孟子》等諸子傳記雖非中小學必修科目，也可以學習、流傳、收藏，所以也未罷除。《漢書．藝文志》說武帝時搜求遺書，不僅搜求儒家經籍，「諸子傳說，皆充祕府」，也妥為搜求、保存、收藏。

武帝在置五經博士後，社會上也可以收藏、學習、研究諸子百家的著作。如「楊王孫者，孝武時人也，學黃老之術，家業千金，厚自奉養生」。[8] 再如成帝時成都嚴君平研究黃老之術，並著書十餘萬言，曾教「授老子」。[9] 基於上述情況，可以說武帝罷各傳記博士與董仲舒建議的「皆絕其道」，使「邪辟之說滅息」的「罷黜百家」的做法迥然不同，因此說武帝罷各家傳記博士就是「罷黜百家」顯然是不妥當的。

值得注意的是，建元五年置五經博士後，不僅各家的書可以讀，各學派的人仍然可以在政府當官、升官。建元六年發生了兩件事就說明了這一點：一件事是這年二月到四月，遼東高帝廟與長陵高園便殿相繼起火，董仲舒從「天人感應」的學說出發譏刺朝政，被愛好縱橫學的主父偃揭發，被免官；此後，主父偃一度很活躍，不斷升官。另一件事是這一年以治黃老學起家的汲黯由東海太守升為主爵都尉，位列九卿，他升官的原因是，武帝令其視察河內大災，在路上汲黯未經請示擅自「持節發河南倉粟以振貧民」，回到長安自請「伏矯制之罪」[10]，武帝「賢而釋之」，此後汲黯曾在一段時間深受武帝重視。上述事實說明，從參政角度講，也未罷黜百家。

罷黜百家與悉延百端

據《史記．儒林列傳》與《漢書．儒林傳》載建元六年（西元前一三五年），太皇竇太后去世，漢政權才罷黜百家的。今據《史記．儒林列傳》的記載引證如下：

7 王國維，〈魏晉博士考〉，《觀堂集林．第一冊》（中華書局，一九五九年），一七八－一七九頁。
8 《漢書》卷六十七，〈楊王孫傳〉。
9 《漢書》卷七十二，〈王貢兩龔鮑傳〉。
10 《漢書》卷四十六，〈汲黯傳〉。

及竇太后崩，武安侯田蚡為丞相，絀（黜）黃老、刑名百家之言，延文學儒者數百人（以百數），而公孫弘以春秋白衣為天子三公，封以平津侯，天下之學士靡然鄉風矣。11

從這一記載可以看出，漢政權「黜百家」是在建元六年竇太后去世、武安侯田蚡為丞相之後才推行的。據《漢書．武帝紀》載竇太后去世的次年，即元光元年（西元前一三四年）五月又舉賢良對策，在這次會議上田蚡「絀黃老、刑名百家之言」，「延文學儒者數百人」，公孫弘就是在這次會議上受到武帝賞識以平民而被提拔做官，最後做到丞相封侯，天下學士就競相仿效，尊儒就成了社會風尚。這次「黜黃老、刑名百家之言」的範圍也僅限於元光元年五月對策會議所舉賢良文學之中，並未擴大到社會與國家各級機構之中。此後，武帝於元朔五年（西元前一二四年）六月，又為五經博士置弟子五十名，並按其學習儒家經典的成績優劣選拔其作官吏，這為儒生參加封建官僚集團大開方便之門。由於這一活動只適用於儒生，其他各派的學習者沒有此待遇，所以這一活動也是武帝尊儒術的一個重要表現。至此，武帝的尊儒活動基本上告一段落。

從建元五年（西元前一三六年）到元光元年（西元前一三四年）五月武安侯田蚡「絀黃老、刑名百家之言」，再到元朔五年（西元前一二四年）為五經博士置弟子員，這十二年是武帝尊儒活動取得成功的主要時期。這些尊儒活動的成功主要表現在三個方面：一、儒學取代黃老之學成了國家的指導思想。這一點表現在國家政策上，以儒家的倫理道德作為約束臣民的行為準則；甚而以《春秋》決獄，把儒家經典當法典用；二、國立太學中，只設儒家《易》、《書》、《詩》、《禮》、《春秋》五經博士，其他諸子傳記博士被罷除；三、不斷從太學中選拔弟子加入國家官僚集團。

在上述尊儒過程中及其以後，其他各學派的地位下降。然而，武帝並沒有對其「絕其道」並

「滅」其說；相反，各學派的著作均可收藏、流傳供人學習、研究。並且，漢武帝還把法家、道家、縱橫家、雜家甚而方術之術等各家各派的人物，通過公車上書、徵召、任子、資選、從小吏中逐級提升等方式羅致在左右，讓他們作官、出謀劃策，輔佐自己治理國家。因此，可以說漢武帝實際上並沒有「罷黜百家」，而是兼用百家。這點漢代人是認可的，太史公就說他「悉延（引）百端之學」；汲黯則說漢武帝「內多欲而施仁義」；漢宣帝也說「漢家自有制度，本以霸王道雜之」，據此人們常說漢武帝是外儒內法、儒法並用。《漢書》卷七十七〈蓋寬饒傳〉載宣帝時蓋寬饒說「方今聖道浸廢，儒術不行……，以法律為詩、書」云云，不恰恰說明武帝之後漢朝還在重法治、以法治國嗎？總之，應該說漢武帝繼承了漢初開明的文化思想政策，並沒有返回到秦始皇在文化思想方面實行專制的政策中去。

然而，漢武帝的「悉延（引）百端之學」並不是說各學派都是平等的，而是把各學派分層次地加以兼用的。尊儒術，是把儒術作為國家的指導思想或統治思想；重法治，是把法家學說中的以法治國作為治國的方法、制度用的；此外又兼用各家。這就是太史公所說的「悉延（引）百端之學」。

總之，所謂「獨尊儒術」，漢武帝是確實尊了。所謂「罷黜百家」如果像董仲舒建議所說的那樣「諸不在六藝之科孔子之術者，皆絕其道」，使「邪辟之說滅息」，漢武帝並沒有采納。相反，漢武帝是在尊儒術的前提下，採取的是百家兼用，「悉延（引）百端」的方針。

11《史記・儒林列傳》載「延文學儒者數百人」；《漢書・儒林傳》為「延文學儒者以百數」。

第二節　尊儒術

從春秋末期以來，儒家學說及其代表人物孔、孟在政治上並不得意，為什麼到漢武帝時尊儒術，儒術一變而為國家的指導思想呢？其原因究竟是什麼？又是怎樣尊起來的呢？這些問題牽涉到了中國古代政治與學術思想發展的深層次道理。

漢初社會思潮與治國理論

從戰國中期至西漢中期，社會的發展變化是巨大、迅速和驚人的，伴隨社會發展變化，有兩次大的思潮值得注意。

一、五德終始說與三統說

戰國中期，激烈的兼併戰爭出現了國家向統一發展的趨勢，人們渴望早日結束戰亂實現統一、安定，孟子提出五百年必有王者興就反映了這一心理。當時還出現了另一影響很大的社會思潮就是齊人鄒衍的「五德終始說」。[12]

這一學說認為，天是宇宙的主宰，天子要受命於天，接受上天賜給的擁有、治理四方的命令，又把天命與五行相勝（剋）的學說結合起來，鼓吹金、木、水、火、土就是五德，歷史上一個朝代代表其中的一德，如果一德衰了，另一德就取而代之；五德循環更替，按五行相勝次序，周而復始。凡帝王將興，上天就降下符應或祥瑞，以表示受命於天，在這一學說的指引下，就編造出黃帝得土德，所以天就顯示了黃龍地（大蚯蚓）之祥瑞，黃帝就做了帝王，制度是尚土的，顏色是尚黃的。後來土德衰，木土，禹就據木德而興，因此得了秋、冬草木不殺的禎祥，建了木德制度，換用了青色衣服。後來湯以金德取代了夏的木德，周文王又以火德取代商的金德。各德的取代都有其相應的符應、制度、服色等等，這樣，「五德終始說」的鼓吹者就編造出了一部帝王受天命發展演變的有規律的歷史。

在科學不昌明的古代，這一充斥著宗教迷信色彩的學說，竟然流傳開來，倍受重視，成了帝王統治是否符合天意的準則。秦始皇相信它，以賈誼為代表的一部分知識分子，對「五德終始說」也很相信，所以主張「更秦之法」，秦為水德，漢應為土德，並相應的改制度、易服色等等。

西漢初期還出現了一種三統說。三統說是誰最先提出的不太清楚，不過董仲舒是其積極鼓吹者。三統說從歷史循環論的觀點出發，認為歷史的發展就是黑、白、赤三統的循環。夏為黑統，建寅，以農曆（夏曆）正月初一為歲首；商為白統、建丑，以農曆十二月初一為歲首；周為赤統、建子，以農曆十一月初一為歲首。繼周者又應當是黑統，這就是天道。三統說與五德終始說都是歷史循環論，主宰循環的決定力量都是天。二者的差別是，五德終始說認為秦是水德，在五德循環中佔有一德的席位；三統說則認為黑、白、赤三統指夏、商、周，秦被排斥在三統之外，因為秦不符合三代的道統。三統說非常符合儒家的思想，可能是儒家改造五德終始說而提出的。

12 鄒衍的學說，可參見《史記．孟子荀卿列傳》，以及《呂氏春秋》的〈有始〉、〈應同〉兩篇。另外可參閱顧頡剛《漢代學術史略》第一章、第四章。

上述二說都鼓吹新王朝應受命、改制。董仲舒在〈對策〉中要求改正朔、易服色、更化，也就是要求漢武帝要受命改制。

二、德治、王道與法治、霸道[13]

商朝崇拜天、迷信上帝，然而天並沒能保商，商朝亡國了。周朝接受了教訓，強調敬天保民，重視德。王國維先生曾在〈殷周制度論〉一文中說：「殷、周之興亡，乃有德與無德之興亡。故克殷之後，尤兢兢以德治為務。〈召誥〉曰：『我們不可不鑑於夏代，也不可不鑑於有殷。夏代、殷代，受天命該有多少時間，我不知道。我只知道，夏、殷的國運沒有延續下來，是因為他們不敬其德，才失去了天命。』……周之君臣，於其嗣服之初反覆教誡也如是，則知所以驅草竊奸宄相為敵仇之民而躋之仁壽之域者，其經綸固大有在，欲知周公之聖，與周之所以王，必於是乎觀之矣！」[14]郭沫若也說：「敬德的思想在周初的幾篇文章中就像同個母題的和奏曲一樣，翻來覆去地重複著。這的確是周人所獨有的思想。」[15]如《尚書．君奭篇》載：「天不可信，我道惟文王德延。」《尚書．康誥篇》：「文王克明德慎罰，不敢侮鰥寡。」《尚書．召誥篇》：「天亦哀於四方民，其眷命用懋，王其疾敬德。……王敬作，所不可不敬德。」等等。

了解西周重德治的思想，我們就可以知道儒家德治思想的源頭就是從西周繼承來的。孔子說，仁者，「愛人」，[16]也就是說仁，就是愛護人，尊重人，把人當作人去對待，這和上引《尚書．康誥篇》「文王克明德慎罰，不敢侮鰥寡」的德治思想是何等一致；至於孟子的仁政、王道思想則是從周代的德治思想發展而來的。然而在春秋戰國孔、孟的這套宣揚仁義教化、仁政、王道治國之道卻備受冷落，四處碰壁。與此相反，講法治、霸道的法家，卻大見成效，尤其是秦國，竟然以法家思想為指導，使國家富強，並滅了六國。然而，秦朝最後卻落了個短命而亡。

漢初，秦朝為什麼會短命而亡成了人們探討的熱門話題。《漢書．刑法志》說：「春秋之時，王道寖壞，教化不行。……秦始皇，兼吞戰國，遂毀先王之法，滅禮誼（義）之官，專任刑罰……奸邪並生，赭衣塞路，囹圄成市，天下愁怨，潰而叛之。」賈誼在〈過秦論〉中把秦朝滅亡的原因歸結為「仁義不施」，總之，認為秦的滅亡是由於不施仁義、不用德治、專任刑罰、廢棄三代的傳統所造成的。

德治、王道與法治、霸道的爭論，反映了漢初社會對治國思想、制度、方法的爭論與選擇。這就是漢武帝即位後，面對的兩大社會思潮。

尊儒術與董仲舒的對策

由於前述兩大社會思潮的發展及其對治國理論的探討，西漢初期關心國家前途的人們是迴避不了的，而且這些問題用現有的結論也是回答不了的。漢武帝即皇帝位後，年齡小，好奇心強，

13 此處的德治、王道與法制、霸道，泛指儒法兩家治國的思想、制度、辦法。《辭海》之解釋：「德治，儒家的政治思想，主張用統治階級的道德感化來統治人民。王道，儒者主張以仁義治天下，稱為王道。法治，中國古代以法治國的政治主張。霸道，古代指國君憑藉威勢、利用權術、刑法的統治政策。同王道相對。」這些解釋可供參考。

14 王國維，《觀堂集林．第二冊》（中華書局，一九五九年），四七九－四八〇頁。

15 郭沫若，〈先秦天道觀之進展〉，《青銅時代》（科學出版社，一九五七年），二一頁。

16 《論語．顏淵篇》。

希望找到治國的重大理論和方法問題，以大治天下，所以即位不久就召開了舉賢良對策會議，會上連發三制，希望得到滿意的回答。他提出的問題是什麼呢？「人們都認為五帝三王（夏商周三代）實行王道，改制作樂而使天下洽和。為什麼他們死後大道微缺，敗壞到了桀紂當權、王道大壞？近五百年間，守文的君主，當途的賢士，想按先王的法則治理天下，然而仍不能返回正道，而使社會一天一天衰亂下去。王道到後王就終止了，是不是因為他們操持不準確陷入謬誤而失去了原意？還是上天降命使其不可復返，一定要到大衰敗後才能停止呢？嗚呼！現在所幹的都是些瑣碎的事情，早起晚睡，想效法上古，又有什麼補益呢？三代受命的符應表現在什麼地方呢？災異之變因何而起呢？性命之情，有的夭折、有的長壽、有的仁愛、有的貪鄙，道理究竟何在呢？」接著武帝又談了他治國所要達到的理想，即「百穀豐登，德潤四海，恩澤至於草木……施乎方外，延及群生。」並要求「明先聖之業」，「終始之序」的賢士大夫「明以諭朕」，「朕將親覽焉」。

在這次會上，董仲舒是參加會議的賢良之一，針對漢武帝所發三制提出的問題，他三上對策，就天人關係、儒學的價值、天與儒學的關係等問題作了回答，其主要觀點有下列幾點：

一、關於天和天人關係的問題

董仲舒回答說：「天者，群物之祖也，所以天覆蓋、包涵著萬物，對它們一視同仁，建日月風雨以和美之，經陰陽寒暑使萬物成長。」人受命於天，王者受命的符應就是祥瑞，今文《尚書．泰誓》說：「白魚入于王舟，有火復于王屋，流為烏，此受天之符也。」又「觀天人相與之際，甚可畏也。國家將有失道之敗，而天乃先出災害以譴告之，不知自省，又出怪異以警懼之，尚不知變，而傷敗乃至。以此見天心之仁愛人君而欲止其亂也。」

二、性、命、情與教化問題

董仲舒認為：「命（命運）者，天之令也；性者，人生來的資質也；情者，人之欲望也。人的夭亡、長壽、仁愛、貪鄙，是陶冶而成的，不能整齊劃一，是由社會的治亂所造成的。如堯舜行德教而民仁愛、長壽，桀紂行暴虐而民貪鄙、夭亡。」還認為教化很重要，「教化不立而萬民不正，萬民之從利，如水之走下，不以教化堤防之，不能止也。教化廢而奸邪並出，刑罰不能勝者，其堤防壞也。古之王者明於此，是故……莫不以教化為大務。」為了搞好教化，所以要「立大學以教於國，設地方上的學校庠、序以化於邑。太學者，教化之本原也。」又說：「道，乃治理天下之路也，仁義禮樂皆教化之具（工具）也。故聖王已沒，而子孫長久安寧數百歲，此皆禮樂教化之功也。……王者功成作樂，樂其德也。樂者，所以變民風，化民俗也。其變民也易。周宣王，明文武之功業，周道粲然復興。……後世稱誦，至今不絕。……孔子曰：『人能弘道，非道弘人。』」

三、在以德治國，還是以刑罰治國，以及德、刑與天的關係方面

董仲舒認為：「天道之大者在陰陽。陽為德，陰為刑；刑主殺而德主生。……以此見天之任德不任刑也。……王者承天意以從事，故任德教而不任刑。……為政而任刑，不順於天，故先王莫之肯為也。」

董仲舒又認為：「天使陽出布施於上而主歲功，使陰入伏於下而時出佐陽；陽不得陰之助，

亦不能獨成歲。……爵祿以養其德，刑罰以威其惡，故民曉於禮誼（義）而恥犯其上。」在《春秋繁露．天辨在人篇》則說：「刑者德之輔，陰者陽之助也。」

仁、義、禮、知、信為德教之五常。五常就是治理天下原則，五常修飾好，就可「受天之，而享鬼神之靈，德施於方外，延及群生也。」

四、關於改制、更化方面

董仲舒認為：「三王之道所視不同，非其相反。……改正朔，易服色，以順天命而已。……故王者有改制之名，亡（無）變道之實。」道是什麼呢？道就是治國的道路、方法。因此，「繼治世者其道同，繼亂世者其道變。」

「至周之末世，大為亡（無）道，以失天下。秦繼其後，獨不能改，又益甚之，重禁文學，不得挾書……，其心欲盡滅先王之道……，故立為天子十四歲而國亡矣。自古以來，未嘗有以亂濟亂，大敗天下之民如秦者也。其遺毒餘烈，至今未滅，……竊譬之琴瑟不調，甚者必解而更張之。……當更張而不更張，雖有良工不能善調也；當更化而不更化，雖有大賢不能善治也。」

「春秋謂一元之意，一者萬物之所從始也，元者辭之所謂大也。謂一為元者，視大始而欲正本也。……故為人君者，正心以正朝廷，正朝廷以正百官，正百官以正萬民，正萬民以正四方。四方正，遠近莫敢不壹於正，而亡（無）有邪氣奸其間者。是以陰陽調而風雨時，群生和而萬民殖，五穀熟而草木茂，天地之間被潤澤而大豐美，四海之內聞盛德而皆徠臣，……

莫不畢至，而王道終矣。」

五、「春秋大一統者，天地之常經，古今之通義也。」

此處所說的「大一統」，不僅僅在於要以儒家學說統一思想，同時還要據儒學思想正君臣、父子、夫婦等倫理綱常，還要「尊王攘夷」。所以，「大一統」思想非常適於漢武帝加強專制主義中央集權和實現國家大統一的需要。而且，這種「大一統」是「天地之常經」，換句話說，就是說實現「大一統」是天意。

董仲舒在三上〈對策〉中，就天人關係；天與人的命運、性情與教化問題；天與德治、刑罰治國的關係問題；天與改制、更化問題；大一統五個問題等系統地闡發了自己的觀點，這些問題正是漢武帝大治天下所需要解決的問題。因此，他的〈對策〉得到了漢武帝的認可，〈對策〉後，他被任命為江都王相。

上述五條是三上〈對策〉的主要思想。這些思想反映了董仲舒與先秦儒家思想有顯著差別，也反映了他把先秦儒家思想發展了一步。《漢書．五行志》載：「漢興，秦滅學之後，景、武之世，董仲舒治《公羊春秋》，始推陰陽為儒者宗。」始推陰陽為儒者宗，就是說董仲舒是首先把陰陽五行家的學說與儒家學說結合起來成為儒家宗師的。董仲舒對儒家學說的發展主要就表現在他把鄒衍的陰陽五行學說與儒家學說結合了起來，以適應當時社會思潮與政治發展的需要。他在〈對策〉中就很明顯地表現了這一點。

其一，在〈對策〉中對漢武帝提出三代受天命的符應等問題都作了明確的回答。董仲舒認為天是萬物之祖，覆蓋、包含著萬物，建日月風雨調和萬物，經陰陽寒暑以成長萬物。這種天可以說是自然之天，客觀存在的物質之天，但天在決定人間的事情上卻變成了有意志有感情的神。天可以把擁有與治理天下的天命授與王者，受命的符應就是祥瑞，為愛護人君又可用災害、怪異對他進行譴告、使其驚懼而改正失誤。這種王權天授的理論，實際論證了漢室江山存在的合理性、神聖性。這一點恰是漢武帝令學者對策所要達到的目的。

其二，董仲舒對儒家所主張的治國方略、辦法都說成是天命、天意，如「天任德不任刑」，「王者承天意以從事，故任德而不任刑」。這裡說的德包含兩個方面：一方面是德治，就是用儒家仁義等思想為指導所制定的政治制度、措施；另一方面是教化，就是道德教化。又指出如果用刑罰治國使天下衰敗了，就要改制、更化、改正朔、易服色，這樣做是「順天命」，並認為只要按儒家這些治國的辦法實行，就會使王道復興、天下大治。這些自然是漢武帝樂意接受和需要的，正因為他把儒家的主張都披上了天、天命的外衣，所以說他把陰陽五行家和儒家學說結合了起來，發展了儒家學說。

董仲舒在〈對策〉中雖把陰陽五行說與儒家學說結合了起來，然而他畢竟是儒家的經學大師，而不是陰陽五行家的方士。這表現在以下三方面：

首先，董仲舒維護儒家的道統。所謂道統，就是治國的道路、方法，儒家治國的主要特點是以德教（德治、教化）治國。仁義禮樂是進行德教的工具，仁義禮知信是德教的五個常用原則。在董仲舒看來，時代在變化，朝代在更替，儒家治國的道，即治國的道路、方法是不變的，所以說「道之大原出於天，天不變，道亦不變」。秦朝治國專用刑罰，使天下大亂，這是廢先王之道的後果，因此就要改制、更化，重新改為用儒家的德教治國。這就維護了儒家治國的道路、辦法，維護了儒家的治國傳統，維護了儒家的道統。

其次，強調德教，即德治和教化。所謂德治就是董仲舒所說「《詩》云：『宜民宜人，受祿於天。』為政而宜於民者，固當受祿於天」。這就是說國家的施政要適合人民的願望、利益，就應當領受天的俸祿，實際是要求實行儒家的仁政。據此推理也可以說，在董仲舒看來，適合民意，也就符合天意，從而達到天人合一，這就堅持了儒家的民本思想。這一思想在一定條件、在一定程度上是能夠實現的，對社會發展有著積極意義。而所謂教化，就是道德教化，他強調教化，說「古者修教訓之官，務以德善化民，……今世廢而不修，亡（無）以化民，民以故棄行誼（義）而死財利，是以犯法而罪多」等等。在他看來，教化可以提高民眾的道德素質，而防止民眾犯上作亂，統治者的統治就會鞏固。總之，董仲舒闡發以德教治國，可以達到使天下洽和的理想境界。

再者，董仲舒從其天人感應的理論出發，認為天降災害、怪異是對帝王失道的譴責，目的是引起其驚懼而改正其錯誤，這實際上就是要限制、監督皇權。怎樣限制、監督皇權呢？董仲舒是治公羊大師，所以他說「《春秋》之所譏，災害之所加也；《春秋》之所惡，怪異之所施也」。這就是說他企圖以儒家的經典來匡正皇權。在中國封建社會中，皇權具有無限性、絕對性，而處在兩千多年前的董仲舒卻試圖借天來限制、監督皇權，這在當時是很有新意的大膽理論，這一理論填補了中國古代政治學說中的一個空白。這一點不僅繼承了儒家的精神，而且有新的發展。至於這一學說借助了「天」的形式，則是歷史條件的限制和當時思潮影響所致，我們無法苛求於古人。不僅如此，在實踐中董仲舒還真的借天降災異來限制、監督漢武帝，結果險些被處死，這正說明他是個嚴肅的學者。

基於以上三點，所以說董仲舒是儒家的經學大師，而不是陰陽五行家。

由於董仲舒適應形勢的需要發展了儒學，所以人們稱他的儒學為新儒學，漢武帝的尊儒術與董仲舒的新儒學有密切關係。董仲舒重建了天的權威，吸收陰陽五行家鄒衍的學說，給儒學、也給皇權披上了神光聖彩。這正符合了漢武帝大治天下的需要，因此在漢武帝尊儒的活動中董仲舒起了重要作用。然而，儒學被尊，也和儒學本身所具備的條件有關。如儒學是個百科全書式的學派，《易》、《尚書》、《春秋》、《詩》、《禮》、《樂》都是統治階級離不開的有用的學問。

孔子宣導的君臣、父子、夫婦的倫理綱常也是統治階級所竭力維護的。儒家的德治學說所包含的民本思想，反映了民眾的正當利益和願望，又是統治階級鞏固統治長治久安的需要。再如，儒家學說包容性大，不走極端，其他學說很容易融會到儒家學說中去。如孔子在《論語．為政》中既說「為政以德」，又說「齊之以刑」，可見在「為政以德」的同時，並不排除用刑罰。董仲舒也說「爵祿以養其德，刑罰以威其惡」也是二者兼用的，只是說如同「陰為陽之輔」一樣，以德為主以刑為輔罷了。再如漢初的無為而治，在太史公看來實行的就是仁政。太史公曰：「孔子言：『必世然後仁。』漢興，至孝文四十有餘載，德至盛也。……嗚呼，豈不仁哉！」《集解》注引孔安國曰：「三十年曰世。如有受命王者，必三十年仁政乃成。」[17] 既然受命王者，行仁政，三十年就會成功。漢朝建立到文帝已歷四十餘年，在太史公看來這四十餘年實行的「無為而治」就是「仁政」，道、儒兩家竟然如此會合到了一起。《漢書．文帝紀》贊曰：「孝文皇帝即位二十三年……專務以德化民，是以海內殷富，興於禮義，斷獄數百，幾致刑措。嗚呼！仁哉！」實行「無為而治」的文帝，在班固看來實行的也是仁政，「無為而治」等於「仁政」，道、儒兩家巧妙地融會到了一起。郭沫若在《秦漢之際的儒者》一文中說：「所有先秦以前的諸子百家，差不多全部會合到秦以後的所謂儒家裡面去了。」[18]在這種情況下，應當說漢武帝尊儒術是做了一次符合歷史發展趨勢的英明抉擇。

置五經博士與興學校

漢武帝從即帝位不久，就不斷進行尊儒活動，如元光元年（西元前一三四年）五月舉賢良對策會議上，丞相田蚡黜百家之言，尊儒術，提拔平民公孫弘當官，後來做到丞相，在社會上產生了不小影響等。然而，武帝的尊儒活動產生了深遠影響的，還要以置五經博士、興學校兩件事為最大。

一、置五經博士

博士一職，據王國維先生考證，戰國末已經設立。如《漢書》卷五十一〈賈山傳〉載賈山「祖父，故魏王時博士弟子也」，則知戰國末魏國設博士職，而且教授學生。秦博士在始皇帝時多至七十人，「秩比六百石」，「掌通古今」。秦所置博士除儒家經學博士，如叔孫通等外，還有治諸子學、詩賦、方技、術數、占夢、卜筮等有專長的人。此外，秦博士可以置弟子，[19]《史記．叔孫通傳》

17《史記》卷十，〈孝文本紀〉。
18 郭沫若，《青銅時代》（科學出版社，一九五七年），二九三頁。
19 王國維，〈漢魏博士考〉，《觀堂集林．第一冊》（中華書局，一九五九年），一七四—二一七頁。

載「博士諸生」，又說「叔孫通之降漢，從儒生弟子百餘人」，則知秦博士可置弟子。[20] 秦博士可在朝廷需要時議典禮政事，如《史記．秦始皇本紀》載「議帝號」時，丞相綰等奏「臣等謹與博士議」，又〈叔孫通傳〉載陳勝起義後，「二世召博士諸生問」等，都說明博士可供垂詢政事。

漢初承秦制置博士，文帝時博士多達七十餘人，博士的構成、作用與秦相似。漢初，儒家經學就有博士：

其一，《詩》，魯有申公、燕有韓嬰，文帝時二人均為《詩》博士，景帝時又立講《詩》的齊人轅固為博士。這樣，《詩》博士就有魯詩、韓詩、齊詩三家。《史記．儒林列傳》載，韓嬰孫韓商「為今上博士」，即為武帝時的《詩》博士。

其二，漢初治《書》以濟南伏生最為有名，伏生乃秦博士，文帝時求治《尚書》者，天下無有，伏生能治，年已九十餘，於是令太常掌故晁錯從伏生受《尚書》。伏生的《尚書》在秦焚書時藏於夾壁牆中，漢初丟失幾十篇，得二十九篇，伏生教濟南張生、歐陽生。《史記》、《漢書》均載文帝時張生為博士。《漢書．儒林傳》云：「歐陽生字和伯，千乘人，事伏生，授兒寬。……寬授歐陽生子，世世相傳，至曾孫高子陽，為博士。」高孫歐陽地餘亦為博士，宣帝時曾在石渠閣論學。又說，歐陽、大小夏侯學皆出兒寬。這裡講了《書》的傳承關係——伏生傳張生（博士）和歐陽生；歐陽生傳兒寬，兒寬傳歐陽生子，大、小夏侯。歐陽家世世相傳，傳至歐陽生曾孫歐陽高為博士，歐陽高子歐陽地餘亦為博士。[21]

其三，景帝時治《公羊春秋》的學者以齊人胡母生和董仲舒最為著名，二人均為博士。這樣，在武帝之前，文、景時已置了《詩》、《書》、《公羊春秋》三經博士。

《漢書．武帝紀》載建元五年（西元前一三六年）春，置五經博士。由於這時《樂》已失傳，儒家的六經只剩五經，而《詩》、《書》、《春秋》三經已置，所以要置的只《禮》、《易》兩經。

關於《禮》的傳授，《漢書·儒林傳》載：「漢興，魯高堂生傳《士禮》十七篇。……孟卿，善為《禮》、《春秋》，授后蒼」等人，又云「后蒼字近君，東海郯人也。……蒼亦通詩、禮，為博士，至少府。……蒼說《禮》數萬言，號曰《后氏曲臺記》」，后蒼又授禮於戴德、戴聖、慶普。后蒼是見於《漢書·儒林傳》記載的第一個禮博士，他是何時為博士的呢？由於王國維先生曾說后蒼「在昭宣二帝之世」[22]容易引起誤會，應作說明。《漢書·儒林傳》贊曰：「自武帝立五經博士，……。初，《書》唯有歐陽、禮后（后蒼）、易楊（楊何）、春秋公羊而已。至孝宣世，復立大小夏侯尚書，大小戴禮，施、孟、梁丘易，穀梁春秋。至元帝世，復立京氏易。」這段記載把武帝立五經博士後經學的傳授講得清清楚楚，傳授的《尚書》是歐陽尚書、《禮》是后氏禮、《易》是楊何傳授的易。到宣帝對經學的傳授又增加了幾家，至元帝時又增加了京氏易。如果這個記載不錯，后蒼就應是武帝時所立博士，況且在宣帝即位的第二年即本始二年，后蒼已由博士升為少府兩年。[23]昭帝在位時間僅十四年，而且文獻上無昭帝立經學博士的記載，所以后蒼立為《禮》博士只能是在武帝時期。

關於《易》學的傳承，《史記·儒林列傳》載：「自魯商瞿受《易》孔子，孔子卒，商瞿傳《易》，

---

20 《史記》卷九十九，〈劉敬叔孫通列傳〉。

21 《史記·儒林列傳》與《漢書·儒林傳》未載歐陽生為博士。兒寬在《尚書》傳授過程中作用大，但兒寬於武帝時為御史大夫，比博士地位要高得多，〈儒林傳〉也未載其為博士，兒寬傳《尚書》於歐陽生之子，歐陽尚書此後名聲大振。

22 《觀堂集林·第一冊》（中華書局，一九五九年），一七八頁。

23 《漢書》卷十九，〈百官公卿表〉載宣帝即位第二年，即本始二年「博士后蒼為少府，二年」。

六世至齊人田何，……而漢興。田何傳東武人王同子仲，子仲傳菑川人楊何。何以《易》，元光元年徵，官至中大夫。……然要言《易》者本於楊何之家。」

以上為五經的傳承和漢武帝置五經博士時情況。漢武帝置五經博士，是由於《易》、《書》、《詩》、《禮》、《春秋》這五經對治理國家有重要作用。以《易》而言，《史記．日者列傳》載：「自古受命而王，王者之興何嘗不以卜筮決於天命哉！」《史記．龜策列傳》載：「太史公曰：自古聖王將建國受命，興動事業，何嘗不寶卜筮以助善！……王者決定諸疑，參以卜筮，斷以蓍龜，不易之道也。」這就是說研究《易》的目的就是為了知天命、知興替、決諸疑等等。漢武帝尊儒術的目的是為效法先王的德治、王道而大治天下，孔安國在〈尚書序〉中說孔子編訂《尚書》的目的就是為「垂世立教」、「恢弘至道，示人主以軌範」，使「帝王之道，坦然明白，可舉而行」等等。知道了五經的用途，則武帝置五經博士的目的也就不言而喻了，自然置五經博士這一措施對儒學發展的促進作用是無法低估的。

二、興學校

據典籍所載，中國在夏、商、周時已有學校。漢代國立大學稱太學，是武帝時創立的。郡國地方辦的學校稱庠序，[24]在武帝之前如蜀郡已有設置，武帝時「乃令天下郡國皆立學校官（校舍）」[25]，學校才普及於全國。

興辦國立太學是董仲舒在〈對策〉中提出的建議，他說「陛下……務以求賢，此亦堯舜之用心也」，然而「不養士而欲求賢」，就如同不琢玉而求文采，怎麼能得到呢？因此，應明白「養士之大者，莫大乎太學；太學者，賢士之所關也，教化之本原也。……臣願陛下興太學、置明師，以養天下之士，數考問以盡其材，則英俊宜可得矣。」這裡提出了興太學的建議和辦學的具體措施。措施如下：一是「置明師」，就是設置明儒家經學之師，也就是後來武帝所設置的五經博士。二是「養天下之士」，就是培養來自全國的學生。三是通過「數考問」了解學生的才學。這樣國家就能夠得到「英俊」之材。

漢武帝採納了董仲舒的建議，並付諸實施。建元五年（西元前一三六年）春「置五經博士」，為興建太學準備了教師條件。過了十二年，到元朔五年（西元前一二四年）六月，武帝下了一道興學的詔書，詔書中講了制禮作樂進行教化的重要性，並指令太常商議為博士置弟子的事情，以使鄉里能崇尚教化，並達到砥礪賢才的目的。詔書下達後，丞相公孫弘與太常孔臧、博士平等商議，為執行漢武帝詔令的精神，決定採取以下具體措施，並上報漢武帝批准。措施如下：

其一、陛下勸學興禮，崇教化，礪賢才，以化四方，這是謀求天下太平的本原，先要把京城建成一個「首善」的模範地區。

其二、請求對舊的屋舍加以修建而興辦學校，為博士官設置五十位弟子，免除他們的徭役。太常要負責選擇十八歲以上容貌端正的民眾，補博士弟子的名額。各郡國及縣、道、邑中有愛好文學、敬重長上、尊崇政教、順和鄉里、言行不違背他所學的人，縣令、侯相、縣長、縣丞必須報到上屬的郡守或諸侯王國相那裡，這些上司經謹慎的考察認為可以的，就應當叫他和郡國「計

24《漢書》卷八十八，〈儒林傳〉載：「鄉里有教，夏曰校，殷曰庠，周曰序。」《禮記．學記》曰：「古之教者，家有塾，黨有庠，術有序，國有學。」

25《漢書》卷八十九，〈循吏傳．文翁〉。注引師古曰：「學官，學之官舍也。」即官府建的校舍。

吏」一同到京師晉見太常，讓他們和博士弟子一樣受教育。

其三、經一年學習期後，不管是太常所補博士弟子或郡國所選的學生都要考試，能通一經以上的，可以補文學掌故的缺額。名列前茅可以當郎官的，太常要列名簿上奏，如有才學特別優異的，也要隨時把姓名奏上。這些人中有不事學習和才具下等的，及不能通達一經的，就罷除他，推薦他的單位也要受罰。

其四、中央機關和地方政府需要的治禮和治掌故兩種官職，往往以文學和禮義之士擔任，因此請選擇博士弟子中名列前茅，俸祿「比二百石以上」的郎，及俸祿百石而能通一經以上的官吏，補左右內史、大行卒史；比百石以下的官吏，補郡太守的卒史，每郡各二人，邊郡一人。先用背誦經書多的，如人數不夠，再選擇掌故中的優異者補俸祿為「中二千石」的屬吏，文學掌故補太守的屬吏，由這些人備員，遞補缺額。

其五、以上新立的條文，請著錄在法規上，其他仍如舊律。皇帝批示說：「可以。」從此以後，公卿大夫和一般官吏，很多都是文質彬彬的文學之士了。

從上述內容可知，武帝時興辦了太學，太學的老師就是儒家的經學博士，太學的學生有兩部分，一部分是太常遣派的博士弟子五十人，另一部分是郡國選送經太常批准的「得受業如弟子」地方派遣生。這兩部分學生學習一年後要經嚴格考核，並按學習的等次分派到皇帝身邊做郎官，和被委派到中央一些機構和郡國守相下作屬吏，學習不及格的罷除。武帝之後博士弟子名額逐漸增加，昭帝時增加到一百人，宣帝時增加二百人，元帝時增至千人，成帝末增至三千人，到東漢末增加至三萬人。

地方辦的學校以景帝後期文翁在蜀郡辦學最早。《漢書》卷八十九〈循吏傳〉記載，文翁，少好學，通春秋，先作郡縣小吏，後經察舉升官，景帝後期為蜀郡太守，好教化，因蜀僻陋、習俗落後，就選擇聰明有才幹的郡縣小吏十餘人，送京師隨博士受業或學律令。數年後，學成歸蜀，文翁讓他們作了郡縣的高官，其中有的還經察舉「官有至郡守、刺史者」。[26] 後來，文翁又在成都為學校建起校舍，招屬縣子弟為學校學生，並免除傜役，學習成績好補郡縣官吏，其次為孝悌力田。縣邑中的官吏都以此為榮，數年後，爭當學校的學生，富人家出錢爭當。蜀地教化大進，到京師學習的人可與齊、魯相比。武帝時，令郡國「皆立學校官（校舍）」，地方辦的學校在全國才普及起來。

漢武帝即位後，通過諸如〈對策〉活動、置五經博士、興辦太學和使地方學校得到普及等，促進了教育與儒學的發展及使儒生加入國家官吏集團。《漢書．儒林傳》贊曰：「自武帝立五經博士，開弟子員（為博士置弟子），設科射策，勸以官祿，訖於元始，百有餘年，傳業者寖（漸）盛，支葉蕃（多）滋，一經說至百餘萬言，大師眾至千餘人，蓋祿利之路然也。」不僅當時培養了大量儒生充任了各級政府官吏，而且這種現象以後維持了兩千多年，對中國古代的政治、文化生活都發生了重大影響。

第三節　重法治

漢武帝重法治是公認的事實。有的認為武帝是外儒內法，有的則說儒法兼用，有的則說武帝

26《漢書》卷八十九，〈循吏傳．文翁〉。

時期「申商韓非之言，倒成了政治的指導思想」，[27]提法雖然不同，但武帝重法治這一點，卻是人們所公認的。

值得注意的是，先秦法家的法治思想與改革思想是結合在一起的。先秦法家以法治國是為了推動改革，保證改革的順利推行，漢武帝也是如此。《史記．平準書》載漢武帝說：「朕聞五帝之教不相復而治，禹湯之法不同道而王，所由殊路，而建立的功德業績卻是相同的。」這句話與商鞅所說的「治世不一道，便國不法古，故湯武不循古而王，夏殷不易禮而亡」[28]的改革思想如出一轍。正因為漢武帝要改革，要前進，就需要通過法治清除前進道路上的障礙。此外，「法治」作為一種治國的重要方法，想把國家治理好是不能不用的，這就是漢武帝重法治的原因。

漢武帝的法治思想

周代重德治，對舊貴族的利益和特權是很維護的，所以《禮記．曲禮上》說：「禮不下庶人，刑不上大夫。」有的學者指出，周代的禮，也包含著法。[29]春秋戰國隨著法家的出現提出了法治思想，先秦法家的法治思想有兩個顯著特點：一是用法「不別親疏，不殊貴賤，一斷於法」（《史記．太史公自序》）；再有「刑過不避大臣，賞善不遺匹夫」（《韓非子．有度》）。二是公正執法，要求「言無二貴，法不兩適。故言行而不軌於法令者，必禁」（《韓非子．問辨》）。這就要求以法治國，要求在法律面前人人平等。韓非也稱這一學說為「刑名之術」，他認為具體的法令條文叫名，依據法令條文進行賞罰叫刑，名是刑的根據，刑應合乎名，這就叫「刑名之術」。[30]由於中國的法治思想是先秦法家提出的，所以探討漢武帝的法治思想離不開先秦法家的法治思想。

漢代的學者為了把禮、法與刑、德的關係說清楚，也談了他們自己的觀點。如《漢書．賈誼傳》載賈誼說「夫禮者禁於將然之前，而法者禁於已然之後」，也就是說禮義教化是在事前規範人行為的準則，法是在人犯罪後進行懲罰的規章，二者相輔相成。《春秋繁露．陰陽位》載董仲舒說「刑者德之輔，陰者陽之助」，是主張「德主刑輔」二者兼用的。這些論斷說明禮、德與法、刑是可同時並用的，它對武帝法治思想的形成無疑是起了作用的。

漢朝重法治是有傳統的。《史記．儒林列傳》說，漢文帝「本好刑名之言」，所以他一方面以無為而治為指導，約法省禁；一方面又依法辦事、嚴肅執法。如一次有人驚了文帝駕輿，文帝要處重刑，廷尉張釋之說：「法者天子所與天下公共也。今法如是，更重之，是法不信於民也，且方其時（驚駕之時），上使使誅之則已。今已下廷尉，廷尉，天下之平也，壹傾，天下用法皆為之輕重，民安錯其手足？唯陛下察之。」文帝深思良久說：「廷尉當是也。」[31]這裡所說的「法者天子所與天下公共」，就是說法是天下人共同遵守的規則。

漢武帝繼承了先秦和漢初執法公平「不別親疏，不殊貴賤」的法治思想，以法治國是突出的。武帝妹妹隆慮公主之子昭平君，又是武帝女兒夷安公主的丈夫，犯法當死，隆慮公主臨死前，以金千斤、錢千萬為其贖罪，按漢朝的法律是可以用錢贖罪的，所以武帝批准了。隆慮公主死後，

27 金春峰，《漢代思想史》（中國社會科學出版社，一九八七年），十九頁。
28 《史記》卷六十八，〈商君列傳〉。
29 周密，《中國刑法史》（群眾出版社，一九八五年），一二三頁。
30 《韓非子．問辨》。
31 《漢書》卷五十，〈張馮汲鄭傳〉。

昭平君又犯法當死，因為是公主之子，廷尉不敢作主處決他，又請示武帝決處其罪。《漢書》卷六十五〈東方朔傳〉載：武帝「為之垂涕歎息，良久曰：『法令者，先帝所造也，因弟（妹）故而誣先帝之法，吾何面目入高廟乎？又下負萬民。』乃可其奏，哀不能自止，左右盡悲。朔前上壽，曰：『臣聞聖王為政，賞不避仇讎，誅不擇骨肉。《書》曰：『不偏不黨，王道蕩蕩。』此二者，五帝所重，三王所難也。陛下行之，是四海之內元元之民各得其所，天下幸甚！』」漢武帝在處理這一案件時可以說繼承了先秦法家的法治思想。

武帝執法嚴明，如方士欒大，在樂成侯丁義的推薦下來到了武帝身邊，靠詐騙博得了武帝的信任。武帝賞給他大量財富，並封其五利將軍、天道將軍、樂通侯等官、爵，騙得了六顆金印，武帝還把自己的女兒、衛皇后生的長女嫁給了他。但後來武帝發現了他的詐騙活動後，堅決處死了他，並對推薦他的樂成侯丁義也判處棄市。王船山就此事說：「樂成侯丁義薦欒大，大詐窮而義棄市。小人不恥不仁，不畏不義，小懲而大誡，小人之福也，懲一人而天下誡，國家之福也。……義既誅，大臣弗敢薦方士者，畏誅而自不嘗試也。義誅，而方士公孫卿之寵不復如以前的方士文成、五利之顯赫。其後求仙之志亦息矣，無有從諛（奉承）之人也。故刑賞明而巧言諛媚之人收斂。武帝淫侈無度而終不亡，賴此也夫！」[32] 從王船山稱讚漢武帝的嚴明執法起到了除奸、防奸的作用，甚而說武帝最後沒有亡國，就依賴於他的執法嚴明。

從上述兩個例子來看，武帝不分親疏貴賤、公正執法，確實得到了先秦法治思想的真傳，從這個意義上也可以說，漢武帝的法治思想是吸收先秦法家思想而形成的。

增訂法律，以法治國

漢武帝重法治也是當時客觀形勢的需要。武帝即位不久外事四夷、內事興作，尤其是對匈奴的戰爭勢必激化各方面的矛盾，為此就需要增訂法律，嚴明賞罰，以推動事業前進。《漢書．刑法志》說：「及至孝武即位，外事四夷之功，內盛耳目之好，徵發煩數，百姓貧耗，窮民犯法，酷吏擊斷，奸軌不勝。」在這種情況下，元光五年（西元前一三〇年）七月，武帝任命張湯、趙禹定律令。這次條定的律令有以下兩個特點：

一、法令文深、嚴酷

《漢書．張湯傳》說：「張湯與趙禹共定律令，務在文深。」《漢書．刑法志》說：「張湯、趙禹之屬，條定法令，作見知故縱、監臨部主之法，緩深故之罪，急縱出之誅。其後奸猾巧法，轉相比況，……或罪同而論異。奸吏因緣為市，所欲活則傅生議，所欲陷則予死比。」從這一記載中可以看出所謂律令文深、嚴酷主要表現在張湯、趙禹條定的幾種律令上。

其一，「作見知故縱、監臨部主之法」，即各官府負責的官吏（監臨部主），如果「見知故縱」

32 王船山，《讀通鑑論》卷三，〈武帝二一〉。

也就是「見知而故不舉劾，各與同罪」，[33]或謂「見知故縱以其罪罪之」。

其二，「緩深故之罪」，注引孟康曰：漢武帝「欲急刑」，所以「吏深害及故入人罪者」，都得到了「寬緩」，也就是從寬處理了在執法過程中犯罪的官吏。[34]

其三，「急縱出之誅」，師古注：「吏釋（放出）罪人，疑以為縱出，則急誅之。」

由於以上所述法律條文的深刻、嚴酷，及在執行過程中對犯法官吏的「寬緩」優待，所以又出現了執法時「奸滑」之徒巧妙地解釋法律，轉相比較，想讓罪人活命則比附能活命的法律，想讓罪人死就採用死罪的法律給予解釋。因此，奸吏常常通過對法律作不同解釋而接受財物賄賂，就像在市場上作交易一樣。

二、法令條文繁多、嚴密

《漢書．刑法志》說武帝時法網漸密，「律令凡三百五十九章；大辟四百零九條，一千八百八十二事；死罪決事比一萬三千四百七十二事。文書盈於几閣，典者不能遍睹。」上述記載說明，漢朝的律、令、科、比四種法律形式，其中律、令是兩種最基本的形式。各種法律形式的條文都增加了很多。

律，此是皇帝令制定的一種穩定且基本的法律形式，是判定犯罪性質、名稱、輕重的準繩。劉邦在西元前二〇六年入咸陽時與民約法三章：「殺人者死，傷人及盜抵罪。」其後由於「三章之法，不足以御奸」，相國蕭何又依據「秦法，取其宜於時者，作律九章」。[35]此後，高帝又讓叔孫通作關於朝儀的《傍章律》十八篇；《漢書．禮樂志》說「叔孫通所撰禮儀，與律令同錄」，故稱傍章。上述法律共二十七篇。漢武帝時，據《晉書．刑法志》說張湯作宮廷警衛的「《越宮律》

二十七篇」，趙禹作「《朝律》六篇」共計三十三篇。上述高帝、武帝共作律六十篇，武帝時制定三十三篇，佔總數的百分之五十五。上引《漢書・刑法志》說「律令凡三百九十五章」，統稱漢律，後亡佚。後世所說漢律，就是上述這些篇章。

令，就是皇帝的詔令。《漢書・宣帝紀》注引文穎說：「天子詔所增損，不在律上者為令。」令的數目繁多，涉及社會生活的各方面，所以後來按發佈先後編為〈令甲〉、〈令乙〉、〈令丙〉。《晉書・刑法志》說「漢時決事，集為令甲以下三百餘篇」，其重要性可想而知。

科，按犯罪性質分類進行處罰的條律稱科或科條。《釋名・釋典藝》云：「科，課也，課其不如法者，罪責之也。」《後漢書・陳寵傳》載：「漢興以來……科條無限。」《後漢書・梁統傳》載：「武帝軍役數興，豪傑犯禁，奸吏弄法，故重首匿之科。」上引《漢書・刑法志》說死罪之中有「大辟四百九條」，就是說死罪中的大辟一項就有科條四百零九條。

比，是以舊的案例作為判決的標準，遇有案子與其比較進行判定，所以稱為「決事比」。上引《漢書・刑法志》載，漢武帝時「死罪決事比萬三千四百七十二事」。

法律條文增加太多了，所以出現了「文書盈於幾閣，典者不能遍睹」。

漢宣帝曾說：「漢家自有制度，本以霸王道雜之，奈何純任德教，用周政乎！且俗儒不達時

33《晉書・刑法志》：「張湯、趙禹始作監臨部主、見知故縱之例。其見知而故不舉劾，各與同罪；失不舉劾，各以贖論，其不見不知，不坐也。」

34《漢書・張湯傳》注引張晏曰。

35《漢書》卷二十三，〈刑法志〉。

宜，好是古非今，……何足委任！」漢武帝就是「霸王道雜之」的開創者和實踐者，尊儒而重法，任用儒法兼用的公孫弘和從獄吏中提拔起來的張湯、杜周等執法大臣，用嚴刑峻法打擊諸侯王叛亂、豪強、商人、農民起義，因此以法治國是漢武帝治國的重要的辦法和制度。

重法治與尊儒術的結合

漢武帝時期值得注意的一種現象就是「重法治」與「尊儒術」相結合，這是過去所沒有的。這種現象表現在以下兩方面。

一、以「《春秋》決獄」

這是漢武帝時法律形式的一個新發展，所謂「《春秋》決獄」就是把儒家五經之一的《春秋》作為判斷案件的法典。《春秋》一書維護君臣、父子、夫婦的綱常倫理，春秋大一統思想對維護專制主義中央集權十分有利，漢武帝尊儒的目的之一就是要以《春秋》之義正君臣關係。漢武帝大搞《春秋》決獄，如令董仲舒弟子「呂步舒持節使決淮南獄，於諸侯擅專斷，不報，以《春秋》之義正之，天子皆以為是」。[36]董仲舒病退後，「朝廷每有政議，數遣廷尉張湯至陋巷，問其得失」，問的就是關於春秋決獄之事，董仲舒「動以經對，言之詳矣」。[37]公孫弘所謂「習文法吏事，緣飾以儒術」，搞的就是春秋決獄。

「春秋決獄」不僅在鎮壓諸侯王叛亂中起了作用，並以此嚴格規範臣下的行為，而且漢武帝開創的這一先例，對後世有深刻影響。如成帝時丞相樂安侯匡衡非法擴大封邑四百頃，收租穀千餘石，以「春秋之義，諸侯不得專地」為據，判匡衡「專地盜土」之罪，「免為庶人」等。這種風氣發展到東漢馬融、鄭玄等以儒學回答法律問題的「章句十有餘家，家數十萬言。凡斷罪所當由用者，合二萬六千二百七十二條，七百七十三萬二千二百餘言，言數益繁，覽者益難」。[38]以《春秋》決獄，說明已把儒家經典作法律用，這說明儒、法兩家已日趨合流。

二、武帝時「赦天下」、「赦徒」與特別赦免某一地區、某一事件中罪人的次數頻繁

武帝時斷獄數比過去大為增加。據《漢書．刑法志》載，西漢時斷獄最少的文帝，年「斷獄四百」。武帝斷獄次數大增，年「天下斷獄萬數」，或「斷獄歲以萬千數」。雖然如此，但武帝時「赦天下」、「赦徒」，特別赦免某一事件、某特定地區罪人方面，並不比其他皇帝為少。今據各帝紀所載有關材料列表如下：

赦免罪人、刑徒次數表

帝號	當政年數	大赦次數	赦徒次數	別赦次數	總計次數	平均次數
惠帝	7	1		1	2	3.5年1次
文帝	25	4	1	1	6	4.1年1次
景帝	16	5	1	2	8	2年1次
武帝	55	18	1	5	24	2.4年1次

36 《史記》卷一百二十一，〈儒林列傳〉。
37 《晉書》卷三十，〈刑法志〉。
38 同註37。

從上列表中可以看出，武帝赦免罪人、刑徒年平均次數上多於惠、文二帝；稍少於景帝，是一位在這方面做得比較突出的皇帝。赦免罪人刑徒一般發生在新皇帝即位，有重大禮儀活動、祥瑞出現、皇帝駕臨某一地區時所採取的措施，這樣做是為與民更始，也就是給罪人、刑徒以重新做人的機會。這是皇帝關心民眾疾苦，施恩德於民的重要表現，這對尊儒術的漢武帝來說自然是他以德化民的重要表現。

從武帝處理一些案件來看，是注意縮小打擊面和恩威並舉的，如元光六年（西元前一二九年）衛青率眾將出擊匈奴，李廣、公孫敖「失師而還」，回師後，李廣、公孫敖下廷尉，以法定罪，對士卒則統統赦免。武帝在詔令中說，「將軍已下廷尉，使理正之（以法定罪）。而又加法於士卒，二者並行，非仁聖之心。朕閔眾庶陷害，……其赦雁門、代郡軍士不循法者」。[39]這樣一下就赦免了眾多士卒的罪。對領兵的將領武帝也是如此，一方面依法懲處，判處死刑，一方面又讓其贖為庶民，到以後需要時，又讓其為將軍，立功補過。對民眾犯罪的案件也是如此，如元狩六年（西元前一一七年）這一年因盜鑄錢依法當處死刑的太多了，所以武帝「赦吏民之坐盜鑄金錢死者數十萬」。[40]這些事實說明，武帝在重法治、依法治國的同時，又貫徹著儒家以「德教」化人的精神。

總之，以《春秋》決獄和不斷赦免罪人、刑徒說明，漢武帝的重法治是與尊儒術結合在一起的，這一點是漢武帝與秦始皇等只知用嚴刑峻法治國的皇帝的區別，這正是漢武帝的高明之處。

第四節　悉延百端之學

《史記》卷一百二十八〈龜策列傳〉太史公曰：

> 至今上（漢武帝）即位，博開藝能之路，悉延（引）百端之學，通一伎（技）之士咸得自效。絕倫超奇者為右，無所阿私。

現存的《史記．龜策列傳》分兩部分，一部分為「太史公曰」，有約八、九百字，是從歷史發展的觀點講述卜筮在歷史上的作用及其發展變化的；另一部分為褚先生曰，約有五千字左右。後面這部分人們公認「言辭最鄙陋，非太史公之本意也」[41]；前面那一部分並非如此，就在這部分講到卜筮的發展時太史公講了上述的話。這幾句話用今天的話說就是，漢武帝即位後，廣開藝能之路，延引百家之學，有一技之長的士人都可為國效力。只要有卓越的超人的才幹就能出人頭地，而且公正無私。既然如此，那麼武帝的用人就包含著儒、法、道、縱橫、雜家、陰陽五行、術數、方士等各家各派。太史公還說，由於武帝執行這樣的政策，所以「數年之間，太卜大集」。《漢書．東方朔傳》也說「武帝既招英俊，程（計量、考核）其器能（才能），用之無不及」，這一記載與太史公上述對武帝的稱讚是一致的。《漢書．武帝紀》載元朔五年夏六月的詔書說「詳延天下方聞之士，咸薦諸朝」，師古曰「詳，悉也。延，引也。方，道也。聞，博聞也。言悉引有道博聞之士而進於朝也。」這與上述太史公說的「悉延百端之學」的精神也是一致的。

任用既學儒學又學各家之學者，或先學各家之學後學儒學者是「悉引百端之學」的表現形式

39《漢書》卷六，〈武帝紀〉。
40《史記》卷三十，〈平準書〉。
41《史記》卷一百三十，〈太史公自序〉；《集解》引張晏曰。

之一。司馬談曾從唐都學天文，從川人楊何學《易經》，又追隨黃生學黃老之學，在武帝建元至元封年間為太史令。[42] 武帝時的名儒夏侯始昌，是位「通五經，以齊詩、尚書教授」的儒家學者，但又是一位「明於陰陽」，善推言災異的陰陽五行家，曾預言「柏梁臺災日，至期日果災」。在董仲舒、韓嬰去世後，「武帝得始昌，甚重之，曾被選為昌邑王太傅」。[43] 曾任太尉、丞相的田蚡曾治「盤於諸書」，據注家解釋，盤於二十六篇系兼儒、墨、名、法的雜家書，後轉好儒術。[44] 再如公孫弘，元光元年舉賢良對策，後為御史大夫、丞相，封平津侯，是武帝從儒家學者中提拔起來的。然而，公孫弘卻是個「習文法吏事，緣飾以儒術」，又「著《公孫子》，言刑名事」，[45] 所以公孫弘是一位兼治儒、法兩家的學者。尤其值得注意的是，在漢武帝強化法制的舉措下，儒學經典如《春秋》也被當作法典使用。《史記．平準書》載「自公孫弘以《春秋》之義繩臣下取漢相，張湯用峻文決獄為廷尉，於是見知之法生，[46] ……窮治之獄用矣」。董仲舒也「作《春秋》折獄二百三十二事，動以經對，言之詳矣」。[47] 上述這些現象，都可以視為武帝「悉延百端之學」的一種表現形式。

漢武帝「悉延百端之學」的另一形式是直接任用各學派的人做官，如對法家是很注意任用，並發揮其作用的。《漢書》卷五十二〈韓安國傳〉載，韓安國字長孺，「嘗受韓子、雜說，鄒田生所」，師古曰：「田生，鄒縣人。」可知韓安國曾在鄒縣田生所學習過法家韓非和雜家學說。武帝時，韓安國失官閒居，武帝先後任他為北地都尉、大司農、御史大夫、代丞相等職。馬邑之謀時，武帝令他率三十萬大軍伏擊匈奴。

再如，張歐「孝文帝時以刑名侍太子」，景帝時位列九卿，武帝元朔年間曾「代韓安國為御史大夫」。[48] 張湯自幼學習決獄文書律令，武帝時與趙禹「共定諸律令」，湯常「決大獄」，治淮南、衡山、江都王謀反案件，「皆窮根本」。為御史大夫後，又承武帝旨「請造白金及五銖錢，籠天下鹽鐵，排富商大賈，出告緡令，（鋤）豪強並兼之家」，在這一過程能以巧妙的言詞文飾法律嚴懲違禁者。張湯以法治國的才幹深受武帝賞識，所以常奏事至日晚，使武帝忘食，並讓丞相成為無用的擺設，於是出現了「天下事皆決湯」的局面；張湯生病時，武帝親至其家探視，「其隆貴如此」，可見武帝對他倚重之深。[49]

另外，與張湯「共定律令」的趙禹和杜周，都是武帝時重用的法家在政府任要職的官員。其中，趙禹歷任御史、中大夫、廷尉、少府；杜周則歷任廷尉史、廷尉、執金吾、御史大夫等。[50]同時，崇尚法治、信奉管商的法家桑弘羊又是為武帝所重用的理財專家，鹽鐵、均輸、平準等措施的有力推行者，後為御史大夫。黃霸「少學律令，喜為吏，武帝末以待詔入錢賞官，補侍郎謁者」，後補河東均輸長；宣帝時曾官居潁川太守、京兆尹、丞相等職。[51]漢武帝時期所任用的上述

42 《史記》卷一百三十，〈太史公自序〉。
43 《漢書》卷七十五，〈夏侯始昌傳〉。
44 《漢書》卷五十二，〈田蚡傳〉。
45 《漢書》卷五十八，〈公孫弘傳〉；《西京雜記》卷三。
46 「見知之法」或「見知故縱」之法，謂見知不舉事不舉報，以故意縱放罪人罪論處。
47 《晉書》卷三十，〈刑法志〉。
48 《漢書》卷四十六，〈張歐傳〉。
49 《漢書》卷五十九，〈張湯傳〉。
50 分見《漢書》，卷九十〈酷吏傳．趙禹〉、卷六十〈杜周傳〉。
51 《漢書》卷八十九，〈循吏列傳〉。

法家官吏，不僅在當時政治、經濟生活中起了重大作用，到昭、宣時期的作用也不可忽視。

漢武帝不僅從儒、法兩家中選擇官吏，也從其他學派中選拔官吏，如主父偃「齊國臨人也，學長短從（縱）橫術，晚乃學易、春秋、百家之言」。《漢書・藝文志》所著錄的縱橫家書目中有《主父偃》二十八篇，這說明主父偃主要是學縱橫術起家的，並有專門著作問世。元光元年主父偃上書武帝，早上上書，晚上就被召見，所言九事，其中八事均被著為律令。主父偃也深為武帝賞識，一年中四次升官，至中大夫，最後為齊王相。值得注意的是，主父偃的一些意見，正是通過與公孫弘這位以儒術起家的官僚通過辯論、鬥爭而付諸實施的。例如主父偃建議中提出築朔方城「內省轉輸戍漕，廣中國，滅胡之本也」，武帝「下公卿議，皆言不便」。其時，作御史大夫的公孫弘「數諫，以為罷弊中國以無用之地，願罷之。」[52]後經辯論，公孫弘才認錯。事實證明，元朔二年（西元前一二七年）武帝徙十餘萬人築朔方城，此後開始向西北大移民，是其開發西北邊郡的開端，而西北邊郡的建立既可以阻止匈奴南犯，又是反擊匈奴的前方基地，對穩定北方局勢有重要作用。徐樂也是一位以學縱橫家之言起家的，並有著述的學者。《漢書・藝文志》著錄的縱橫書目中有〈徐樂〉一篇，徐樂在給武帝的上書中，把陳涉起義比作土崩，把吳楚七國之亂比作瓦解，指出「臣聞天下之患，在於土崩，不在瓦解，古今一也」，以此提醒武帝在年成不好、民多困窮時，要注意穩定形勢。[53]元光元年與主父偃一同上書的有徐樂、嚴安，武帝召見他們時說：「公等安在，何相見之晚也！」這說明武帝對主父偃等縱橫家一類的人材是很器重的。[54]

黃老之術西漢初是國家的指導思想。武帝即位後黃老學說的地位大大降低，但是武帝仍然任用學黃老之術的人當官，汲黯就是一例。汲黯學黃老之學起家，景帝時曾為太子洗馬，武帝時先後任用為滎陽令、中大夫、東海太守，「黯學黃老言，治官民，好清靜，……黯多病，臥閤內不出，歲餘，東海大治，稱之。上聞，召為主爵都尉，列於九卿。治務在無為而已，引大體，不拘文法」；[55]武帝對他「無為」的治理方法和直言的性格都很讚賞，稱讚他是「社稷之臣」。鄭當時也是位治黃老學的，景帝時為太子舍人，武帝即位先後為濟南太守、江都王相、至九卿為右內史、大司農，「當時好黃老言」。[56]楚元王後人劉德「修黃老術，有智略」，「常持《老子》知足之計」；武帝曾在甘泉宮召見他，因其年輕，稱其為「千里駒」。[57]另外，司馬談、司馬遷父子是尊黃老的，先後被任用為太史令，司馬遷還被任用為中書令。再如郎中嬰齊、楊王孫等人都是當時治黃老之術有影響的社會人物。

此外，武帝對雜家、術數家等均一概任用。東方朔就是位雜家，他說自己「諷誦《詩》、《書》百家之言不可勝數」，又說他「十六學《詩》、《書》，誦二十二萬言。十九學孫、吳兵法，……亦誦二十二萬言」。他曾上書武帝陳述農戰強國之計，其言專用「商鞅、韓非之語」。[58]王鳴盛說東方朔戒子「亦宗黃老」。[59]漢武帝在宮中曾令諸術數家「射覆」，所謂「射覆」是將物件預為隱藏讓人猜度的一種遊戲，東方朔說曾學《易》，請求猜度，結果屢猜屢中，使左右大驚，這說明東方

52 《漢書》卷六十四，〈主父偃傳〉；卷五十八，〈公孫弘傳〉。
53 《漢書》卷六十四，〈徐樂傳〉。
54 《漢書》卷六十四，〈主父偃傳〉。
55 《漢書》卷五十，〈汲黯傳〉。
56 《漢書》卷五十，〈鄭當時傳〉。
57 《漢書》卷三十六，〈楚元王傳〉。
58 《漢書》卷六十五，〈東方朔傳〉。
59 王鳴盛，《十七史商榷》卷六。

朔還是一位善卜筮、占候、起課的術數家。東方朔從年青時到武帝身邊，先後為常侍郎、太中大夫，曾多次進言。淮南王劉安也是位雜家，招致賓客方術之士數千人，作內書二十一篇，外書甚眾，又有中篇八卷；劉安入朝，「獻所作內篇，新出」，武帝「愛祕之」。[60]

漢朝建立後，對兵家非常重視，漢初讓「張良、韓信序次兵法，凡百八十二家，刪取要用，定著三十五家」；武帝時又讓「軍政楊僕」，取其「遺逸，紀奏兵錄」。霍去病「為人少言不泄，有氣敢任，天子嘗欲教孫吳兵法」，[61] 當時人稱讚大將軍衛青「雖古名將不過也」。漢武時出了衛青、霍去病等傑出軍事將領，與當時重視研討兵家著作是分不開的。《漢書·藝文志》兵書技巧類著錄書目中有《李將軍射法三篇》，此處所說李將軍即李廣也。此外，武帝對術數家、方士也是重用的。《史記·龜策列傳》載太史公說對卜筮的「賞賜至或數千萬，如丘子明之屬，富溢貴寵，傾於朝廷」。尤其是對方士更加信用，武帝可說一輩子都在受方士的騙，到最後才清醒了過來。

上述事實說明，武帝「悉延百端之學」確系歷史事實。這就是說，武帝在尊儒術、重法治的同時，又兼用百家。

漢武帝「悉延百端之學」是當時歷史條件決定的，有著深刻的歷史原因。首先，文景時期的「無為而治」，決定了學術思想上的「各家共進」，從那時遺留下的人才各家各派都有，無法把他們統統罷黜。其次，武帝時期是個開拓進取的時代，需要很多各方面的人才，即使在元朔年間為博士置弟子之後，一年也不過培養五十名，根本不夠用，不用其他學派的人根本不可能。再者，其他各學派也確實能提供許多人才。這就決定了漢武帝必然要各家兼用，至於這樣做的利弊得失，讀者從有關事實中就可以得出自己的結論，這裡無需多作評述。

60《漢書》卷四十四，〈淮南衡山濟北王傳〉。

61《漢書》卷五十五，〈霍去病傳〉。

第三章　施德治安定社會

漢武帝即位之初，就想著要「德潤四海，恩澤至於草木」，所以他對發展農業生產，安定農民生活、穩定社會是非常重視的。他曾說：「間者河溢，歲數不登，故巡祭后土，祈為百姓育穀。」[1]又說：「朕親奉祀，為百姓蒙嘉氣，獲豐年焉。……以四時祠江海雒水，祈為天下豐年焉。」[2]故漢武帝即位以後採取了一系列的調整生產關係、興修水利、關心民眾疾苦的措施。

第一節　調整生產關係　穩定小農經濟

秦漢時期土地佔有狀況呈兩重性。一方面皇帝對全國土地擁有最高所有權，如秦始皇在《琅邪臺刻石》中說「六合之內，皇帝之土」；賈誼也說秦始皇「貴為天子，富有天下，……以六合為家，殺函為宮」。[3]劉邦當皇帝後對其父說：「始大人常以臣亡（無）賴，不能治產業，不如仲力。今某之業所就孰與仲多？」[4]蔡邕的《獨斷》是記載漢代典章制度的書，《獨斷》卷上說「天子無外，以天下為家，故稱天家」，這些記載都說國家對全國土地是有最高所有權的。並且，這種所有權還可分封給臣下，《漢書．食貨志》說「宗室有土」，顏師古解釋說「有土，謂國之宗室受封邑土地者也」，也就是說受分封後，封邑中的土地歸國家所有，被分封者只有佔有權。上述記載說明秦漢時期國家擁有全國的最高土地所有權無疑是存在的。

另一方面，經戰國到西漢時期的發展，可以轉讓、買賣、出租土地的私有法權也得到了承認、確立，所以武帝時土地兼併發展了起來，董仲舒在〈對策〉中就說「身寵而載高位，家溫而食厚祿」的官僚地主「眾其奴婢，多其牛羊，廣其田宅，博其產業，畜其積委，務此而亡（無）已，……富者奢侈羨溢，貧者窮急愁苦，……民不樂生，尚不避死，安能避罪！」[5]《史記‧貨殖列傳》也說從事農業、畜牧業、手工業、商業以及山澤產品開發、銷售的（虞）人「為權利以成富，大者傾郡、中者傾縣、下者傾鄉里，不可勝數」，從事各種行業最後發展為中小地主的人是大量的、普遍的。《史記‧貨殖列傳》稱有封邑衣食租稅的特權地主，對封邑中的民戶每戶每年平均收二百錢，有千戶的封君每年收二十萬，「朝覲聘享出其中」，生活快樂美滿。而「無秩祿之俸、爵邑之入」的從事農、工、商的庶民地主，家產一萬錢每年平均可增值二千錢，有百萬家產的每年收入二十萬，「而更傜租賦出其中」，其生活也同樣快樂美滿，因為他們沒有封邑，所以稱之曰「素封」。隨著社會上各種地主的發展，社會上出現了「耕豪民之田，見稅什伍。故貧民常衣牛馬之衣，而食犬彘之食」的佃農。這些記載又說明，隨著土地私有制的發展，各種地主發展了起來，貧富兩極分化，階級矛盾又趨於尖銳。

1《漢書》卷二十五，〈郊祀志〉。
2 同註1。
3《史記》卷六，〈秦始皇本紀〉。
4《漢書》卷三，〈高帝紀〉。
5《漢書》卷五十六，〈董仲舒傳〉。

在上述情況下，據《漢書．食貨志》載，董仲舒曾提出「限民名田，以澹不足，塞兼併之路，然後可善治也」的建議。漢武帝則採取了一系列的措施，抑止土地兼併、緩和階級矛盾、穩定小農經濟，使老弱孤寡的生活也得以維持。正因如此，他的統治能維持半個多世紀，事業才得以實現。現把武帝這方面的措施分述如下：

改變土地佔有形式

漢代雖然皇帝或國家對全國土地有最高所有權，然而對土地的佔有卻存在不同形式。其一，屬於國家各級官府的無主荒地、草地、山川、園林、池澤等，這些土地一般稱為公田，有的可以開墾。其二，國家各級官府直接經營管理的耕地、牧場、苑囿、池澤等等。其三，地主佔有、經營的耕地、牧場、山林、池澤等。其四，農民佔有、使用的耕地、牧場、山林等。這種土地佔有的不同形式彼此間是可以轉化的。

漢武帝時期，國家及其各級官府直接經營、管理的耕地、牧場、山林、池澤土地佔有形式大大擴大是一個顯著特點。《鹽鐵論．復古篇》說：「孝武皇帝攘九夷，平百越，師旅數起，糧食不足，故立田官，置錢，入穀射官，救急贍不給。」《鹽鐵論．園池篇》也說：「縣官開園池，總山海，致利以助貢賦，修溝渠，立諸農，廣田牧，盛苑囿。太僕、水衡、少府、大農，歲課諸入田牧之利，池𣿬之假，及北邊置任田官，以贍諸用，而猶未足。今欲罷之，絕其源，杜其流，……如之何其可也？」這些記載說明，漢武帝時因「師旅數起，糧食不足」，為「贍諸用」，所以要立「田官」，在國有土地上直接經營農、牧業。這些官營農牧業像官營工商業一樣是國家財政收入的重要來源，官營農業中央分別由大司農（管理國家財政並兼管農業）、少府（管皇室財政）、太僕（掌馬政畜牧）、水衡（掌山林池苑）管理。此外，地方政府，如京師三輔地區、郡國及其下屬縣在所屬公田上也設置官營農業，並設勸農掾、田曹等農官管理；西北邊郡的屯田上也設置農官，如農都尉，護田校尉等進行管理。

既然漢武帝時國家各級官府直接經營的官營農牧業所佔土地大為擴大，那麼這些公田即國有土地是從那裡來的呢？據歷史記載，這些公田有以下幾種來源。

一、高資富人、豪傑名家遷徙後留下的土地

遷徙東方大族高資富人、豪傑名家是西漢的傳統國策。《漢書．劉敬傳》載，漢初劉敬曾建議「徙齊諸田、楚昭、屈、景、燕、趙、韓、魏後，及豪傑名家」十餘萬口於關中地區。理由是關中人口稀少，北近胡寇，東有六國強族，遷十餘萬口於關中，無事可以防胡，東方六國如發生叛亂可率領他們東伐，這就是「強本弱末」的治國之術。高帝九年十一月「徙齊、楚大族昭氏、屈氏、景氏、懷氏、田氏五姓關中，與利田宅」，這些人遷走後，據說出現了一個意想不到的經濟後果，就是「邑里無營利之家，野澤無兼併之民」。[6] 高帝以後，遷徙高資富人及豪傑名家成了一種傳統，武帝時有關徙民的記載有三次：建元三年（西元前一三八年）「賜徙茂陵者戶錢二十萬，田二頃」；元朔二年（西元前一二七年）「徙郡國豪傑及資三百萬以上於茂陵」；太始元年（西元前

6 《後漢書．五行志三》注引《東觀書》載杜林上疏。

九六年）「徙郡國吏民豪傑於茂陵、雲陵」。把這些人遷走後留下的土地如何處理呢？《漢書．陳湯傳》載陳湯曾對成帝說「關東富人益眾，多規良田，役使貧民，可徙初陵，以彊京師，衰弱諸侯，又使中家以下得均貧富」。這就說明，這種遷徙主要是從「強本弱末」的政治需要出發的，當然「使中家以下，得均貧富」也是一個重要的經濟目的。如何使「中家以下，得均貧富」呢？高資富人、豪傑遷入關中後，國家要給與田地等財產、資金，那麼他們遷走後留下的田地等財產按理亦當交公，變為國家或郡國的公田，這些國有的公田再以「假與」、「賜與」等形式交給農民佔有、使用，就會使中家以下「得均貧富」。因此漢武帝時三次遷徙東方高資富人、豪傑於關中，留下的土地歸郡國政府處理使用應無疑問，這些土地就應是地方郡國公田的來源之一。

二、打擊商人、豪強沒收的土地

據《漢書．食貨志》載元狩四年頒算緡令時就下令「賈人有市籍，及家屬，皆無得名田，以便農。敢犯令，沒入田貨。」[7]元鼎三年（西元前一一四年），楊可告緡遍天下，商賈中家以上大都破產，沒收了商人地主遍及各地的大量土地，「大縣數百頃，小縣百餘頃……而水衡、少府、大農、太僕各置農官，往往即郡縣比沒入田田之」。這就是說在大量沒收商人地主的土地之後，把土地交歸大農等四個部門管理經營，其範圍遍及中原地區各郡縣，這樣，商人地主私人佔有的土地就轉化成了國有的公田。

漢武帝還通過打擊豪強地主，沒收土地。《漢書．張湯傳》載：御史大夫張湯「承上旨，……（鋤）豪強並兼之家」，這就是說鋤除豪強抑兼併，是漢武帝推行的一項政策。為此武帝設刺史監察郡國，以「六條問事」，第一條就是「強宗豪右，田宅逾判，以強淩弱，以眾暴寡」；武帝又任用酷吏打擊豪強，如酷吏王溫舒為河內太守時，「捕郡中豪猾，相連坐千餘家，上書請（辦其罪），大者至族（滅族），小者乃死，家盡沒入償臧（贓）」。再如寧成，南陽郡人，在其家鄉「買田千餘頃，假貧民，役使數千家」，酷吏義縱為南陽太守後，「至郡，遂桉甯氏，破碎其家」。這樣，被打擊誅殺的豪強土地就轉化成了公田。

三、開發各級官府掌握的荒地和開發西北邊郡的土地

西漢時期從中央到地方政府都掌握著有待開發的荒地、山林、苑囿，有的土地就是武帝時開發出來的，如河東渠田，原計劃開發五千頃水澆地，工程完成不久因河道遷徙，工程報廢，但田地仍有一定的使用價值，所以給了越人使用，而由少府收少量租稅。

西北邊郡原來的一些郡縣就有很多可開發的土地。其後，隨著反擊匈奴戰爭的勝利，又設置了新的郡縣，如元朔二年（西元前一二七年）置朔方郡，元鼎二年（西元前一一五年）以後又逐漸設置了酒泉等河西四郡。這些郡縣有大量土地可開發，武帝就在西北邊郡大量開發荒地，實行屯墾。

四、改革畝制增加農民耕地使用面積

漢武帝通過遷徙東方大族、打擊豪強、沒收商人土地、開發荒地等方式擴大國有土地，而後

7《史記・平準書》載「賈人有市籍者，及其家屬，皆無得籍名田，以便農。敢犯令，沒入田僮。」

又通過「假民公田」，屯田等方式把這些土地轉給農民使用。值得注意的是，他還推行大畝制，增加農民的耕地使用面積。西漢初期，有的地區在畝制上使用周制，「六尺為步，步百為畝」，[8]一百方步為一畝，折合等於今零點二八八市畝；有的地區用秦制，寬一步（六尺），長兩百四十步為一畝，折合等於今零點六九一市畝。[9]漢武帝時推行大畝制，《鹽鐵論．未通篇》御史說：「古者，制田百步為畝，民井田而耕，什而籍一。……先帝哀憐百姓之愁苦，衣食不足，制田二百四十步而一畝，率三十而稅一。」推行大畝制後，耕種面積增加了約一點四倍，有利於穩定和發展農民經濟。所以鹽鐵會議上御史把漢武帝時推行大畝制後耕地面積增加，而賦稅還是三十稅一而未增加，作為當時德政加以申述，而賢良文學也未就推行大畝制提出反駁，可見這在當時確系公認的事實。

中原地區官營農業的剝削方式

中國從秦朝起，官營農業就是採取把公田「假」給民人的方式經營的。《史記．匈奴列傳》載「始皇帝使蒙恬將十萬之眾北擊胡，悉取河南地。……又度河據陽山北假中。」注引《集解》說「北假，北方田官。主以田假與貧人，故云北假。」

漢武帝時通過遷徙富民、打擊商人、豪強、開發荒地在中原地區設置官營農業，也是用假民公田的方式經營的。《漢書．昭帝紀》的記載和注中說，那時公田上有專門管理稻田的「稻田使者」，其職責就是把稻田「假與民」，並「收其稅」。[10]那麼什麼是「假」呢？假可作「借」講。貧人無田，假（借）別人的田耕種，出假（借）稅，[11]這就是最初的租佃關係。後來，唐朝顏師古注釋《漢書》時說假的含義是「權以給之，不常與」，又說「假，亦謂貧人賃富人之田也」。唐人李賢注《後漢書》時說「假，猶租賃」。[12]這樣「假」就成了秦漢時期租佃關係的代名詞，漢代所謂「假民公田」就是這種經濟關係的反映。

京師三輔地區的公田，稱三輔公田，由於秦漢時期京師長安的長官稱內史，所以也叫內史公田。武帝建元六年（西元前一三五年）分為右內史、左內史，太初六年（西元前一〇四年）又把長安及屬縣分為三區——京兆尹、左馮翊、右扶風，稱為三輔。《漢書．溝洫志》載：「上（武帝）曰：今內史稻田租挈重，不與郡同，其議減。」師古曰：「租挈，收田租之約令也。郡謂四方諸郡也。」這一記載和有關注釋說明，一是農民「假」種公田是有租約的；二是不僅內史所轄三輔公田采取「假」田方式經營，其他郡國也是如此，二者的區別僅僅在於「內史」所轄京師地區的稻田徵收的假稅過重而已；三是三輔公田上徵收的假稅顯然不是一般民田的三十稅一的田租，如果是三十稅一的田租就不會發生租額重不重的問題，也不會發生議定減輕的問題。這種類型的「假民公田」明顯是用租佃方式經營的，其租額比「耕豪民之田，見稅什伍」要輕得多，但比「三十稅一」的田賦又要重，而這裡耕種公田的民戶一般來說應是官府的佃戶。

---

8 《漢書》卷二十四，〈食貨志〉。

9 梁方仲，《中國歷代戶口、田地、田賦統計》（上海人民出版社，一九八〇年），五四七頁。

10 《漢書．昭帝紀》載，桑弘羊暗通燕王旦謀害霍光，為「稻田使者燕倉先發覺」。注引如淳曰：「特為諸稻田致使者，假與民收其稅也。」

11 《說文解字》云，「假，非真也」，「借，假也」。這說明假、借二字相通。

12 分見《漢書．宣帝紀》、《後漢書．和帝紀》等有關注釋。

國家管理機構在公田上收的假稅較輕是明顯的事實。《鹽鐵論．園池篇》說：

今縣官多張苑囿、公田、池澤，公家有鄣假之名，而利歸權家。三輔迫近於山、河，地狹人眾，四方並湊，粟米薪菜，不能相贍。公田轉假，桑榆菜果不殖，地力不盡，愚以為非。先帝之開苑囿、池篽，可賦歸之於民，縣官租稅而已。假稅殊名，其實一也。

這一記載涉及了土地所有權歸屬和假稅徵收多少的問題，所以下述兩點值得注意：一是國家假給農民土地後，收的假稅少，所以權家插入其中，先接受「公家」假給的公田，而後再轉假給民眾，「公家轉假」後，權家徵收高額地租，所以利歸權家。但土地所有權仍屬國家。二是「先帝（武帝）之開苑囿、池、可賦歸之於民，縣官租稅而已。假、稅殊名，其實一也」。鹽鐵會議是昭帝時召開的，這裡所說「先帝之開苑囿、池」云云指的是武帝。看來漢武帝把公田「假」與農民後，並未徵收高額地租，收的與政府收的「三十稅一」的田租差不多，所以說「假、稅殊名，其實一也」。既然如此，那麼為什麼要把「假」給農民的土地，改為「賦（給與）歸之於民」呢？這就是說把公田「假與」或「賦」與民戶土地所有權的歸屬是不同的，在「假民公田」時不管收租稅如何輕，土地所有權歸國家，而把公田「賦歸」與民時，土地所有權就歸了民戶。

那麼，漢武帝為什麼要在「假民公田」保持國家對土地所有權的同時，收的假稅又相當輕呢？漢武帝即位之初土地兼併已相當嚴重，董仲舒建議「塞兼併之路，以贍不足」，司馬相如在〈上林賦〉也希望他「以贍氓隸（貧窮農民）」。而漢武帝「假民公田」的物件就是貧窮破產的農民，這些貧窮農民「假」到國有土地後，就有了土地使用權，收的假稅又輕，這就使他們的個體小農經濟得以維持和休養生息。這樣做的結果使貧困農民能夠生活下去，統治者的統治也就能維持下去，階級矛盾、社會矛盾也就得到了緩和。這正是漢武帝英明睿智之處，也是他實行儒家「德治」、「仁政」的一個產物。不僅如此，從武帝開始「假民公田」成了漢代的一個傳統，如宣帝地節元年（西元前六九年）詔「假郡國貧民田」，宣帝地節三年（西元前六七年）詔「假公田，貸種食」等等，一直到東漢還是如此，這也是值得注意的。

西北邊郡的民屯與軍屯

漢武帝時隨著反擊匈奴戰爭的勝利，通過徙民屯田和軍屯，開發西北地方。東漢應劭說，「武帝始開三邊，徙民屯田」，就是說漢代開發西北等邊地是從武帝時開始的。從有關記載看武帝時大規模徙民進行民屯和軍屯的記載有以下幾次。

（一）《漢書．武帝紀》載元朔二年（西元前一二九年）春匈奴入上谷、漁陽，殺略吏民千餘人。武帝派遣將軍衛青、李息出雲中，至朔方以北的高闕，又向西至符離，斬獲數千，大勝，收復今河套一帶的河南地，置朔方、五原兩郡。為鞏固對這一地區的統治，這年夏天「募民徙朔方十萬口」。

（二）元狩四年（西元前一一九年），山東遭水災，民多饑乏，武帝派遣使者調撥郡國倉庫中的糧食救濟災民，仍不足，又「募豪富」把錢糧「假貸」給窮人，還不能相救，於是讓「關東貧民徙隴西、北地、西河、上郡、會稽凡七十二萬五千口」。[13]

13《漢書》卷六，〈武帝紀〉；卷二十四，〈食貨志〉。

（三）元狩四年是衛青、霍去病分道襲擊、大敗匈奴的一年，此後匈奴遠遁，漠南無王庭。這一年軍屯也有大發展，《史記．匈奴列傳》載此年「漢度河自朔方以西至令居（今甘肅永登西北），往往通渠置田，官吏卒五六萬人，稍蠶食，地接匈奴以北」。

（四）元狩五年（西元前一一八年）「徙天下奸猾吏民於邊」。[14]

（五）元鼎五年（西元前一一二年），《史記．平準書》載：「初置張掖、酒泉郡，而上郡、朔方、西河、河西開田官，斥塞卒六十萬人戍田之。」

（六）元鼎六年（西元前一一一年），《漢書．武帝紀》載：「乃分武威、酒泉地置張掖、敦煌郡，徙民以實之。」

上述六條記載，除第三條、第五條是描述西北邊郡屯田的規模、地域、人數，其他四條都直接是徙民實邊的記載，分別是：一「募民徙朔方十萬口」、二「關東貧民七十二萬五千口徙隴西、北地、西河、上郡、會稽」、三「徙天下奸猾吏民於邊」、四是元鼎六年（西元前一一一年）「徙民以實之」。究竟這四次一共徙了多少人去邊地，確切數字已無法知道，但至少也有一百萬左右。

這些人去西北邊郡後，是在怎樣的經濟關係和剝削方式下從事生產、生活呢？《史記．平準書》記載元狩四年那次徙民時說「乃徙貧民於關以西，乃充朔方以南新秦中，七十餘萬口，衣食皆仰給縣官。數歲，假予產業，使者分部護之，冠蓋相望，其費以億計，不可勝數，於是縣官大空」。徙去這七十多萬人，國家在「數歲」之內，是要「假予產業」的，這些「產業」都包括什麼呢？首先應包括土地，否則這些關東遷去的無地貧民怎麼生活呢？而國家在西北邊郡又擁有大量待開發的土地，所以「假予」土地不存在問題。此外，還「假予」犁牛，《漢書．昭帝紀》載元鳳三年「邊郡受牛者勿收責（債）」，注引應劭曰：「武帝始開三邊，徙民屯田，皆與犁牛。」這說明武帝在徙民屯田時，「假予產業」中包括土地和犁牛。這些民屯戶最初應是官府的封建依附農，後來發生兩極分化，有的變為自耕農、佃農。王船山在《讀通鑑論》中說：「武帝救饑民也為得。虛倉廩以振之，寵富民之假貸者以救之，不給，則通其變而徙荒民於朔方、新秦者七十餘萬口，仰給縣官，給予產業，民喜於得生，而輕去其鄉以安新邑，邊因以實。……武帝乘其時而為民利，故善於因天而轉禍為福，國雖虛，民以生，邊害以紓（舒），可不謂術之兩利而無傷者乎！」[15]

從上述材料還可看出，漢武帝時在西北邊郡的軍屯也是規模巨大。如元狩四年從朔方（今內蒙黃河河套地區）到今甘肅永登一帶通渠置田官，有吏、卒五六萬人屯田；元鼎五、六年則有張掖、酒泉、朔方、上郡、西河、河西等地開田官，有六十萬人屯田。這種巨大的屯田規模已為後世發現的《居延漢簡》的有關記載所證實。[16] 最初國家對軍屯吏士實行供給制，士卒在屯田上的收穀亦當交公，後來由於軍屯的士卒可以帶家屬，軍屯上出現了民屯戶，封建租佃關係可能得到一定程度發展，東漢初馬援在上林苑屯田就採用封建租佃關係可說明這一點。[17]

14《漢書》卷六，〈武帝紀〉。

15 王船山，《讀通鑑論》卷三，〈武帝一七〉（中華書局，一九七六年）。

16《居延漢簡》載：元帝、成帝時的大司農奏疏中說「武（威）以東至西河郡十一農都尉官」。農都尉，武帝時設置，秩比二千石，郡中管理屯田殖谷的高級官吏。武威以東有十一個農都尉官，說明屯田規模很大。引用字簡文見《居延漢簡釋文合校》上冊，三三七頁。

17《後漢書》卷二十四，〈馬援傳〉載馬援「以三輔地曠土沃，而所將賓客猥多，乃上書求屯田上林苑中，帝許之」。《水經注》卷二，〈河水〉云：「馬援請與田戶中分以自給也。」

漢武帝在西北邊郡的民屯、軍屯對中國後世有著重大影響。曹操在〈置田令〉中就說：「孝武以屯田定西域，此先代之良式也。」[18]曹操在許昌等地屯田就是在總結漢武帝在西北邊郡屯田的基礎上而推行的，因此應當說，武帝在西北邊郡的大規模屯田功在當代、惠及後人。

第二節　興修水利　發展生產

《史記．河渠書》記載了中國從古到漢武帝時興修水利的概況；《漢書．溝洫志》記載了中國從古至西漢末興修水利的概況。從中可以看出，中國興修較大的水利工程是從春秋開始的，經戰國而至西漢興修水利工程出現了一個高潮，西漢時期全國興修水利的高潮就是在漢武帝時期出現的。而且，漢武帝是秦漢時期歷史上興修水利工程最多的一位皇帝。

漢武帝時期興修水利有兩個時期，一個時期在元封元年之前，這一時期興修水利主要是在以關中為中心的中原地區興修的；另一個時期是元封二年堵塞黃河瓠子決口後，群臣爭言水利，興修水利也發展到河西地區、淮河流域、山東等地。

元封前的水利興修

漢武帝從即位到元封前所修水利主要是在關中、河東、漢中等地進行的。關中地區是秦漢政權的首都所在地，戰國時期秦就注意在關中興修水利，秦王嬴政在統一六國前就修了鄭國渠。鄭國渠是一條溝，通涇、洛二水，經涇陽、三原、高陵、富平、蒲城等縣，長約三百餘里，可灌溉四萬多頃（約合今兩百多萬市畝）的大型水利灌溉工程。漢武帝時期全國出現了興修水利的高潮，也是從關中開始的。漢武帝之所以如此，主要是由兩個原因造成的。其一，關中是全國政治、經濟文化中心首都長安的所在地，消費的糧食和物資數量大。而從外地運輸糧食等物資，耗費民力巨大，成本太高，所以需要增加糧食產量，開拓水路交通、方便運輸。其二，武帝時大規模開發西北，關中成了主要的後方供應基地、軍事基地，所以需把關中建設成為供應前方的糧倉。

在上述情況下，武帝就不能不重視關中農業生產的發展和水利的興修，解決的問題主要是灌溉和方便運輸。元封以前在關中及周圍地區所修水利主要有以下幾項：

一、修建漕渠

漕渠是一條運輸與灌溉兩用的水利工程，開鑿的主要目的是為了漕運。漕渠自長安西南昆明池起，經今臨潼、渭南、華縣、華陰、潼關，直達黃河，長三百餘里，完成這一工程可使山東物資從水路直達長安，同時還可灌溉渠旁萬餘頃良田。武帝元光六年（西元前一二九年）大司農鄭當時上奏說：「以前關東的糧食從渭水運來，預計六個月才能結束，而水路有九百餘里，且時有難走的地方。引渭水從長安開渠，從南山下去到黃河三百餘里，路直，容易漕運（水路運輸），預計三個月可以結束。而渠下民田萬餘頃，又可以得以灌溉；這樣既可以減少漕運時間又減省了運

18《三國志·魏志·武帝紀》注引《魏略》。

輸的士卒，而使關中之地更加肥美，收得的穀更多。」武帝認為他的話是對的，所以令齊人水工徐伯測量土地，徵發幾萬「卒」挖漕渠，三歲而成。漕渠完成後，用以漕運，非常便利，後來漕運日多，渠下百姓也得以利用渠水溉田。

值得注意的是，漢初高帝時從關東運糧每年數十萬石，漕渠建成後猛增至四百萬石，到武帝元封年間（西元前一一〇年—前一〇五年）增加到每年六百萬石。這說明漕渠的修成，對從關東地區向關中運送糧食等物資確實起了重大作用。

二、修建河東渠田

漕渠建成後，河東郡守名叫番系的上言說：「從山東運糧至關中，每年百餘萬石，而且要經歷砥柱山下的艱難危險，丟失很多而費用很大。如果能穿渠引汾河水灌溉皮氏縣（縣城在絳州龍門）、汾陰縣，再引黃河水灌溉汾陰、蒲坂下的土地，估計可得田地五千頃，都是河旁邊閒棄的土地，現在用水灌溉後，預計每年可得穀二百萬石以上。穀物沿渭水運上去，與關中沒有什麼差別，這樣砥柱山艱險地帶以東就可以不必再運糧去關中。」武帝認為他說得對，就「發卒數萬人」作渠田。幾年後，河道移徙了，渠無法用，種田的人連種子費用都收不回來；時間久了，河東渠田荒廢，給了遷來的越人用，由少府收少量租稅。

三、修建褒斜道運河

這一時期有人曾上書講修漢中褒斜水道運送糧食的問題，武帝把此事交給御史大夫張湯辦理，張湯問此事，回答說：「到蜀地從故道走，多斜坡，彎曲遙遠。現在鑿穿褒斜道，少斜坡，近四百里；而且褒水與沔（漢水）相通，斜水與渭水相通，都可行運糧船。運糧從南陽上沔（漢水）轉入褒水，從褒水到斜水時，中間有百餘里陸路，用車轉運，而後從斜水轉入渭水。這樣，漢中的穀物就可運到關中。而山東的穀物從沔（漢水）可源源運來，比經砥柱山艱險要方便，而且褒、斜木材竹箭豐富，可與巴蜀比美。」皇帝認為講得有道理，任命張湯之子張卬為漢中郡守，徵發幾萬人建褒、斜水道五百多里，道路果然又方便又近，然因水湍急多石，不能運糧。

四、修建龍首渠

此渠修建時間應在元封前，這條渠修了「十餘歲」，大約是在元朔、元狩、元鼎之時修建的。這是一項引洛水灌溉的工程，修渠的原因是，有個叫莊熊羆的人上言說：「臨晉（今大荔）[19]的百姓希望穿鑿洛水灌溉重泉（今陝西蒲城縣東南）以東一萬多頃鹽鹵地。這些地如用水灌溉，可以畝收十石。於是武帝發卒萬餘人穿渠，從徵（澄城）引洛水到商顏山下，岸易崩塌，因此鑿井，深的有四十多丈，往往挖很多井，井下相通行水，水往下流穿過商顏山，井渠之生自此始。」由於穿渠時挖到了龍骨，所以稱為龍首渠。渠修了十餘歲，才修通，而其效益還未發揮出來。[20]

龍首渠建造時一項新的技術突破是用「井渠法」輸水，即「井下相通行水」。《史記．河渠書》說「井渠之法自此始」。後人認為「井渠」輸水是中國人民的一個創造，並以武帝太初三年（西元前一〇四年）李廣利圍大宛城時，大宛城斷水，得城中漢人幫助學會了掘井法，證明中亞的掘井

19 臨晉，在左馮翊境，晉時改為大荔。

20《漢書．溝洫志》：「作之十餘歲，渠頗通，猶未得其饒。」

技術是從中國傳去的。法國學者伯希和說中國的井渠技術（坎兒井）是從波斯經新疆傳入內地的；王國維先生〈西域井渠考〉認為中亞、波斯等地均有坎兒井，「此中國舊法也」。[21]論證了井渠輸水是中國先發明的。

元封後興修水利高潮

漢武帝元封元年（西元前一一〇年）封禪泰山，元封二年塞黃河瓠子決口。此後，用事之臣爭言水利。這一時期興修水利無論在數量上、地區上都遠遠超過前一個時期，漢武帝時興修水利的高潮就出現在這一時期，所修水利工程主要有下列：

一、堵塞黃河瓠子決口

黃河穿過黃土高原的山、陝峽谷進入下游平原，帶有大量泥沙，常常氾濫成災，西漢時期也是如此。文帝前十二年（西元前一六八年），河決酸棗（河南延津縣境），東潰金堤（今河南滑縣北，又名千里堤），因此「大興卒塞之」。過了三十六年，武帝元光三年（西元前一三二年）黃河又從瓠子（今河南淮陽縣）決口，向東南經過巨野澤流入淮泗，氾濫地區遍及十六郡，給人民帶來很大災難，使這一地區「歲以數不登，而梁、楚之地尤甚」。武帝令大臣汲黯、鄭當時徵發服役的民眾和刑徒填塞決口，常是填好後又壞了。此時武安侯田蚡為丞相，他的封邑在黃河以北的（今山東夏津縣），黃河從南邊決口，則地無水災，封邑的收入增多，於是田蚡就對武帝說：「江河之決皆天事，不容易用人力勉強堵塞，堵塞未必合天意。」一些望雲氣用術數的方士也以為如此，因此武帝好長時間沒實行這個政策。

從瓠子決口二十多年後，因常年不收，梁楚之地最為嚴重，所以武帝在元封元年到泰山封禪後的第二年，即元封二年（西元前一〇九年），天旱少雨，武帝到了瓠子決口，沉白馬、王璧於河中祭祀河神，任命汲仁、郭昌徵發數萬卒塞瓠子決口，令群臣自將軍以下都背負著柴草填堵決口，因東郡當時燒草，柴薪少，而砍伐淇園的竹子豎插於河中而填柴和土石築堤。士卒堵塞決口後，在上面建造了一座宮，名曰宣防宮。從此，梁楚一帶地方沒有水災，得到了安寧。在堵塞決口過程中，武帝作了兩首〈瓠子歌〉，其歌辭曰：

一

瓠子決兮將奈何？浩浩洋洋兮慮殫為河！殫為河兮地不得寧，功無已時兮吾山平。吾山平兮鉅野溢，魚沸郁兮柏冬日。延道弛兮離常流，蛟龍騁兮方遠遊。歸舊川兮神哉沛，不封禪兮安知外！為我謂河伯兮何不仁，氾濫不止兮愁吾人？齧桑（採桑）浮兮淮、泗滿，久不反兮水維緩。

二

河湯湯兮激潺湲，北渡回兮浚流難。搴長茭兮沉美玉，河伯許兮薪不屬。薪不屬兮衛人罪，燒蕭條兮噫乎何以御水！穨林竹兮楗石菑，宣房塞兮萬福來！[22]

---

21 王國維，〈西域井渠考〉，《觀堂集林・第二冊》（中華書局，一九五九年），六二〇頁。

22 《史記》卷二十九，〈河渠書〉。

從武帝堵塞黃河瓠子決口的全過程看，瓠子決口後，他重視治理，立即讓汲黯、鄭當時徵發卒塞決口，未成功，後聽丞相田蚡和方士之言二十多年擱置了此事。元封元年封禪的路上他了解了事情的真相，〈瓠子歌〉第一首「不封禪兮安知外」即指此事而言。後來他在一封詔書中曾說，封禪過程中，曾「問百年民所疾苦」，得到的回答是「惟吏多私，徵求無已」云云。《史記．封禪書》也載武帝封禪過程「方憂河決」，所以迅即在封禪後的第二年，即元封二年，親臨決口，督率治河，終於堵塞了河決，完成了一件了不起的大事。武帝是中國歷史上第一位親臨現場治理黃河的皇帝，這一點將永垂青史。兩首〈瓠子歌〉抒發了武帝在堵塞河決過程中的感情和克服困難決心，以及成功後的喜悅。

二、靈軹、成國、渠

據《漢書．溝洫志》所載武帝元封二年修好黃河瓠子決口後，「用事者爭言水利」，於是有靈軹、成國、三渠的修建，其具體時間當在元封年間及其以後，三條渠共溉田萬頃。分述如下：(一)靈軹渠：從陝西周至縣靈軹起，向東北，注入渭水。灌溉今周至、戶縣及咸陽渭河南幾千頃田地；(二)成國渠：從渭水北岸的眉縣引渭水向東流入蒙籠渠，大約在漢長安北又注入渭水。灌溉今眉縣、扶風、武功、興平、咸陽等縣市的田地；(三)渠：渠是引渭水支流水灌溉田地的工程。渠故址約在今扶風、武功縣境內，灌水河谷裡的田地。

三、六輔渠

鄭國渠鑿成「一百三十六歲」後，武帝元鼎六年（西元前一一一年）左內史（左馮翊市長）

兒寬建議、監督下開鑿的，具體開鑿、完成的時間應在元封元年（西元前一一〇年）以後。六輔渠是在鄭國渠上游南岸今涇陽、三原縣境挖六條輔渠，灌溉鄭國渠旁地勢較高的田地。六輔渠能把鄭國渠水引到地勢高仰的田地裡灌溉，表明西漢興建水利工程的技術有了新的進步。

四、白渠

武帝太始二年（西元前九五年），趙國中大夫白公又奏請在鄭國渠上穿渠，引涇水從谷口起，到櫟陽入渭水。因白公奏請開鑿的，所以稱為白渠。白渠流經今涇陽、三原、高陵、臨潼，長二百里，灌田四千五百頃。由於引水灌溉，農業產量提高，民眾深受其利。所以歌曰：「田於何所，池陽、谷口。鄭國在前，白渠起後，舉臿為雲，決渠為雨。涇水一石，其泥數斗。且溉且糞，長我禾黍。衣食京師，億萬之口。」這說明白渠的修建，獲得了良好的經濟效益。

五、其他水渠

除上述修建的水渠外，還在全國其他地區建有水利工程。關於這點，《漢書・溝洫志》載從堵塞黃河決口後，「用事者爭言水利。朔方、西河、河西、酒泉皆引河及川谷以溉田。……汝南、九江引淮；東海引鉅定，泰山下引汶水，皆穿渠為溉田，各萬餘頃。它小渠及陂山通道者，不可勝言也。」這就是說當時全國所修水利工程除小的不計外，著名的有以下幾項：（一）西北邊郡朔方、西河、河西、酒泉引河及川谷溉田；（二）九江、汝南引淮水；（三）東海郡引鉅定；（四）泰山下引汶水。這四處所修水渠各溉田萬餘頃，總計在四萬多頃。

興修水利所取得的成就

漢武帝在興修水利方面超過了以前的帝王，其數量之多、地域之廣、規模之大諸方面都是空前的，在重視程度、技術進步、水運與溉田數的增加方面都有較大成績。今簡單列表如下，以供參考。

武帝時興修水利成績簡表

名稱	時間	溉田等成就	意義
塞瓠子決口	元封二年（西元前一〇九年）	東南十六郡無水患	中國歷史第一次
漕渠	元光六年（西元前一二九年）始建	漕運與溉田，溉田萬頃	中國統一國家第一次修築與首都聯繫的運河
龍首渠	元朔到元鼎時（西元前一二八年—前一一二年）	用井渠法輸水溉田萬頃	世界歷史上的首創
西北邊郡水利	元封二年（西元前一〇九年）以後	朔方、西河、河西、酒泉引河、川谷溉田萬頃	在西北大規模興修水利
靈軹、成國、漳	元封後	萬頃	
白渠	太始二年（西元前一一一年）	四千五百頃	
汝南、九江引淮	元封後	萬頃	
東海引巨定	元封後	萬頃	
泰山下引汶水	元封後	萬頃	
共計		**溉田七萬四千五百頃**	

上表所列是漢武帝一生修水利的一些突出業績，並非全部。武帝一生興修水利的舉措也並非全部成功，如河東渠田、褒斜道兩項工程雖都全部完成，但卻因河移徙和水流湍急又多石，沒有經濟效益，應該說是失敗了，這些失誤應當說是當時缺乏科學決策造成的，應引以為戒。然而，失敗的工程有的也給後人留下了啟迪，如修建褒斜道，企圖從沔（漢水）通過褒、斜二水，再進入渭水把糧食運到關中，這種打通南北水上交通的思路對今天治水（尤其是南水北調工程）不能說毫無啟迪作用。漢武帝時修建的水利工程到底溉田多少，表中所列七萬四千五百頃只是個概數，雖然如龍首渠估計溉田萬餘頃，修通後，效益還未見到，似乎以萬頃計不合理。但是，有許多水利工程根本沒有溉田數的記載，也不能因此說沒溉田數吧！另外，還應考慮西北邊郡屯墾規模是很大的，把從朔方郡到酒泉的廣大地區溉田數說成萬餘頃恐怕也太保守了。總之，上表所列溉田數位並不是浮誇數位，而是個相當穩妥的數字。漢武帝治水，有的是他通過巡視，發現問題後下決心修治的，如堵塞黃河瓠子決口。大多數水利工程的興修是採納了臣下的建議，無論是在何種情況下興辦的，都說明漢武帝對興修水利的重視和認真，這一點是很難得的。另外一個值得注意的問題是，武帝興修水利所使用的勞動力主要是卒，據《漢書・溝洫志》所載，漢武帝「發卒數萬人穿漕渠」，修河東渠田時「發卒數萬人作渠田」，修龍首渠「發卒萬人穿渠」，又「發卒數萬人塞瓠子決河」。所謂卒是服徭役的農民和服兵役的農民，這說明漢武帝統治、役使的勞動者是農民，所以興修水利徵發的對象主要也是農民。

總之，漢武帝是歷史上一位在興修水利方面作出重大貢獻的皇帝，興修水利是他「德潤四海」治國理想的有機構成部分，是他力圖富國安民的重要表現。

第三節　關心民眾疾苦的具體措施

漢武帝尊儒術，行德治。建元元年（西元前一四〇年）四月下詔說「扶世導民，莫善於德」。元朔元年（西元前一二八年）十一月詔：「夫本仁祖義，褒德祿賢，勸善刑暴，五帝三王所繇（由）昌也。」[23]而施德治的一個重要方面，就是關心民眾疾苦，推行賑濟災民、撫恤鰥寡孤獨、尊獎孝悌力田、赦免罪人、刑徒。

賑濟災民

漢武帝在位五十四年，據《漢書・武帝紀》等有關文獻記載，水、旱、蝗、地震等災害計約三、四十次。今把一些主要災害列表如下：

漢武帝時主要災害一覽表

發生時間	災情	治理措施	材料來源
建元三年（西元前一三八年）	春，河水溢於平原大饑，人相食。		《漢書・武帝紀》
建元四年（西元前一三七年）	夏，六月，旱。		同前
建元五年（西元前一三六年）	五月，大蝗。		同前

建元六年（西元前一三五年）	河內失火，燒千餘家上使汲黯往視之。河內貧人傷水旱千餘家，或父子相食。	汲黯持節發河內倉粟以振貧民。	《漢書．汲黯傳》
元光三年（西元前一三二年）	春，河水徙，從頓丘東南流入勃海。夏，……河水決濮陽，郡十六。	元封二年（西元前一〇九年）夏，武帝臨濮陽瓠子決河，塞決口，東南十六郡免水害。	《漢書．武帝紀》《史記．河渠書》
元光四年（西元前一三一年）	夏四月，隕霜殺草。五月，地震。		《漢書．武帝紀》
元光五年（西元前一三〇年）	秋七月，大風拔木。		同前
元光六年（西元前一二九年）	夏，大旱，蝗。		同前
元朔五年（西元前一二四年）	春，大旱。		同前
元狩元年（西元前一二二年）	十二月，大雨雪，民凍死。		同前
元狩三年（西元前一二〇年）		遣謁者勸有水災郡種宿麥，舉吏民能假貸貧民者以名聞。	同前

23《漢書》卷六，〈武帝紀〉。

發生時間	災情	治理措施	材料來源
元狩四年（西元前一一九年）	山東水災，民多饑乏。	天子遣使虛郡倉廩振貧；又募豪富相假貸；乃徙貧民於關以西，及充朔方以南新秦中，七十餘萬口，衣食皆仰給縣官。	《漢書．食貨志》
元鼎二年（西元前一一五年）	三月，大雨雪。夏，大水，關東饑死者以千數。		《漢書．武帝紀》
元鼎三年（西元前一一四年）	夏四月，雨雹，關東郡國十餘饑，人相食。		同前
元鼎六年（西元前一一一年）	山東被河災，不登數年，人或相食，方二三千里。	天子……令饑民得流就食江、淮間；使者冠相屬於道護之，下巴蜀粟以振。	《漢書．食貨志》《史記．平準書》
元封四年（西元前一〇七年）	夏，大旱。關東流民二百萬，無名數者四十萬。	公卿議請徙流民於邊。武帝認為：徙四十萬口，搖盪百姓，……朕失望焉。	《漢書．石慶傳》
元封六年（西元前一〇五年）	秋，大旱，蝗。		《漢書．武帝紀》

上表所列十七次災荒中，官府採取什麼措施救災，多數史籍均未載，而記載了救災措施的僅六次。從這六次中可以看出以下問題：

其一，漢武帝對救災的態度是認真的，如建元六年「河內失火，燒千餘家」，為此，武帝派汲黯為使前往視察，汲黯回來報告說，民人家中失火，房屋相近延燒，沒有什麼可憂慮的。臣路過河內，貧窮民人有萬餘家因水旱受災，有的竟「父子相食」，所以臣以持有的皇帝所給的「符節」為憑證用河內倉庫中的粟賑濟貧民。現在請歸還「符節」，並請治臣假託君命之罪，武帝認為汲黯賢德就釋免了他。另外元光三年黃河在瓠子決口後，因種種原因未能堵塞，元封二年武帝親臨決口，堵塞成功，使東南十六郡免去水害。這都說明武帝對治理災害的認真態度。

其二，用徙民的辦法解決災荒問題。用這種辦法解決災民問題似乎是漢政權的傳統，如漢二年（西元前二〇五年）「關中大饑，米斛萬錢，人相食」，劉邦採取「令民就食蜀漢」的辦法來解決問題。漢武帝也採用徙民的辦法解決災民問題，只是規模更大、組織更嚴密、遷徙地更遠，如前述元狩四年遷災民七十餘萬口至朔方以南新秦中等地就是一例；元鼎六年（西元前一一一年），由於崤函山以東遭水災，數年不收，有的地方人相食，方二、三千里的地區都受了災，《史記·平準書》載武帝下詔說：「江南火耕水耨，令饑民得流徙就食於江淮之間，想留居那裡，就可以在那裡留下居住。」又派遣使者沿途不斷地加以關照，並運來巴、蜀地區的糧食賑濟貧民。

其三，讓富豪用「假貸」方式救濟災民。如元狩三年漢武帝曾派「謁者」為使除「勸水災郡種宿麥」外，一個重要的職能就是「舉吏民能假貸貧民者以名聞」。元狩四年賑災時也有一條措施是「募豪富相假貸」。

其四，漢武帝對元封四年關東流民數量多的處理值得注意。元封四年，夏，大旱，關東流民二百萬，其中無名數（無戶籍）者四十萬。公卿都建議「徙流民於邊」，丞相石慶自請辭職。武帝認為，問「民所疾苦，惟吏多私，徵求無已，遷走的可以免去官吏徵求，留居原地的則被煩擾，所以朝廷特設流民法，以禁官吏重賦。」又指出：「現在流民愈多，丞相不以法繩責長吏，而請求遷徙四十萬貧民，搖動百姓，幼兒年不滿十歲，也得跟隨家長遷徙受罪，朕失望焉！」[24]到底在元封四年是如何採取措施安置這些流民的，史籍已無記載，而且從此以後，再未見到漢武帝有什麼較大的安置受災和貧困破產民眾的措施，這種現象的出現是值得注意和研究的。

恤鰥寡孤獨、尊孝悌力田與老人

中國古代有恤貧養孤、尊老愛幼的傳統。《禮記．禮運篇》在描述人們對理想的大同社會的嚮往時說「使老有所終，壯有所用，幼有所長，鰥、寡、孤、獨、廢疾者皆有所養」，這個思想就成了儒家德治思想的內容之一和中國的傳統美德。漢代的皇帝從文帝開始對關照鰥寡孤獨的生活就很注意，如文帝十二年（西元前一六八年）遣「謁者」賜「孝者，帛人五匹；悌者力田二匹」；十三年（西元前一六七年）在下詔改革刑罰和減輕田租的同時「賜天下孤寡布帛絮」。「謁者」是從事禮義活動的官員，漢政權在探視災民時，有時常派「謁者」為使，含有關照、慰問、禮遇之意。漢武帝即位後，對關心民眾疾苦的活動非常重視。從其有關活動看，以下幾點值得注意：

一、尊、恤的內容

元狩元年（西元前一二二年）四月下詔：

朕嘉孝悌力田，哀夫老耄（按：八十以上曰耄）孤寡鰥獨或匱於衣食，甚憐閔焉。其遣謁者巡行天下，存問致賜，曰：「皇帝使謁者賜縣三老、孝者帛，人五匹；鄉三老、弟者、力田帛，人三匹；年九十以上及鰥寡孤獨帛，人二匹，絮三斤；八十以上米，人三石。」[25]

從這一詔書可以看出，武帝恤鰥寡孤獨的目的就是為解決他們的生活問題，這從詔書中所說「哀夫老耄孤寡鰥獨或匱於衣食，甚憐閔焉」即可看出。至於尊獎孝悌力田則是宣導一種良好的社會風氣；孝，指孝順、善事父母；悌，敬愛兄長，順從長上，在宗法家長制社會中，家族內部能夠孝悌，在社會上則對上級官吏就能忠順；力田，指盡力於農業生產而言。在中國封建社會中，以農為本，把農業生產搞好，社會才有個穩定的基礎，因此漢代在鄉、里設有孝悌、力田的鄉官，負責督導這兩方面的事情。從這一詔書中還可看出，賞賜時分為四個級別：一是賜「縣三老、孝者帛，人五匹」；二是賜「鄉三老、弟（悌）者、力田帛，人三匹」；三是賜「年九十以上及鰥寡孤獨帛，人二匹，絮三斤」；四是賜「八十以上米，人三石」。賞賜的物品是帛、絮、米，說明解決的主要是吃、穿問題。詔書中還特別強調規定了「縣、鄉即賜」，不要再召集縣、鄉三老、孝悌、力田者聚會。

二、次數

文帝時恤鰥寡孤獨賜帛只有一次，景帝時一次也沒有，武帝在這方面遠遠超過了他的祖父和父親——有七次，除上述元狩元年賜鰥寡孤獨帛人「二匹，絮三斤」外，還有如下六次：[26]

24《漢書》卷四十六，〈石慶傳〉。

25《漢書》卷六，〈武帝紀〉。

26 同註25。

（一）元狩六年（西元前一一七年）六月：「遣博士大（褚大）等六人分循行天下，存問鰥寡廢疾，無以自振業者貸與之。」

（二）元封元年（西元前一一〇年）夏四月在泰山封禪後詔書中要求對封禪所至的博、曆城、蛇丘、梁父等四縣「加年七十以上孤寡帛，人二匹。」

（三）元封二年夏四月，又「賜孤獨高年米，人四石」。

（四）元封五年，武帝南巡，又封禪泰山，又「賜鰥寡孤獨帛，貧窮者粟。」

（五）元封六年（西元前一〇四年），幸河東，祠后土，「賜天下貧民布帛，人一匹」。

（六）太始三年（西元前九四年），武帝幸東海、琅邪，賜所過地方「鰥寡孤獨帛，人一匹」。

三、尊老活動

尊老是傳統的習俗，漢文帝元年下詔說：「老者非帛不煖（暖），非肉不飽。今歲首，不時使人存問長老，又無布帛酒肉之賜，將何以佐天下子孫孝養其親？」有關機構請中原地區的縣和少數民族地區相當於縣一級的道，賜給年老者米、肉、酒、帛、絮，規定「年八十以上，賜米人月一石，肉二十斤，酒五斗。九十以上，又賜帛人二疋，絮三斤。」[27]《漢書．賈誼傳》載，文帝時禮遇老人，九十者，一子免去賦役；八十歲者，可以免去二人的算賦。武帝在尊敬老人方面，繼承了其祖父的傳統，但尊賜的次數卻遠遠超過祖父。據《漢書．武帝紀》載有以下四次：

（一）建元元年（西元前一四〇年）春二月，規定：年八十免二口之算賦，九十復（免）甲卒。

（二）同年四月武帝下詔說：今天下的孝子、順孫是願意竭盡其力以事奉親人的，然而由於外迫於公事，內乏資財，所以無法盡孝，朕甚哀之。民年九十以上，已有受鬻（粥）法（給米粟以為粥），有子即免其子的賦役，無子即免其孫子的賦役，令他們得以身帥妻妾遂其供養之事。

（三）元狩元年（西元前一二二年），遣謁者賜九十以上帛，人二匹，絮三斤；八十以上米，人三石。

（四）元封二年（西元前一〇九年），賜高年米，人四石。

總之，從恤鰥孤獨、賜帛、米等的次數，以及尊高年、免賦役、賜帛和米的次數來看，武帝時遠遠超過了文帝、景帝時期，而且其措施更為具體，有利於執行。

赦官奴婢、刑徒、罪人與赦天下

漢武帝即位後，注意施行德治，還表現在對因種種原因淪為官奴婢與刑徒、犯罪的人進行赦免和大赦天下方面。

武帝即位，建元元年（西元前一四〇年）五月「赦吳楚七國帑（妻、子）輸在官者」，注引應劭曰：「吳楚七國反時，其首事者妻子沒入為官奴婢，武帝哀焉，皆赦遣之也。」吳楚之亂發生在景帝前三年（西元前一五四年），距武帝建元元年已有十四年，武帝即位後對參加吳楚七國之亂官員之沒為官奴婢的妻子加以赦免，其目的明顯是為緩和統治階級內部的矛盾，給這些人以自新的機會。

漢代赦免刑徒、罪人。漢文帝時有兩次，一次是文帝二年（西元前一七八年）春正月詔「民

27《漢書》卷四，〈文帝紀〉。

謫作縣官（官府）及貸種食未入，入未備者，皆赦之」。第二次發生在文帝三年秋七月、八月因濟北王劉興居反，赦免了與此次事件有關的吏民和士兵。漢武帝時因重大祭祀活動和其他特殊原因赦免刑徒、罪人，共六次，今分列如下：[28]

（一）元光六年（西元前一二九年）春，「赦雁門、代郡軍吏不循法者」。

（二）武帝元封二年（西元前一〇九年）到雍（今陝西鳳翔境），祭祀五帝，春止緱氏（今河南偃師東南），又至東萊（郡名，治所在山東掖縣），夏四月又至泰山祭祀。後又至黃河瓠子（今河南濮陽南）塞決口。下令「赦所過徒」。

（三）元封四年（西元前一〇七年）祭后土，「赦汾陰、夏陽、中都死罪以下」。

（四）元封六年（西元前一〇五年）三月，祭后土，「赦汾陰殊死以下」。

（五）元封六年三月，「益州、昆明反，赦京師亡命令從軍，遣拔胡將軍郭昌將以擊之」。

（六）太初二年（西元前一〇三年）四月，祭后土，「赦汾陰、安邑殊死以下」。

文帝在位二十三年，在一定範圍、地區內赦免刑徒、罪人兩次；武帝在位五十四年，赦免刑徒、罪人六次，武帝在這方面遠遠超過了文帝。

漢武帝在「赦天下」的措施上也大大超過了他的祖父和父親。據《漢書》各帝紀所載，文帝在位二十二年，「赦天下」四次；景帝在位十五年，「赦天下」五次；武帝在位五十四年「赦天下」和「大赦天下」十九次。武帝的次數為何如此多呢？這是由以下原因促成的：

其一，文、景時一般都在即位和有大事時赦天下，漢武帝則除此之外，還在改年號時赦天下。漢武帝一生共用了十一個年號，一般改一個年號就「赦天下」或「大赦天下」——建元元年、元光元年、元朔元年、元狩元年、元鼎元年、元封元年、天漢元年、太始元年、征和元年、後元元年都有「赦天下」或「大赦天下」的記載。據《史記・封禪書》載元封元年武帝泰山封禪後曾「大赦天下」，《漢書・武帝紀》和《郊祀志》失載，此處以《史記・封禪書》記載為準。每個皇帝即位第一年和武帝一般改一次年號要「赦天下」，是為「與民更始」，如元朔元年春三月，武帝就下詔說：「朕嘉唐（堯）虞（舜）而樂殷周，據舊以鑒新，其赦天下，與民更始。」那麼為什麼武帝每六年改一次年號呢？為什麼元狩之前未建年號制度時也是六年「赦天下」一次呢？這和秦的水德制度有關，水德制度下數以六為紀，已成習慣，所以武帝就沿用了下去。

其二，受天人感應思想的影響，如果發生災異和祥瑞，這年也「赦天下」。如元光四年五月地震，「赦天下」；元封二年六月，因甘泉宮內產芝（靈芝），九莖連葉，武帝以為是上帝降臨的祥瑞，所以下詔「赦天下」。

其三，武帝對祭祀很重視，進行了重要的祭祀活動後，也「赦天下」。如元封五年春三月，武帝至泰山，增封，祠高祖於明堂，以配上帝。夏四月，下詔：「增修封禪，其赦天下。」天漢三年，武帝於三月，幸泰山，修封，祀明堂，因受計（接受郡國上計）。夏四月，「赦天下」。太始四年，武帝幸泰山，祀高祖於明堂，因受計，後又祀景帝於明堂，又修封。這年五月，武帝「還，幸建章宮，大置酒，赦天下」。

由於以上原因，武帝「赦天下」的次數就比文、景時期要多，而「赦天下」次數多，又說明了他給罪人、刑徒重新做人的機會多。

28《漢書》卷六，〈武帝紀〉。

施德治的作用與原因

以往人們談到漢武帝時常常與文景時期相比，強調他如何奢侈揮霍、如何加強對民眾的壓迫、盤剝等等，這當然是不能忽視的事實。然而，如果從興修水利、發展農業生產，假民公田、徙民實邊，賑濟災民、恤鰥寡孤獨、尊老及孝悌力田、赦天下罪人和刑徒，遷徙和打擊地方豪強勢力等方面來考察，漢武帝也大大超過了文景時期。漢武帝封禪泰山時刻石紀功辭中說「育民以仁」，並非虛誇，而是確有事實。這樣說並不是要說明漢武帝與文帝一樣是個實行了「仁政」的封建君主，而僅僅是想說明了解這方面對於正確認識漢武帝也是非常重要的。正是這方面的措施，發展了生產、緩和了階級矛盾與社會矛盾、使一部分貧窮農民得到了實際利益等，也是漢武帝內外興作能夠成功的重要因素。

秦漢時期社會的主要矛盾是以封建國家為代表的地主階級和農民階級的矛盾，秦王朝被農民起義所推翻，給漢初的統治者留下了難忘的教訓。文帝時賈誼上書說：「漢之為漢幾四十年矣。公私之積，猶可哀痛也。故失時不雨，民且狼顧矣。歲惡不入，請賣爵鬻子，……天下阽危（危險）者若是而上不驚者！」[29] 其後，晁錯又上書文帝說農民在賦斂不時、水旱災荒的重壓下，已處於「賣田宅、鬻子孫以償債」的境地。武帝即位後，元朔元年（西元前一二八年），徐樂上書武帝把吳楚七國之亂稱為瓦解，把秦末農民起義稱為土崩，並認為天下之患在「土崩」，不在瓦解。他在上書中說：

臣聞天下之患，在於土崩，不在於瓦解，古今一也。何謂土崩？秦之末世是也。陳涉無千乘之尊，尺土之地，身非王公大人名族之後，無鄉曲之譽，非有孔、曾、墨子之賢，陶朱、猗頓之富也。然起窮巷，奮棘（戟）矜（戟把），偏袒大呼而天下從風，此其故何也？由民困而主不恤，下怨而上不知，俗已亂而政不修，此三者陳涉之所以為資也。是之謂土崩。故曰天下之患在乎土崩。……

間者關東五穀不登，年歲未復，民多窮困，重之以邊境之事，推數循理而觀之，則民且有不安其處者矣。不安故易動，易動者，土崩之勢也。故賢主獨觀萬化之原，明於安危之機，修之廟堂之上，……使天下無土崩之勢而已矣。[30]

徐樂的上述論斷指明了危及西漢王朝統治的主要危險是「土崩」，即農民起義。可以說，上述漢武帝興修水利、發展農業生產，賑濟災民等等一系列的德治措施，其主要目的就是為了緩和階級矛盾，防止「土崩」，即防止農民起義。

總之，徐樂的上書揭示了武帝種種德治措施出臺的原因和所要達到的目的。

29《漢書》卷二十四，〈食貨志〉。
30《史記》卷一百一十二，〈平津侯主父列傳〉。

第四章　財政危機與經濟改革措施

西漢文景時期「無為而治」，輕徭、薄賦、省刑，與民休息。國家沒有大的興作，又注意節約。所以到武帝即位之初出現了《史記．平準書》所說的「府庫餘貨財，京師之錢累巨萬（萬萬），貫朽而不可校。太倉之粟陳陳相因，充溢露積於外，至腐敗不可食」。《漢書．賈捐之傳》也說「太倉之粟，紅腐不可食；都內（國庫）之錢，貫朽不可校」。

當時太倉中存了多少糧食、國庫中存了多少錢，已無可考。據《漢書．王嘉傳》載元帝「奉承大業，溫恭少欲」，屬於大農的國家財政的「都內」存錢四十萬萬，屬於皇帝私人財政的少府存錢十八萬萬，屬於皇帝私人財政的水衡存錢二十五萬萬，[1] 共計存錢八十三萬萬。這是武帝之後，經昭、宣二帝的發展，元帝時國家財政、帝室財政儲蓄的最高數字，估計漢武帝初年的財庫不會超過這個數字。然而，這點錢遇到大的災荒和大的戰爭是不夠用的，所以武帝時期財政危機出現和經濟改革就成了經濟上的重要問題。

第一節　財政危機的出現

漢武帝執政時期，用費浩巨，在他即位以後的前三十年中多次出現國庫空虛的財政危機，這種狀況的出現是什麼原因造成的呢？

首先是邊境用兵耗費了巨額錢財。邊境多事最早是從東南發生的，建元三年（西元前一三八年）閩越（今福建北部，浙江南部），又稱東越，攻擊另一支越人東甌（今浙江溫州一帶），東甌向漢求救，武帝派嚴助發會稽兵往救，後東甌請內徙，得允許，「悉舉其眾來，處於江淮之間」。建元六年閩越又攻南越，南越求助於漢，武帝派王恢、韓安國擊閩越。後閩越數滋事，武帝又派朱買臣為會稽太守，發兵「擊破東越」。「事兩越」花費不小，從東甌遷江淮後，〈平準書〉說：「江淮之間蕭然煩費矣。」

元光五年（西元前一三〇年），為「通西南夷」，武帝要修從蜀地到夜郎（今貴州西北部）的道路，「發巴、蜀、廣漢卒，作者數萬人。治道二歲，道不成，士卒多物故（死亡），費以巨萬（萬萬）計。」[2]《史記・平準書》：「開路西南夷，鑿山通道千餘里……作者數萬人，千里負擔饋糧，率十餘鍾致一石。」一鍾為六石四斗，運送十餘鍾到達時只剩一石，可見運費之巨。

元光二年（西元前一三三年）武帝誘殲匈奴的「馬邑之謀」失敗，匈奴攻擾更甚，從此揭開了反擊匈奴戰爭的序幕。元朔二年（西元前一二七年），匈奴攻上谷、漁陽，衛青、李息反擊，取河南地（今河套），遂立朔方、五原郡，徙十餘萬人築朔方城。《史記・平準書》說，這使轉送水路運來的糧食遙遠，「自山東咸被其勞，費數十百巨萬，府庫益虛」。元朔五年（西元前一二四年），武帝派大將軍衛青率六將軍統兵十餘萬，擊匈奴右賢王，大勝，斬首一萬五千級。元朔六

1《漢書・宣帝紀》應劭注：「水衡與少府皆天子私藏耳。」

2《史記》卷一百一十七，〈司馬相如傳〉。另外，《史記・平準書》，《集解》引昭曰：「巨萬，今萬萬。」

年，又派大將軍率六將軍擊匈奴，斬首一萬九千級，賞賜斬殺敵人首級的將士「黃金二十餘萬斤」，折合銅錢二十餘萬萬。[3] 俘虜數萬人「皆得厚賞」，他們的衣食全部由官府供給；漢軍的士兵、馬匹死者十餘萬，兵甲（兵器、盔甲）這類人員物資和運輸糧餉的花費還未計算在內。因此大農上報，所積藏的錢已經耗盡，賦稅收入也已用完，還是不足以供給戰士。[4]

元狩二年（西元前一二一年）武帝派驃騎將軍霍去病出隴西擊匈奴，深入兩千餘里，至祁連山，斬獲四萬首級。匈奴渾邪王率數萬人降，朝廷發車二萬輛迎接。渾邪王率眾來到後，受了賞賜，又賞賜有功之士。這一年花費「凡百餘巨萬（一百多萬萬）」。

這時期為討伐匈奴，盛行養馬。馬來長安飼養的有「數萬匹」，關中養馬的人不夠，就從鄰近郡縣中徵調。而投降的匈奴人也由官府供給衣食，官府無法供給，武帝就減損自己的膳食和車馬，拿出「御府」（皇帝私人府庫）中的藏錢來供給。

元狩四年（西元前一一九年），武帝又命衛青、霍去病分道擊匈奴，「得首虜八九萬級」，「賞賜五十萬金」，折合銅幣五十萬萬錢。漢軍的馬匹就死了十餘萬匹，轉運車輛、糧草、盔甲的費用還未計算在內。這時財用匱乏，戰士常常領不到薪俸。《史記・平準書》原文為：「大將軍、驃騎大出擊胡，得首虜八九萬級，賞賜五十萬金，漢軍馬死者十餘萬匹，轉漕車甲之費不與焉。是時財匱，戰士頗不得祿矣。」

今據上述材料，把邊境的開支和反擊匈奴戰爭中的花費，列簡表如下：

年代	事件	花費	材料來源
建元三年	東甌徙江淮	江淮之間煩費	《史記・平準書》

元光五年	通西南夷	費以巨萬（萬萬）計	《史記・司馬相如列傳》
元朔二年	取河南地築朔方城等	費數十百巨萬（萬萬）	《史記・平準書》
元朔五年 元朔六年	衛青率六將軍兩次反擊匈奴	賞賜有功將士黃金二十餘萬金，折合銅錢二十餘萬萬。俘虜數萬皆得厚賞，死的士兵、馬匹運費未計在內	《史記・平準書》
元狩二年	霍去病出隴西擊匈奴	「是歲費凡百餘巨萬（百餘萬萬）」	同上
元狩四年	衛青、霍去病分兩路北擊匈奴	賞賜將士「五十萬金」合銅錢五十萬萬；死馬匹十餘萬和運費未計算在內	同上
共計		**僅計錢數約兩百七十餘萬萬**	

（據表，邊境因事及反擊匈奴戰爭，只計記載中花費所用錢數。）

其他不計，共用錢已達兩百七十餘萬萬。這一數字是這樣計算出來的：元光五年通西南夷「費以巨萬（萬萬）」，可以一萬萬計；元朔二年取河南地，築朔方城等等費用「費數十百巨萬（萬萬）」，應以百萬萬計；元朔五年、六年賞賜將士二十餘萬金折合二十餘萬萬錢；元狩二年霍去病

3 《史記・平準書》如淳注曰：漢代「黃金一斤值萬錢」。

4 《史記・平準書》載：「捕斬首虜之士受賜黃金二十餘萬斤，虜數萬人皆得厚賞，衣食仰給縣官；而漢軍之士馬死者十餘萬，兵甲之財轉漕之費不與焉。於是大農陳藏錢經耗，賦稅既竭，猶不足以奉戰士。」

出隴西戰役，用費「百餘巨萬」以百餘萬萬計；元狩四年衛青、霍去病北擊匈奴賞賜將士「五十萬金」折合銅錢五十萬萬，這些數字加在一起約共計兩百七十餘萬萬，而且戰爭中死去兵士的費用、死去馬匹和運輸糧草、盔甲的費用等等未計算在內。

據《漢書·王嘉傳》所載漢元帝時屬於大農國家財政和屬於帝室財政的少府、水衡共存錢八十三萬萬，而上述僅幾次戰事的部分花費即達兩百七十餘萬萬，為上述所存八十三萬萬的三倍多。而且這裡計算的數字是很不全面的，如果把士兵、馬匹的死亡數字，以及運輸過程中的消耗，還有供給俘虜衣食、賞賜等都計算在內，定會比兩百七十萬萬多出若干倍。

其次，武帝時不僅外事四夷用費浩大，而且興修水利、救濟災民的用費也很可觀。今擇其要者，簡述如下：

武帝元光三年黃河在東郡濮陽瓠子決口，吳、楚之地受害最深，沿黃河郡縣築堤堵塞，總是築好又壞，前後耗費官府的錢財多到無法計算。

河東郡太守建議開發河東渠田，引黃河水灌溉汾陰、蒲坂的河灘地，參加穿汾河、黃河灌渠的有幾萬人；鄭當時建議修長安至華陰的漕渠，參加勞動的也有幾萬人；在朔方修渠，參加勞動的也有幾萬人。這三處的工程，各經過了二、三年，還未完成，其「費亦各巨萬十數」，即花費各達十幾萬萬。此外，修築褒斜水道、龍首渠等也耗費了巨資。

元狩四年，即衛青、霍去病分兩路北擊匈奴的那一年，山東廣大地區遭水災，「民多饑乏」，武帝派遣使者調空郡國倉庫中的糧食賑濟災民，又招募豪富用借貸的方式救濟貧民，還不能解決問題。因此遷徙貧民到函谷關以西，或朔方南邊的新秦中地區七十餘萬口，衣食均由官府供給。幾年以後，政府又「假予產業」等，花費數以億計，無法計算，甚而造成「縣官大空」。

元鼎二年，山東又遭水災，數年不收，人或相食，武帝令民就食江淮間，下巴、蜀粟賑之，花費也很巨大。

武帝時期，漢政權的開支是多方面的。然而，僅僅以上兩方面的開支，已經用盡了庫存和賦稅收入。因此，武帝為達到自己的目的，就只能進行經濟改革，解決面臨的財政危機，這是武帝進行經濟改革的主要原因。

第二節　改革貨幣制度

漢武帝經濟改革的重頭戲是貨幣改革。

貨幣是人類社會交換物品、交換勞動價值的工具，在社會經濟生活中有重大作用。漢初的幣制存在兩個問題：一是金屬貨幣是有價值的，然而鑄造的銅幣卻遠遠離開了其實際價值，從而造成物價不穩；二是國家無法壟斷鑄幣權。武帝改革幣制首先就需要解決這兩個問題。

漢初幣制存在的問題

秦始皇統一六國後，曾試圖統一貨幣，其辦法是廢除戰國時混亂的幣制，規定貨幣分為兩等：黃金稱上幣，重一鎰（二十兩）；銅錢為下幣，重半兩（十二銖）[5]，重如其文，但在一般民

5《漢書．律曆志》載：「二十四銖為兩，十六兩為斤。」

眾中多用銅錢，所以銅錢成了通用的貨幣。漢朝建立後又改革幣制，上幣黃金重一斤（十六兩），又認為「秦錢重難用，更令民鑄錢」，民間鑄的這種銅錢稱為莢錢或榆莢錢，名稱源於因為錢的方孔大，圓周像四片榆莢，薄而小。榆莢錢按規定重三銖，後來愈鑄愈輕，有的甚而實重不過一銖（二十四銖為一兩），錢鑄得越輕價值就愈小，對鑄錢者愈有利。貨幣減重，再加上當時物資匱乏，商人囤積居奇，導致物價暴漲，「米每石萬錢，馬一匹則百金」。因幣輕難用，所以高后二年（西元前一八六年），「行八銖錢」，又因八銖錢太重，鑄造貨幣用銅太多，故而禁止私人鑄錢。因此從財政需要著手，高后又為貨幣減重，高后六年（西元前一八二年）「行五分錢」，即半兩十二銖的五分之一，重二點四銖。民眾也稱為莢錢，雖禁止民間盜鑄，實際依然如故。

文帝五年（西元前一七五年），因為莢錢太多、重量又輕，價值小，為方便使用，又改革幣制，鑄四銖錢，幣文為半兩，實際重量為半兩（十二銖）的三分之一，所以又稱三分錢；文帝又「除盜鑄令，使民放鑄」。賈誼在諫詞中指出，讓私人鑄錢，禍害太多，禍害主要有以下幾點：一是犯罪的人太多，法律規定鑄銅錫為錢，「敢雜以鉛鐵」等作偽者，犯黥罪，然而不夾雜者就無利可圖，夾雜鉛鐵之類雖少，但「利甚厚」，所以犯罪的愈來愈多，禁止不了；二是各郡國鑄的錢輕重不一，彼此換算麻煩，有的地方對太輕或太重的錢不予接受；三是社會發生了棄農而去采銅鑄錢的現象，即所謂：「今農事棄捐而采銅者日蕃（多），釋其耒耨，冶熔炊炭，奸錢日多，五穀不為多。」[6]因此，賈誼要求政府把銅收歸國有，禁私人鑄錢。文帝沒有接受這個建議。

國家允許私人鑄錢、開放鑄錢，為分裂割據勢力和某些官僚提供了可乘之機。《漢書・食貨志》載：

是時，吳以諸侯即山鑄錢，富埒（等）天子，後卒叛逆。鄧通，大夫也，以鑄錢財過王者。故吳、鄧錢布天下。

這說明文帝開放鑄錢，吳王濞就在銅山中鑄錢，壯大了經濟勢力，富等天子，最後發動了叛亂。鄧通是個佞臣，由於文帝把蜀郡嚴道（今四川滎經縣）銅山賜給他鑄錢，發了大財，財過王者。國家開放鑄幣權，獲利最大的是他們。

由於國家放棄壟斷鑄幣權，危害甚大。這種情況急需改變，景帝即位後，以「盜出徼（邊境）外鑄錢」罪抄沒鄧通全部家產，又平定吳王濞等的叛亂，消滅了兩個鑄錢大戶。景帝中六年（西元前一四四年）「定鑄錢、偽黃金棄市律」[7]，即私鑄錢和偽造黃金判死刑，禁止采黃金、珠玉作貨幣使用，景帝後三年（西元前一四一年）詔：「吏若徵發民眾采黃金珠玉就如同雇傭工采黃金珠玉一樣，坐臧（贓）為盜，二千石（郡守）聽者，與同罪。」[8]這說明景帝試圖通過嚴厲打擊制止貨幣製造方面存在混亂現象。

---

6 《漢書》卷二十四，〈食貨志〉。

7 《漢書》卷五，〈景帝紀〉。

8 《漢書．景帝紀》：三年春正月詔曰：「黃金珠玉，饑不可食，寒不可衣，以為幣用，不識其終始。……吏發民若取庸采黃金珠玉者，坐臧為盜。二千石聽者，與同罪。」

幣制改革與「五銖錢」法

武帝即位後，承漢初繼續進行幣制改革，一共進行了六次。

一、建元年間的兩次改革

第一次發生在建元元年，《漢書・武帝紀》載建元元年「行三銖錢。」[9] 師古曰：「新壞四銖錢，造此錢也，重如其文。」

第二次是建元五年「罷三銖錢，行半兩錢。」師古曰：「又新鑄作也。」《史記・漢興以來將相名臣年表》載：「建元五年行三分錢。」後人認為所謂三分錢即半兩十二銖的三分之一重，故稱三分錢，實際是重四銖。文帝時所發行的四銖錢，其文半兩，所以這次武帝的「行半兩錢」（一兩為二十四銖），實際是恢復文帝時四銖錢，《史記・平準書》說「今半兩錢法重四銖」就說明了這一點。這次改革由於盜鑄的緣故又未成功，盜鑄的辦法是鑄重量輕的錢或磨取四銖錢的銅屑再用而鑄新錢，這樣就發生了「錢益輕薄而物貴」，「遠方用幣煩費不省」，所以不能不進行新的幣制改革。

二、元狩四年的第三次改革

元狩四年（西元前一一九年），在衛青、霍去病分道北擊匈奴，又遷關東貧民於關以西七十餘萬口之時，財政嚴重困難，漢武帝進行了第三次幣制改革，這次改革的內容有以下幾點：

其一，發行新幣「白金三品」：所謂「白金三品」是以銀與錫白色合金鑄造的三種貨幣。一種是龍文幣，重八兩，圓形，名「白選」，值三千錢；第二種是馬文幣，重六兩，方形，值五百錢；第三種是龜文幣，重四兩，狹長形，值三百錢。據吳慧先生計算此時銀一兩值三銖錢四十二文；[10]而政府卻規定，白金龍文幣、重八兩，值三千錢；馬文幣、重六兩，值五百；龜文幣、重四兩，值三百錢。這些都大大超過了它的實際價值，在這種情況下，盜鑄白金幣，自然會獲厚利。所以發生了《史記．平準書》所說的「盜鑄諸金錢罪皆死，而吏民之盜鑄白金者不可勝數」；《史記．酷吏列傳》也說，當時「民為奸，京師尤甚」，發行「白金三品」的目的本來是為「造幣以贍用，而摧浮淫並兼之徒」。在「吏民」如此「盜鑄」的情況下，這一目的自然無法達到，後來政府稍為降低了白金幣的作價，民眾並不重視、使用，政府以法令強制無用，所以又過了一年多，到元鼎二年終於廢除了。

其二，發行白鹿皮幣：以一尺見方的白鹿皮作皮幣，價值四十萬。王侯宗室朝見天子聘享獻禮時，要用皮幣墊著所獻的幣才能行通。造了皮幣後，武帝與張湯問大農顏異，異回答說：「現在王侯朝賀用的是蒼璧，價值數千，而墊著它的皮幣反而要四十萬，璧是主要禮物，皮幣是陪襯，這不是本末不相稱嗎？」顏異後因此被張湯判處死刑。然而，皮幣價格之不合理是顯而易見的，所以後來也被廢除。

其三，「銷半兩錢（四銖錢），更鑄三銖錢，文重其文」。這時之所以要銷熔半兩（四銖錢），更鑄三銖錢，是因四銖錢已被磨損減重，近於三銖，所以不如更鑄三銖，以求一律，至於錢上所

9 馬元材先生認為這是武帝時進行的「第一次幣制改革」。見《桑弘羊年譜訂補》（中州書畫社，一九八二年），十八頁。

10 吳慧，《桑弘羊研究》（齊魯書社，一九八一年），二〇四頁註二。

刻鑄「半兩」二字已無意義，不如取消。更鑄的三銖錢，就把三銖二字也刻鑄在錢上面，名實相符，重如其文。更鑄三銖錢的另一目的是為了讓它和標價高的白金幣共同流通，彼此相補。雖然如此，三銖錢仍然出了問題，問題出在盜鑄者為三銖錢減重，或盜鑄時雜以鉛錫，或銷熔舊「四銖錢」鑄比三銖錢輕的三銖錢。在這種情況下，法定的三銖錢維持不下去了，所以有關機構陳言：「三銖錢輕，易奸詐。」需要進一步改革幣制。

三、元狩五年的第四次改革

元狩五年（西元前一一八年），「乃更請諸郡國鑄五銖錢，周郭其下，令不可磨取」。[11] 這是第四次改革，其特點是鑄錢技術有了顯著改進，就是以往鑄錢只一面有文，背面無文，可磨取無文的背面銅屑鑄錢。這次規定背面再加鑄一道邊，使人無法磨取銅屑，再熔鑄新幣，這是防止盜鑄的一個重要的技術措施。雖然如此，但因這次鑄錢是令各郡國鑄，郡國官吏多鑄奸錢，錢輕，所以又出了問題。

從造白金幣和五銖錢以後五年中，赦免官吏和民人因盜鑄金錢被判處死刑的幾十萬人；那些沒有被發覺因爭利互相攻殺的，無法計算；因自首而被赦免的又有百餘萬人。然而自首的人還不到盜鑄金、錢人數的一半；天下有許多人都在盜鑄金、錢。犯法的人太多了，官吏無法盡誅，於是派遣博士褚大、徐偃等分路巡行郡國，檢舉、彈劾郡國守、相中兼併土地的非法謀利之徒。

四、元鼎元年的第五次改革

元鼎元年（西元前一一六年），武帝進行了第五次幣制改革。《史記・平準書》云：「郡國多奸鑄錢，錢多輕。」在這種情況下，公卿請下令，京城鑄造鐘官所鑄的「赤側（邊）錢」[12]，一個「赤側（邊）錢」等於五個舊銅錢，交納賦稅和官用的非用「赤側錢」不行。[13] 赤側錢發行後，白金幣價格減賤，過了一年多，白金幣廢不行。過了兩年，「赤側錢」貶值，想了種種辦法使用，還是不便，就被廢除了。

五、元鼎四年的第六次改革

元鼎四年（西元前一一三年）又進行第六次改革，這次在廢「赤側錢」的同時「悉禁郡國無鑄錢，專令上林三官鑄。錢既多，而令天下非三官錢不得行，諸郡國所前鑄錢皆廢銷之，輸其銅三官。」武帝在元鼎二年初置水衡都尉，掌上林苑，其屬官有均輸、鐘官、辨銅三令。武帝在這次幣制改革時主要採取了二個措施：一是完全禁止地方郡、國鑄錢，專令上林苑三官鑄錢，三官一般認為就是均輸、鐘官、辨銅三令，這說明鑄幣權完全收歸了中央或皇帝。二是下令天下非三官錢不能流通，地方郡國以前所鑄貨幣全部作廢銷熔，其銅轉歸上林三官，這樣國家就完全控制了貨幣的鑄造權。由於上林三官鑄的五銖錢成色好、分量足，又難於磨取銅屑，私人盜鑄這種錢不合算，所以出現了《史記．平準書》所說的「而民之鑄錢益少，計其費不能相當，唯真工大奸乃盜為之」，這是說基本上制止了盜鑄現象。

---

11 《史記》卷三十，〈平準書〉。

12 《史記．平準書》如淳注：所謂「赤側」，「以赤銅為其郭也」。

13 《史記．平準書》所載原文：「而公卿請令京師鑄鐘官赤側，一當五，賦官用非赤側不得行。」

漢武帝時期反覆進行幣制改革，最後終於解決了漢初幣制遺留下來的兩個急需解決的問題，發行成色好、重量適中、難於盜鑄的五銖錢，使幣制穩定。不僅後來漢代沿用五銖錢，而且歷魏晉南北朝仍在不斷地鑄造和使用五銖錢。國家壟斷鑄幣權是需要的，一直到近現代各國都壟斷著製造、發行貨幣的權力。武帝在當時實行了這一點是個了不起的成就，它有利於解決政府的財政危機和穩定國家的經濟生活。因此不難看出，武帝時期的幣制改革最後是成功的，在中國貨幣史上具有重要意義。

第三節　增加財政收入的幾項措施

武帝即位後，隨著邊境多事和災荒發生，財政日漸困難，尤其是從元朔年間到元狩四年幾次出擊匈奴，再加上移徙災民，使國家財政空前困難，「而富商大賈或蹛（貯）財役貧，轉轂百數，廢居居邑，封君皆低首仰給，冶鑄煮鹽，財或累萬金，而不佐國家之急，黎民重困」。在這種情況下，打擊工商業者、增加國家財政收入的鹽鐵官營、均輸平準、酒類專賣與算緡告緡等改革措施逐漸出臺。

鹽鐵官營

中國古代的私人煮鹽、冶鐵業主要是從戰國至西漢初期發展起來的，其著名的猗頓、邯鄲郭縱、宛孔氏、魯曹邴氏、齊刁、蜀卓氏、程鄭等。中原地區的煮鹽、冶鐵業者使用的勞動者主要是民，《管子．輕重甲篇》載戰國時齊國地區「聚庸（傭工）而煮鹽」，即聚集傭工煮鹽。《史記．平準書》載武帝官營鹽鐵之前鹽鐵業中「浮食奇民欲擅管山海之貨，以致富羨，役利細民，其沮事之議，不可勝聽」云云，十分明顯地說明當時鹽鐵業中經濟關係是一種「浮食奇民」「役利細民」的經濟關係，其中，鹽鐵業主稱「浮食奇民」，勞動者則是「細民」。《鹽鐵論．復古篇》則說：「往者（武帝官營鹽鐵之前）豪強大家，得管山海之利，采鐵石鼓鑄，煮海為鹽。一家聚眾或至千餘人，大抵盡收放流人民也，遠去鄉里，棄墳墓，依倚大家，聚深山窮澤之中，成奸偽之業，遂朋黨之權，其輕為非亦大矣。」這清楚說明當時的鹽鐵業主「豪強大家」使用的勞動者是「放流人民」，在數量上一家聚眾有時竟至「千餘人」。這些「放流人民」遠離家鄉、「依倚大家」，並與他們發生了類似「朋黨」的封建依屬關係。上述記載指的均系當時社會上普遍存在的一般情況，《史記．貨殖列傳》載「齊俗賤奴虜，而刁間獨愛貴之。桀黠奴，人之所患也，唯刁收取，使之逐漁鹽商賈之利」，正說明刁間使用「桀黠奴」是個一般人都不願幹、不屑幹的極為特殊的事情，從刁間使用這種奴婢「連車騎、交守相」看，這種奴婢當然是奴婢管家。

西漢初期西南地區冶鐵業中奴隸製成分較嚴重，蜀臨邛（今四川邛崍縣）卓氏冶鑄「富至僮千人」，程鄭亦以冶鑄富至「僮……數百人」。臨邛距出「僰僮」聞名的少數民族地區很近，卓氏、程鄭又「賈滇、蜀民」，「賈椎髻之民」，可在少數民族地區買到廉價奴婢。因此，這兩個以鹽鐵業起家的奴隸主不能代表中原地區的一般情況，只能說明臨近西南少數民族地區的冶鐵業中奴隸制經濟成分較為嚴重。

由於鹽是人民的生活必需品，「十口之家，十人食鹽」，「無鹽則腫」。鐵器是勞動人民的主要生產工具，《鹽鐵論．水旱篇》說：「農，天下之大業也，鐵器，民之大用也。器用便利，則用力少而得作多，農夫樂事勸功。」《鹽鐵論．禁耕篇》說：「鐵器者，農夫之死士也。死士用，則仇讎（草萊）滅，仇讎滅則田野闢。」鐵器還是製作兵器的主要原料，《鹽鐵論．復古篇》說：「鐵器兵刃，天下之大用也。」因此鹽鐵有廣闊的銷路和市場，戰國至漢初湧現出的大富豪以鹽鐵業者最為突出，這些大鹽鐵業者「上爭王者之利，下錮齊民之業」，即向上與國家爭利、對下又壟斷人民的謀生之路，而在國家遇到財政危機時，這些大富豪竟然無動於衷。因此，漢武帝經濟改革的一項重要措施就是鹽鐵，即實行鹽鐵官營，其目的就是把鹽鐵業的收益收歸國有，以解決財政困難。官營鹽鐵業有以下幾個問題，值得注意：

一、實施鹽鐵官營的措施

漢武帝為實行鹽鐵官營，採取了以下措施：

其一，元狩四年武帝任用齊地大煮鹽者東郭咸陽、南陽大冶鐵業者孔僅為大農屬官大農丞，主管鹽鐵方面的事情，侍中桑弘羊以會計計算用事「言利事析秋毫」。這三人籌備鹽鐵等有關經濟、財政改革方面的事情。

其二，山海、天地出產的自然資源的稅收原歸掌握天子私人財政的少府管理，實行鹽鐵官營時轉歸掌握國家財政的大農管理。這是一個大的變化，所以《史記．平準書》載孔僅、東郭咸陽上書說：「山海、天地之藏也，皆宜屬少府，陛下不私，以屬大農佐賦。」《鹽鐵論．復古篇》載大夫說「山海之利，廣澤之畜，天地之藏也，皆宜屬少府。陛下不私，以屬大司農，以佐助百姓」。這一變化有利於大農以國家代表組織全國鹽鐵的生產和銷售，並以其收入充作國用。

其三，元狩五年（西元前一一八年）孔僅、東郭咸陽提出實行鹽鐵官營的具體辦法如下：一是禁止私人經營鹽鐵業，規定「敢私鑄鐵器煮鹽者，釱左趾，沒入其器物」，即對敢於私鑄鐵器、煮鹽的人，用鐵這種刑具帶在左腳上，並沒收其從事生產的器具。二是出產鐵的郡自然要設鐵官，不出產鐵的郡則設置「小鐵官」冶煉廢鐵，屬所在縣管轄，即《史記．平準書》所說「郡不出鐵者，置小鐵官（冶煉廢鐵），便屬在所縣」。

其四，令孔僅、東郭咸陽乘驛遍巡天下鹽鐵處，設置鹽鐵官，取締私營鹽鐵業，並任命原來的鹽鐵業主為官營冶鐵業中的官吏。元封元年（西元前一一〇年），又令桑弘羊為治粟都尉領大農，主管天下鹽鐵事務，進一步推行官營鹽鐵，「置大農部丞數十人，分部主郡國，各往往置均輸鹽鐵官，……天子以為然，許之」。在這一過程中，推行鹽鐵官營的政策是認真的，違背政策的官吏要依法嚴懲，如元鼎六年博士徐偃等循行天下，「矯制（假託君命）」讓膠東、魯兩國煮鹽鑄鐵，被處死就是一例。

據《漢書．地理志》所載，全國有二十七郡設有鹽官，共設鹽官三十七處或三十六處；有四十個郡國設有鐵官，共設鐵官四十八處、四十九處或更多，其具體數字各家所說常互有出入。《漢書補注》引錢大昭說「有鹽官者三十六，有鐵官者五十」，設鹽官最多的為今山東地區，設置十二個；其次為今河南省，設置八個等等。值得注意的是今雲南安寧縣（益州連然），西北方地處今內蒙自治區的朔方、五原，今寧夏固原縣（安定三水），今廣東廣州市（番禺）都設有鹽官。今湖南郴州市（桂陽郡）、四川宜賓市（犍為郡）、甘肅臨洮縣（隴西郡）也設有鐵官，各郡國的鹽鐵官直屬大農丞管轄。

二、官營鹽鐵業中的主要生產者

官營鹽鐵業中的主要生產者是民、卒、徒、傭工、工匠等。

《史記．平準書》載鹽鐵丞孔僅、東郭咸陽上書談到煮鹽業中的經濟關係時說：「願募民，自給費，因官器，作煮鹽，官與牢盆。」據各家注釋的解釋，這句話的意思應是，由官府招募民人從事煮鹽，官府供給煮鹽用的大鐵盆（牢盆）等生產工具，並按煮鹽數量給生產者以雇傭價值（包括口糧），產品全部由官府統銷。[14]

除上述招募民工之外，服役的卒及其代役傭工是煮鹽、冶鐵業中的主要勞動者，《鹽鐵論．禁耕篇》說：「故鹽冶之處，大傲皆依山川，近鐵炭，其勢咸遠而作劇。郡中卒踐更者，多不堪，責（債）取庸代。」這說明煮鹽、冶鐵的地方路途遙遠，勞動強度大，服役卒無法忍受，所以借債雇人替自己服役，這說明服役的卒及其雇來的代役庸工是官營鹽鐵業中的勞動者。《鹽鐵論．禁耕篇》又說「縣邑或以戶口賦鐵，而賤平其准。良家以道次發僦（雇工）運鹽、鐵，煩費，百姓病苦之」。這說明官府按戶口給鐵讓民戶運輸，官府又壓低運輸價格（賤平其准），「良家」又得按道路遠近「發僦」（雇工）運輸，費用大，百姓深受其苦，這也說明運鐵的勞動者是民人及其雇傭的傭工。《鹽鐵論．水旱篇》則說：「卒、徒作不中呈，時命助之，發徵無限，更繇以均劇，故百姓疾苦之。」這又說明鹽鐵業中卒、徒是主要生產者，卒是服徭役、兵役的農民；徒是刑徒，是罰服苦役的罪人。漢代的罪人服有期徒刑按法律規定一般是一年至五年，期滿釋放；刑徒在服役期間不能任意買賣和殺害，刑徒不是國家的財產和物件，所以刑徒與奴隸是性質不同的勞動者，刑徒在法律地位上是民的一部分。[15]而且，由於卒、徒的工作達不到標準（作不中呈），就令徵發服役的民眾去幫助，使更役愈來愈頻繁，百姓深受其苦。《鹽鐵論．水旱篇》說官營鹽鐵業中的勞動者為「卒、徒、工匠」，卒、徒上已談及，這裡的「工匠」一般認為是有一定技能的服役或受雇在官府做工的手工業工人。

此外，官營鹽鐵業中勞動的也有奴婢。如武帝後元元年（西元前八八年）讓趙過推行代田法，曾在「大農置工巧奴與從事，為作田器」[16]就說明鹽鐵業中有奴婢從事勞動。雖然如此，但官營鹽鐵業中的主要勞動者不是奴婢，《鹽鐵論・散不足篇》說：「今縣官（官府）多畜奴婢，坐稟衣食，私作產業，為奸利，力作不盡，縣官失實。百姓或無斗筲之儲，官奴累百金；黎民皆晨不釋事，奴婢垂拱遨遊也。」這一記載說明在武帝、昭帝時官府奴婢普遍不事生產，而是「坐稟衣食」、「垂拱遨遊」的寄生者。

總之，武帝官營鹽鐵之後，官營鹽鐵業中的勞動者是服役的卒、刑徒、招募的民、傭工、工匠。雖有奴婢，但奴婢不是主要成分。

三、鹽鐵官營的作用、意義

漢武帝實行鹽鐵官營的作用，意義主要在於下列幾點：

---

14 《漢書・食貨志》注引蘇林曰：「牢，價直也。今世人言顧手牢。」王先謙《漢書補注》說：「顧手牢不知何語，譯其文義，當是雇傭價耳。」如淳曰：「牢，廩食也。」廩食，即給食；盆，即煮鹽大鐵盆。另一種解釋，牢盆即煮鹽用大鐵盆，「官與牢盆」就是官府按民工煮鹽盆數給予工價報酬。

15 《史記・平準書》載：武帝言「朕聞五帝之教不相復而治……。議令民得買爵及贖禁錮免減罪。」這說明可以贖罪的刑徒一類人是民的一部分。

16 《漢書》卷二十四，〈食貨志〉。

其一，大大緩解了財政困難。在元封元年桑弘羊為治粟都尉、領大農、主管鹽鐵之前的元鼎五、六年間漢連年出兵，用費大，都是靠鹽鐵官營等經濟改革的收入來解決的。關於這一點，《史記・平準書》載：「漢連（出）兵三歲，誅羌，滅兩越，番禺以西至蜀南者置初郡十七，且以其故俗治，毋賦稅。」於是從鄰近的南陽、漢中以南的各郡，供給新設立郡吏卒所需的食、幣、物，而新設郡又常常反叛，殺官吏，漢發南方的官兵征伐，一二年內用了一萬多人，其用「費，皆仰給大農，大農以均輸調鹽鐵助賦，故能贍之」。這就是說上述費用是靠均輸官調撥鹽鐵賣的錢而供給的，說明鹽鐵官營在解決財政危機方面所起作用是重大的。

《鹽鐵論・輕重篇》說：「今大夫……總一鹽、鐵，通山川之利而萬物殖。是以縣官（國家）用饒足，民不困乏，本末並利，上下俱足。」又說：「當此之時，四方征暴亂，車甲之費，克獲之賞，以億萬計，皆贍大司農。此者扁鵲（指桑弘羊等人）之力，而鹽鐵之福也。」這些論述說明了鹽鐵官營在解決國家財政困難和社會經濟生活方面所起的重大作用。

其二，有利於抑止兼併。《鹽鐵論・復古篇》載大夫的話說：「令意總一鹽、鐵，非獨為利入也，將以建本抑末，離朋黨，禁淫侈，絕並兼之路也。」也就是說，鹽鐵官營並不僅僅是為了增加國家的財政收入，還是為了建本業抑末業，防止鹽鐵業主利用經濟力量結成封建依附集團即「朋黨」與官府對抗，禁其「淫侈」生活，防止其兼併農民的土地，這個目的在一定程度和一定時間內應當說是能夠達到的。

其三，有利於打擊分裂割據勢力。《鹽鐵論・禁耕篇》說：「異時，鹽鐵未籠，布衣有朐邴（曹邴氏），人君有吳王。……吳王專山澤之饒，薄賦其民，賑贍窮乏，以成私威。私威積而逆節之心作。」這就是說讓諸侯王專山澤之饒，煮鹽鑄鐵，經濟勢力膨脹，收買民心，勢力壯大，最後會導致叛亂。而鹽鐵官營，有助於削弱諸侯王的經濟勢力，使其無法與中央抗衡和發動叛亂。

其四，官營冶鐵業規模大、人力充足、資金雄厚，專業分工明確，有利於生產技術和產品質量的提高。如漢代河南鞏縣鐵生溝冶鐵遺址場地二萬一千多平方公尺、有二十座冶煉爐，使用煤餅煉鐵，有時可直接煉出熟鐵和鋼就是其例。官營冶鐵業中所製造的大型、中型犁壁、犁鏵、犁冠齊全的犁頭和趙過推行代田法時使用的新式農具耬犁有助於農業技術、新的耕作方法的發展、推廣。《鹽鐵論．水旱篇》載大夫曰，「家人合會」的小作坊生產，煉出的鐵品質差，使「鐵力不銷煉，堅柔不和」。而實行鹽鐵官營，則「卒徒工匠，以縣官日作公事，財用饒，器用備。……吏明其教，工致其事，則剛柔和，器用便」，這一論斷當反映了一定的客觀事實。

武帝時的鹽鐵官營也有其問題和失誤，這主要表現在以下兩方面：一是鹽鐵官營是一種壟斷性的經營，產品的品種少，社會又需要呈多樣性，其他各種冶鐵業又被禁止，因此無法滿足社會多種需求。《鹽鐵論．水旱篇》說：「縣官鼓鑄鐵器，大抵多為大器，……不給民用。民用鈍弊，割草不痛，是以農夫作劇，得獲者少，百姓苦之矣。」這些情況應是符合實際的。二是官府管理鹽鐵的官吏多是從鹽鐵業主轉化來的，這些人從中作弊、擾民，《鹽鐵論．復古篇》所說，「而吏或不良，禁令不行，故民煩苦之」，就反映了這一點。《鹽鐵論．水旱篇》所說「今縣官作鐵器，多苦惡」，民眾買鐵器時「壹其賈（價），……善惡無所擇」，這就說不管鐵器品質的好壞，都是一個價，民眾不能選擇，很不方便。又說「鹽鐵賈（價）貴，百姓不便」等等現象都發生了。雖然有這些問題和等等失誤，武帝在當時條件下實行鹽鐵官營的重大作用和意義仍然不能全部加以否定。

均輸與平準

均輸、平準是國家壟斷商品的運輸、買賣、價格以增加國家財政收入的改革措施，在解決國家財政困難方面曾起過重大作用。

一、均輸的含義與作用

均輸一詞，古已有之，如《越絕書》卷二載：「吳兩倉，春申君所造。西倉名曰均輸，東倉周一里八步。」這說明戰國時期已有「均輸」，不過這種均輸與經商活動無關。《鹽鐵論·本議》說：「蓋古之均輸，所以齊勞逸而便貢輸，非以為利而賈萬物也。」這說明古代的這種「均輸」活動與武帝時官府通過均輸從事商業經營為國家謀利是不同的。要了解武帝時的均輸，應注意以下三點：

其一，均輸的推行經歷過兩個時期：一是元狩五年（西元前一一八年）鑄五銖錢，孔僅、東郭咸陽提議實行鹽鐵官營，過了三年，到元鼎二年（西元前一一五年）置均輸。關於此事，《史記·平準書》載：「桑弘羊為大農丞，筦（管）諸會計事，稍稍置均輸以通貨物。」看來這次實行還處於試驗階段，所以說「稍稍置均輸以通貨物」；二是元封元年（西元前一一〇年）桑弘羊為治粟都尉，領大農，置均輸到了實質性的推行階段。這一年因為諸官府囤積貨物在市場上出售，互相爭利，使物價上漲，而轉輸所得的貨物有時還不夠抵償雇工運輸的費用，所以桑弘羊「請置大農部丞數十人，分部主郡國，各往往縣置均輸鹽鐵官，……天子以為然，許之。」經過上述兩個時期的試辦、推行，各地設立了均輸官，均輸法才在全國得以實行。

其二，關於均輸的含義。什麼是均輸？有關材料和解釋是有出入的，所以應當首先看一看當時人的解釋，《鹽鐵論．本議篇》大夫曰：

> 往者，郡國諸侯各以其方物貢輸，往來煩雜，物多苦惡，或不償其費。故郡國置輸官以相給運，而便遠方之貢，故曰均輸。

這裡的大夫應指當時已任御史大夫桑弘羊，桑弘羊是「均輸」的創辦者，對均輸的解釋最有權威性。按他所說，原來各郡國都有一定數量地方特產貢輸，但不考慮道路遠近，路遠的自然花費大，由於種種原因有的物產經過運輸變成了「多苦惡」的次品、劣品，所以運來的貨物有時還抵償不了運費。因此在各郡國設立的輸官，專門負責營運，這樣就節省了路遠郡國的運費，因此就名曰：均輸。《史記．平準書》載元封元年桑弘羊推行均輸時「令遠方各以其物貴時商賈所轉販者為賦，而相灌輸」。這句話的意思是，令遠的地方貢給的物產最貴時商賈轉運販買的價格作為貢賦，而貨物由各地均輸官互相轉運到價高的地方出售和買進。這一敘述又揭示了均輸的一個重要職能，就是在運輸過程中通過賣買物品賺錢贏利。

《漢書．百官公卿表》注引「孟康曰」對均輸作了個全面的解釋，內云：

> 謂諸當所輸於官者，皆令輸其土地所饒，平其所在時價，官更於他處賣之，輸者既便，而官有利。（《漢書．公卿百官表》大司農屬官有均輸令注）

這一解釋概括了均輸對納貢賦的郡國地方有利、又對國家有利這兩種功能，把上述《鹽鐵論．本議》大夫所說得對郡國地方有利與司馬遷所說國家也以均輸物資轉賣贏利都概括了起來，是比較全面的。

從上述有關均輸的記載，可以把均輸法的內容歸結如下：在大農設均輸令、群國地方設均輸官，負責辦理有關均輸的事務；把各地輸京的貢賦等物品按時價轉運至價高的他地出售，再收購其他物品，輾轉販運，最後把國家所需物資運到長安。這樣做的目的是為了減省遠方郡國的運費負擔，又可使國家在輾轉販運中贏利，並得到品質好的物資。通過均輸國家轉運販賣了一些什麼物資呢？從有關文獻資料來看，通過均輸轉運的物資有鹽鐵、絲麻織品、布帛、糧食等。

其三，均輸的作用與利弊。均輸好的作用有以下幾點：首先，均輸的實行與鹽鐵官營等措施結合，解決了當時政府的財政危機。據《史記・平準書》載就在桑弘羊大力推行均輸的元封元年（西元前一一〇年）武帝「北至朔方，東到泰山（封禪），巡海上，並北邊以歸。所過賞賜，用帛百餘萬匹，錢金以巨萬計，皆取足大農」，後又推行「吏得入粟補官」等措施，使「邊餘穀諸物均輸帛五百萬匹，民不益賦而天下用饒」。這說明武帝任用桑弘羊等人推行的均輸、鹽鐵官營等措施在解決國家面臨的財政困難方面是成功的。

再者，均輸轉販運來的物資還起了供「兵師之用」、防水旱災荒的作用，同時也減輕了偏遠地區運輸的負擔。《鹽鐵論・力耕篇》載大夫曰：「往者財用不足，戰士或不得祿，而山東被災，齊、趙大饑，賴均輸之畜（蓄），倉廩之積，戰士以奉，饑民以賑。故均輸之物，府庫之財，非所以賈萬民而專奉兵師之用，亦所以賑困乏而備水旱之災也。」如元封四年（西元前一〇七年）大災荒，關東流民「二百萬口，無名數（戶籍）者四十萬」等等就是靠均輸貯存的物資賑濟的，同時有利於減輕偏遠地方的運輸負擔和減輕徭役，這就是《鹽鐵論・本議篇》所說的「均輸則民齊勞逸」。

再次，打擊了靠販運物品發財的大商人，從春秋末到戰國就有這樣的大商人。《史記・貨殖列傳》載，「漢興，……富商大賈周流天下，交易之物莫不通，得其所欲」，在這種情況下，他們「蹛財役貧、轉轂百數」販運物資經商成為巨富，洛陽的史師財至七千萬就是一例。而均輸實行後，許多物資轉運由均輸官組織進行，贏利歸了國家，這對轉運商是一個重大打擊。

均輸在執行過程中也出現了弊病，這就是國家原來是要求把各地出的物產、特產輸往中央，但執行時卻發生了捨棄農民生產的東西、索取農民不生產的東西，又設法迫使農民賤賣貨物以供上求。有的郡國還用行政命令的辦法讓農民製作布絮，官吏任意刁難，收購入官，這些情況又加重了農民的負擔，所以，《鹽鐵論・本議篇》文學曰：「今釋其所有，責其所無，百姓賤賣貨物，以便上求。間者，郡國或令民作布絮，吏恣（任意）留難，與之為市。……行奸賣平，農民重苦，女工再稅，未見輸之均也。」應當說在封建官僚政治下發生這種不合理現象是難免的，賢良文學的這些指責當是事實。只看均輸執行的好的一面，不見其弊病，也是一種片面性。

二、平準的含義與作用

平準是在元封元年（西元前一一〇年）桑弘羊在各郡國設均輸官之時於京師長安設立的。設置的意圖，《鹽鐵論・本議篇》大夫曰：「開委府於京師，以籠貨物。賤即買，貴則賣。是以縣官不失實，商賈無所貿利，故曰平準。……故平準、均輸，所以平萬物而便百姓。」其意是說在京師設立「委府」，接受、儲存各郡國均輸官輸入京師的貨物，即收籠天下貨物，貨物賤時就買進來，貴時就賣出去，因此國家掌握著物資，商賈無法經商謀利。所以稱之曰：平準。平準、均輸結合起來就可收到「平萬物的物價而便百姓」的效果。《史記・平準書》則進而陳述了平準設置的背景、採取的措施、出現的情況、所要達到的目的，有利於我們全面地了解平準。內云：

置平準於京師，都受天下委輸。召工官治車諸器，皆仰給大農。大農之諸官盡籠天下之貨物，貴卽賣之，賤則買之。如此，富商大賈無所牟大利，則反本，而萬物不得騰踴。故抑天下物，名曰：「平準」。

結合《鹽鐵論．本議篇》大夫的話，這段話的內容有以下幾點：一是在郡國設均輸官的同時，在京師設平準官，接受均輸官輸送來的貨物；二是令工官製造車子和其他器具，供均輸、平準官用，所需費用都由大農供給；三是大農所屬諸官掌握了天下的貨物，物價貴就賣出去，物價賤了就買進來；四是這樣做的結果，使富商大賈無法謀大利，天下就會返回到立國的根本「重農」上去，而一切物價也就不會暴漲，這就使天下的物價得到抑制，所以名曰平準。

從上述兩段話的內容可以看出，平準的主要作用有二：一是由大農各官掌握天下貨物，通過賤買貴賣，增加國家收入，解決財政困難，同時又使富商大賈無所牟大利；二是平抑物價，有利民眾。這就是《鹽鐵論．禁耕篇》所說「貴賤有平，而民不疑，縣官設衡立準，人從所欲，雖使五尺童子適市，莫之能欺」。具體執行時則由大農下屬的平準令負責，平準令，秩六百石，相當於大縣縣令，下屬員吏一百九十人。

平準與戰國初期李悝在魏國實行的平糴法有相通之處。《漢書．食貨志》載李悝說：「糴甚貴傷民（非農業平民），甚賤傷農。民傷則離散，農傷則國貧，故甚貴與甚賤，其傷一也。」所以，李悝主張統治者要了解年景的豐歉，在豐收時用比較公平的價格把農民的餘糧購回來，在歉收時又以比較公平的價格把糧食賣出去。李悝僅僅是把這一辦法用在糧食的購銷上，桑弘羊則把這一辦法用在國家所能壟斷的一切貨物上。應當說平準的推行在其初期或實行順暢的時期對平抑物價、增加國家財政收入、防止商人牟取暴利諸方面都曾起了積極作用，平準與均輸、鹽鐵官營等措施一起對解決武帝時的國家財政困難都起了良好的作用。然而，平準的推行也有消極作用。一是平準是國家對商業活動的壟斷，即所謂的「擅市」，這就免不了用封建專制的辦法通過行政命令經商，而所謂「猥發」（亂發號令）來經營商業，就難免要侵犯一般消費者的利益；二是官吏不可能都是良吏，貪官汙吏雜混其中，與奸商互相勾結，強迫百姓賤賣貴買，從中漁利，結果就會擾民、亂民；三是平準使「商賈無所貿利」，必然會侵犯一些中小商人的正當利益。因此在均輸、鹽鐵官營、平準推行過程中，就有人對國家壟斷性的商業經營提出責難，《史記．平準書》載卜式指出：「郡國多不便縣官（官府）作鹽鐵，鐵器苦惡，賈（價）貴，或彊令民賣買之。……今弘羊令吏坐市列肆（吏坐市肆行列之中），販物求利。烹弘羊，天乃雨。」《鹽鐵論．本議篇》載「文學」說的一段話，集中責難平準的弊病，內云：「縣官猥發（亂發號令），闔門擅市（官府壟斷市場），則萬物並收。萬物並收，則物騰躍。騰躍，則商賈侔（謀）利。自市，則吏容奸，豪吏富商積貨儲物以待其急。輕賈奸吏收賤以取貴，未見準之平也。」這就說明平準在推行過程中也出現了種種弊端。

總之，均輸、平準是國家通過壟斷商業活動增加收入以解決財政困難的辦法，雖然有其積極作用，執行過程中也難免出現種種弊病。

酒類專賣

酒類專賣是武帝實行的最後一項官商壟斷經營，也是最早被解除的一項官商專賣經營。

一、漢初酒類買賣政策的演變

酒類專賣當時叫「榷酤」。「榷」的最初含義按《說文解字》和有關注釋是過河的橫木，即現在人們所說的獨木橋，後來轉義指專賣而言；「酤」通沽指買酒、賣酒而言，這就是武帝時所說的「榷酤」。中國古代不少與酒有關的故事，據說殷代亡國的原因之一就是酗酒、嗜酒，周初接受了這個教訓就嚴禁周族酗酒。西漢初年，因缺乏糧食，所以要節約糧食，重本抑末。《漢書・文帝紀》載文帝後元年（西元前一六三年）詔曰：「間者數年頻頻年成不好，又有水旱疾疫之災，朕甚憂之。……以口量地，其於古猶（還）有餘，而食之甚不足者，其咎（過失）安在？是不是因為百姓從事工商業而有害農業者的人數太多，為釀造酒與帶汁滓的酒耗費的糧食太多，六畜吃的糧食太多呢？」在這種情況下就發生了禁止買賣酒的現象。《漢書・景帝紀》載景帝中三年（西元前一五四年），夏，因天旱「禁酤酒」，實際上是通過禁止買賣酒，而達到讓人們少釀造酒而節約糧食的目的；景帝末年，隨著經濟繁榮，糧食充足，就解除了買賣酒的禁令。景帝後元年（西元前一四三年）夏，令「大酺（大聚飲）五日，民得酤酒」。根據文獻記載西漢解除酒禁就是從此時開始的，此後武帝元光二年（西元前一三三年）、元朔三年（西元前一二六年）、太初二年（西元前一〇三年）、太始三年（西元前九四年）都有令天下或令民「大酺五日」的記載，遇大的禮儀活動也有賜民牛酒的記載。[17] 隨著酒禁的解除和釀酒業的發展，釀造和買賣酒就成了一項顯著的能夠獲利的事業。

二、酒類專賣實行的原因與酒類專賣被罷除

武帝所推行的幾項經濟改革，鹽鐵官營是在元狩四、五年開始實行、元封元年進一步推行；均輸則在元狩五年試辦、元封元年推行並在此同時設置平準，所以元封元年是武帝推行其主要經濟改革措施重要的一年。正是這些官營工商業措施幫助武帝渡過了當時的財政困難，收入增多了，開支也很巨大，元封年間以後主要的開支有以下幾項：一是禮儀活動，從元封元年武帝封禪泰山後，按規定每五年要去泰山修封、增封一次，有時不到五年就去一次，每次都花費巨大的錢財。此外，還要不斷地到汾陰祭后土、到雍祭五帝、到各地去祭名山大川，這類禮儀祭祀活動所用錢財加起來就是一筆巨大的開支。二是元封二年堵塞黃河瓠子決口後，在全國興起了一個興修水利的高潮，這一活動雖是正當的發展生產的需要，但也要花費巨大的人力、物力。三是元封以後水旱災荒頻繁，有時受災面積大、災情重、流民多，賑濟災民也是一筆巨大的開支。四是新開拓地區修建障塞等軍事設施、戍守士卒給養、新置二十多郡的開銷用費等等都是龐大的。五是武帝奢侈的生活、慷慨的賞賜也是用費浩巨，如果再加國家機構運轉所需正常的費用如官吏的俸祿等等，其耗費真可以說是天文數字。所以，儘管桑弘羊等人絞盡腦汁地進行經濟改革、增加收入，國庫中仍然不會有太多的積存。

17《漢書．武帝紀》載，武帝元鼎四年（西元前一一三年），「行幸雍，祠五畤，賜民爵一級，女子百戶牛酒」。

太初元年（西元前一〇四年）武帝使李廣利率「六千騎及郡國惡少年數萬人」伐大宛，次年敗還敦煌；太初三年又增六萬人令李廣利伐大宛；太初四年春，李廣利斬大宛王首、獲汗血馬歸。這次戰爭兩次共徵兵數十萬人，前後四年，路途遙遠，最後勝利返回至玉門者僅萬餘人、馬千餘匹。天漢二年李廣利又率三萬騎出酒泉至天山擊匈奴先勝後敗而歸，李陵率步卒五千敗降匈奴。此時，又重新出現財政困難，《漢書．武帝紀》載：天漢三年（西元前九八年）春「初榷酒沽」，這條法令禁止民間釀酒、賣酒，財源遂為國家壟斷。應劭曰：「縣官自酤榷賣酒，小民不複得酤也。」韋昭曰：「以木渡水曰榷。謂禁民酤釀，獨官開置，如道路設木為榷，獨取利也。」此後，酒類專賣就成武帝後期設置的官營專賣事業。

武帝去世以後，昭帝始元六年（西元前八一年）二月詔郡國賢良文學開了鹽鐵會議，問民疾苦。會上，賢良文學全面否定了武帝時鹽鐵官營、均輸平準、酒類專賣等經濟改革措施，並提議罷除。然而，如果全部罷除這些措施，國家的財政開支又從哪裡來呢？因此這年七月下令「罷榷酤官」，取消了酒類專賣，其他的經濟改革措施仍然保留了下來，面對當時尖銳的社會矛盾和客觀現實，當政者也只能如此。

算緡與告緡

算緡是國家徵收的財產稅；告緡是沒收「隱瞞向國家少繳納者」、「不繳納財產稅的有產者」的財產。這兩項政策主要打擊對象是中等以上的工商業者。

一、算緡的來源與內容

繳納財產稅，原是西漢初期規定的一種制度。《漢書・景帝紀》載景後二年五月詔曰：「今訾（資）算十以上乃得官。」服虔曰：「訾（資）萬錢，算百二十七也。」這裡「七」應是衍文，實際是資萬錢，繳一算，一算一百二十錢。此處的財產稅是針對有產民戶的，並不是專門針對工商業者的。

武帝即位後，逐步通過徵收財產稅方式把打擊的矛頭指向商賈，《漢書・武帝紀》載元光六年（西元前一二九年）「初算商車。」注引李奇曰：「始稅商賈車船，令出算。」至於商賈車船如何出算賦，則無說明。

元狩四年（西元前一一九年）冬，「初算緡錢」。所謂緡，就是穿錢的絲線，用絲線穿錢，一千錢一貫，一貫出算二十錢，實際等於一百錢出二錢，稅率為百分之二，這是現金稅。《史記・平準書》載這一年公卿上言：「郡國頗被菑害，貧民無產業者，募徙廣饒之地。陛下損膳省用，出禁錢（少府存錢）以振（賑）元元（民眾）……異時（昔時）算軺車（小車）賈人緡錢皆有差，請算如故。」接著又提出以下徵收財產稅的辦法：

（一）諸賈人末作貰（賒）貸賣買，居邑貯積滯留諸物，及商以取利者，雖無市籍，各以其物自占（自報），率緡錢二千而一算。即緡錢二千納稅一百二十錢，稅率為百分之六。

（二）對於各種要繳納租稅及鑄做器物的「手力」做工的「諸作」，「率緡錢四千一算」，一算百二十錢，平均一千錢納三十錢，一百錢納三錢，稅率為百分之三；比商人減少了一半，算是對手工業者的優待。

（三）不是吏但可以和吏相比的三老、北邊騎士的軺車（小車）一算；商賈軺車二算（二百四十錢）；船五丈一算。

（四）隱匿財產不申報和申報不全的，罰戍邊一年，沒收全部本錢。揭發申報不實的商人者，以沒收錢財的一半給之。

（五）有市籍的賈人及其家屬，不准佔田，以便農。如果違令佔田，就沒收他的土地、奴婢在內的所有財產。[18]

以上算緡錢的條文中第四、五兩條，說明算緡錢的規定具有強制性。這些規定的推行受到了以商人為主的豪富們的強烈抵制，以商人為主的豪富們爭相隱匿財產，逃稅、漏稅。針對這種情況，武帝發動了一場全國性的告緡運動，從而使向商人徵收財產稅的算緡錢，發展成為一場剝奪商人財產的運動。這就是元狩四年的告緡令。

二、告緡令的頒發、執行與作用

武帝發動全國性的告緡運動是有一個發展過程的。元狩四年發佈告緡令後，原想樹立正面典型，鼓勵富豪把財產稅繳給國家。恰巧那時有個叫卜式的人，曾上書願以家產之半捐給國家，以助邊費；元狩四年，卜式又捐錢二十萬，以助國家徙民實邊的費用，因此武帝就拜卜式為中郎，賜爵左庶長，賜田十頃，佈告天下，使民眾都知道這件事情。哪知此後，百姓還是沒有人捐獻財產幫助國家，而且還隱匿財產，逃繳財產稅。在此情況下，武帝就想通過告緡來解決這一問題。元狩六年（西元前一一七年）冬，武帝開始令楊可告緡，而右內史義縱竟然認為這是擾民，於是令其部下捕楊可的使者，武帝大怒，遂判處義縱死刑。《漢書．武帝紀》載元鼎三年（西元前一一四年）十一月，「令民告緡者以其半與之」，武帝令楊可主持告緡，讓杜周處理有關案件。於是，楊可告緡遍天下，中家以上大抵皆遇告，乃分遣御史、廷尉、正監等官吏分赴郡國各地治緡錢，「得民財物以億計，奴婢以千萬數，田大縣數百頃，小縣百餘頃，宅亦如之。於是商賈中家以上大率破」。《文獻通考．征榷考》則說「不商賈而有蓄積者，皆被告矣」所以這次告緡，打擊的不僅僅是商賈，非商賈的一些富豪也被打擊而家產被沒收。

這次告緡所得的財物，據《史記．平準書》所載，作了如下的處理：一是所得到的緡錢分給各官府；二是水衡、少府、大農、太僕各置農官，耕墾郡縣所沒入官府的田地；三是沒入的奴婢，分到各苑養狗馬禽獸，或分給各官府。

據《史記．平準書》載，元鼎五年（西元前一一二年）武帝在新秦中地「除告緡」[19]；據《漢書．食貨志》載元封元年（西元前一一〇年）桑弘羊為治粟都尉，領大農，管天下鹽鐵、推行均輸、在京師立平準，國家財政方面有了新的來源，所以「不復告緡」。

告緡的開展，使漢武帝為代表的封建國家通過剝奪商人等的財富，確實得到了大量的財物、土地、奴婢等。《史記．平準書》說「及楊可告緡錢，上林（苑）財物眾，……上林既充滿、益廣」，又云「而縣官（以天子為代表的國家）有鹽鐵緡錢之故，用益饒矣」等等，但告緡所起的破壞、阻礙經濟發展的作用也是嚴重的。《史記．平準書》載「而船有算，商者少，物貴」，民眾苟

18《漢書．食貨志》載，「敢犯令，沒入田、貨」。田，指耕田、土地；貨指什麼呢？按〈食貨志〉所說「凡貨，金錢布帛之用」，實際是指貨幣，所以說「沒入田、貨」，就是沒收耕地與貨財。

19《史記．平準書》載：「新秦中……令民得畜牧邊縣，官假母馬，三歲而歸，及息什一，以除告緡。」

且偷安，貪圖吃得好、穿得好，再沒有蓄藏財物治產業的打算。[20] 這說明告緡令的消極作用是巨大的，如果民眾只想吃喝玩樂，社會還能有什麼前途，好在告緡令推行了四年，到元封元年就停止執行了，也算是一種幸運。

賣爵、賣官與贖罪

漢代的賣爵、賣官、贖罪等措施武帝以前就實行過，武帝只是在新的條件下進一步推行這些措施，以增加國家財政收入。

一、漢初賣爵、贖罪制的演變

賣爵贖罪的制度，始於漢初，《漢書．惠帝紀》載惠帝元年（西元前一九四年）規定：「民有罪，得買爵三十級以免死罪。」注引應劭曰：「一級直錢二千，凡為六萬。」這項制度一舉兩得，對罪人來說可通過出錢贖罪，一級二千，出六萬，買爵三十級免死罪，獲解脫；對國家來說這除了是一種德政外，還可得到一筆收入，以解決當時的財政困難。

文景時賣爵贖罪制度又有發展，《漢書．食貨志》載晁錯所說，「募天下入粟縣官，得以拜爵，得以除罪，……令民入粟受爵至五大夫以上，乃復一人耳」。文帝接受了晁錯的建議，規定：「令民入粟邊，六百石爵上造（第二等爵），稍增至四千石為五大夫（第九等爵），萬二千石為大庶長（第十八等爵），各以多少級數為差。」景帝時，「復修賣爵令，而裁其賈（價）以招民，及徒復作（一年刑），得輸粟於縣官以除罪」。文景時期賣爵比惠帝時的發展變化有以下幾點：一是惠帝時賣爵以錢計，文帝時則以粟計。二是惠帝時賣爵級別共三十級，一級二千；文帝時期是按二十等爵制賣爵，從二等爵上造與九等爵五大夫，相差七級，每級平均差價級為四百八十四石餘；從五大夫至十八等爵差九級，平均每級差價為八百八十八石多，可知文帝時賣爵是賣的等級越高，差價也就越大。三是惠帝時僅能賣爵贖罪，文帝時發展為賣爵不僅可以贖罪，還可以免除徭役。四是景帝時除「復修賣爵令」，減其價外，還特別提到一年刑的稱復作或罰作的刑徒可通過「輸粟縣官」除罪，這一點與惠帝、文帝時的賣爵贖罪也有差別。

二、武帝時的賣爵、賣官、贖罪

漢武帝時期隨著內外興作增多，國家財政時常出現困難，而賣爵、賣官與贖罪制度作為一種解決財政困難的應急措施而被採用，據〈平準書〉、〈食貨志〉所載有下列幾次。

（一）元朔二年（西元前一二七年），遣衛青等率數萬騎擊匈奴取河南地，又徙民十餘萬人築朔方城等導致「費數十百巨萬，府庫並虛。……乃募民能入奴婢得以終身復、為郎增秩（俸祿），及入羊為郎，始於此」。

（二）元朔五年（西元前一二四年），大將軍衛青率六將軍與十餘萬軍隊擊右賢王。元朔六年大將軍又率六將軍擊胡，府庫耗竭。為解決財政困難，武帝令有關機構商議「令民買爵及贖禁錮免減罪」，商議的結果，奏請置武功爵及其有關的買賣、減罪、補吏、封官的辦法。有關內容有

20《史記·平準書》原文為：「於是商賈中家以上大率破，民偷甘食好衣，不事畜藏之產業。」

以下幾點：其一，武功爵共十一級，一級曰造士、二級曰閑輿衛、三級曰良士、四級曰元戎士、五級曰官首、六級曰秉鐸、七級曰千夫、八級曰樂卿、九級曰執戎、十級曰左庶長、十一級曰軍衛。其二，買武功爵時起初一級為十七萬，以上每增一級加二萬，買十一級，共計三十七萬。其三，買到武功爵第五級官首的，可以優先補吏；武功爵的第七級千夫相當於二十等爵的第九等爵五大夫，如果有罪可以減二等；武功爵的目的之一是為了顯示軍功，所以軍功大的可以越等授爵，大的封侯或授卿、大夫，小的可以為郎、吏。這些規定曾付諸實施，如樓船將軍楊僕就曾以武功爵的第七等千夫而為吏。

（三）元鼎二年（西元前一一五年），「始令吏得入穀補官，郎至六百石」。以往是讓民買爵、買官、贖罪，這次則是吏「入穀補官」，值得注意。

（四）元封元年（西元前一一〇年），桑弘羊為治粟都尉，領大農，「又請令吏得入粟補官，及罪人贖罪。令民能入粟甘泉各有差，以復終身，不告緡」。

（五）天漢四年（西元前九七年）秋，「令死罪（入）贖錢五十萬減死一等」。

（六）太始二年（西元前九五年）秋，「募死罪（入）贖錢五十萬減死一等」。

從上述事實中可以看出，從惠帝、文帝時的令民出錢、出粟，到武帝時的入奴婢，入羊可以買爵、買官、贖罪；又從令民、募民這樣作，發展而為令吏也這樣作。這說明從惠、文、景到武帝時賣爵、賣官、贖罪制總的趨勢是在發展和擴大之中，有的學者認為這種制度有像近現代發行公債的制度，這應該說是有道理的。從國家有了財政困難要私人拿出錢幫助國家解決困難這一點二者是相同的，但也有不同之處，近現代國家發行公債到期還本付息，漢代買爵到一定級別可以免除徭役似乎與還本付息有點相似，但整體來看漢代是以爵位、官位、減罪來抵消私人出的錢、粟、奴婢、羊，這與近現代發行公債就顯著不同。有的富人買到爵位、官位後得到了相應的特權，又利用這種特權去加倍搜刮錢財、勒索民眾就必然造成不良的後果。從這個意義上講，武帝的賣爵、賣官、贖罪制度也可以說是飲鴆止渴。

除上述經濟改革的措施之外，武帝還採取了其他一些措施，如在通西南夷的過程中，曾「募豪民田南夷，入粟縣官，而內受錢於都內（國都長安內）」，此法與宋代的折中法、明代的開中法頗有相似之處；再如武帝為增加財政收入曾改革口賦制度，原來七歲至十四歲出口賦錢，武帝改為三歲起徵；又口賦原規定人二十錢，武帝令加三錢，以供「車騎馬」，這類措施就不一一贅述了。

武帝所推行的經濟改革，由於不僅損害了富商大賈的利益，而且也常常損害了一般民眾的利益，所以對這些措施的評價自古以來就有正、反兩種不同的意見。武帝在世時，卜式就對經濟改革的一些措施持否定態度，而在昭帝時召開的鹽鐵會議上賢良文學則對這些措施持全面否定的態度，問題不在於這些措施在當時有沒有消極作用，而在於它有沒有起積極的進步作用。從《史記・平準書》、《漢書・食貨志》等有關文獻記載看，武帝推行這些經濟改革措施的目的主要是為解決當時面臨的財政困難，而這些措施推行的結果成功地解決了這種困難。不僅如此，這些措施的推行還大大加強了封建專制主義中央集權的經濟力量，而這種封建專制制度在當時正起著進步作用。因此，如果從具體歷史條件出發就不難看出，武帝推行的經濟改革措施儘管有種種弊端，但在歷史上確實起了積極的進步作用，不能簡單否定。

第五章　政治體制改革

中國封建專制主義中央集權的政治體制始於秦始皇，這種體制是秦統一六國後出現的，採取這種體制是為了鞏固統一，長治久安。然而，秦朝二世而亡，統治全國僅短短十四年，政治制度並不完備。漢初經六十年的實踐，政治體制上的問題進一步暴露，漢武帝時為適應形勢發展的需要，遂大刀闊斧地進行改革，漢武帝自己曾說：「漢家庶事草創……，朕不變更制度，後世無法。」這就是說他變更制度的目的不僅僅為當時的需要，而且要為後世立法，漢武帝所變更的制度中的一部分就是政治體制。

第一節　改革選官制度

周代世官制度占統治地位。春秋戰國，出身低下的士人日益加入官僚集團，戰國末年，韓非主張「明主之吏，宰相必起於州郡，猛將必發於卒伍」（《韓非子．顯學》）。漢武帝即位距劉邦即帝位已六十二年，漢初的勳臣已退出歷史舞臺，而其時又恰處在開拓、進取的強勁勢頭上，所以對選拔官吏的制度進行了大膽改革。改革的特點有二：一是唯才是舉，二是廣開仕途。

唯才是舉

漢武帝選拔官吏的一個顯著特點是唯才是舉。他即位不久，建元元年十月召開了「舉賢良對策」會議，即把嚴助等人選拔出來，據《資治通鑑》的記載，董仲舒也是在這次會議中選拔出來的。據說武帝「自初即位，招選天下文學材智之士，待以不次之位，四方士多上書言得失，自眩鬻者以千數，上簡拔其俊異者寵用之。莊助最先進，後又得吳人朱買臣、趙人吾丘壽王、蜀人司馬相如、平原東方朔、吳人枚皋，濟南終軍等，並在左右。」[1]據宋朝人王益之所撰《西漢年紀》，主父偃、嚴安、徐樂也是在這時被羅致在武帝左右的。《漢書．東方朔傳》就說武帝時期「朝廷多賢材」，並稱讚「武帝即招英俊，程（量計）其器能，用之如不及」，這裡所說「程（量計）其器能」加以任用，就是唯才是舉。元封五年（西元前一〇六年）大將軍、大司馬衛青去世，此前霍去病、公孫弘等人也已去世，而武帝的事業仍在開拓之中，在這種形勢下，武帝下了一道〈求茂材異等詔〉，充分反映了他在用人上唯才是舉的政策。內云：

> 蓋有非常之功，必待非常之人。故馬或奔（奔跑）踶（踢）而致千里，士或有負俗之累（為世俗所譏議）而立功名。夫泛駕之馬（駕車不循軌轍之馬），跅弛（放蕩不羈、不循規矩、不遵禮度）之士，亦在御（用）之而已。其令州郡察吏民有茂材異等可為將相及使絕國者。[2]

1 《資治通鑑》卷十七，〈漢紀九〉載，武帝在建元三年前招選人才的狀況。
2 《漢書．武帝紀》元封五年詔。

譯為白話文就是：大凡有非常之功，必然要有非常之人，所以有的狂奔又踢人的馬能日走千里，有的士人為世俗所譏議而能立功名於世。駕車不循軌轍奔馳的馬，放蕩不羈、不遵禮度的士人，也在任用之列，因此令州郡察吏民之中，有優異者可以為將相和出使絕域的等人才都要選拔上來。詔令中所說「駕車不循軌轍奔馳的馬，不遵禮度的士人，也在任用之列」就是唯才是舉，這與曹操後來在〈求賢令〉所說「唯才是舉」，有像陳平一類「盜嫂受金」[3]的人也在被推舉和任用之列是完全一致的，因此說漢武帝推行「唯才是舉」的用人政策是實事求是之論並非過譽。

漢武帝的同時代人太史公也對他唯才是舉的用人政策作過評述，這就是上引《史記・龜策列傳》太史公曰：「至今上（武帝）即位，博開藝能之路，悉延百端之學，通一伎（技）之士咸得自效。絕倫超奇者為右，無所阿私。」這裡所述漢武帝即位之後，廣開藝能之路，悉引百端之學，有一技之能的士人，都可為國效力，而且「絕倫超技者為右（上）」[4]，即誰有出類拔萃的才幹、技能誰就為上，無所偏私。太史公這段話是對武帝唯才是舉用人政策的高度讚揚。

從提拔、任用人的年齡結構來看，有霍去病那樣的年輕人，也有公孫弘那樣六十歲對策入仕、八十而終的老者。武帝對一些無機遇做官的老者深表同情，了解後也封其為官。《漢武故事》載武帝「至郎署，見一老翁，鬚鬢皓白，衣服不整，上問曰：『公何時為郎，何其老也？』對曰：『臣姓顏名駟，江都人也，以文帝時為郎。』上問曰：『何其老而不遇也？』駟曰：『文帝好文而臣好武；景帝好老而臣尚少；陛下好少而臣已老，是以三世不遇，故老於郎署。』上感其言，擢為會稽都尉。」

班固在《漢書・公孫弘卜式兒寬傳》贊中對武帝求賢用才的情況有個概括的論述，內云：

> 是時，漢興六十餘載，海內艾安，府庫充實，而四夷未賓，制度多闕。上方欲用文武，求之如弗及，始以蒲輪迎枚生（枚乘），見主父而歎息。群士慕嚮，異人並出。卜式拔於芻牧，弘羊擢於賈豎，衛青奮於奴僕，日磾出於降虜，……。漢之得人，於茲為盛，儒雅則公孫弘、董仲舒、兒寬，篤行則石建、石慶，質直則汲黯、卜式，推賢則韓安國、鄭當時，定令則趙禹、張湯，文章則司馬遷、相如，滑稽則東方朔、枚皋，應對則嚴助、朱買臣，曆數則唐都、洛下閎，協律則李延年，運籌則桑弘羊，奉使則張騫、蘇武，將率則衛青、霍去病，受遺則霍光、金日磾，其餘不可勝紀。是以興造功業，制度遺文，後世莫及。

上述班固的論述，除了說明武帝求才心切的原因之外，還著重從以下幾方面說明其用人的多樣性、廣泛性。其一，所用人才的出身職業多樣性，如有的拔於芻牧、有的擢於賈豎、有的曾為奴僕、有的出於降虜等等。其二，性格的多樣性，有的儒雅、有的篤行（忠實）、有的質直等等。其三，特長和所擔當工作的多樣性，如有的定律令、有的文章好、有的滑稽、有的善於應對、有的長於曆數、有的長於音律、有的長於運籌和管理經濟、有的長於奉命出使絕遠國度、有的能作將帥統兵打仗、有的則受命輔佐幼主等等，各種各樣有才能的人應有盡有。在這些人中，有儒、黃老、法家、縱橫、兵家、陰陽諸家，再加上武帝寵信的方術之士、卜筮之人，戰國時的各家各派幾乎都應有盡有了。因此可以說武帝的用人的特點之一是——唯才是舉、用人不拘一格，這一點當時的臣下看得也很清楚，如《漢武故事》載汲黯說：「上（武帝）喜接士大夫，拔異取異，

3 《三國志．魏書一．武帝紀》。

4 漢代以前以右為上，如《史記．廉頗藺相如列傳》說藺相如「位在廉頗之右」。

不問僕隸，故能得天下奇士。」

武帝如此注意選拔人才，是當時時代和他所要從事的事業的需要，因此就難免與一些大臣發生矛盾。有的大臣思想保守，對武帝所要開拓的事業想都不敢想，所以處處發生衝突，汲黯就是典型的一例，《漢武故事》載：「時北伐匈奴，南誅兩越，天下騷動。黯數諫爭，上弗從，乃發憤謂上曰：『陛下恥為守文之士君，欲希奇功於爭表；臣恐欲益反損，取累於千載也。』上怒，乃出黯為郡吏。黯忿憤，疽發背死，謚剛侯。」汲黯無疑是一位忠直的臣下，其犯顏直諫的精神也是可貴的。然而，他的保守思想和武帝的進取精神之間存在著尖銳的矛盾，這是汲黯悲劇下場的真正原因。為了事業的成功，武帝就必須注意選拔人才，這是武帝唯才是舉的主要原因。

廣開仕途

漢武帝在繼承西漢初期選拔官吏制度的基礎上，大膽發展、創新，形成了適應多種需要，多途徑、多元化的選拔、任用官吏的制度。

一、察舉

漢武帝時的察舉分賢良、孝廉、茂（秀）材異三科。

（一）賢良科：漢十一年（西元前一九六年），高帝下求賢詔說「賢士大夫有肯從我游者，吾能尊顯之」，並要求諸侯王、郡守舉薦賢士大夫遺詣（至）相國府，並簽署上姓名、行狀、年紀，如果有賢士大夫而不舉薦即所謂「有而弗言」，免職。[5] 這份求賢詔是漢王朝最早要求舉薦賢良的詔書，文帝時開始正式舉賢良，文帝前二年（西元前一七八年）詔「舉賢良方正能直言極諫者，以匡朕之不逮（及）」。文帝前十五年（西元前一六五年）「詔諸侯王、公卿、郡守舉賢良能直言極諫者，上親策之，傅納以言」。[6] 漢武帝建元元年（西元前一四〇年），「詔丞相、御史、列侯、中二千石、二千石、諸侯相舉賢良方正直言極諫之士」；後於元光元年五月又詔賢良對策。[7] 元光五年復詔賢良文學，武帝以後舉賢良成為定制，歷昭、宣、元、成而不斷。

賢良科是漢代選拔高級統治人材的途徑。文帝時晁錯曾應「賢良文學」之選，經策試以高第任中大夫，景帝時升為御史大夫。武帝時董仲舒亦應「賢良」之選經策試為江都王相，公孫弘經此科之選最後升為丞相。賢良一科，在皇帝策試時討論的是重大政策方面的問題，如董仲舒〈賢良對策〉講的是統治思想和重大政策、制度方面的問題。昭帝時賢良文學參加的鹽鐵會議討論的也是重大政策問題等等，此科選舉的重要性由此可見。此科選舉時，先由皇帝下詔施行，名之曰「制選」，其所以稱為「制選」是因為皇帝關於重大制度而頒佈的命令稱為制書，選賢良是據皇帝之命而選舉的，所以稱為「制選」。[8] 根據皇帝制書的內容，中央有關機構和王國相、郡守等地方官員再結合鄉里評議，選拔出符合條件的適當人選，這叫做「察選」，「察選」出來的人再上報、遣送至丞相府等有關機構，然後再由皇帝親自策試，策試的題目是由皇帝出的政治、政策方面的

5《漢書》卷一，〈高帝紀〉。
6《漢書》卷四，〈文帝紀〉。
7《漢書》卷六，〈武帝紀〉。
8《史記．秦始皇本紀》載皇帝「命為『制』，令為『詔』」。

問題，被策試的賢良寫成文章對答，這就是對策，此種對策又名為射策，「有似於射箭之人，以求中鵠為目的」。[9] 對策如為皇帝所賞識，就可以授以官職，或再經試用而後授以官職。

（二）孝廉科：舉孝廉在武帝前已有，最初是孝廉與力田等是一同舉薦的。文帝前十二年（西元前一六八年）詔：「孝悌，天下之大順也。力田，為生之本也。……廉吏，民之表也。朕甚嘉此二三大夫之行。今萬家之縣，云無應令（無人應察舉之令），豈實人情？是吏舉賢之道未備也。」[10] 這說明文帝時已有舉孝悌、力田、廉吏之事，從史籍記載來看「舉孝廉」作為單獨的一科，最初可能是武帝時正式開始的，《漢書．武帝紀》載：「元光元年（西元前一三四年）冬十一月，初令郡國舉孝廉各一人。」這裡說的「初令」應指最初讓舉孝廉的詔令，讓「郡國舉孝廉各一人」是說各郡與諸侯王國要分別舉「孝」、「廉」各一名。「孝」與「廉」是兩種德行高尚、嘉美的人，舉孝子為官，顯然讓他們作表率、模範，改善那時的社會風尚與精神文明建設，用當時的話說是為了「廣教化、美風俗」、「仕元元，移風易俗也」。因此，武帝對舉孝廉是十分重視的，元朔元年（西元前一二八年）下詔：朕「深詔執事，興廉舉孝，今或至闔(全)郡而不舉一人」，令「中二千石、禮官、博士議不舉者罪」。有司奏議曰：「不舉孝，不奉詔，當以不敬論。不察廉，不勝任也，當免。」[11] 武帝批准。孝廉科經武帝時的宣導推行，後來亦成定制，選上孝廉的一般在基層任職，如黃霸因察舉為廉吏，由左馮翊二百石卒史補河東均輸長，後又被舉為廉吏「為河南太守丞」，[12] 再如趙廣漢，曾因舉廉吏「為陽翟令」等等。

（三）茂（秀）材異科：此科為武帝時新設，設置的時間在元封五年（西元前一〇六年），詔書中「令州郡察吏民有茂材異等可為將相及使絕國者」，即要求舉薦那些有特別才幹和能力的人，包括為世俗所譏議、放蕩不羈（不循常規、禮法）的人也在其中。由於當時傑出的軍事將領衛青、霍去病和董仲舒、公孫弘等臣下相繼去世，而形勢的發展又迫切需要人才，所以武帝才新設此選拔特異人材的新科。其後，如有特殊需要也舉茂材，如昭帝始元二年（西元前八五年），因「宗室毋（無）在位者」，所以「舉茂才劉辟強、劉長樂皆為光祿大夫」。

《通典・選舉一》載漢武帝在元光元年舉孝廉之後曾有一道制書規定：「郡國人口二十萬以上歲察一人；四十萬以上二人；六十萬三人；八十萬四人；百萬五人；百二十萬六人；不滿二十萬，二歲一人；不滿十萬，三歲一人。限以四科：一曰德行高妙，志節清白；二曰學通行修，經中博士；三曰明習法令，足以決疑，能按章覆問，文中御史；四曰剛毅多略，遭事不惑，明足決斷。」這一詔令可能一度執行過。從武帝及其後昭、宣、元各帝紀所載，賢良、孝廉、茂材的選舉都是分科進行的，察舉時每科也並無固定幾年一次的規定，每次舉薦的人數也不固定，這些都是應該注意的。

二、徵召

武帝以前就有徵召和招聘有才幹的人為朝廷效力，漢武帝大大發展了這一選拔人材的方式。武帝對人材的徵召有如下兩種形式：

9 張維華，《論漢武帝》（上海人民出版社，一九五七年），六八頁。
10 《漢書》卷四，〈文帝紀〉。
11 《漢書》卷六，〈武帝紀〉。
12 《漢書》卷八十九，〈循吏傳・黃霸〉。

一種是個別徵召有專門特長的人，如對枚乘及其子枚皋、司馬相如、魯申公等人就是如此。武帝喜愛辭賦，為太子時就聞善辭賦的枚乘的大名，及即位，就以安車蒲輪徵召其進京，沒料到老年的枚乘死於路上。枚乘小妾生子枚皋，曾侍梁共王為郎，後遇罪逃入長安，被武帝「召入見待詔」，拜為郎，以辭賦善詼笑常侍左右。同樣，司馬相如也是因為武帝讚賞其所作〈子虛賦〉被召見而常侍左右的。治《詩》學者魯申公是武帝在建元元年遣使「束帛加璧」，安車以蒲裹輪，用四匹馬駕車子迎進京城，問治亂之事、議立明堂等。

另一種形式是在社會徵召有某種特長和品德高尚的人，如元光五年（西元前一三〇年）武帝「徵吏民有明當時之務、習先聖之術者，縣次續食，令與計偕」，這就是向各地徵召「明當時之務、習先聖之術者」，由地方政府供給伙食，並令其隨上計的官吏俱來京師。元狩六年（西元前一一七年）武帝下詔「遣博士大（褚大）等六人分循行天下……舉獨行之君子，徵詣（至）行在所（皇帝巡狩所在的地方）」。這種徵召一次絕不至一人，可能至數人、數十人，或更多；被徵召的人經皇帝親自召見，談話、了解其特長、志趣，而後授予官職。

三、「北闕上書」或「公車上書」

這種選拔可視為徵召制的一種形式，其特點是被選者首先上書，而後由皇帝和有關人員審閱上書內容後，經選擇再由皇帝召見而後授以官職，這與皇帝首先提出徵召的形式是有區別的。所謂「北闕上書」是在宮殿北邊的門樓上上書，《漢書．高帝紀》載「蕭何治未央宮，立東闕、北闕、前殿、武庫、太倉」。師古注：「而上書、奏事、謁見之徒皆詣（至）北闕。」因此從上書的地點看可以說是「北闕上書」，枚皋就是先在「北闕上書」之後才被漢武帝召見的。這種上書有時又稱作「公車上書」，據《漢書．百官公卿表》載「掌宮門衛屯兵」的衛尉，「屬官有公車司馬……令丞」。師古注引《漢官儀》說：「公車司馬掌……天下上書及四方貢獻闕下，凡所徵召，皆總領之，令秩六百石。」這就是說上書者應由公車司馬接待、管理，因此從管理上書的機構看可以說是「公車上書」。朱買臣也曾「詣（至）闕上書，書久不報，待詔公車」，後嚴助薦，被武帝召見，為中大夫。主父偃也曾「上書闕下，朝奏，暮召入見，所奏九事，八事為律令」。《史記．滑稽列傳》載東方朔的事蹟說：「朔初入長安，至公車上書，凡用三千奏牘。公車令兩人共持舉其書，僅然能勝之。人主從上方讀之，[13]……讀之二月乃盡。」東方朔這次上書，用了三千片竹簡，公車令二人才搬動舉起，漢武帝讀了兩個月才讀完，看來漢武帝對上書是認真閱讀的，這也說明他對通過「北闕上書」或「公車上書」選拔人材制度是認真推行的。通過這一途徑選拔的主父偃、朱買臣、東方朔等人在當時的政治、文化生活中都起了一定作用。

四、大學養士與選士制

通過學校培養而選拔官吏的制度是武帝時正式建立的。太學（國立大學）設五經博士，博士教授學生，學生分兩部分，一部分是由太常選送的，另一部分是由地方郡、國選送。學生畢業後，按學習成績優劣，分配到有關機構工作，這一制度在武帝時規模不大，但發展到後來逐步擴大，對政治生活、文化生活影響巨大。前已述及，此不贅述。

---

13 上方，有二解，一曰，上方謂北方、東方也；一曰，上方為漢代官署名，屬少府，製作刀劍等器物，又名尚方。此處的上方，應指在北方、東方的房屋。

五、任子制

任子制是關於二千石以上的高級官員子弟為郎的規定。二千石以上的高官不僅可任子為郎，並且還規定任職滿三年者「得任同產（同母兄弟）若子一人為郎」，也就是說任子外還可任一位同母兄弟為郎。這一制度武帝時仍在實行，如蘇武因其父蘇建從大將軍衛青擊匈奴有功，封平陵侯，後為代郡太守，蘇武兄弟三人「並為郎」；再如霍光因其兄霍去病任為郎。這種任子制度與西周的世官制有別，西周時的世卿世祿制規定父死子繼，兒子繼承父親生前的官職。任子制是高級官員可以任自己的兒子和一個兄弟為郎，充任皇帝侍從，經皇帝考察再據其才幹、功績任官，但並不是所有二千石為郎的子弟都可提拔為高官的。事實證明，任子制也可以選拔出優秀人材，如蘇武、霍光都是當時的傑出人材。

六、資選制與納資制

資選制是根據家庭財產多少而選官的制度，而所謂納資制是有產人家向政府納錢，政府賞給官職。

景帝後二年（西元前一四二年）下詔書說：「現在家產十萬以上納十算算賦的人才能選官，清廉的士人當官不用那麼多的家產。有市籍的商人家中即使財產多也不能當官，家中資產少於十萬的同祿不能當官，朕很可憐和同情他們，於是規定家產四萬納四算算賦的人就可以當官。」[14] 這就是說，在景帝這道詔令之前，只有家產達到十萬才能被選拔當官，按文景時的情況十萬錢恰是一個中等人戶的家產。這一詔令之後，家產降至四萬就可以選拔為官，這使一些家境較貧寒的人也可以被選拔當官，應當說是個進步。

家有納十算算賦或四算算賦的資產可以當官，並非說凡達到這一標準者皆可當官，那麼在資產達標後又通過怎樣的具體途徑去做官呢？南宋徐天麟有一獨到的看法，就是通過向政府「納資」而做官。[15] 這一見解揭開了資產達標者當官之謎，如《漢書·張釋之傳》載張釋之「以資為騎郎」；注引如淳曰：「漢注，資五百萬為常侍郎。」[16] 這就是說張釋之是在「納資」五百萬後，才當了常侍郎；再如黃霸「武帝末以待詔入錢賞官，補侍郎謁者」；[17] 再如桑弘羊，出身洛陽富商家庭，十三歲為侍中，其時正是武帝剛即位的建元元年（西元前一四〇年）。他是怎樣當上侍中的呢？有的學者認為他就是通過「納資」踏入仕途的，最後做到御史大夫。卜式也是一位「納資」為官的典型，《漢書·卜式傳》載「是時富豪皆爭匿財，唯式尤欲助費，……乃召拜式為中郎」。《鹽鐵論·除狹篇》說「富者以財賈官，累功積日，或至卿相」。通過「納資」也可得到一些有用人才，如張釋之就通過這一途徑當官，文帝時做到廷尉，秉公執法，作出了傑出貢獻；景帝時，司馬相如也曾「以資為郎」；再如桑弘羊，精於數學運算，在理財方面貢獻卓著。但是，以資產選官畢竟有消極方面，董仲舒在《天人三策》中就說「選郎吏又以富資，未必賢也」。

14 《漢書·景帝紀》後二年詔：「今訾算十以上乃得宦，廉士算不必眾。有市籍不得宦，無訾又不得宦，朕甚愍之。訾算四得宦。」

15 南宋徐天麟撰《西漢會要·選舉二》有「納貲（資）」條，實際是說有資產的民戶，需通過向政府「納資」才可為官。

16 《漢書》卷五十，〈張釋之傳〉。

17 《漢書》卷八十九，〈循吏傳·黃霸〉。

七、賣官制

由於連年戰爭，財政困難，這使由「納資」當官，變為赤裸裸的賣官鬻爵。《史記．平準書》對此有個概括的記述，要點如下：

其一，「武帝即位，干戈日滋，財賂衰耗而不贍，入物者補官……。」其後，「府庫益虛，乃募民能入奴婢得以終身復，為郎增秩，及入羊為郎，始於此」，這裡講的是武帝即位前十五年中的情況，即從建元三年（西元前一三八年）徙東甌於江淮間，建元六年（西元前一三五年）王恢擊閩越、元光二年的馬邑之謀、元光五年通西南夷和到元朔二年（西元前一二四年）衛青取河南地等耗費巨大的活動所引起的現象。

其二，元朔五年（西元前一二四年），置武功爵十一級，第一級十七萬，二級以上每級二萬，買至十一級，共計三十七萬。出二十五萬，買到武功爵第五等官者，可以「試補吏」，優先任用，買到武功爵第七等千夫相當於二十等爵制的第九等爵五大夫，買武功爵最高可買至第八等爵樂卿。置武功爵是為「顯軍功」，有軍功的大多越等授爵，大者封侯、卿、大夫，小者郎吏。這使官吏任用的途徑多而雜，因此官職也就虛濫耗費了。

其三，元狩四年(西元前一一九年)孔僅、東郭咸陽推行官營鹽鐵，出現了「鹽鐵家富者為吏，吏道益雜，不經選舉，商人做官的更多了」。後來又令「吏得入穀補官，從二百石的郎到六百石的郡丞」等，桑弘羊又奏請「吏得入粟補官」等等。

漢武帝賣官的目的是為了增加國家的財政收入，讓富人用錢換官。其結果，虛設濫設官職，導致官吏大量增加，並使漢初以來不能當官的商人大量當官，加入封建官僚集團，這樣便形成了官僚、地主、商人三位一體的封建統治集團。

漢代九卿之一的郎中令，在武帝選拔、任用人才的過程中起著重要作用，需要加以說明。郎中令，武帝太初元年改名光祿勳，其屬官有：大夫掌論議，有太中大夫、中大夫、諫大夫，員至數十人；郎掌守門戶，出充車騎，有議郎、中郎、侍郎、郎中，多至千人；謁者掌賓贊受事，員七十人。此外，還執掌期門、羽林兩支禁軍，這些屬官都隨侍皇帝辦理種種事情。武帝通過種種途徑選拔出的人才，許多人都是先充當侍中、大夫、郎、謁者，而後經試用、考察提拔起來的。這一機構是選拔、任用人才的中轉站，武將中衛青、霍去病都是從侍中提拔起來的，其他高級將領也多是從景帝、武帝時的侍從中選任的。武官如此，文官也如此，如卜式、桑弘羊等人是從郎官中提拔起來的，汲黯是從謁者選拔出來的等等。《漢書．董仲舒傳》載董說「夫長吏多出於郎中、中郎」，可證其時文職行政長官許多都是郎官中選任的。從這些情況可看出，武帝選拔的文、武人才先到郎中令所轄下作皇帝的文武侍從，經試用、考察而後再加以重用的，所以郎中令在武帝選拔、任用人才過程中的重要作用應予高度重視。

總之，漢武帝適應形勢發展的需要通過多途徑、多管道選拔了大量出身不同、才能與性格各異的官吏，並經試用、考察任用為中央和地方的長官，基本上滿足了當時事業發展的需要。這中間有許多成功的經驗可資借鑒，也有不少值得發人深思的教訓。

第二節　抑相權設置中（內）朝

西漢初期丞相權大，武帝時為抑制相權設立中朝或稱為內朝，形成了中、外朝並存的局面，這是朝廷組織機構的一個重要變化。所謂中朝，是皇帝親信左右、侍中、尚書等組成的參謀、決策機構，這一機構直接受皇帝指揮，體現著皇帝的意圖。所謂外朝是以丞相為首的三公九卿組成的行政辦事機構，從中朝設立後，丞相的作用、權力大大下降。

抑制相權與中朝出現

漢初丞相權大，《漢書》卷十九〈百官公卿表〉載：「相國、丞相，……掌丞天子，助理萬機。」陳平說：「宰相者，上佐天子理陰陽，順四時，下育萬物之宜，外鎮撫四夷諸侯，內親附百姓，使卿大夫各得任其職焉。」[18]這就是說丞相是最高的行政長官，皇帝的副手，輔助皇帝處理各種各樣的事情。按陳平的解釋主要是四個方面的事情，即上佐天子理陰陽萬物，外鎮撫四夷諸侯，內親附百姓，下使卿大夫各任其職。

丞相的職能、作用在道理上雖然是明確的，然而隨著歷史條件的不同，其作用也就不同，如秦始皇時「天下之事無大小皆決於上」，「丞相諸大臣皆受成事，倚辨於上」。[19]在這種情況下，丞相就成了皇帝實行專制統治的工具。西漢初年情況發生了變化，蕭何、曹參、王陵、陳平、周勃、灌嬰等任丞相者，都是佐劉邦立基業的功臣，惠帝、文帝是他們的子侄輩，所以丞相的地位、作用大為提高。《漢舊儀》載：皇帝在道，丞相迎見，皇帝要下車還禮後再上車走。謁者（掌賓贊受事禮官）要贊稱曰：「皇帝為丞相下輿。」皇帝如見丞起，也要起立而後坐。謁者要贊稱曰：「皇帝為丞相起。」[20]這樣是為表示皇帝對丞相的禮遇、尊重，在這種情況下，丞相的獨立性相對增強。繼蕭何為相的曹參，不向皇帝報告有關事情，「日夜飲醇酒，卿大夫以下官吏和賓客看見曹參不理丞相事務，來求見的都想有所諫言，但來了後，曹參常常是拿出醇酒讓他們喝，喝酒的空隙時間，來客想講話，曹參又讓他們飲酒，一直到把他們灌醉送走，使來客始終沒有說話的機會，這成了經常的事情。」漢惠帝「怪相國（曹參）不治事，這豈不是嫌自己年輕、輕視自己這個皇帝嗎？」[21]於是，就對當中大夫的曹參的兒子曹窋說：你若回家，就問你父親——高帝去世不久，皇帝年輕，您當了丞相，只知天天飲酒，也不向皇帝請示事情，怎麼就不憂慮天下的安危呢？你不要說是我讓你問的。曹窋回家發問，沒想到曹參以這樣的大事不是曹窋這種人所當說的為理由笞曹窋二百。這樣，惠帝便親自去問曹參，曹參對惠帝說：「高帝與蕭何定天下，法令既明，今陛下垂拱，參等守職，遵而勿失，不亦可乎？」惠帝聽後，說：「好，你說得太好了！」這個故事說明丞相的權當時是很大的，曹參在以清靜無為作治國的方針方面起了重大作用，漢惠帝的作用似乎只是聽從丞相的安排。

如果說惠帝、文帝時的丞相是功臣，那麼武帝即位後最初任命的兩位丞相卻是「貴戚」。第一位是太皇竇太后的侄兒竇嬰，當丞相幾個月就被竇太后免職。第二位是建元六年（西元前一三四年）竇太后去世後為丞相的武安侯田蚡，田蚡是王太后的同母弟、武帝的舅父，武帝這時只不過是個涉世不深的二十多歲的青年，所以田蚡根本不把武帝放在眼裡。在這種情況下，相權與皇權就發生了尖銳的矛盾。《史記》卷一百零七〈魏其武安侯列傳〉載：「當是時，丞相（田蚡）入

18《史記》卷五十六，〈陳丞相世家〉。
19《史記》卷六，〈秦始皇本紀〉。
20 衛宏《漢舊儀》卷上。
21《史記》卷五十四，〈曹相國世家〉載：「惠帝怪相國不治事，以為『豈少朕與』？」

（內）奏事，坐語移日，所言皆聽。他所舉薦的人，有的一起家就升至二千石的職位，權力幾乎都從皇帝那兒轉移到他的手上。皇帝於是說：『你要委任的官委任完了沒有？我也想要委任一些官呢！』有次，田蚡竟然請求撥出考工室的官地供他擴建私宅用，武帝大怒說：『你何不把武庫一塊取走呢？』從此之後，田蚡稍稍收斂了一些。」

漢武帝時期，無論是田蚡那樣「貴戚」出身驕橫不可一世的丞相，也無論是出身平民小心謹慎的公孫弘那樣的丞相，都和漢武帝有不少分歧。產生分歧的原因是複雜的，其中一個重要的原因是丞相對武帝的進取精神很不理解，漢武帝所想和所要幹的事情，是丞相連想也不敢想的。因此，為貫徹自己的意圖，漢武帝就必須抑制相權，而所用的辦法，就是通過自己羅致在左右的如嚴助等人與丞相等外朝大臣辯論，使其理屈辭窮或認錯，這就是最初中、外朝出現的原因。關於這一點，《漢書》卷六十四〈嚴助傳〉載：

是時征伐四夷，開置邊郡，軍旅數發，內改制度，朝廷多事，婁舉賢良文學之士。……開東閣，延賢人與謀議，朝覲奏事，因言國家便宜。上令助等與大臣辯論，中外相應以義理之文，大臣數詘（理屈辭窮），其尤親幸者：東方朔、枚皋、嚴助、吾丘壽王、司馬相如。相如常稱疾避事。朔、皋不根持論，上頗俳優畜之，唯助與壽王見任用，而助最先進。

這一記載說武帝即位之後「征伐四夷」、「內改制度」、「朝廷多事」，因此引延「賢人謀議」，武帝「令助等與大臣辯論，中外相應以義理之文，大臣數詘（理屈辭窮）。注引師古曰：『中謂天子之賓客，若嚴助之輩也。外謂公卿大夫也。』」這就是說「中」指武帝引請來的親信左右，如嚴助、東方朔、枚皋、吾丘壽王、主父偃、朱買臣等人；「外」指以丞相為首的「公卿大夫」。這就是中、外朝最初出現的背景、原因和情況，從有關記載可以看出，中、外朝的辯論主要有以下幾次。

建元三年（西元前一三八年）閩越（今福州一帶）舉兵圍東甌（今浙江溫州一帶），東甌告急於漢。武帝問曾任太尉的田蚡怎麼辦？田蚡認為越人互相攻擊是常事，又反覆無常，不值得漢朝前往相救，並說東甌是秦時已經放棄了的地方。其時中大夫、侍中嚴助反問田蚡：如果有力量救助，德又能覆載，為何要放棄呢？況且秦朝是連咸陽一起把全國都放棄了，豈止放棄越地！今小國來告急，天子不管，又怎能臣屬萬國呢？武帝私下對嚴助說：「太尉不足與計，吾新即位，不欲出虎符發兵郡國。」於是派遣嚴助持節發會稽兵，會稽太守拒絕，嚴助斬一司馬，以天子意旨曉喻，遂發兵救東甌，還未趕到，閩越就退兵走了。[22]

元朔二年（西元前一二七年），衛青取河南地，曾為郎中、謁者、中郎、中大夫的主父偃建議築朔方城，此乃「內省轉輸戍漕，廣中國，滅胡之本也」。武帝以此建議「下公卿議，皆言不便」，[23]其時任御史大夫的公孫弘「數諫，以為罷弊中國以奉無用之地，願罷之」。武帝令中大夫、侍中等人詰難公孫弘專言「置朔方之便」，其中講了築朔方城的十條利害，公孫弘無一應對；公孫弘認錯說「山東鄙人，不知其便若是」。[24]事實證明，這年徙十餘萬人築朔方城，是後來向西北邊郡大徙民的開始，此舉既可阻止匈奴南犯，又為反擊匈奴提供了前方基地，對穩定北方形勢有舉足輕重的作用。

22《漢書》卷六十四，〈嚴助傳〉。
23《漢書》卷六十四，〈主父偃傳〉。
24《漢書》卷五十八，〈公孫弘傳〉。

吾丘壽王曾先後任侍中、中郎、郎、東郡都尉、光祿大夫、侍中等。丞相公孫弘有個令「民不得挾弓弩」的建議，其理由是，十賊張弓搭箭，百吏不敢向前，此盜賊之不常伏罪，逃走者眾的原因。讓民不能挾帶弓弩是害少而利多，讓民挾帶弓弩實是盜賊繁多的重要原因。武帝把這一建議下達，讓臣子討論，吾丘壽王指出：古代製作矛、戟、弓、劍、戈五種兵器是為了「禁暴討邪」。現在「盜賊猶有者，……非挾弓弩之過也。」孔子曰：「吾何執，執射乎？」古代有「大射之禮，自天子降及庶人，三代之道也。……愚聞聖王合射以明教矣，未聞弓矢之為禁也。」臣以為如果禁民挾弓矢，會發生良民挾弓弩為自衛而無法，這豈不是專門讓盜賊威風而奪民眾自救之路嗎？所以「民不得挾弓弩」的建議「無益於禁奸，而廢先王之典，使學者不得習行其禮，大不便」。吾丘壽王書奏上後，武帝以此「難丞相弘」，公孫弘理屈辭窮而服焉。[25]

終軍，濟南人，少好學，以辯博、能屬文聞名於郡，十八歲選為博士弟子，至長安上書言事，被武帝拜為「謁者給事中」。元狩四年（西元前一一九年）置鹽鐵官，推行鹽鐵專賣。元鼎元年（西元前一一六年），博士徐偃巡行郡國時，「矯制（即假託皇帝制詔），使膠東、魯國鼓鑄鹽鐵，還，奏事，徙為太常丞」。御史大夫張湯彈劾徐「偃矯制」，應依法處死，偃以《春秋》之義，「大夫出疆，有可以安社稷，存萬民，顓（專）之可也」為名，認為自己無罪。獄吏出身的張湯，駁不倒徐偃的理由，武帝下詔讓終軍問理此案。終軍責問徐偃：其一，古代諸侯國異風俗不同，百里不通，所以聘會之事、安危之勢，頃刻可以出現變故，因此使者可不受王命，有專斷之宜，現在天下為一，萬里同風，《春秋》說「王者無外」，你巡行在封域之中，卻稱「出疆（出了疆界）」，這是為什麼呢？其二，從鹽鐵方面講，郡中都有蓄積，你在膠東、魯兩個封國中廢除鹽鐵專賣，對整個國家利害沒什麼影響，而你竟然把這說成是「安社稷、存萬民」的舉措，這是為什麼呢?……。最後指出:徐偃假託皇帝制詔,擅作威福,沽名釣譽,這是聖明的君主「所必加誅」的。徐偃理屈辭窮,自認「服罪當死」。[26]武帝認為終軍責問得好,並詔有關機構治偃罪。

終軍曾在自請出使匈奴書中說「臣年少才下,孤於外官」。師古曰:「孤,遠也。」這就是說他自認為自己距外朝的行政長官的條件差得太遠,所以只能當中朝的侍從之官,武帝奇其才,「擢為諫大夫」。其後,終軍又自請出使南越,並說「願受長纓,必羈南越王而致之闕下」,於是武帝派其為使臣,出使南越,終軍到南越,說服了南越王,「請舉國內屬」。武帝「大說,賜南越大臣印綬,壹用漢法,以新改其俗,令使者留填(鎮)撫之。」元鼎五年(西元前一一二年)南越相呂嘉「不欲內屬」,發兵攻殺南越王及漢使者終軍等,終軍死時年二十餘。[27]

以上是漢武帝任用親信左右處理政務的幾個事例。在這一過程中,中外朝的區分已經出現,武帝利用中朝職祿低的親信左右,抑制以丞相為首的外朝公卿大夫的權力,貫徹自己的意圖,加強皇權。

中朝人員組成與組織機構

《漢書》卷十九〈百官公卿表〉所載中二千石的兩位列卿值得注意,漢武帝中朝成員就是由這

---

25 《漢書》卷六十四,〈吾丘壽王傳〉。

26 《漢書》卷六十四,〈終軍傳〉。

27 同註26。

兩位列卿中的下屬官員選拔出來的：

一位是郎中令，武帝太初改制更名為光祿勳，此官類似皇帝辦公廳主任兼宮廷衛戍長官。此官下屬設置有：其一，「掌論議」的大夫，有太中大夫，秩祿比千石；中大夫，太初改制更名為光祿大夫，秩祿比二千石；諫大夫，武帝元狩五年初設，秩祿比八百石。其二，「郎，掌守門戶，出充車騎」，有議郎、中郎，秩祿比六百石；侍郎，秩祿比四百石；郎中，秩祿比三百石。中郎有五官、左、右三將，秩祿皆比二千石；郎中有車、戶、騎三將，秩祿皆比千石。其三，「謁者掌賓讚受事，員七十人，秩比六百石；有僕射，秩比千石。……僕射，自侍中、尚書、博士、郎皆有。」

列卿中的另一位為少府，其職責是「掌山海池澤之稅，以給供養」，即掌皇帝私供養的長官，相當於帝室的後勤總長。其「屬官有尚書、符節、太醫……十二官令丞」等，「又中書謁者、黃門、鉤盾、尚方……宦者七官令丞」等等。

漢武帝中朝官員主要就是從上述兩個機構中選拔出來的，具體說來又可區分為如下兩種官員。

一、漢武帝的親信左右

漢武帝的親信左右一部分是從郎中令下屬的郎、太中大夫、中大夫、謁者中選拔出來的。《漢書》卷六十四〈嚴助傳〉載：「嚴助，……郡舉賢良，對策百餘人，武帝善助對，繇（由）是獨擢助為中大夫。後得朱買臣、吾丘壽王、司馬相如、主父偃、徐樂、嚴安、東方朔、枚皋、膠倉、終軍、嚴怱奇等，並在左右。」這些人中，嚴助先為中大夫、會稽太守，後留「侍中」；朱買臣也是先為中大夫，並與嚴助「俱侍中」，後又為會稽太守。其後犯法免官，又為丞相長史、侍中；吾丘壽王曾為侍中中郎、郎、東郡都尉、光祿大夫（中大夫）、侍中；主父偃先後為郎中、謁者、中郎、中大夫，最後為齊王相；徐樂與主父偃、嚴安「皆為郎中」，後嚴安為騎馬令，主管天子騎馬；終軍為謁者給事中；司馬相如則在景帝時「以資為郎」，事景帝為「武騎常侍」，後為成都富人，武帝時又為郎，後「拜為孝文園令」；東方朔先後為常侍郎、太中大夫、給事中、中郎等；枚皋為郎，以善辭賦侍武帝；嚴忽奇為常侍郎。[28]

除上述文臣侍從親信外，武帝還有武將親信左右，如衛青曾先後為建章（宮）監、侍中、太中大夫、車騎將軍、大將軍、大司馬；再如霍去病，「少而侍中」，後為驃騎將軍，大司馬，其秩祿與大將軍等。

值得注意的是，上述皇帝親信左右，有時被稱為「天子之賓客」，並且往往還有侍中、常侍、給事中、散騎等頭銜參與謀議國事。這些頭銜即漢代的加官，是在原來的官銜之外加的官，有了這一加官，就可侍從皇帝左右。關於這一點《漢書．百官公卿表》載：

> 侍中、左右曹、諸吏、散騎、中常侍，皆加官，所加或列侯、將軍、卿大夫、將、都尉、尚書、太醫、太官令至郎中，亡（無）員，多至數十人。侍中、中常侍得入禁中，諸曹受尚書事，諸吏得舉法，散騎並乘輿車。給事中亦加官，所加或大夫、博士、議郎，掌顧問應對，位次中常侍。……皆秦制。

在這些加官中，可考證者說明如下：

28《漢書》卷三十，〈藝文志〉載：「常侍郎莊忽奇賦十一篇。」與枚皋同時。此人即嚴忽奇。因東漢明帝叫劉莊，為避諱，故改莊忽奇為嚴忽奇。

其一，侍中，為秦官，《史記．李斯列傳》曾載「趙高使其客十餘輩詐為御史、謁者、侍中」云云，可知秦確有此官。《通典》卷二十一〈職官三．宰相〉載「漢侍中為加官，……直侍左右，分掌乘輿服物，下至褻器虎子（便壺）之屬」。武帝時孔安國為侍中，以其儒者，特聽「掌唾壺（痰盂），朝廷榮之」。《漢官儀》卷上說，侍中「便蕃左右，與帝升降，卒思近對，拾遺補缺，百寮之中莫密於茲。……出則參乘，佩璽抱劍」。[29] 總之，侍中是皇帝的左右親信侍從人員，最初主要服侍皇帝的生活，如輿服、便壺、痰盂諸事務，其後逐漸發展為顧問論議朝政大事和受皇帝派遣為特使處理邊防等特殊事務，有的侍中立有大功如衛青、霍去病被進升為大司馬，位在丞相之上。

其二，中常侍，亦為秦官，西漢沿用，亦是加官，與侍中可以出入宮廷，由上至列侯、卿大夫，下至郎中的官吏兼任，東漢時才由宦官專任此職。

其三，給事中亦為加官，所加者為大夫、博士、議郎，主要執掌「顧問應對」，地位在中常侍下。《漢儀注》：「給事中，日上朝謁平尚書，奏事分為左右。以有事殿中，故曰給事中。多名儒、國親為之，掌左右顧問。」[30]

其四，諸曹，即左右曹，得受尚書事；諸吏是近臣中的執法官，「得舉法案劾」；散騎，騎馬並乘輿車。簡言之，由上述以種種形式組成的武帝親信左右是中朝組成人員的重要部分。

二、處理日常行政事務的尚書臺與中書令的出現

前述漢中二千石列卿之一的少府，下屬有尚書令丞。《通典》卷二十二〈職官四〉載：「秦時，少府遣吏四人在殿中，主發書，謂之尚書。尚猶主也。」這就是說秦少府中的尚書是個主管分發文書的機構，遣吏四人，主發文書就是尚書。漢武帝時，擴大尚書（或中書）的權力，讓其處理

國家行政事務，代替部分相權。《漢書》卷十〈成帝紀〉師古注引《漢舊儀》云：

尚書四人為四曹（部門）：常侍尚書主丞相御史事，二千石尚書主刺史二千石事，戶曹尚書主庶人上書事，主客尚書主外國事。成帝置五人，有三公曹，主斷獄事。

上述記載告訴我們，秦時尚書四人，只是主發文書。《漢舊儀》所載漢代的尚書四人卻分管四個方面的事情：常侍尚書主管丞相、御史所管之事；二千石尚書主管刺史和二千石郡國守相方面的事情；戶曹尚書主管庶人上書方面的事情；主客尚書主管外國事。這就把朝廷中有關主要事情的文書處理幾乎都分工管理起來，尚書臺就是中朝的主要辦事機構，這個機構出現的時間，就在武帝時，應劭《漢官儀》說「尚書四員，武帝置，成帝加一，為五」就是證明。[31]尚書臺的主要任務是收發、保管、處理文書，《宋書．百官志上》：「漢武帝世，使左右曹諸吏分平尚書奏事。」這就是說武帝要讓左右曹諸吏分類評議（分平）有關文書，[32]提出處理意見，而後由武帝自己審決，並交執行機構辦理。尚書臺出現之後仍在不斷發展變化，以上提到成帝時由四人變為五人，又設立了「三公曹，主斷獄事」等就說明了此點。《通典》卷二十二〈職官四〉載成帝「置尚書五人，一人為僕射，四人分為四曹，通掌圖書、祕記，章奏之事及封奏，宣示內外而已，其

29 《太平御覽》卷二百一十九，〈職官部十七．侍中〉。

30 宋孫逢吉撰，《職官分紀》卷六；《太平御覽》卷二百二十一，〈職官部一九．給事中〉。

31 《後漢書．光武帝紀》注引《漢官儀》。

32 參閱祝總斌，《兩漢魏晉南北朝宰相制度研究》（中國社會科學出版社，一九九〇年），八七頁。

任猶輕」，至於「出納王命、賦政四海」完全行施丞相等外朝職權則是「後漢」的事了。

武帝時尚書臺長官稱尚書令、次官稱丞。《史記》卷六十〈三王世家〉就有武帝時尚書令、丞的記載，[33]張湯子張安世曾因寫字好、記憶力強被武帝任為尚書令；若任宦官為尚書則稱中書，《初學記．職官部上》載：「中書令，漢武所置，出納帝命，掌尚書奏事，……初漢武游宴後庭，公卿不得入，始用宦者典尚書，通掌圖書章奏之事。」《通典》卷二十二〈職官四〉載「秦置尚書令。尚，主也。漢因之，銅印青綬。武帝用宦官，更為中書謁者令」，司馬遷曾任中書令。宣帝時「用刑法，信任中尚書宦官」，蓋寬饒上書說這是「以刑餘」之人，「為周（周公）、召（召公）」；元帝時又以宦者石顯為中書令。《後漢書．百官志三》本注曰「武帝用宦者，……成帝用士人，復故」，上引《通典》卷二十二〈職官四〉也說「成帝去中書謁者令官，更以士人為尚書令」。

武帝以後，大臣可領尚書事，如昭帝時霍光以大將軍「領尚書事」[34]，宣帝時張安世曾以「大司馬車騎將軍，領尚書事」[35]等等。領尚書的大臣自然權力擴大，以霍光論，處理尚書臺文書時聽取尚書臺有關官吏謀議後，最後由他審決，付諸執行，實際是代皇帝行施職權。

總之，武帝時出現的中朝由兩部分人組成：一部分是尚書臺有關人員負責收發、保管、評議有關機要文書，分類整理提出意見，供皇帝使用、審決後，交執行機構辦理。另一部分是武帝從郎、大夫、公卿中選出的，並通過加官侍中、給事中、中常侍等稱號形成的親信左右，這些人的職責是出納王命，通過詰難丞相等公卿大臣和直接被委派為使臣處理有關問題，貫徹武帝意圖。總之通過中朝的設置大大加強了專制主義皇權對國家各方面的控制。[36]

隨著中朝的出現，以丞相為首的外朝地位逐步下降。《漢書．公孫弘傳》載，公孫弘為相後「李蔡、嚴青翟、趙周、石慶、公孫賀、劉屈氂繼踵為丞相，自蔡至慶，丞相府客館丘墟而已，至賀、屈氂時壞以為馬廄、車庫、奴婢室矣。」這說明武帝時，丞相的地位已大大下降，後經西漢後期至東漢的發展，中朝逐步取代了以丞相為首的外朝的職權。

第三節　改革與創設監察制度

漢武帝是對中國封建社會監察制度的改革與創設作出了重大貢獻的皇帝，他在這方面的貢獻主要有以下幾點：其一，設置丞相下的監察官司直，完善了漢初丞相、御史大夫最高行政長官負責監察的制度，並強化了丞相、御史大夫兩府互相制約的機制。其二，設置了司隸校尉，強化了對中央百官和京畿地區的監察與治安。其三，設立十三州部刺史，強化了對地方郡國的監察，以及御史中丞、司隸、司直、部刺史等監察官員相互制約的機制。這些監察官的設立和監察制度的完善為成帝、哀帝時中央獨立監察官的出現創造了條件。

漢初監察制的特點與設置司直

33《史記》卷六十，〈三王世家〉載「御史臣光守尚書令，丞非」，《索引》云尚書令名失載，尚書左右丞叫非。

34《漢書》卷七，〈昭帝紀〉。

35《漢書》卷五十九，〈張湯傳附子安世傳〉。

36 西漢後期中外朝的概念進一步明確，《漢書．劉輔傳》注引孟康曰：「中朝，內朝也。大司馬、左右前後將軍、侍中、常侍、散騎、諸吏為中朝；丞相以下至六百石為外朝也。」

西漢建立後，監察由最高行政長官丞相、御史大夫（副丞相）負責。高帝即位後置丞相，漢十一年更名相國，相國擁有很大的監察權，如秦朝設「監御史」、「掌監郡」，是監察地方政府的專職官吏；漢不設「監御史」監察地方，然而卻常常根據實際情況的需要，由「丞相遣史分刺州，不常置」，即臨時派遣丞相史監察地方州郡。[37] 其後，至惠帝三年（西元前一九二年）在丞相提議下先在三輔地區，後又在其他州恢復監察御史。關於此事，《通典》卷三十二〈職官十四·州牧刺史〉載「至惠帝三年，又遣御史監三輔郡，察詞訟，所察之事凡九條，監者二歲更之，常以十月奏事，十二月還監，其後諸州復置監察御史」。[38] 文帝前十三年（西元前一六七年）「以御史不奉法，下失其職，乃遣丞相史出刺（察探）並監督察御史」。為了加強丞相在監察方面的作用和力度，武帝元狩五年（西元前一一八年）「初置司直，秩比二千石，掌佐丞相舉不法」。

上述情況說明，從漢初至武帝，丞相這一最高行政長官同時也是負責監察的最高官員，高帝時派丞相史監察地方，惠帝時派監御史監三輔及地方州郡，文帝時又派丞相史督監察御史，武帝元狩五年又設司直佐丞相舉不法，說明丞相在監察方面的重要作用。

御史大夫，「掌副丞相」。作為副丞相，雖非專職監察官，但也有負責監察的任務，這表現在兩方面。其一是，作為副丞相有輔助丞相搞好監察的義務；其二御史大夫的屬官中有一個「秩千石」的御史中丞，[39] 其是專職監察官，辦公地點在宮廷中的蘭臺，除「掌圖籍祕書」外，「外督部刺史，內領侍御史員十五人，受公卿奏事，舉劾按章」。御史中丞從其地位來講，更似皇帝的家臣，有利於皇帝直接掌握和了解情況。其實，御史大夫也是從戰國時國君的侍從、近臣、親信與掌管文書典籍、議定法令傳遞詔書的御史中逐漸提拔起來的，易於領會、貫徹皇帝的意圖，為皇帝所掌握。

從上述情況不難看出，西漢時丞相掌握主要的監察權，下設「秩比二千石」級的專職監察官司直；御史大夫輔助丞相行施監察權，下設「秩千石」級的專職監察官御史中丞。司直的職責是「佐丞相舉不法」，御史中丞「受公卿奏事，舉劾按章」；前者是最高行政長官丞相屬下的大員，後者是皇帝的近臣、親信，二者共掌監察大權正反映了相權與皇權互相制約而又協同的關係。西漢初皇帝下詔書時，要交由御史起草，御史大夫審閱，下詔時由御史大夫下相國、相國下諸侯王；御史中執法（御史中丞）下郡守。[40] 成帝、哀帝時御史大夫都曾更名為大司空，哀帝時的大司空朱博說：「高皇帝以聖德受命，建立鴻業，置御史大夫，位次丞相，典正法度，以職相參，總領百官，上下相監臨，歷載二百年，天下安寧。」從君權制約相權上來理解御史大夫、御史中丞與丞相、司直的關係，朱博這句話的含義就會迎刃而解，也就是說丞相和副丞相的關係反映著相權與君權制約而又協同的關係。

丞相、御史大夫（副丞相）作為當時最高的行政長官，同時又負責監察，說明從漢初到武帝初期監察權從屬於行政權，二者沒有分離，這就是西漢初期監察制度的特點。武帝在丞相下設主管監察的司直，秩比二千石；御史大夫下又有御史中丞，秩千石管監察。皇帝利用兩府職能互相

37《漢書．百官公卿表》載：「監御史，秦官，掌監郡。漢省，丞相遣史分刺州，不常置。」

38《西漢年紀》卷三載，《漢儀》云：「惠帝三年，相國奏御史監三輔郡，察以九條，察有詞訟者、盜賊者、偽鑄錢者、恣為奸詐者、論獄不直者、擅興徭賦不平者、吏不廉者、吏以苛刻故劾無罪者、敢以踰侈及弩力十石以上者、作非所當服者，凡九條。」此處講是在「相國」奏事下採取的措施，這九條內容具體。

39 御史中丞，漢初稱為御史中執法，《漢書．高帝紀》十一年詔，「御史中執法下郡守」。注引晉灼曰：「中執法，中丞也。」

40《漢書．高帝紀》載高帝十一年詔云：「御史大夫昌下相國，相國酇侯下諸侯王，御史中執法下郡守。」

制約，所以武帝時設司直完善了行政長官管監察的制度。

設置司隸校尉與十三部刺史

漢武帝對監察制度有完善、有創立。完善者如前述在丞相下置司直專「佐丞相舉不法」就是一例，創立者如設置司隸校尉與部刺史制度，這兩項制度的創立不僅大大強化了監察機制，而且使監察權與行政權相對獨立地分離了出來。這不僅完善了漢代的監察制度，也是對中國古代封建社會監察制度的寶貴貢獻。

一、設置司隸校尉

關於司隸校尉，以下兩處記載值得認真研究。

司隸校尉，周官，武帝征和四年初置。持節，從中都官徒千二百人，捕巫蠱、督大奸猾。後罷其兵。察三輔、三河、弘農。元帝初元四年去節。（《漢書．百官公卿表》）

司隸校尉一人，比二千石。本注曰：孝武帝初置，持節，掌察舉百官以下，及京師近郡犯法者。……司隸所部郡七。（《後漢書．百官志四》）

這兩處記載了司隸校尉來源、設置時間及職能等問題，其中一些問題值得進一步解釋。

司隸校尉原是軍官名稱，其地位在將軍之下。西漢末定其地位「比司直」，也就是說是個「秩比二千石」級的官員。司隸原是周代的官名，《周禮．秋官》負責治安的司寇之屬官有司隸，其職責率徒隸捕盜、巡察，是個管治安的官員；司隸校尉的「司隸」之名就是從這裡來的。

司隸校尉設置的背景是武帝晚年發生了巫蠱案。所謂巫蠱是巫師用邪術加禍於人，即把木偶人埋地下，日夜詛咒，可置所咒之人於死地。征和元年（西元前九二年）發生丞相公孫賀之子公孫敬聲與陽石公主詛咒武帝的巫蠱案，次年又發生江充誣太子劉據巫蠱案，導致太子與丞相大戰長安，死數萬人，皇后、太子自殺。再加上這時社會不穩定，所以武帝在征和四年（西元前八九年）設立司隸校尉，令其持皇帝賜給的符節帶中都官（京師諸官府）徒兵千二百人「捕巫蠱，督大姦滑」。後來罷除所帶徒兵，監察三輔（京兆尹、左馮翊、右扶風）、三河（河東郡、河內郡、河南郡）和弘農郡，這樣司隸校尉便從最初負有特殊使命、以治安為主的官員，轉變為監察京畿七郡的監察官員。上引《後漢書．百官志》則概括地說司隸校尉的職能是「察舉百官以下，及京師近郡犯法者」，從事實來考察，司隸校尉從設立後，確實可以監察包括丞相在內的所有官吏，用法不避權貴，如成帝時司隸校尉曾兩次彈劾丞相、安樂侯匡衡，第一次是因元帝時匡衡與御史大夫張譚阿附中書令石顯，所以成帝初即位時，「司隸校尉王尊劾奏：衡、譚居大臣位，知顯等專權勢，作威福，為海內患害，不以時白奏行罰，而阿諛曲從，附下罔（欺騙）上，無大臣輔政之義。……罪至不道」，成帝赦免了匡衡。第二次是司隸校尉王駿等劾奏匡衡「專地盜土以自益」等，成帝認可，由「丞相免為庶人」。由此看來，司隸校尉確實可以「察舉百官」，「刺舉無所避」；東漢時司隸校尉「無所不糾，唯不察三公」。[41] 另外蔡質《漢儀》曰：司隸校尉「職在典京師，外部

41《通典》卷三十二，〈職官十四．司隸校尉〉。

諸郡，無所不糾。封侯、外戚、三公以下，無尊卑。入宮，開中道稱使者，每會，後到先去。」[42]應劭《漢官儀》：「司隸校尉糾皇太子、三公以下，及旁州郡國無不統。」這樣便可看出，到了東漢司隸校尉對皇太子、三公以下的百官都可糾察，對所統管的京畿七郡之外的「旁州郡國」也可監察，地位極為特殊。然而，司隸校尉又受著御史中丞的督察。

設置初期司隸校尉是直屬皇帝的監察、治安官員。由於征和元年丞相公孫賀父子、陽石公主等貴戚都陷入了巫蠱案，次年衛皇后、太子劉據也陷入巫蠱案。征和四年武帝設司隸校尉，賜給符節，帶一千二百徒兵「捕巫蠱，督大奸猾」，自然是不避貴戚、丞相等高官的，具有直屬皇帝、直接受皇帝指揮的特殊身分。正因為司隸校尉有此特殊身分，所以可以「無所不糾」，然而也正因如此，他的地位就在變化之中，「元帝初年四年去節，成帝元延四年省」，一直到西漢末成帝綏和二年（西元前七年）成帝死，哀帝即位才又復置，但名稱改為「司隸」，並規定其「屬大司空，比司直」。東漢時司隸校尉仍然很特殊，不僅以搏擊權貴、宦官而聞名，而且有「廷議處九卿上，朝賀處公卿下」[43]的特殊身分。基於以上事實，可以認為武帝時設立的司隸校尉，後來轉化成了專職的監察官，擁有相對獨立的不隸屬於最高行政長官丞相的監察權。

二、設置十三部刺史

漢武帝在監察制度方面另一創設就是置十三部刺史，設置的目的是為了加強中央對地方監察、控制，以此加強中央集權，在當時這是非常必要的措施。《漢書．地理志》載：「秦京師為內史，分天下作三十六郡。漢興，以其郡大，稍復開置，又立諸侯王國。武帝開廣三邊。故自高祖增二十六，文、景各六，武帝二十八，昭帝一，訖於孝平，凡郡國一百三。」在這些郡國中，從高祖到武帝共增加六十六郡國，如再加秦原有的三十六郡，總數已達一百零二個郡國。管理這樣眾多的郡國自然事務繁雜、難度大，需要分州、部管理，《漢書．武帝紀》載元封五年「初置刺史部十三州。」注引師古曰：「初分十三州，假刺史印綬，有常治所。」部是當時的區域單位，一部的地域範圍就是一州。關於部刺史主要有以下需要明確的問題。

首先，漢武帝所置刺史是十三部，還是十二部呢？班固在《漢書．地理志》雖說「至武帝攘卻胡、越，開地斥境，南置交阯，北置朔方之州，……凡十三部，置刺史」，但在所列郡國名稱中只有十二部刺史，另加司隸校尉所轄京畿七郡共計十三州部，內無朔方州部刺史，這是班固留下的一個矛盾。杜佑《通典．州牧刺史》和南宋徐天麟撰《兩漢會要》均持此說，其後經顧頡剛、史念海等先生的考訂，[44]並據《漢書》之〈武帝紀〉及〈百官公卿表〉等有關記載，一般均認為武帝置刺史十三部，加上司隸校尉所轄京畿七郡，共為十四部，其名稱和所監郡國數如下：

豫州刺史，監三郡一國：潁川郡、汝南郡、沛郡；梁國。[45]

冀州刺史，監四郡六國：魏郡、巨鹿郡、常山郡、清河郡；廣平國、真定國、中山國、信都國、河間國、趙國。

兗州刺史，監五郡三國：東郡、陳留郡、山陽郡、濟陰郡、泰山郡；城陽國、淮陽國、東平

42《後漢書》，〈志第二十七．百官四〉注引《漢儀》。
43《通典》卷三十二，〈職官十四．司隸校尉〉。
44 顧頡剛、史念海，《中國疆域沿革史》第十章第二節。
45《漢書．地理志》載豫州刺史監三郡、二國，認為魯國在其中。

國。

徐州刺史，監三郡四國：琅邪郡、東海郡、臨淮郡；泗水國、楚國、廣陵國、魯國。[46]

青州刺史，監六郡三國：平原郡、千乘郡、濟南郡、齊郡、北海郡、東萊郡；膠東國、高密國、菑川國。

荊州刺史，監六郡一國：南陽郡、南郡、江夏郡、桂陽郡、武陵郡、零陵郡；長沙國。[47]

揚州刺史，監五郡一國：廬江郡、九江郡、會稽郡、丹陽郡、豫章郡；六安國。

益州刺史，監八郡：漢中郡、廣漢郡、巴郡、蜀郡、犍為郡、越巂郡、牂柯郡、益州郡。

涼州刺史，監十郡：安定郡、北地郡、隴西郡、武威郡、金城郡、天水郡、武都郡、張掖郡、敦煌郡。

並州刺史，監六郡：太原郡、上黨郡、雲中郡、定襄郡、雁門郡、代郡。

幽州刺史，監九郡一國：勃海郡、上谷郡、漁陽郡、右北平郡、遼西郡、遼東郡、涿郡、玄菟郡、樂浪郡；廣陽國。

朔方刺史，監四郡：朔方郡、五原郡、西河郡、上郡。

交阯刺史，監七郡：南海郡、鬱林郡、蒼梧郡、交阯郡、合浦郡、九真郡、日南郡。

司隸校尉，監七郡：京兆尹、左馮翊、右扶風、弘農郡、河東郡、河內郡、河南郡。

上述十三部刺史和司隸校尉所監郡國共一百零三個，[48]這就是說西漢所轄郡國全在監察之中。

其次，十三州部刺史監察郡國的內容，據《漢書．百官公卿表》所載「武帝元封五年初置部刺史，掌奉詔條察州，秩六百石，員十三人」，就是說刺史所監察的內容，都是依據皇帝詔令中規定的條文來監察的。據〈百官公卿表〉注引《漢官典職儀》云監察的具體內容如下：

刺史班宣，周行郡國，省察治狀，黜陟能否，斷治冤獄，以六條問事，非條所問，即不省（察）。

一條，強宗豪右，田宅逾制，以強淩弱，以眾暴寡。

二條，二千石不奉詔書遵承典制，倍公向私，旁詔守利，侵漁百姓，聚斂為奸。

三條，二千石不恤疑獄，風厲殺人，怒則任刑，喜則淫賞，煩擾刻暴，剝截黎元，為百姓所疾，山崩石裂，袄祥訛言。

四條，二千石選署不平，苟阿所愛，蔽賢寵頑。

五條，二千石子弟恃怙榮勢，請托所監。

六條，二千石違公下比，阿附豪強，通行貨賂，割損正令也。

上述記載說明，刺史的監察內容是犯法的豪強地主和郡國守、相等二千石級的官員，並對這些官員進行罷黜和升遷，而且還有「斷治冤獄」的司法權。由於刺史是按皇帝詔令的內容治獄，稱之為詔獄，監察的範圍限制以上述六條為準，不在六條規定之內的，不察，這樣做「是不要刺史侵犯地方官職權……，是很合理的」。[49] 漢武帝讓刺史以「秩六百石」而監察二千石的郡太守、

46 《漢書．地理志》載徐州刺史監三郡、二國，無廣陵國、魯國。

47 《漢書．地理志》載荊州刺史監六郡、二國，多廣陵國。

48 前述秦置三十六郡，加漢高祖至武帝所增郡國六十六個，共一百零二個，昭帝時又增一個，共計一百零三個。武帝時置十三部刺史和司隸校尉所監七郡，應不超過一百零二個。顧頡剛等先生所考訂的此數，應包括武帝以後所增郡國的總數。

49 張維華，《論漢武帝》（上海人民出版社，一九五七年），六六頁。並參閱顧炎武《日知錄》卷十三，〈六條之外不察〉。

諸侯相，受到顧炎武的好評，顧在《日知錄》卷十三〈部刺史〉中說「職卑而命之尊，官小而權之重，此小大相制，內外相維之意也」。

總之，十三部刺史的設置是漢武帝時期在中國封建監察制度上又一大創設。

此外，值得注意的是，從武帝設十三部刺史後，御史中丞的地位日漸提高，杜佑在《通典》卷二十四〈職官六．中丞〉條中說御史中丞「外督部刺史，內領侍御史十五員，受公卿奏事，舉劾案章。蓋居殿中，察舉非法也，及御史大夫轉為大司空，而中丞出外為御史臺率，即今之（唐朝）御史大夫任也。……武帝時，以中丞督司隸，司隸督丞相，丞相督司直，司直督刺史，刺史督二千石……。」又云至東漢初光武帝時御史中丞「與尚書令、司隸校尉朝會，皆專席而坐，京師號為『三獨坐』，言其尊也」。《通典》這一記載說明從武帝時起御史中丞地位逐步提高，武帝時起設司隸校尉可監察丞相，丞相督司直，司直督刺史，刺史督二千石，然司隸校尉又受御史中丞的督察，體現了互相制約的關係。又據《漢書．百官公卿表》載成帝綏和元年（西元前八年）和哀帝元壽一年（西元前二年）曾兩次反覆把御史大夫改為大司空，改御史中丞為御史長史。意謂把「掌副丞相」的御史大夫改為大司空，而御史中丞改為御史長史，就變成了御史臺的長官，也就是說御史中丞從副丞相御史大夫的隸屬下轉為獨立的最高監察官。這也表示御史中丞作為專職監察官，從行政權的隸屬下，擁有了相對獨立的監察權，御史臺作為獨立的監察機構就是這時出現的。

漢武帝完善、創立監察制度，大大強化了中央對地方的監察，並為後世所承襲。

第四節　改革分封制度 打擊割據勢力

漢武帝為加強中央集權，借鑒歷史經驗對分封制度進行了進一步的改革，使其更加適合專制主義中央集權的需要，同時又鎮壓諸侯王的叛亂，以打擊分裂割據勢力的社會基礎。

分封制的歷史演變

分封制是一種很古老的制度，據傳說和記載，分封制在大禹以前已經存在。西周初年，周公「封建親戚，以蕃屏周」[50]，使分封制成了周朝的根本政治制度，並得到了大發展。西周滅亡後，東周王室衰微，歷春秋戰國，諸侯國戰亂不斷。秦統一後，丞相王綰請求分封諸子，李斯認為：「周文武所封子弟同姓甚眾，然後屬疏遠，相攻擊如仇讎，諸侯更相誅伐，周天子弗能禁止。……置諸侯不便。」[51]這就是說，在李斯看來，分封制是造成春秋戰國各諸侯國混戰的根源，所以主張廢除分封制。秦始皇也同意這一意見，並進一步明確指出：「天下共苦戰鬥不休，以有侯王。賴宗廟，天下初定，又復立國，是樹兵也，而求其寧息，豈不難哉！廷尉議是。」這就是說秦始皇完全同意廷尉李斯的意見，所以秦朝廢除分封制，實行郡縣制。

秦亡以後，漢人總結周「歷載八百餘年」和秦朝速亡的根源，又認為秦朝廢除分封制是造成

50《左傳．僖公二十四年》。
51《史記》卷六，〈秦始皇本紀〉。

這一差異的重要原因，所以漢代郡縣制與分封制二者兼用。關於這點《漢書．諸侯王表》言之甚詳，內云：周代「三聖（文王、武王、周公）制法，立爵五等，封國八百，同姓五十有餘。……所以親親賢賢，褒表功德，關諸盛衰，深根固本，為不可拔者也。」又指出秦朝「姍（訕）笑三代，盪滅古法，竊自號為皇帝，而子弟為匹夫，內亡（無）骨肉本根之輔，外亡（無）尺土藩翼之衛。陳、吳奮其白梃（大杖），劉、項隨而斃之」。這就是說，秦朝短命而亡的重要原因是沒有實行周代的分封制，接著又指出：「漢興之初，海內新定，同姓寡少，懲戒亡秦孤立之敗，於是剖裂疆土，立二等之爵（王、侯）。功臣侯者百有餘邑，尊王子弟，大啟九國（分封了九個同姓王）。」這就是說，對從秦至漢對分封制的認識來了個否定之否定。

從實際情況而言，分封制的作用有兩重性：一是分封子弟，功臣為王侯確有拱衛皇權的功能；另一作用是分封制，也有促成分裂割勢力發展甚而直接威脅皇權的作用。西漢初期實行分封制的經驗就證明了這一點。西漢初劉邦共封了八位異姓王，這些人雖在楚漢戰爭中起過重大作用，但楚漢戰爭一結束，異姓王與漢朝的矛盾就尖銳了起來，所以劉邦又剪除了七個異姓王。漢初所封同姓王侯，在拱衛劉氏王室、反呂氏篡漢、擁立文帝方面有功，從數量上看，劉邦時封同姓王九個，文帝時增加到十八九個；從地區上看，當時漢朝大約有五十四個郡，各諸侯王國佔有三十九郡，漢中央政府僅轄十五郡。這些諸侯王國「大者跨州兼郡，連城數十，宮制百官同制京師」[52]，有的甚而「自為法令，擬於天子」[53]，儼然成了獨立王國；諸侯王「尾大不掉」，甚而公開發動叛亂。文帝前三年（西元前一七七年），匈奴侵河南地，文帝遣灌嬰率大軍迎擊，並親至太原（今山西太原市西南）勞軍，濟北王劉興居趁機發動叛亂，後失敗；文帝前六年（西元前一七四年）淮南王劉長又圖謀勾結匈奴發動叛亂，因被發現而失敗。為了解決諸侯王勢力膨脹的問題，文帝前七年（西元前一七三年）賈誼在〈治安策〉中曾提出「眾建諸侯而少其力」的主張，目的是使諸侯封地愈來愈小，勢力削弱；文帝採納賈誼的意見把齊國分為七國，把淮南國分為三國。[54]景帝時，晁錯又提出〈削藩策〉，主張削減諸侯王封地，景帝採納了晁錯的意見，於景帝前三年（西元前一五四年）先後削去楚王戊的東海郡、趙王遂的常山郡、膠西王卬的六縣，給諸侯王以極大的震動。在此情況下，以吳王濞為首的吳楚七國的諸侯王發動了叛亂，而吳楚七國之亂的失敗，又為進一步改革分封制提供了條件和時機。

鎮壓諸侯王叛亂

漢武帝在其統治時期，繼景帝平滅吳楚之亂後，對諸侯王的叛亂進行了嚴厲鎮壓，同時又對違法的諸侯王，給以除國等懲處。

漢武帝時期鎮壓諸侯王謀反事件，主要有以下三次：

一、淮南王謀反事件

52《漢書》卷十四，〈諸侯王表〉。

53《史記》卷一百一十八，〈淮南衡山列傳〉。

54 文帝前十六年（西元前一六四年）分齊為七國：齊、濟北、城陽、淄川、濟南、膠西、東。分淮南為三國：淮南、廬江、衡山。見《史記》卷十，〈孝文本紀〉；《漢書》卷四，〈文帝紀〉。

高帝時封趙姬生子劉長為淮南王。文帝即位，長因其為文帝弟，驕橫不法，「為黃屋蓋擬(比)天子，擅為法令，不用漢法」，又「收聚漢諸侯人及有罪亡者」，並且「謀使閩越及匈奴發其兵」，謀反。當處「棄市」，文帝赦其死罪，廢王爵，流放蜀郡，至雍，「不食而死」。[55]文帝前十六年(西元前一六四年)，文帝分淮南國為三，令劉長之子劉安為淮南王、劉賜為廬江王，後徙為衡山王，王江北。

劉安，因其為武帝父輩，武帝「甚尊重之」。劉安入朝，武安侯田蚡對他說：「方今上無太子，王親高皇帝孫，行仁義，天下莫不聞。宮車一日晏駕，非王尚立誰者！」淮南王大喜。劉安平時就「行陰德拊(撫)循百姓，流名譽」，又「招致賓客方術之士數千人」製造輿論，此時聽說武帝沒有兒子，如一旦出事，諸侯必定互相爭奪，於是製造軍械，加緊準備，等待時機。正在此時，與淮南王太子遷矛盾極深的郎中雷被要求自願奮擊匈奴，此事為太子遷、劉安所反對。按漢律不讓奮擊匈奴者依法當棄市，武帝下詔不許。公卿又請廢王，武帝又不許，又請削五縣，武帝只批准削二縣。此後，劉安製作皇帝璽、丞相、御史大夫、將軍、吏二千石等印，並與太子遷商量準備誘殺中央任命的相、內史、中尉。此時，深知內情的淮南王親信自首，告發淮南王謀反，劉安庶孫劉建也因推恩分封未及其父和自己而告發。漢朝官吏逮捕了太子遷、王后、及淮南王賓客，搜出謀反證據。武帝令公卿治其罪，「所連引與淮南王謀反列侯、二千石、豪傑數千人，皆以罪輕重受誅」。淮南王劉安自殺，「王后荼、太子遷諸所與謀反者皆族」。[56]

二、衡山王謀反事件

當衡山王劉賜聽說淮南王要謀反時，怕被吞併，又有種種違法事，所以結賓客，求得一位懂兵法觀星望氣的人，日夜謀劃造反。令賓客作車、鏃、矢，刻天子璽及將、相、軍吏印，衡山王此時又廢太子爽，欲立子孝為太子，太子劉爽即遣親信告發劉孝作車、鏃、矢等不法事，衡山王也上書反告劉爽不道當棄市。此時，淮南謀反事牽連到衡山王，「王聞，即自剄殺」，其子劉孝「自告反」，又「坐與王御婢奸，棄市」。王后、太子爽皆「棄市」，「諸與衡山王謀反者皆族。國除為衡山郡」。[57]

《漢書．武帝紀》載元狩元年十一月，「淮南王安、衡山王賜謀反，誅。黨與死者數萬人」。這說明鎮壓淮南王、衡山王叛亂，處死人數至少在萬人以上。

三、江都王謀反事件

江都王劉易為景帝子，孝景前二年立為汝南王，吳楚七國之亂擊吳有功，徙為江都王，劉非死後，其子劉建繼位為江都王。劉建淫亂、暴虐，為禽獸行，自知罪多，恐誅，心內不安，與王后指使越地女婢咒詛漢武帝早死。知淮南、衡山謀反，作黃屋蓋、鑄將軍、都尉金、銀印，收集天下輿地及軍陣圖，遣人通越繇王閩侯「約相急相助」。後被朝廷發現，遣丞相長史等案查，查出了「兵器、璽綬」等反具。武帝讓臣議其罪，都認為建「所行無道，雖桀紂惡不至於此。天誅所不赦，當以謀反法誅」。最後，劉建自殺，王后成光等人「皆棄市」，國除，地入於漢，為廣陵郡。

55《漢書》卷四十四，〈淮南衡山濟北王傳〉。
56《史記》卷一百一十八，〈淮南衡山列傳〉。
57 同註56。

此外，其他的諸侯王，也有因不法等罪而除國的，如建元三年（西元前一三八年）濟川王明以「坐殺中傅，廢遷房陵」；元鼎三年（西元前一一四年）常山王勃，坐「喪服奸，廢徙房陵」等等，此不一一列述。

總之，在景帝平滅吳楚七亂後，武帝又鎮壓了淮南、衡山、江都諸王的謀反事件，這都為改革分封制度提供了歷史經驗。

改革分封制度

漢初，皇權與諸侯王的鬥爭，反映了當時分封制度還不能適應封建統一國家中央集權政治體制的需要，因此就需要改革分封制度。上述賈誼、晁錯提出的「眾建諸侯」、「削藩」就是試圖改革當時的分封制度，由於當時條件不成熟，這種改革受阻。景帝平定吳楚七國之亂後，即對漢初的分封制進行初步改革，「景帝中五年（西元前一四五年）令諸侯王不得復治國，天子為置吏，改丞相曰相，省御史大夫、廷尉、少府、宗正、博士官，大夫、謁者、郎諸官長丞皆損其員」。[58] 漢武帝即位後，又進一步從下列兩方面對分封制進行了改革。

一、實行推恩分封

景帝採納晁錯的削藩策後直接下令把諸侯王的郡、縣劃歸中央所屬，使諸侯王無法接受。平定吳楚七國之亂後，諸侯向主父偃行賄，通過主父偃提出推恩分封的建議，其內容如下：

今諸侯或連城數十，地方千里，緩則驕奢易為淫亂，急則阻其彊而合從以逆京師。今以法割削，則逆節萌起，前日晁錯是也。今諸侯子弟或十數，而適（嫡）嗣代立，餘雖骨肉，無尺地之封，則仁孝之道不宣。願陛下令諸侯得推恩分子弟，以地侯之。彼人人喜得所願，上以德施，實分其國，必稍自銷弱矣。[59]

武帝採納了主父偃的意見，並暗示梁平王襄、城陽頃王延上書願以封地分子弟，而後下推恩令，據《漢書》卷十五〈王子侯表〉詔令如下：

諸侯王或欲推私恩分子弟邑者，令各條上，朕且臨定其號名。

推恩令是在漢武帝元朔二年（西元前一二七年）春正月下詔而推行的，由於推恩分封的辦法照顧了諸侯王要求把自己的封地封給子弟的願望，又符合皇權消除諸侯王威脅的需要，樂於為雙方所接受，所以收到了「藩國始分，而子弟畢侯」的效果，[60]或如《漢書．諸侯王表》說「不行黜陟，而藩國自析」。據《史記》卷二十一〈建元以來王子侯者年表〉所載元狩四年（西元前一一九年）城陽王子弟一次就封了十九人為侯。在這種情況下，諸侯王國分成了眾多小國，對漢中央朝廷的威脅就被消除，這使分封制適合封建地主制下統一的中央集權的需要，這些措施應當說是成

58《漢書》卷十九，〈百官公卿表〉。
59《漢書》卷六十四，〈主父偃傳〉。
60《漢書．武帝紀》元朔二年春正月詔：「『梁王、城陽王親慈同生，願以邑分弟，其許之。諸侯王請與子弟邑者，朕將親覽，使有列位焉。』於是藩國始分，而子弟畢侯矣。」

功的。《史記・漢興以來諸侯年表》說：

漢定百年之間，親屬益疏，諸侯或驕奢，……大者叛逆，小者不軌於法，以危其命，殞身亡國。天子觀於上古，然後加惠，使諸侯得推恩分子弟國邑，故齊分為七，趙分為六，梁分為五，淮南分三，及天子支庶子為王，王子支庶為侯，百有餘焉。……諸侯稍微，大國不過十餘城，小侯不過數十里，上足以奉貢職，下足以供養祭祀，以蕃輔京師。而漢郡八九十，形錯諸侯間，犬牙相臨，……強本幹，弱枝葉之勢，尊卑明而萬事各得其所矣。

這種狀況的出現說明推恩分封之後，諸侯國愈分愈小，諸侯王國「大國不過十餘城」，這裡的「十餘城」指縣城而言。《漢書・地理志》載一郡常下屬十餘個縣，這說明推恩分封後，一個諸侯王國與一個郡大小相似，「小侯不過數十里」，也就是說侯國一般大小只有數十里，大的與一個縣差不多，小的僅相當於鄉。王、侯已對漢中央政權構不成威脅，說明推恩分封取得了成功。

二、推行「左官之律、附益之法」

左官、附益等法律據說在吳楚七國之亂後就已設立，《漢書》卷三十八〈高五王傳〉贊中說：「自吳楚誅後，稍奪諸侯權，左官附益阿黨之法設。」注引張晏曰：「諸侯有罪，傅相不舉奏，為阿黨。」程樹德先生考證，阿黨即阿附。[61] 元狩元年（西元前一二二年）漢武帝在鎮壓淮南王、衡山王叛亂之時，又據左官、附益等法對叛亂者嚴加懲處。所以，《漢書・諸侯王表》說：

武（帝）有衡山、淮南之謀，作左官之律，設附益之法，諸侯惟得衣食稅租，不與政事。

所謂「左官之律」，注引應劭曰：「人道上右，今舍天子而仕諸侯，故謂之左官也。」師古曰：「漢時依上古法，朝廷之列以右為尊，故謂降秩為左遷，仕諸侯為左官也。」又云：「左官猶言左道也。」這就猶如今天所說「旁門左道」、「歪門邪道」、「不入正道」一樣。應劭曰：「人道上右，今舍天子而仕諸侯，故謂之左官也。」這就是說，首先在法律上就規定在諸侯那裡做官被視為不走正道的旁門左道，如果再犯法自然要嚴加懲處。漢代另外有懲治「左道」的法律，如「挾左道」、「執左道」惑亂眾心、亂朝政者要嚴加懲處。[62]何謂「附益」呢？〈高五王傳〉注引張晏曰：「附益，言欲增益諸侯王也。」〈諸侯王表〉注引師古曰：「附益者……皆背正法而厚於私家也。」張晏曰：「阿媚王侯，有重法也。」劉向〈新序〉說漢武帝「重附益之法」，因此可以說所謂「附益之法」就是漢武帝對投靠諸侯王犯上作亂人的鎮壓之法。在這些法令的約束下，諸侯王只能「衣食租稅，不與政事」。

三、按「酎金律」等法律規定奪爵

漢文帝時，增加了一條法律，就是「酎金律」。所謂酎，按張晏的解釋是「正月旦作酒，八月成，名曰酎。酎之言純也」。[63]所謂酎金，是「侯歲以戶口酎黃金於漢廟，皇帝臨受獻金以助祭。大祠日飲酎，飲酎受金。金少不如斤兩，色惡，王削縣，侯免國」。[64]在貫徹這一法律時，武

61 程樹德，《九朝律考》（中華書局，一九六三年），一三三頁。
62 同註61。
63 《史記．孝文本紀》注引張晏。
64 《史記．平準書》注引如淳曰。

帝元鼎五年（西元前一一二年）「列侯坐獻黃金酎祭宗廟不如法，奪爵者百六人」。[65]《史記・建元以來王子侯者年表》所載王子侯共一百六十一個，元鼎五年一次因「黃金酎祭」不合法而奪爵者五十六個，占王子侯總數的百分之三十五點二；《漢書・王子侯表》所載高帝至武帝時所封王子侯一百七十九個，其中坐酎金免侯者為五十八個，占王子侯總數的百分之三十二點四。

此外，漢中央政權還可根據其他法律懲治犯法的王子侯，剝奪其爵位，取消其封邑，如《史記・建元以來王子侯者年表》所載元鼎三年（西元前一一四年）葛魁侯「坐殺人，棄市，國除」；元鼎元年，東城侯遺「有罪，國除」；元鼎五年距陽侯渡「有罪，國除」；又載：土軍侯郢客「坐與人妻奸，棄市」。這就是武帝先通過推恩分封等辦法，在諸侯王封地中分封了許多王子侯，使諸侯王封地變小，並出現許多小侯國。而後通過嚴格執行「酎金律」等法律規定嚴懲王子侯犯法，取消爵位、封國，迫使在封的王、侯對皇權小心翼翼、唯命是從。

打擊地方豪強勢力

漢武帝加強中央集權的一條重要措施，就是打擊分裂割據勢力的社會基礎——地方豪強勢力。豪強指橫行不法、魚肉百姓的地方勢力，又被稱為豪族、強宗大姓、豪民、豪右等等。有的豪強本身就是貴族、官僚；有的雖無爵祿，但佔有大量土地和宗族、賓客等依附人口；有的豪強還從事冶鐵、煮鹽、鑄錢等工商業活動。這些豪強一般聚族而居，依仗財富和暴力，恣行兼併，「以強淩弱，以眾暴寡」，逋逃賦稅，對抗官府，殺人越貨，無惡不作。

西漢時期的豪強，有的是戰國時六國豪族、豪傑的後人，如齊諸田、楚屈昭景、晉公族及燕、趙、韓、魏後；有的豪強則是漢代新興權貴和富人，如灌夫，平定吳楚七國之亂時，以軍功顯達，武帝時為燕相。灌夫，喜任俠，「家累數千萬，食客日數十百人。陂池田園，宗族賓客為權利，橫於潁川。潁川兒乃歌之曰：『潁水清，灌氏寧；潁水濁，灌氏族』」。再如，景帝時，濟南瞯氏宗人三百餘家，豪滑，二千石的郡守莫能制，後景帝任酷吏郅都為濟南太守，郅都到任誅殺瞯氏首惡的全族等等。

武帝即位加強對豪強的打擊，打擊的目的有二：一是為抑兼併，二是制止豪強「以強淩弱，以眾暴寡」。總的目的是緩和階級矛盾，加強中央集權。武帝任用酷吏、打擊豪強，主要有下列事蹟。

一、誅殺寧成

寧成在景帝時就是個有名的酷吏，家居南陽穰（今河南鄧縣），景帝曾任他為濟南都尉，與任濟南郡守的郅都交好。後因長安宗室多犯法，難治，景帝於是任寧成為中尉負責首都長安的治安，因其執法嚴酷，使「宗世豪傑人皆惴恐（恐懼的發抖）」。武帝即位又提升寧成為內史，因受外戚指斥，被判受「髡鉗」（髡指剃去頭髮，鉗指用鐵圈束頸）這種刑罰。寧成自以為受重刑不會再被任用，就解脫刑具，出關歸家，聲稱「仕不至二千石（郡守），賈不至千萬，安可比人乎！」於是通過貰貸買「陂田千餘頃，假貧民，役使數千家」。幾年後，被赦免，「致產數千金」，又「出

65《漢書》卷六，〈武帝紀〉。

從數十騎，其使民，威重於郡守」，後酷吏義縱為南陽太守，上任後，即「破碎其家」，而同郡的豪強孔、暴兩家也都逃亡外地。

二、誅滅河內郡豪強穰氏

酷吏義縱的姊姊因醫術受武帝母王太后寵幸，義縱因此步入仕途。義縱在當長陵和長安縣令時執法不避貴戚，依法收捕王太后外孫即漢武帝的姊姊修成君的兒子，並以此出名。武帝認為他能幹，提升他為河內都尉，到任則「族滅其豪穰氏之屬（穰氏一類人），河內道不拾遺」。

三、誅定襄豪強

武帝反擊匈奴的戰爭，幾次都是從定襄出兵，當地社會秩序混亂，武帝就讓義縱為定襄太守。義縱至定襄後，定襄獄中犯重罪當死的有二百餘人，及來獄中探望他們的賓客、昆弟又有二百餘人。義縱把這些探望的人也一同逮捕，其罪名是「為死罪解脫」，按照漢代的法律「為人解脫，與同罪」，這些來獄中探視的人也就都犯了死罪，所以義縱就把這四百多人一齊處死。為此「郡中不寒而慄」，那些因與豪猾交結犯有罪惡的人也反過來佐助官吏維持治安。

四、誅河內豪強

王溫舒與義縱為同時期的酷吏，以治獄為廷尉下屬的官吏，後又作張湯的部下，升為御史，後為廣平郡（今河北省雞澤東南）督尉，後提升為河內太守。王溫舒在廣平時就知道河內「豪奸之家」，所以到河內就令郡設從河內到長安的驛馬五十匹，並「捕郡中豪猾，相連坐千餘家」，上書請求處理「大者至族，小者乃死」，家產全部沒收償贓。由於事先準備好了驛馬，所以從上奏到批轉回報，不到兩天就辦妥了，這次殺人多，「至流血十餘里」，一時「郡中無犬吠之盜」。

五、誅大游俠郭解

郭解，河內軹縣（今河南濟源縣南）人。郭解父親，任俠，文帝時被誅殺。解短小精悍，青少年時狠毒殘忍，被他殺害的人很多，常常不惜犧牲性命為朋友報仇，屢屢窩藏亡命之徒，又私自盜鑄錢幣、偷掘墳墓盜取殉葬財物。然而，郭解運氣好，遇到官吏追捕形勢危急時常常能夠逃走、或遇到大赦。郭解長大後，行為有所收斂，注意以德報怨，給別人的多，索取少；救了別人的性命，卻不誇耀自己的功勞，然而內心卻仍然狠毒殘忍。

元朔二年，武帝要把關東的一些豪強遷往茂陵，郭解家的資產沒達到遷徙的標準，但他名列在內，官吏們不敢不遷徙他。將軍衛青替郭解說話：「郭解家貧，不符合遷徙的標準。」武帝說：「一個平民能讓將軍替他說話，這說明他家不貧。」郭解家就被遷徙了，郭解遷徙時，為他送行的人出錢千餘萬。軹縣人楊季主的兒子在縣裡作官吏，是他提名遷徙郭解的，因此郭解哥哥的兒子就殺死了楊季主的兒子，從此兩家就結下了冤仇。郭解遷入關後，關中的豪強無論了解不了解的，都爭著與郭解結交。不久，他又殺死了楊季主，楊季主家有人上書申告，上書的人又被殺在宮前的闕下，武帝知道了，就令官吏逮捕郭解。郭解逃亡，把母親等家屬安置在夏陽（陝西省韓城境），自己逃到了臨晉（陝西省左馮翊境）。過了很久，官府才捕到郭解，徹底追查他的罪行，調查到郭解犯罪的時間，都在大赦以前，應該赦免。河內軹縣有個儒生陪同使者坐，有客人稱讚郭解，這個儒生就說：「郭解專幹作奸犯科、違背國家法律的事情，怎麼能稱他為賢士呢？」郭解一夥的人聽見了，就殺死了這個儒生，並割了舌頭。郭解不知殺人者是誰，也追查不出來，官吏因此判郭解無罪。御史大夫公孫弘說：「郭解以平民身分為任俠使權勢，以一點小事就報仇殺人，郭解雖不知道，此罪比郭解殺人還要重，應當判大逆不道罪。」因此就誅滅了郭解及其全家。

漢代打擊地方豪強的傳統，一直到宣帝時還執行著。宣帝時，嚴延年為涿郡太守，涿郡大姓西高氏、東高氏強橫不法，「賓客放為盜賊」，郡中自「郡吏以下皆畏避之」，不敢違逆其意，都說：「寧負二千石（郡守），無負豪大家。」盜賊逃入高氏家，吏不敢追捕。日子多了，道路上得拉開弓、拔出刀刃，然後才敢行走，社會秩序竟然亂到了如此地步。嚴延年到任後，嚴治兩高，送獄收審，窮究其奸，「誅殺各數十人，郡中震恐，道不拾遺」。過了三年，又遷升嚴延年為「河南太守，其治務在摧折豪強，扶助貧弱。貧弱民眾犯法，就修飾文詞讓其出獄。其豪傑侵小民者，也修飾文字一定法辨治罪」。因此嚴延年治理地方，能做到「令行禁止，郡中正清」。

打擊地方豪強勢力就是打擊分裂割據勢力的社會基礎，就是從政治上、經濟上加強中央集權的不可缺少的措施。漢武帝時期對豪強的打擊無論在政治上、經濟上都加強了中央政權，同時對社會安定、削弱地方豪強對農民的壓迫、盤剝等方面也起了積極作用。

調整關東、關中人口結構

加強中央集權、「強幹弱枝」，調整關中與關東地區人口結構，是西漢政權的傳統國策。

西漢初，婁敬向高帝建議遷六國強族、豪傑於關中地區，其目的是「無事，可以備胡；諸侯有變，亦足率以東伐」。武帝即位後，主父偃又建議說：「天下豪傑兼併之家，亂眾民，皆可徙茂陵，內實京師，外銷奸猾。」《漢書．地理志》載西漢從高帝徙六國強族於關中開始，「後世世徙吏二千石、高貲富人及豪傑並兼之家於諸陵。蓋亦以強幹弱枝，非獨為奉山園也」。從高帝開始，共徙關東六國強族豪傑、高貲富人於關中八次：其中高帝一次、武帝三次、昭帝一次、宣帝三次，這些移民遷去關中後，漢政權都要「賜錢、田、宅」，關照其生活。遷去的人除少數如郭解那樣的豪俠犯法被處死外，其他的人都變成了支持漢中央政權的社會基礎，成了漢政權官吏和兵員的提供者。

從有關文獻記載看，武帝及其後一些重要官員就是從這些移民後裔中選拔的。如車（田）千秋，乃齊諸田後裔，其先人由齊地遷至關中長陵（高帝陵），武帝時車千秋為丞相。[66] 馮唐，祖父趙人，漢初徙安陵（惠帝陵墓），景帝時馮唐為楚相。[67] 袁盎，其父楚人，因為父為群盜，遷至安陵，文帝時袁盎先後為隴西都尉、齊相、楚相。董仲舒，廣川（今河北棗強東）人，後家徙茂陵，先後為江都相、中大夫、膠西相。杜周，原籍南陽杜衍，武帝時徙茂陵，先後為廷尉、御史大夫。田延年，齊諸田後裔，後被遷至陽陵（景帝陵墓），為霍光器重，昭帝時先後為河東太守、大司農。[68] 上述六人都是武帝以前從關東徙至關中地區，後來做了高級官員的。武帝以後，這種現象在進一步發展之中，僅從關東徙至昭帝杜陵後做了高官的，據《漢書》各傳所載就有杜延年、尹歸翁、韓延壽、張敞、朱博、韋玄成、張安世、蕭望之、馮奉世、王商、史丹、趙充國等人。

上述事實說明，西漢政權把關東地區的強族、高貲富人等徙至關中以後，這些人就轉化成了

66 《漢書》卷六十六，〈車千秋傳〉。
67 《漢書》卷五十，〈馮唐傳〉。
68 《漢書》卷九十，〈田延年傳〉。

維護漢政權統治的社會基礎，從上述這些人轉化為行政官僚和軍事上的督尉等官員可以看出。同時，這些人遷去後，使關中地區增加了大量勞動力、人口，增強了關中地區的經濟實力。事實證明，這一政策在加強中央集權、強幹弱枝方面的作用是成功的。

第五節　親統兵權　改革軍制

《孫子兵法．始計篇》云：「兵者，國之大事，死生之地，存亡之道，不可不察也。」漢武帝一生，邊境多事，從元光二年（西元前一三三年）馬邑之謀到征和四年（西元前八九年）的罷輪臺屯田詔，在長達四十四年的時間中與匈奴處於戰爭狀態，因此建立一支聽從指揮、忠實可靠、訓練有素而又有一定數量的軍隊，就是一項十分重要的任務。

省太尉，慎擇將軍

《漢書．百官公卿表》載：「太尉，秦官，金印紫綬，掌武事。」秦代白起、繚曾任國尉，即太尉。[69]漢建立後，仍置太尉官，如高帝二年，盧綰為太尉；高帝十一年，絳侯周勃為太尉；惠帝六年置太尉，以周勃復為太尉；文帝元年十月，以將軍灌嬰為太尉；景帝三年，周亞夫為太尉等。武帝建元元年，曾以田蚡為太尉，次年免。《漢書．百官公卿表》載：「太尉，……武帝建元二年省。元狩四年初置大司馬，以冠將軍之號。」《漢書．朱博傳》載「至武帝罷太尉，始置大司馬以冠將軍之號，非有印綬官屬也。」這就是說大司馬只是在將軍名號上再加上一個稱號，實際「非有印綬官屬」，自然也不能開府治事。這種情況說明，從建元二年省太尉以後，漢武帝時實際上沒有「掌武事」即管理軍事方面的最高官員。而武帝任命的大將軍、驃騎將軍、大司馬又冠以侍中頭銜，成了武帝的左右親信，他們就成了直接隸屬於武帝的軍事將領，武帝實際上成了軍事方面的決策者、指揮者和最高統帥。

漢武帝在任命軍事將領方面，固然有唯材是舉的一面，但同時又十分注意這些將領與皇室的關係，以保證其忠誠可靠、沒有二心，這從武帝前期重用的將領中可以看出。為方便讀者了解，今把武帝前期重要將領情況列簡表如下。

姓名	官職	封爵與封戶數	與皇室關係
衛青	侍中、車騎將軍大將軍、大司馬	長平侯一萬六千三百戶 三子封侯共兩萬零兩百戶	衛皇后弟
霍去病	侍中、驃騎將軍、大司馬	冠軍侯一萬七千七百戶	衛皇后外甥
公孫賀	太子舍人、太僕輕車將軍、車騎將軍、丞相	南窌侯	衛皇后姊夫
公孫敖	郎、騎將軍	合騎侯九千五百戶	對衛青有救命之恩

69《史記·白起列傳》：「起遷為國尉。」《正義》曰：「言太尉。」又《史記·秦始皇本紀》：「以繚為秦國尉。」《正義》曰：「若漢太尉。」

姓名	官職	封爵與封戶數	與皇室關係
李廣	文帝時為郎、騎常侍、騎郎將；上谷、上郡、隴西等郡太守、未央衛尉、驍騎將軍、郎中令、前將軍		三朝老臣 三子為郎
李蔡	文帝時為郎、輕車將軍、丞相	樂安侯兩千戶	李廣從弟
蘇建	校尉、衛尉、游擊將軍、代郡太守	平陵侯一千戶	其子蘇武等三人為郎
張次公	校尉、將軍	從大將軍有功封岸頭侯兩千戶	景帝近幸
張騫	郎、校尉、將軍	從大將軍有功封博望侯	
韓說	校尉、橫海將軍	從大將軍有功封龍額侯	文帝時弓高侯韓隤當庶孫
路博德	右北平太守、衛尉、伏波將軍	從驃騎將軍有功封符離侯一千六百戶	
趙破奴	司馬、將軍等	從驃騎將軍有功封從驃侯，後為浞野侯兩千戶	

從以上可以看出武帝選用將軍時有以下特點。

其一，衛青、霍去病先為侍中，侍從武帝左右，後任命為將軍，戰功卓著，有卓越的指揮才能，最後被授大司馬稱號。此外衛青為皇后弟、霍去病為皇后外甥，這也是他們為皇帝忠心效力、武帝信任他們的一個因素。公孫賀被重用，除「賀少為騎士，從軍數有功」，武帝為太子時賀為太子「舍人」為武帝所了解等因素外，還和他是衛皇后的姊夫有關，《漢書》卷六十六〈公孫賀傳〉載「賀夫人君儒，衛皇后姊也，賀由是有寵」。另外，公孫敖為騎將軍、合騎侯，除別的條件外，也和他對衛青有救命之恩有關，《漢書》卷五十五〈衛青傳〉載衛青姊衛子夫「入宮幸上」，遭陳皇后妒，陳皇后母大長公主（武帝姑姑）「囚青，欲殺之，其友騎郎公孫敖與壯士往篡（奪取）之，故不得死，……公孫敖由此益顯」。公孫敖一生，四為將軍，與大將軍衛青的提攜不能說沒有關係，這是武帝提拔起來的一類將領的情況。

其二，李廣、李蔡、蘇建等幾朝老臣，如李廣文帝十四年時以隴西良家子「從軍擊胡」，先後為郎、騎常侍；景帝時為騎郎將，吳楚七國反時為驍騎都尉，有戰功，後為上谷、上郡、隴西、北地、雁門、雲中太守。武帝即位，以廣為名將，任未央（宮）衛尉，後為驍騎將軍、右北平太守、郎中令、將軍，多次從大將軍出擊匈奴；廣三子曰：當戶、椒、敢，皆為郎。李敢從驃騎將軍霍去病擊匈奴有功，賜爵關內侯，代廣為郎中令。武帝時李廣、李敢父子兩代都為郎中令，是武帝的近臣。李蔡乃李廣從弟，文帝時與廣為郎，景帝時積功至二千石，武帝元朔年間，為輕車將軍，從大將軍擊匈奴右賢王有功，封樂安侯；李蔡歷文、景、武三帝，也是三朝老臣。蘇建在武帝時以校尉從大將軍擊匈奴有功，封平陵侯，後以衛尉為游擊將軍，後為代郡太守，三子為郎，其中以次子蘇武最為有名。張次公也屬這一類將領，從其父張武善騎射，為景帝近幸即可看出。這些多年仕漢、世受國恩的老臣，一般德才俱佳、忠貞不貳。

其三，還有一類將領，如張騫、韓說、路博德、趙破奴等人，並無什麼世受國恩的家世淵源，主要是靠他們自己的戰功、業績被提拔起來的。在漢武帝提拔起來的將軍中，這類將軍的數量較大。

其四，漢武帝時軍法很嚴，軍官的升降看的是軍功，而軍功主要是看在戰場上斬殺、俘虜敵軍有生力量人員、牛馬羊等物資以及殺俘匈奴貴族級別高低和人數而定。這一點不僅是主要的，幾乎可以說是惟一的。軍事將領在這次戰爭中立功封侯，在下次戰爭中就因失敗降為庶民，這種在軍功面前人人平等的辦法極大地激勵了將士奮勇殺敵。

總之，漢武帝通過慎擇將軍、嚴明賞罰等措施，培養選拔了一批以衛青、霍去病為代表的忠心為國而又英勇作戰的將領。《史記》卷一百一十一〈衛將軍驃騎列傳〉太史公曰：「蘇建曾對我說：『我曾責備大將軍至為尊貴，而天下的賢士大夫卻不稱讚，希望大將軍能像古代名將一樣招賢納士，並以此來勉勵自己。』大將軍謝曰：『自魏其（竇嬰）、武安（田蚡）之厚賓客（厚待賓客、培養私人勢力），天子常切齒（痛恨），彼親附士大夫，招賢絀不肖者，人主之柄也。人臣奉法遵職而已，何必去招賢納士！』驃騎將軍亦仿此意，其為將如此。」這說明衛青、霍去病都忠於皇帝、忠於國家，不貪圖個人的權勢。在這樣兩位最高將領的帶領下，武帝建立起了一支聽從指揮的可靠的軍隊。

擴充宮廷禁軍

「強幹弱枝」、「居重御輕」本來就是漢王朝治軍的傳統方針，在這一方針的指引下，重視中央直接控制的京師及其周圍精銳軍隊的建設，以控制地方軍隊、鞏固中央對各地的統治。漢武帝即位後強化這一方針，首先擴大、加強宮廷禁軍。

漢代的宮廷禁軍歸郎中令（武帝太初元年更名光祿勳）所轄。《漢書・百官公卿表》載：「郎掌守門戶、出充車騎，有議郎、中郎、侍郎、郎中，皆無員，多至千人。」其中，「議郎、中郎秩（祿）比六百石」。……中郎有五官、左、右三將，秩皆比二千石」；「侍郎比四百石，郎中比三百石。……郎中有車、戶、騎三將，秩皆比千石」。從這一記載可以看出，這裡郎都是從秩比六百石到比三百石的官，種類有四種郎：議郎、中郎、侍郎、郎中，其中「中郎」有五官、左、右三將，「郎中」有車、戶、騎三將；郎職能是「掌守門戶，出充車騎」，這「多至千人」的郎就是武帝之前的宮廷禁軍，主要職責是守護宮廷內的門戶和侍衛。《後漢書．百官志二》載：「凡郎官皆主更直執戟，宿衛諸殿門，出充車騎，唯議郎不在直中。」這就是郎官除議郎之外，其他的都輪流執戟值班，宿衛諸殿門戶，出充車騎。

漢武帝時期，郎中令所轄宮廷禁軍又增加了以下兩支。一支稱期門，《漢書．百官公卿表》載：「期門掌執兵送從，武帝建元三年初置，比郎，無員，多至千人，有僕射，秩比千石。平帝元始元年更名虎賁郎，置中郎將，秩比二千石。」《漢書．東方朔傳》也說：「建元三年八九月中，與侍中常侍武騎及隴西、北地良家子能騎射者，期諸殿門，故有期門之號，自此始。」這兩處記載都說明，期門軍是武帝建元三年組建成的，其職能是「掌執兵（器）送從」，期門的成員地位與郎相似，期門也無固定的員額，人數「多至千人」。武帝時，期門的首領稱僕射，秩比千石，期門組成人員是武帝身邊的「侍中常侍武騎及隴西、北地良家子能騎射者」。

另一支稱為羽林，其所以稱為羽林，一說是取馳騎如羽之疾、如林之多；一說羽乃王者羽翼也等等。《漢書．百官公卿表》載：「羽林掌送從，次期門，武帝太初元年初置，名曰建章營騎，後更名羽林騎。又取從軍死事之子孫養羽林，官教以五兵，號曰羽林孤兒。羽林有令丞，宣帝令中郎將、騎都尉監羽林，秩比二千石。」《後漢書．順帝紀》關於羽林注引《漢官儀》曰：「武帝太初元年初置建章營騎，後更名羽林。」關於羽林的人數，《後漢書．百官志二》載「羽林中郎將，比二千石。……主羽林郎。」注引蔡質《漢儀》曰：羽林郎一百二十八人。「羽林左監一人，六百石。……主羽林左騎。」注引《漢官》曰：主羽林九百人。「羽林右監一人，六百石。……主羽林右騎。」錢文子《補漢兵志》載羽林右騎統八百人。從主管羽林右監的秩祿與左監完全相同，且其下各有丞一人看，建制二者對稱、對等，下屬人數也應大體相等。由此不難看出，中郎將所屬羽林郎為一百二十八人，羽林左騎主羽林九百人，與其相對稱的羽林右騎應與此約相等；羽林軍共約兩千人。此外尚有羽林孤兒，這些人由武帝時「從軍死事」之子孫組成，官府教其使用弓矢、殳、矛、戈、戟五種兵器。[70]《漢舊儀》說：「諸孤兒無數，父死子代，皆武帝時擊胡死，子孫不能自治，養羽林官。」這些孤兒長大又學會了各種兵器，自然就補充到羽林軍內去了。

期門、羽林兩支軍隊的主要來源是六郡良家子。《漢書》卷二十八〈地理志〉載：「漢興，六郡良家子選給羽林、期門，以材力為官，名將多出焉。」注引師古曰：「六郡謂隴西、天水、安定、北地、上郡、西河。」此六郡「皆迫近戎狄，修習戰備，高上氣力，以射獵為先」。正是這種備戰練武的習俗，使其成為期門、羽林禁軍的主要來源地。期門、羽林是從六郡「良家子選給」的，什麼是「良家子」呢？在這個問題上各家的注釋有不同解釋。王先謙《漢書補注．李廣傳》注引周壽昌曰：「漢制，凡從軍不在七科讁內者，謂之良家子。」《史記》卷一百二十三〈大宛列傳〉載「發天下七科讁」。《漢書正義》引張晏云：「吏有罪一，亡命二，贅三，賈人四，故有市籍五，父母有市籍六，大父母有籍七，凡七科。」如以這一注釋作解釋「良家子」的根據，那麼「良家子」應不是罪吏、亡命、贅、賈人，以及原來沒有市籍、父母和祖父母也沒有市籍的人，其斜的人就是「良家子」，這種人一般應是世代務農、個人及家庭均無歷史問題的「良家」子弟。期門、羽林就出身於這種「良家子」，這些人不一定是富豪或豪右，一般的農民子弟也可以被稱為「良家子」。[71]

總之，漢武帝時除保留由郎組成的千餘人的宮廷禁軍外，增加了期門、羽林兩支宮廷禁軍，其中期門千餘人，羽林約兩千人。在總數約四千的宮廷禁軍中，有約三千是漢武帝時新增加的，這說明漢武帝時宮廷禁軍的力量是大大增強了。

改革南軍與北軍

漢代歸衛尉掌管的「宮門衛屯兵」，守衛未央宮的稱南軍，中尉所掌管的負責守衛京師的軍隊稱北軍。武帝在改革宮廷禁軍的同時，也對南軍、北軍進行了改革。

一、對衛尉所屬南軍的改革

《漢書》卷十九〈百官公卿表〉載：「衛尉，秦官，掌宮門衛屯兵，有丞。……屬官有公車司馬、衛士、旅賁三令丞。……長樂、建章、甘泉衛尉皆掌其宮，職略同，不常置。」衛尉掌管著宮門衛屯兵，稱衛士，未央宮衛尉屬官有公車司馬、衛士、旅賁三令丞。公車司馬負責天下上書及闕

70 《漢書》卷十九，〈百官公卿表〉載：「取從軍死事之子孫養羽林，官教以五兵，號曰羽林孤兒。羽林有令丞。」師古曰：「五兵謂弓矢、殳、矛、戈、戟。」

71 黃今言先生對什麼是「良家子」的各種意見均有詳解。見《秦漢軍制史論》（江西人民出版社，一九九三年），一三四頁。

下徵召等事宜；未央宮衛尉所屬衛屯兵，稱南軍，因未央宮在京師長安城內的南面，故稱[72]。此外，還有長樂、建章、甘泉衛尉負責這三宮的宮門衛屯兵，這三宮的衛屯兵也是南軍的一部分，這種衛士由各郡服兵役的卒輪流調充，一年更換一次。漢武帝在大力擴充宮廷禁軍的同時，對宮門衛士（南軍）卻加以減少，《漢書．武帝紀》載，建元元年秋七月，詔曰：「衛士轉置送迎二萬人，其省萬人。」這就是說，充當衛士的卒每年「去故置新，常二萬人」，武帝即位的當年就減省一萬人。漢武帝這樣做，可能是因為衛士是輪流服兵役的農民，並不是皇帝的侍從禁軍，所以在減少衛士之後，就逐漸擴大宮廷禁軍。

二、中尉所主北軍的改革與新增七校尉

《漢書．百官公卿表》載：「中尉，秦官，掌徼循（巡察）京師。」這就是說中尉原來負責京師治安和中央有關治安的問題，如臨江王劉榮曾因「坐侵廟壖地為宮……。詣中尉府對簿，中尉郅都簿責訊王，王恐，自殺」。[73]再如淮南王謀不軌，武帝「遣漢中尉宏即訊驗王」。[74]再如「長安左右宗室多暴犯法，於是上召寧成為中尉。……宗室豪桀皆人人惴恐」。[75]這些事實說明中尉確有維護京師三輔地區和與中央有關的治安問題，由於中尉所轄屯兵在未央宮以北，與南軍相對，所以稱為北軍。《漢書．百官公卿表》載中尉「武帝太初元年更名執金吾，屬官有中壘、寺互（管宦官的官府）、武庫、都船四令丞。都船、武庫有三丞，中壘兩尉」。注引應劭曰：「吾者，御也，掌執金者以御非常。」師古曰：「天子出行，職主先導，從御非常。」這都說明執金吾是管理治安和皇帝在長安出行時的保衛官員。武帝太初年把中尉改為執金吾後，屬官有中壘，《漢書．百官公卿表》說「中壘校尉掌北軍壘門內，外掌西域」。太初元年改中尉為執金吾時，把寺互（原屬少府），也列在執金吾屬下，寺互是與宦官有關的機構，可能負責處理皇帝在長安三輔行走時

宦者服務的有關事情。此外，設立了主管兵器的武庫令和管理治水的都船令。從中尉改為執金吾後，執金吾的職責就是在京城長安負責皇帝的安全，不統領北軍，北軍專由中壘校尉統領。[76]《後漢書・百官志四》注引《漢官》曰：「執金吾緹騎二百人，持戟五百二十人，輿服導從，光滿道路，斯最壯矣。世祖（劉秀）歎曰：『仕官當作執金吾』。」

漢武帝時對北軍的另一改革，就是設中壘校尉統領北軍外，又增設了七校尉：其一，屯騎校尉掌騎士；其二，步兵校尉掌上林苑屯兵；其三，越騎校尉掌越騎；其四，長水校尉掌長水宣曲胡騎；其五，又有胡騎校尉，掌池陽胡騎，不常置；其六，射聲校尉，掌待詔射聲士。注引應劭曰：「須詔所命而射，故曰待詔射也。」其七，虎賁校尉，掌輕車。如果連中壘校尉，「凡八校尉，皆武帝初置，有丞、司馬」。這些校尉的「秩皆兩千石」，也就是說與郡守同級。

漢武帝時新設七校尉，不僅是增置校尉擴充軍隊的問題，而且在改革軍制方面具有重要意義，據學者們研究，漢代的北軍，包括漢高帝所置「掌京師城門屯兵」的城門校尉所屬北軍是由三輔地區農民充當正卒，服兵役一年，輪換更替，而武帝時新增的七校尉兵則屬常備兵。《補漢兵志》說：「武帝增置七校。……蓋選募精勇及胡越內附之人，比之期門、羽林，無復更代。而京師始有長從坐食之兵矣。……武帝時有諸校尉，則常屯矣。」這就是說這七校尉的兵不是從農民

---

72 《辭海》（上海辭書出版社，一九八〇年），〈南軍〉條。
73 《漢書》卷五十三，〈景十三王傳・臨江閔王〉。
74 《漢書》卷四十四，〈淮南衡山濟北王傳〉。
75 《史記》卷一百二十二，〈酷吏列傳〉。
76 黃今言，《秦漢軍制史論》（江西人民出版社，一九九三年），一四二頁。

中徵發的輪流服兵役的義務兵，而是精選招募來的常備兵。所以黃今言先生說，北軍「不僅負有保衛京師的重任，而且也可以經常對外遠征」。[77]

《漢書．刑法志》說：「至武帝平百越，內增七校，外有樓船，皆歲時講肄（習），修武備云。」這段記載對了解武帝增置七校尉的時間提供了依據。據《漢書．武帝紀》載元鼎五年南越相呂嘉反，武帝令伏波將軍路博德、樓船將軍楊僕等擊南越，元鼎六年（西元前一一二年）平定南越，置南海九郡。上文記載，「武帝平百越」後，才「內增七校，外有樓船」，具體時間應在元鼎六年以後的元封年間。至於新增七校尉的統兵人數，據《後漢書．百官志四》及注載各校尉所屬員吏為最少七十三人，最多一百五十七人，所領士卒一般為七百人，則七校尉共領士卒約五千餘人。[78]

徵發地方軍、謫戍及少數民族武裝

漢武帝時期用兵頻繁，直接隸屬中央的軍隊不多，所以頻繁徵發地方軍、謫戍與少數民族武裝。

一、地方軍及其徵發

漢代中央常備軍數量不大，但地方上郡、縣有常備兵，邊郡和大郡擁有軍隊可達萬人。如《後漢書．百官志》注引《漢官儀》說：「邊郡太守各將萬騎。」小的郡有兵只有幾千或更少。

地方郡國的軍隊，因各地地勢不同，所以兵種不同。《漢官儀》說：「平地用車騎，山阻用材官，水泉用樓船。三者之兵種，各隨其地勢所宜。」這些兵種分為四種，即輕車（車兵）、騎士（騎兵）、材官（步兵）、樓船士（水兵）。錢文子在《補漢兵志》中說：「大抵金城、天水、隴西、安定、北地、上黨、上郡多騎士；三河、潁川、沛郡、淮陽、汝南、巴蜀多材官；江淮以南多樓船士。」這些軍隊演兵習武，供郡國地方政府有事時用，《漢舊儀》載，「材官、騎士，歲時講肄（學習），然其給事郡國。」

雖然如此，這些地方軍隊要隨時聽從中央政府的調遣、徵發。調發時用的憑證有羽檄、虎符、節。《漢書．高帝紀》載高帝曾說：「吾以羽檄征天下兵。」注引師古曰：「檄者，以木簡為書，長尺二寸，用徵召也。其有急事，則加以鳥羽插之，示速疾也。」《史記．文帝紀》載文帝二年，「初與郡國守相為銅虎符」，《集解》引應劭說：「國家當發兵，遣使者至郡合符，符合乃聽受之。」上述兩處記載說明，高帝是用羽檄徵調天下軍隊的，文帝二年才開始與「郡國守相」用銅虎符徵調天下軍隊。到武帝時，又開始用「節」徵調軍隊，如武帝建元三年，閩越攻東甌，東甌求救，「上（武帝）曰：吾新即位，不欲出虎符發兵郡國，乃遣嚴助以節發兵會稽。會稽太守欲拒法，不為法。助乃斬一司馬，諭意旨，遂發兵。」[79]這可能是第一次用「節」發兵，不合用虎符發兵的慣例，所以幾乎被拒絕。

武帝時期，由於種種原因，徵發地方士卒頻繁是一特點，如建元三年，「河水決濮陽，氾郡十六，發卒十萬救決河」；元光五年，「發巴蜀治西南夷道，又發卒萬人治雁門險阻」；元鼎六年

77 黃今言，《秦漢軍制史論》（江西人民出版社，一九九三年），一四三頁。

78 《漢官儀》載長水校尉領士為一千三百六十七人。

79 《漢書》卷六十四，〈嚴助傳〉。

冬十月，「發隴西、天水、安定騎士及中尉，河南、河內卒十萬人，……征西羌，平之」等等。

二、徵發謫戍

武帝時期邊境戰事頻繁，在徵兵制基礎上，又實行募兵。此外，還用種種其他辦法擴大兵員，徵發謫戍即其辦法之一。所謂謫戍，就是國家徵發有罪的吏、亡命、贅、賈人、有市籍的商人及其子孫這些有特殊身分的人，擔任戰爭和戍邊任務。《說文》：「謫，罰也。」所以，謫戍是帶有懲罰性、強制性的措施。

徵發謫戍不是從漢代開始的，秦始皇統一六國後，曾發謫戍實邊。如《史記．秦始皇本紀》載秦始皇三十三年（西元前二一四年）「發諸嘗逋（逃）亡人、贅壻、賈人略取陸梁地，為桂林、象郡、南海，以適（謫）遣戍。」又「西北斥逐匈奴，自榆中並河以東，屬之陰山，以為四十四縣，城河上為塞。……徙謫，實之。」三十四年（西元前二一三年）「適（謫）治獄吏不直者，築長城及南越地。」

漢武帝時期，由於邊境多戰事，中期以後農民逃亡者多，所以一而再地發謫興修工程和遠征、戍邊。主要有下列幾次：

其一，《漢書．武帝紀》載：武帝元狩三年（西元前一二〇年）「發謫吏穿昆明池」，注引師古曰：「謫吏，吏有罪者，罰而役之。」又引如淳曰：昆明池「在長安西南，周回四十里。……時越欲與漢用船戰，遂乃大修昆明池」，以習水戰。[80]

其二，元鼎五年（西元前一一二年）南越王相呂嘉反，漢遣伏波將軍路博德出桂陽，樓船將軍楊僕出豫章，越人歸漢者歸義越侯嚴為戈船將軍出零陵，越人歸漢者甲為下瀨將軍下蒼梧，「皆將罪人，江淮以南樓船十萬人」，又越人歸漢者稱「越馳義侯遺別將巴蜀罪人，發夜郎兵，下牂柯江，咸會番禺（廣州）」。

其三，元封二年（西元前一〇九年）因「朝鮮王攻殺遼東都尉，乃募天下死罪擊朝鮮」。又「遣樓船將軍楊僕、左將軍荀彘將應募罪人擊朝鮮」。

其四，元封六年（西元前一〇五年）又「赦京師亡命令從軍」，「亡命」即「脫名籍而逃」的沒有戶籍的人口。

其五，太初元年（西元前一〇四年）「遣貳師將軍李廣利發天下謫民西征大宛。」師古曰：謫民，「庶人之有罪謫者也」。《漢書・李廣利傳》則云「太初元年，以廣利為貳師將軍，發屬國六千騎及郡國惡少年數萬人以往」。這處記載與上引《漢書・武帝紀》所載為同一事，可知所謂「謫民」，就是「惡少年」。

其六，天漢元年（西元前一〇〇年），「發謫戍屯五原」。

其七，天漢四年（西元前九七年），「發天下七科謫」等出朔方。

從以上材料可以看出，武帝時發天下謫戍計七次，是漢代各帝中發謫戍最多的一位皇帝。謫戍中在七科謫之外，又增加了惡少年，實際成了八科，而七科謫中吏有罪、亡命、贅為三科；其他四科是賈人、故有市籍、父母有市籍、大父母有市籍，這四科都是針對商賈，說明漢武帝對商賈的打擊是非常嚴酷的。漢武帝不僅通過告緡令剝奪商人的財產和經濟地位，而且通過發七科謫

80《漢書》卷六，〈武帝紀〉。

剝奪商賈的政治地位，讓人們把商賈視為一種下賤的職業。在漢代各皇帝中，漢武帝可以說把抑商措施發展到了極致，但同時又允許商人做官，讓商人加入封建官僚集團。

三、徵發少數民族武裝

中國是多民族國家，用少數民族當兵先秦就已有之，漢高祖劉邦在楚漢戰爭就曾使用北方的「樓煩兵」、東南的「百越兵」、西南的「人」等。漢武帝時期，由於開疆拓土的勝利，管理、統轄的少數民族愈來愈多，在長期對匈奴戰爭中，匈奴貴族降漢的事件頻頻發生。在這種情況下，漢武帝使用的少數民族將領和少數民族兵勇也就愈來愈多。

在與匈奴作戰中，衛青統領的漢軍中，就有少數民族將領，如公孫賀、公孫敖就是義渠胡人。[81] 匈奴相國趙信降漢，曾被封為翕侯，元朔六年（西元前一二三年）為前將軍，出擊匈奴，戰敗，又降匈奴。[82] 武帝在增置七校尉，其中有「越騎校尉掌越騎」，注引如淳曰：「越人內附，以為騎也。」又有長水校尉掌長水宣曲胡騎，師古曰：「長水，胡名也……胡騎之屯於宣曲者。」又有「胡騎校尉，掌池陽胡騎，不常置。」師古曰：「胡騎之屯池陽者也。」在新置七校尉中，有三個校尉都是掌胡騎的，可見少數民族武裝之重要。

在南方，武帝曾用越族將領領兵打仗，如元鼎五年（西元前一一二年）南越呂嘉反時，武帝遣五路大軍擊南越，其中三路是由歸漢的越人統領，即「歸義越侯嚴為戈船將軍」，注引張晏曰「嚴故越人，降為歸義侯」；「甲為下瀨將軍」，注引服虔曰「甲，故越人歸漢者」；「越馳義侯遺別將巴蜀罪人，發夜郎兵」，注引應劭曰：馳義侯遺，「亦越人也」。五路大軍中，有三路是由歸漢的越人將領統領，這些將領所統士卒除有夜郎兵之外，至少應有部分是越人組成的軍隊。注引張晏曰：「越人於水中……有蛟龍之害，故置戈於船下」，因此歸義越侯嚴為「戈船將軍」。又引臣瓚曰：「瀨，湍也，吳越謂之瀨。」因此「甲」被稱為下瀨將軍，這也就是說「甲」所率的樓船軍要從湍急的江水中行船，所以「甲」才被稱為下瀨（湍）將軍。從這些解釋可以看出「嚴」和「甲」兩位將軍，一位船下置戈，一位要從湍急江水中行船，這都是越人之長技，所以他們的部下至少應有部分人是慣於行船的越人。

從元狩三年，渾邪王降漢置五屬國後，漢政權常徵發屬國騎兵從事軍事征伐。管理屬國的官職，稱典屬國，《漢書．百官公卿表》載：「典屬國，秦官，掌蠻夷降者。武帝元狩三年渾邪王降，復增屬國，置都尉、丞、候、千人。屬官，九譯令。」這一記載說明，典（掌管）屬國，秦代就設有此官，掌管歸降的蠻夷。從武帝元狩三年渾邪王降漢，才又增設屬國，置都尉、丞、候、千人等官職；屬官有「九譯令」，負責翻譯。《漢書．武帝紀》則載，匈奴渾邪王率「四萬餘人來降，置五屬國以處之」，此後，漢曾不斷遣屬國騎兵征伐。《漢書》卷五十五〈衛青霍去病傳〉載元狩四年漠北大戰後武帝曾說「驃騎將軍去病率師躬將所獲葷允（匈奴）之士，……絕大幕」等等，說明這次大戰霍去病曾率屬國騎兵出征。《漢書》卷六十一〈張騫傳〉載元封二年（西元前一〇九年）武帝「遣從驃侯破奴將屬國騎及郡兵數萬以擊胡，胡皆去。明年，擊破車師，虜樓蘭王」。《漢書》卷六十一〈李廣利傳〉載太初元年（西元前一〇四年）「以廣利為貳師將軍，發屬國

81 義渠，古族名。春秋到戰國時，秦國西邊今甘肅慶陽、涇川一帶的西戎之一。

82 《漢書》卷五十五〈衛青霍去病傳〉載：「趙信，……武帝三十八年，為前將軍，與匈奴戰，敗，降匈奴。」此年，應為武帝元朔六年。

六千騎及郡國惡少年數萬人」征伐大宛等等。

從上述事實來看，漢武帝時期使用少數民族武裝力量，南方主要使用越族的樓船兵（水軍）、北方主要使用匈奴等族的騎兵，這對加強漢中央政權的軍事力量無疑起了積極作用。

第六章　外事四夷　教通四海

翦伯贊先生說：「當漢高祖削平天下、統一中原、得意洋洋、擊筑高歌之時，四周諸種族已經把中原文化區域包圍得水泄不通了。以後歷惠帝、呂后下迄文、景之世，這種由四方八面而來的蠻族包圍，並且一天天地擴大。在這些蠻族中，最成為中原種族之威脅的是北方的匈奴。因為他們具有強大的武裝，而又接近中原種族政權的中心。」[1]

漢武帝即位不久，就說他要使漢朝「德澤洋溢，施乎方外」，「德及鳥獸，教通四海。海外肅慎，北發渠搜（西羌），氐羌來服」。[2]而要達此目的，招徠四夷，就必須反擊匈奴，這是當時的形勢決定的。

第一節　北擊匈奴

《史記．匈奴列傳》載，匈奴族為夏后氏後裔，始祖叫淳維，殷時稱葷粥，周代稱獫狁，秦

1　翦伯贊，《秦漢史》（北京大學出版社，一九八三年），一三五頁。

2　《漢書．武帝紀》元光元年五月詔。

時稱匈奴。自淳維至秦時一千多年，匈奴處於原始社會階段，秦始皇統一六國後，匈奴單于叫頭曼，統一了匈奴各部，設置左右賢王、左右谷蠡王、左右大將、左右大都尉、左右大當戶、左右骨都侯。匈奴稱賢者為「屠耆」，常以太子為左屠耆王（左賢王），自左賢王以下至當戶，共二十四長。大者萬騎，小者數千，這些大臣皆世襲官職。單于由攣鞮氏家族世襲，再加呼衍氏、蘭氏、須卜氏，此四姓最貴，呼衍氏、須卜氏，與單于常通婚姻，各二十四長長官也各置千長、百長、什長、裨小王、相、都尉、當戶、且渠等官職。楚漢戰爭時，頭曼單于子冒頓殺父自立，又東滅東胡，西逐大月氏，北服渾庾、屈射、丁零、鬲昆、薪鬲等五國，掠奪了大量土地、財富和幾十萬人口，形成了一個東接朝鮮、北至西伯利亞、西達西域、「南與中國為敵國」的強大奴隸制國家。

匈奴是個遊牧民族，社會發展較落後，靠畜牧、狩獵和劫掠為生。《史記．匈奴列傳》說匈奴「隨畜牧而轉移，其蓄之所多則馬、牛、羊，……逐水草遷徙，……其俗，寬則隨畜，因射獵禽獸為生業，急則人習攻戰以侵伐，其天性也。……其攻戰，斬首虜賜一卮酒，而所得鹵獲因以予之，得人以為奴婢」。漢武帝曾下詔說：「匈奴逆天理，亂人倫，暴長虐老，以盜竊為務，行詐諸蠻夷，造謀籍兵，數為邊害」。[3] 漢武帝這一詔書強調了以下兩點：一是說匈奴以「盜劫為務（業）」，即靠著掠奪搶劫漢邊境為生，「數為邊害」；二是說匈奴「逆天理、亂人倫、暴長虐老」在風俗習慣方面與中原禮義無法並存，所以二者矛盾尖銳。如果當時漢、匈雙方能互不騷擾、互相尊重對方的風俗習慣，實行和平共處，對雙方都有利，但當時做不到這一點。做不到這一點的主要原因是匈奴奴隸主貴族不答應，他們以中原地區為掠奪對象，這就激化了雙方的矛盾。

匈奴對漢朝的威脅

匈奴冒頓單于即位於劉邦稱漢王元年（西元前二〇六年），死於漢文帝六年（西元前一七四年）。在這期間，冒頓單于建立了一個強大的奴隸制國家，「控弦之士三十餘萬」。從冒頓單于即位那年滅東胡、併樓煩，到文帝六年（西元前一七四年）冒頓單于定樓蘭（今新疆若羌縣）、烏孫（當時在今甘肅祁連、敦煌間）及其旁二十六國，匈奴形成了從東北、北方、西北對漢朝包圍的戰略態勢。匈奴經常從下述幾方面勒索、掠奪漢朝的金錢、財物、人口，並進一步威脅漢朝：

其一，在匈奴武力威脅下，漢朝奉行和親政策，奉送匈奴大量金錢財物。漢高帝七年（西元前二〇〇年）高帝率大軍三十二萬，被冒頓單于精兵四十萬圍困於平城（今山西大同市東北）白登山（平城東北）七日得脫。次年，高帝接受劉敬建議，奉行和親政策，以宗世女為公主，以妻單于；歲贈送絮、繒、酒、米、食物，約為兄弟和親。再如，文帝六年（西元前一七四年）冒頓單于死，其子老上單于立，文帝復以宗室女為公主，遣送單于為閼氏，並奉送財物。文帝後二年（西元前一六二年）六月，因匈奴入邊殺掠人民、畜產甚多，遣使遺單于書，與約和親。下詔遺單于秫蘗、金帛、綿絮、它物歲有數，並佈告天下。景帝元年（西元前一五六年）、景帝五年（西元前一五二年）也都與匈奴和親，遣送公主與財物給匈奴。[4]

其二，匈奴單于毫不尊重中原地區的禮義與風俗習慣，如漢惠帝三年（西元前一九二年）冒

3 《漢書》卷五十五，〈衛青霍去病傳〉。

4 以上分見《史記》、《漢書》各帝本紀；《史記》、《漢書》之〈匈奴傳〉。《資治通鑑》卷十一至卷十六，〈漢紀三〉至〈漢紀八〉。

頓單于致書侮辱呂后，被激怒的漢將樊噲等人要求與匈奴決戰，在中郎將季布規勸下，呂后最後仍回書卑詞求和，又以宗室女為公主，嫁冒頓單于，送去財物，奉行和親政策。冒頓單于這種無理之舉，極大地傷害了兩國和兩個民族的感情。[5]

其三，匈奴入關搶掠財物、牲畜、人民。如文帝後二年（西元前一六二年）六月，「匈奴連歲入邊，殺略人民、畜產甚多；雲中、遼東最甚，郡萬餘人」；[6]再如，景帝中六年（西元前一四四年），匈奴「入上郡，取苑馬，吏卒戰死者二千人」。[7]

其四，匈奴出動大軍，威脅京師長安。如文帝十四年（西元前一六六年）冬，匈奴老上單于率十四萬騎入今寧夏固原西南的蕭關，派兵焚燒在今陝西西北的回中宮，至雍（今陝西鳳翔）、甘泉山（今陝西淳化縣西北），距長安二百餘里左右。文帝急令中尉周舍為衛將軍、郎中令張武為車騎將軍，發車千乘，騎卒十萬駐軍渭北長安旁；又遣三將軍屯隴西、北地、上郡。[8]文帝後六年（西元前一五八年），匈奴三萬騎入上郡、三萬騎入雲中，殺略甚眾，烽火通於甘泉、長安。文帝令中大夫令免為車騎將軍屯飛狐；故楚相蘇意為將軍，頓句注，將軍張武屯北地；河內太守周亞夫為將軍，次細柳；宗正劉禮為將軍，次霸上；祝茲侯徐厲為將軍，次棘門，以備胡。[9]

從上述事實可以看出，在匈奴強大的騎兵兵團的壓力下，高帝、高后實際上是屈辱求和，通過和親每年贈送單于大量錢財、生活用品供其享受，以換取邊境的暫時安寧；文、景時期延續這一政策。文帝後二年（西元前一六二年）與單于約定和親後，文帝曾下詔書說：「匈奴無入塞，漢無出塞，犯今約者殺之，可以久親，後無咎，俱便。朕已許。其佈告天下，使明知之。」[10]這一詔書反映了文帝和親的誠意，但四年後匈奴便大舉發兵入塞，說明和親約書只是一紙空文，匈奴並不遵守。

漢朝君臣對匈奴的威脅、侮辱、侵欺有著切膚之痛，這一點不僅反映在賈誼所上〈治安策〉中，漢武帝在太初四年（西元前一〇一年）所下詔書中說：「高皇帝遺朕平城之憂，高后時單于書絕悖逆。昔齊襄公復九世之讎，春秋大之。」[11] 這一詔書反映了漢朝最高統治者對匈奴侵欺侮辱的憤憤之情。在此情況下，漢朝反擊匈奴的戰爭隨時可能爆發。

反擊匈奴的準備與馬邑之謀

從武帝建元元年（西元前一四〇年）至元光二年（西元前一三三年）六月馬邑之謀為武帝即位後漢匈關係的第一階段。

武帝即位之初繼續奉行和親政策。《史記．匈奴列傳》說武帝「即位，明和親約束，厚遇，通關市，饒給之」，因此匈奴自單于以下皆「往來長城下」。但這只是表面現象，實際上武帝積極準備反擊匈奴，這突出表現在以下兩件事上：一是《史記．佞幸列傳》載，武帝「即位，欲事伐匈

5 以上分見《史記》、《漢書》各帝本紀；《史記》、《漢書》之〈匈奴傳〉。《資治通鑑》卷十一至卷十六，〈漢紀三〉至〈漢紀八〉。
6 《史記》卷十，〈孝文本紀〉；《史記》卷一百一十，〈匈奴列傳〉；《資治通鑑》卷十五，〈漢紀七〉。
7 《資治通鑑》卷十六，〈漢紀八〉。
8 《漢書》卷四，〈文帝紀〉；《漢書》卷六十四，〈匈奴傳〉；《資治通鑑》卷十五，〈漢紀七〉。
9 同註8。
10 《漢書》卷四，〈文帝紀〉；《漢書》卷六十四，〈匈奴傳〉。
11 《漢書》卷九十四，〈匈奴傳〉。

奴」，而韓嫣「先習胡兵，以故益尊貴」；二是建元三年（西元前一三八年），匈奴降漢者說，「匈奴破月氏王，以其頭為飲器，月氏遁逃而常怨仇匈奴，無與共擊之」，武帝知此，派遣張騫出使月氏，相聯月氏「共擊匈奴」。[12]

建元六年（西元前一三五年），匈奴請和親，武帝令臣下議此事，任大行的王恢，曾為邊吏，熟習匈奴事務，認為匈奴反覆無常，不如拒絕和親，「興兵擊之」。御史大夫韓安國認為「千里而戰，兵不獲利」，匈奴「遷徙鳥舉，難得而制也。……不如和親」，群臣議者多同意韓安國之議，[13]在此情況下，武帝同意和親。

元光二年（西元前一三三年），雁門馬邑（今山西朔縣）豪強聶翁壹通過王恢獻誘殲匈奴之計，引起主和與主戰兩種意見的激烈爭論。爭論雙方主要理由如下：其一，韓安國認為，高帝被圍於平城，七日不食，仍遣劉敬「奉金千斤，以結和親，至今為五世利」。王恢反駁說，高帝不報平城之怨，是為天下安定，「今邊境數驚，士卒傷死，中國槥車相望，此仁人之所痛也」，怎麼能說天下安寧呢？其二，韓安國認為，匈奴之兵，「至如疾風，去如收電」，「居處無常，難得而制」，長驅直入，難以為功，不至千里，人馬乏食，這就是兵法上所說的「以軍遺敵人，令其虜獲也」。王恢說，臣言擊匈奴，並非一定要發兵深入其境，而是誘其至邊，設伏兵奇襲，必獲全勝。於是，武帝採納了王恢的意見。[14]

這年六月，武帝令衛尉李廣為驍騎將軍、太僕公孫賀為輕車將軍、大行王恢為將屯將軍、太中大夫李息為材官將軍；御史大夫韓安國為護軍將軍，總領諸將，率騎、步兵三十餘萬，埋伏於馬邑旁的山谷中。同時，讓聶翁壹誘單于入塞，聶逃亡至匈奴告匈奴單于「吾能斬馬邑令丞，以城降，財物可盡得」，單于信以為真，率十萬騎兵入雁門武州塞。單于到距馬邑百餘里的地方進行虜掠時，只見牛羊布野卻不見人，單于奇怪，攻小亭，得雁門（武州）尉史，尉史具告漢謀，軍臣單于大驚，急引兵出塞退走，漢兵追至塞而還，王恢負責襲擊匈奴輜重，不敢出擊，也擅自罷兵。因此，管司法的廷尉審理王恢，廷尉認為，王恢觀望曲行避敵，當斬。王恢向丞相田蚡行賄千金，託其向武帝求情，田蚡不敢而告訴太后，太后轉告武帝，武帝認為，首倡馬邑之事的是王恢，聽了他的意見，發天下兵數十萬，雖單于逃遁而不可得，恢率所部擊其輜重，還可有所收穫，以告慰天下士大夫心，今不誅恢，無以謝天下。恢聽到這個資訊，自殺。

歷次反擊戰爭的勝利

馬邑之謀後，「匈奴絕和親」，雙方處於戰爭狀態，漢匈關係掀開了新的一頁。從元光二年（西元前一三三年）六月馬邑之謀至元狩四年（西元前一一九年）漢軍在反擊匈奴戰爭中打了一系列勝仗，使匈奴奴隸主貴族遭受沉重打擊，今擇其主要戰役，列述如下。

其一，元光六年（西元前一二九年）冬，衛青襲破龍城龍城[15]（今內蒙錫林郭勒盟境）之戰。這年武帝令四將軍各率萬騎，出擊匈奴，其中車騎將軍衛青出上谷（治所在今河北懷來縣）；公

12《史記》卷一百二十三，〈大宛列傳〉；《漢書》卷六十一，〈張騫傳〉。
13《史記》卷一百零八，〈韓長孺列傳〉。
14《漢書》卷五十二，〈韓安國傳〉。
15 漢時匈奴地名，一說在今蒙古人民共和國鄂渾河境，一說在漠南今內蒙錫林郭勒盟境。今採後者。

孫賀出雲中（治所在今內蒙托克托縣境）；太中大夫公孫敖為騎將軍，出代郡（今河北蔚縣境）；衛尉李廣為驍騎將軍，出雁門（郡治在今山西右玉南）。在這次戰爭中，衛青直搗龍城，獲首虜七百餘級。龍城，又稱龍廷，是匈奴每年五月大會各酋長祭祖先、天地、鬼神的地方。公孫賀一路無所得、無所失，無功而還，損失騎兵七千；李廣一路，因遇匈奴大軍，全軍覆沒，李廣被俘，在途中隻身逃歸。這次漢軍損失一萬七千人，漢囚敖、廣，二人贖為庶人。從這點看，也可以說是敗仗，但由於龍城是匈奴的重要政治、文化中心，衛青直搗龍城影響巨大，從戰略上、影響上看，則是勝仗。

其二，元朔元年（西元前一二八年），衛青、李息的反擊戰。這年秋，匈奴掠遼西郡（治所在今遼寧義縣西），殺遼西太守，略二千餘人；又敗漁陽太守守軍千餘人，圍困在漁陽守備的韓安國將軍，安國所領千餘騎幾乎全軍覆沒；又入雁門郡殺略千餘人。在此情況下，武帝派衛青率三萬騎兵出雁門，李息出代郡進行反擊，得首虜數千，完成了殲敵有生力量的目標，獲得全勝，這無疑對漢軍是個很大的鼓舞。

其三，元朔二年（西元前一二七年）的取河南地之戰。這年春匈奴入上谷、漁陽殺掠吏民千餘人。武帝遣衛青、李息出雲中向西至隴西，[16]而後擊匈奴樓煩、白羊王於河南（今內蒙河套黃河以南），得胡首虜數千，牛羊百餘萬，取河南地。衛青因功封長平侯，隨青征戰的校尉蘇建封平陵侯，張次公封岸頭侯。武帝又採納主父偃建議，立朔方郡，使蘇建領十餘萬人築朔方城；又修復秦時蒙恬所修長城。奪取河南地戰略意義重大，河南土地肥饒，又有黃河天險，可以鞏固國都長安北部邊防，又省轉輸戍漕之勞，戰略地位異常重要。奪取河南地區既解除了匈奴對長安的威脅，又可以此為根據地北擊匈奴，在軍事上對漢王朝極為有利。

其四，元朔五年（西元前一二四年）高闕之戰。元朔三年，匈奴軍臣單于死，其弟左谷蠡王伊稚斜自立為單于，攻軍臣單于太子于單，于單降漢。伊稚斜單于加緊攻漢，這年夏發數萬騎殺代郡太守，掠千餘人；秋又入雁門殺掠千餘人。元朔四年又入代郡、定襄、上郡各三萬騎，殺掠數千人。匈奴右賢王怨漢奪河南地，數入河南，擾朔方，殺掠吏民甚眾。漢武帝在鞏固了對河南的統治後，元朔五年春令車騎將軍衛青，率六將軍：衛尉蘇建為游擊將軍、左內史李沮為強弩將軍、太僕公孫賀為騎將軍、代相李蔡為輕車將軍，從朔方經高闕出擊匈奴；大行李息、岸頭公張次公為將軍，出右北平（郡名，郡治在今河北省平泉縣），共率軍十餘萬人，擊匈奴。右賢王以為漢兵遠，不能至，飲酒醉；衛青等率兵出塞六七百里，夜至，圍右賢王，右賢王驚逃，與數百騎突圍北去。俘虜右賢王裨王十餘人，男女萬五千餘人，畜數十百萬，引兵而還。高闕之戰，以少量兵力牽制左部，集中主力奔襲右部，一舉殲滅右賢王主力，取得虜獲一萬五千多人的重大勝利。武帝使使者至塞（長城），在軍中拜衛青為大將軍，益封六千戶，三個兒子也封侯；又封公孫敖為合騎侯，都尉韓說為龍頟侯，公孫賀為南窌侯，李蔡為樂安侯，及校尉李朔、趙不虞、公孫戎三人亦為侯，李沮、李息、校尉豆如意也賜爵關內侯等。

其五，元朔六年（西元前一二三年）兩次出定襄（郡名，治所成樂，今內蒙和林格爾西北土城子）越陰山之戰。這年春天，大將軍率六將軍，出定襄，擊匈奴，所領六將軍為——公孫敖為中將軍、公孫賀為左將軍、蘇建為右將軍、趙信為前將軍、李廣為後將軍、李沮為強弩將軍，共

16 隴西，郡名，治所在今甘肅臨洮南。

率軍十餘萬騎，斬首數千級而還，士卒馬匹於定襄、雲中、雁門休整。這年秋天衛青又率六將軍出定襄越陰山北擊單于，斬首虜萬餘人。這兩次出擊共得首虜萬九千餘級，漢軍亦有損失，前將軍趙信，原匈奴小王，降漢封翕侯。這次與右將軍蘇建共率軍三千，遇單于兵主力數萬，戰敗，匈奴誘降，趙信遂以所剩八百騎降匈奴。右將軍蘇建盡亡其軍，脫身，歸大將軍，按軍法，棄軍當斬。衛青囚蘇建，還歸，武帝未誅蘇建，令贖為庶人。

在這次戰爭中，十八歲的霍去病從大將軍擊匈奴，為嫖姚校尉，令輕勇騎八百，斬首虜二千餘級，得匈奴相國、當戶、斬單于大父若侯產、生捕季父羅姑比，封冠軍侯食封千六百戶。上谷太守郝賢四次從大將軍擊匈奴，捕、斬首虜二千餘人，封眾利侯，食封千一百戶。張騫引導軍隊，知水草處，使軍無饑渴，並因以前出使西域之功，封博望侯。賜大將軍千金，其他有功將士均有封賞。

趙信降匈奴後，匈奴單于以其姊妻之，趙信教單于遷王庭於大漠北，無近塞，誘漢軍越大漠待其極疲而殲之。

其六，元狩二年（西元前一二一年）的河西之戰。元朔六年，衛青兩次出定襄擊匈奴單于之後，元狩元年（西元前一二二年）匈奴萬騎入上谷殺數百人，但這時漢軍打擊的方向已轉向河西地區。元狩二年春，漢使驃騎將軍霍去病統萬騎出隴西過焉支山（稱胭脂山或燕支山，在今甘肅省山丹縣東南）千餘里，深入匈奴休屠王領地，斬殺折蘭王、盧侯王、執渾邪王子、相國、都尉，獲首虜八千九百餘級，[17] 得休屠王祭天金人。詔加封霍去病兩千戶，這年夏天，霍去病與公孫敖領數萬騎出隴西、北地（郡名，治所在馬嶺，今甘肅慶陽西北）二千餘里，過居延海，攻祁連山，得胡首虜三萬餘人，裨小王以下七十餘人。加封霍去病五千四百戶，趙破奴為從驃侯、校尉高不識為宜冠侯，其餘人員都論功行賞。

當時，匈奴入代郡、雁門殺掠數百人，所以武帝又派博望侯張騫和李廣出右北平，擊匈奴右賢王。這支東路軍是對匈奴的牽制，結果東路失利。李廣率四千騎被左賢王四萬騎包圍，血戰兩天，漢兵死者過半，所殺匈奴軍亦相當。賴李廣力戰，沉著指揮，才未全軍覆沒，後張騫軍到，匈奴退走，才得保全。此戰按軍法，張騫率萬騎後期當斬，贖為庶人；李廣功過相抵，無功無賞；西路軍，公孫敖也因後期，依法當死，令贖為庶人。

河西之戰引起了匈奴內部分裂和渾邪王降漢。這年秋天，單于怒渾邪王、休屠王被漢殺虜數萬人，欲召誅之。渾邪王、休屠王恐，謀降漢，遣使與漢商談降漢事宜，大行李息得報後，急傳報武帝，武帝恐其詐降襲邊，令霍去病率兵迎降。休屠王反悔，被渾邪王殺，並其眾。霍去病率軍渡河與渾邪王相望，渾邪王裨將見漢軍後多不欲降，頗有逃遁者。霍去病急馳入見渾邪王，斬欲逃亡者八千人。渾邪王降漢者四萬餘人，號稱十萬，到長安後，武帝賞賜數十萬萬，封渾邪王為漯陰侯，食萬戶；封其裨王呼索尼等四人皆為列侯。又增封霍去病千七百戶，同時徙渾邪王降眾至塞外隴西、北地、上郡、朔方、雲中五郡，地皆在河南，因其故俗，為五屬國。[18]

元狩二年的河西之戰，兩次出奇兵，千里奔襲，斬殺匈奴三萬八千餘人，渾邪王歸漢時又斬殺不願歸降者八千餘，總計四萬六千餘人；又接收歸降四萬人。匈奴在河西走廊的右部勢力被完

17《史記．匈奴列傳》載此戰「得胡首虜萬八千餘級」；《漢書．匈奴傳》載「得胡首虜八千餘級」，此從後者。

18《史記》卷一百一十一，〈衛將軍驃騎列傳〉載：「乃分徙降者邊五郡故塞外，而皆在河南。」注引《正義》：「五郡謂隴西、北地、上郡、朔方、雲中，並是故塞外。」

全摧毀，打開了經營西域的通路。匈奴遭受了慘重失敗，丟掉了大片優良牧場和祁連、焉支山。匈奴歌曰：「亡我祁連山，使我六畜不蕃息；失我焉支山，使我婦女無顏色。」其痛惜如此。

其七，元狩四年（西元前一一九年）的漠北之戰。元狩二年河西之戰後，元狩三年匈奴入右北平、定襄各數萬騎，殺掠千餘人而去，這時匈奴採取「打了就跑」的方針。針對這種情況，元狩四年春，武帝與臣下商議認為，「趙信為匈奴單于計畫，單于居住於大漠以北，以為漢兵不能到達」。於是令衛青、霍去病各統五萬騎兵，加上私募從的馬四萬餘匹，共計十四萬匹馬。步兵和轉運軍餉者數十萬人接後，而敢力戰深入之士皆從驃騎將軍。大將軍出定襄，驃騎將軍出代郡，約好越大漠擊匈奴。又以郎中令李廣為前將軍、太僕公孫賀為左將軍、主爵都尉趙食其為右將軍、平陽侯曹襄為後將軍，均屬大將軍統領。趙信對伊稚斜單于說：「漢軍渡大漠後，人馬疲憊，匈奴就坐等捉拿俘虜吧！」於是，匈奴把輜重移徙至北面的遠方，在漠北布下精兵，等待決戰。大將軍統兵出塞千餘里，恰逢單于兵列陣而待，於是令武剛車環營，而以五千騎往擋匈奴，單于也令萬騎出戰。日暮時，大風起，沙礫擊面，兩軍不相見，漢軍左右翼包抄單于，單于見漢軍多而士馬強，遂與壯騎數百突圍從西北遁走，漢軍發輕騎夜追，行二百餘里，待天明未得單于，捕斬首虜萬九千餘級，北至闐顏山趙信城而還。

前將軍李廣與後將軍趙食其因軍無嚮導，迷路，後期未趕上與單于會戰。大將軍回軍到漠南與李廣、趙食其相遇，大將軍令長史問二人迷失道路的情況，並說大將軍要上書報告天子原因，廣未對。長史急責李廣將軍募府上書言狀，李廣說：「諸校尉亡（無）罪，乃我自失道。」後自殺。右將軍趙食其下吏問罪，當死，贖為庶人。在這次戰爭中，衛青沒有益封（增加封戶），其下屬軍吏卒皆無封侯者。

驃騎將軍霍去病率五萬騎、車輛輜重與大將軍相等，無裨將，以李廣之子李敢等人為大校，當裨（副）將，出代兩千餘里，與左賢王戰，獲屯頭王、韓王等三人，將軍、相國、當戶、都尉八十三人，在狼居胥山積土為壇舉行了封禮，在姑衍山祭地舉行了禪禮，登海邊山以望翰海（北海，今貝加爾湖），得胡首虜七萬四百四十三級，天子加封驃騎將軍五千八百戶，又封其所部右北平太守路博德等四人為列侯，從驃侯趙破奴等二人各加封三百戶，校尉李敢為關內侯，食邑二百戶等，軍吏卒為官，賞賜甚多。

漢軍出征時官、私馬共十四萬匹，而回來入塞時不滿三萬，損失馬匹十一萬匹多；漢軍殺虜匈奴約九萬，士卒亦死數萬。此後，匈奴遠遁，漠南無王廷，武帝令加設大司馬位，大將軍、驃騎將軍皆為大司馬，令驃騎將軍秩祿與大將軍等。此後，大將軍的威勢日日減退，驃騎將軍日日貴重；大將軍的故交、門客多離他去投奔驃騎將軍，往往因此得到官爵。元狩六年（西元前一一七年），秋，九月驃騎將軍去世，天子為悼念他，發五屬國鐵甲軍，從長安至茂陵排列成陣，替他修造的塚墓形狀像祁連山，因他勇武有廣地之功，謚曰：景桓侯。

從元光六年（西元前一二九年）衛青攻龍城之戰開始到元狩四年（西元前一一九年）的漠北大決戰，據上述十一年內的各次戰爭中漢軍斬殺匈奴軍約十八萬餘人，渾邪王歸降漢率四萬人，共計二十二萬餘人。不僅如此，匈奴還損失了二三百萬頭牲畜，丟失了大片的土地和資源。漢朝雖然從匈奴奪取了河南、河西地，並控制了廣大的漠南地區，由弱者轉化成了強者。但損失也很巨大，不僅損失了十幾萬士卒和二三十萬匹戰馬，在戰爭過程中動員了上百萬人次的兵力和用於轉輸等方面的二三百萬民工。它不僅消耗了文、景時積累的財富，在上述戰爭過程中和稍後就出臺了一系列經濟改革措施以解決國家的財政困難。[19]所以，在漠北大會戰之後，雙方都無法繼續打下去了，對匈奴來說需要休養生息，以恢復大傷的元氣；對漢朝來說，需要消化已取得的勝利成果和解決已經出現的財政危機，並處理周邊其他方面的問題，因此在漠北大會戰後，漢、匈雙方戰爭相對平靜、緩和了下來。

漢匈雙方休戰與和談

從元狩五年（西元前一一八年）至天漢元年（西元前一〇〇年），共十八年，為武帝時漢、匈關係發展的第三階段，即休戰時期。

據《資治通鑒》卷十九〈漢紀十一〉載，元狩四年漠北之戰後「匈奴遠遁，漠南無王庭」，漢「亦以馬少，不復大出擊匈奴矣」。匈奴用趙信計，遣使至漢，「好辭請和親」，武帝讓群臣討論此事，朝臣出現了主張和親與主張使匈奴臣服漢朝的兩種意見。丞相長史任敞主張使匈奴臣服，說「匈奴新破困，宜可使為外臣」，漢使任敞出使匈奴，單于聽其言大怒，留其在匈奴，不讓歸漢。博士狄山主張和親，武帝問張湯的意見，張湯說「此愚儒無知」。狄山回敬說：「臣愚忠，若御史大夫張湯，乃詐忠。」武帝怒說：「我讓你居守一郡，能做到使匈奴不入盜嗎？」回答說：「不能。」又問：「讓你居守一縣能做到嗎？」回答說：「不能。」又問：「居一障（亭障、城堡）如何？」回答說：「能。」於是武帝就派狄山去守障，一月多，匈奴斬狄山頭而去，群臣為此震驚。這說明漠北會戰後，匈奴仍在小規模地侵擾邊塞。雙方在使臣來往過程中，匈奴有降漢的使者，單于留漢使不還者，二者人數相當。《史記．匈奴列傳》載元狩六年「漢方復收士馬，會驃騎將軍去病死，於是漢久不擊胡」。這說明，武帝此時曾計畫收集士卒馬匹，準備再擊匈奴，恰好霍去病死，因此擱置，此後很久沒有擊胡。

過了幾年，於元鼎三年（西元前一一四年）伊稚斜單于死，其子烏維立為單于，[20]漢方忙於南收兩越、西南夷等事，不出擊匈奴，匈奴也不入侵邊塞。元鼎六年（西元前一一一年）漢派公孫賀率萬五千騎出九原二千餘里至浮沮井（今內蒙百靈廟北），趙破奴率萬騎出令居數千里至匈河水，均不見匈奴一人而還。從此，雙方開始了遣使和談。

一、元封年間漢、匈雙方的和談

元封元年（西元前一一〇年），武帝巡邊至朔方，勒兵十八萬騎，以示武備，派使臣郭吉諷告單于，見單于後說：「南越王的人頭已懸於漢北闕，單于能與漢戰，漢天子親自率兵在邊塞等待；單于如不能戰，就應當臣服漢朝，何苦遠走亡匿于漠北寒苦之地。」[21]武帝在此明確提出讓匈奴臣服漢朝。單于大怒，留郭吉不歸，遷之于北海（貝加爾湖）。然匈奴亦不敢出兵襲擾邊塞，只是休養士、馬，習射獵，數次遣使通漢，好辭甜言請漢朝保持和親關係。元封四年（西元前一〇七年）夏，漢派使臣王烏去窺探匈奴，單于接見時，說好聽的話，詐稱要派太子為漢人質，以

19 《漢書．食貨志》載漢「大司農……賦稅既竭，不足以奉戰士」。

20 烏維單于西元前一一四年（元鼎三年）至前一〇五年（元封六年）。

21 《漢書．武帝紀》元封元年，武帝遣使者告單于曰：「南越王頭已懸於漢北闕闕。單于能戰，天子自將待邊；不能，亟來臣服。何但亡匿幕北寒苦之地。」

求和親。這年秋天漢派楊信出使匈奴，當時漢已在東方攻下穢貉、朝鮮，設郡，在西方設酒泉郡絕匈奴、羌人交通，並嫁公主給烏孫，通月氏、大夏，又在北方擴充田地、設置關塞，匈奴始終不敢有所異議。漢朝的大臣們認為匈奴衰弱，可以讓其臣服，這次讓楊信出使就是商談這方面的問題。楊信為人剛直，又非貴臣，所以單于不親近，單于想召入穹廬內接見，楊信不肯去漢節，因此單于在穹廬外接見他。楊信對單于說：如果要和親，就應把太子送到漢朝當人質。單于對楊信說：從前訂和親盟約，是漢遣送公主來，給繒絮、食物，以此和親，匈奴也承諾不擾漢邊。現在要違背以前的和親方式，讓我的太子送漢作人質，是沒有希望的。

匈奴對漢朝使臣的態度是，如不是公卿一類大臣而是儒生，就設法使其辯辭受挫；如果是少年想來譏刺的，就殺殺對方的氣勢；漢使每到匈奴，要給一定報償。漢朝扣留了匈奴使者，匈奴也要扣留漢朝使者，有還有報，定要達到數目相當。可以看出，匈奴雖處劣勢，已失去以往淩人盛氣，但要求雙方平等相待。漢朝要求匈奴臣服，匈奴要求雙方平等，所以議和難以達成。

這一年楊信回來後，漢又派王烏使匈奴。單于為得到漢朝的財物，又以甜美和善的言辭對王烏說道：吾欲入漢見天子，當面相約為兄弟。王烏回來報告後，漢信以為真，就在長安為單于建造了官邸。匈奴又說：若不是漢朝公卿大夫這類的貴人為使臣，我便不和他誠心相談。這時，匈奴遣貴人使漢，在漢生病，漢給藥想治好他，不幸而死。漢於是派路充國佩帶二千石官員的印綬出使匈奴，護送安葬使臣，贈送優厚的葬禮值數千金。單于卻認為漢朝殺了匈奴尊貴的使者，於是扣留路充國不讓歸漢，從此匈奴數次出奇兵侵犯邊塞。漢拜郭昌為拔胡將軍、又遣浞野侯趙破奴屯朔方以東，防守匈奴。

元封六年（西元前一〇五年），烏維單于死，其子烏師廬繼位為單于，因年少，號稱兒單于，[22]此後單于益徙西北，左方兵直抵雲中郡，右方兵直抵酒泉、敦煌郡。兒單于繼位的第二年，漢遣兩使者至匈奴，一至單于處弔喪，一至右賢王處弔喪，想以此離間匈奴內部關係。兒單于大怒，扣留漢使，前後扣留了十幾批；匈奴使者至漢，漢也加以扣留，扣留數雙方大約對等。

二、太初年間的形勢與匈奴扣留漢使蘇武

武帝太初元年（西元前一〇四年）冬，[23]匈奴大雨雪，牲畜多饑寒而死，兒單于年少，好殺伐，國中多不安。匈奴左大都尉想殺死單于，使人告漢說：「我欲殺單于降漢，漢遠，漢即來兵近我，我即發。」漢聽此言，築受降城（在今內蒙烏拉特中後旗東）。太初二年（西元前一〇三年），漢遣浞野侯趙破奴率二萬騎出朔方二千餘里，按期至浚稽山，接應左大都尉。左大都尉欲舉事被發覺而為單于誅殺，單于又發兵擊趙破奴，趙破奴捕首虜四千人，急還至距受降城四百里，被匈奴追兵八萬騎圍困。趙破奴因夜出求水被俘，所率二萬餘騎全軍覆沒，單于又領兵攻受降城，不能下，侵邊塞而還；第二年，單于又想攻受降城，未至，病死。

武帝太初三年（西元前一〇二年）兒單于死，子年幼，其叔父烏維單于弟右賢王呴犁湖被立為單于。這時漢匈關係緊張，漢派光祿勳徐自為出五原塞數百里，有的達一千多里，修築城、鄣、列亭等等。這年秋天，匈奴大規模入擾定襄、雲中、五原、朔方，殺掠數千人，破壞光祿動所築城、鄣、列亭，又派右賢王入掠酒泉、張掖，掠幾千人，恰逢漢救兵至，匈奴盡失所得離去。

22 烏師廬單于西元前一〇五年（元封六年）至前一〇二年（太初三年）。
23 太初改制後，以每年正月為歲首，一年先春後冬，改變了過去以十月為歲首，先冬後春。

太初四年（西元前一〇一年）冬，呴犁湖單于欲攻受降城，病死，其弟左大都尉且鞮侯被立為單于。且鞮侯單于初立，怕漢軍攻擊，盡遷不歸降匈奴的漢朝使者路充國等人歸漢，並說：「我兒子，安敢望（比）漢天子，漢天子，我丈人（老人）行（輩）也。」且鞮侯單于的這些策略性的舉動和言語，又給日益緊張的漢、匈關係，披上了一層淡淡的和談希望。

由於且鞮侯單于在上一年冬天，盡送不降匈奴的漢使路充國等人回國。天漢元年（西元前一〇〇年）三月，武帝派中郎將蘇武為使者，送留在漢朝的匈奴使者歸匈奴。為答謝匈奴的善意，帶去了豐厚的禮物，同去的有副中郎將張勝、屬吏常惠等人。蘇武見單于後，單于傲慢無禮，並非漢朝所希望的那個樣子。單于剛想派使送蘇武等人歸國，這時匈奴內部出現了有人圖謀刺死單于近臣衛律、劫持單于母閼氏降漢，被單于發現失敗，副使張勝曾因背著蘇武支持這一計劃而被牽連。蘇武知這一情況後認為，此事必牽連及我，想自殺，被張勝、常惠阻止。單于知這一情況，先要殺死漢使，後要求蘇武等人「宜皆降之」。蘇武對常惠等人說：「屈節辱命，雖生，何面目以歸漢！」遂以佩刀自刺。負責處理此事的匈奴官員衛律大驚，又怕自己承擔責任，急找醫生治療。按匈奴的療法掘一地洞，把地燒熱，把蘇武放在上面，讓人踏著他的背，讓瘀血流出來，蘇武氣絕了半天，才醒過來，單于見蘇武如此有氣節，反而對他尊敬了起來。

蘇武身體痊癒後，審理此事的單于近臣衛律想讓蘇武投降，就宣佈說：漢使張勝謀殺單于近臣，當死，降者赦罪。舉劍欲刺張勝，張勝請降。衛律又對蘇武說：副使有罪，你也應當同樣相坐。蘇武回答說：我本來就未參與這一事件，又不是親屬，為什麼相坐？衛律又舉劍相刺，蘇武穩坐不動。衛律見以死威脅不能使蘇武歸降，又改而利誘說：「蘇君，我衛律以前有負漢朝而歸降匈奴，[24]有幸蒙單于大恩，賜號稱王，擁有數萬之眾，馬與牲畜滿山，富貴如此，蘇君今日歸降匈奴，明日會像我如此這樣。你若死在匈奴，空以身膏腴草野，有誰知之。」蘇武罵衛律說：「你為人臣、子，不顧恩義，叛主背親，為蠻夷降虜……。況且單于信任你，讓你審理此案決定別人的生死，你不持公平正直之心處理此事，反而想讓兩國君主彼此相鬥，南越、大宛王、朝鮮殺漢使者，都沒有好下場！你明明知我不降，為了讓漢朝、匈奴兩國互相攻殺，就想把我殺死，你若把我殺死，匈奴的大禍將從此開始。」[25]

衛律知蘇武不降匈奴，遂告單于。單于就把蘇武囚禁在曾裝過米粟的大窖中，不給飲食，天降雨雪，蘇武就吃雪、吞旃（氈）毛充饑，數日竟不死，匈奴人驚奇，竟認為蘇武是神。單于又把蘇武遷至北海（今貝加爾湖）無人處牧羊，並告蘇武說：「公羊產子有乳才能歸漢。」意思是說你就終生在這裡放羊吧！又把隨蘇武出使的常惠等人分別安置在其他地方。[26]

蘇武在匈奴十餘年歷盡艱險，至掘捉野鼠覓食。然而，蘇武所持漢節從不離身，以至節毛盡落，以此表示不辱使命的堅貞情操。後來，丁零人盜走蘇武所牧牛羊，使他的處境更加危困，單于曾遣歸降匈奴的李陵勸降，蘇武向李陵表示自己「願肝腦塗地」，以死報國。

蘇武在匈奴被扣留了十九年，昭帝始元六年（西元前八一年）才回到了長安。蘇武在匈奴十九年中受盡了艱難折磨和匈奴的利誘威脅，始終不向匈奴屈服，表現了崇高的愛國情操和民族

---

24 衛律，父本長水胡人，生長在漢，與協律都尉李延年有交，曾出使匈奴，後降匈奴，被封為丁零王，常在單于左右。見《漢書》卷五十四，〈李廣傳附李陵傳〉。

25 《漢書》卷五十四，〈蘇建傳附蘇武傳〉。

26 同註25。

氣節，受到了漢朝朝廷和廣大民眾的高度尊敬。

匈奴在天漢元年扣留漢使蘇武，標誌著漢、匈雙方和談結束，雙方重開戰局。

三、漢朝開發西北與加緊修築防禦設施

漢朝在和談時期加緊在西北地方設郡、移民、修要塞。這些興作的目的，是把開發西北與邊防防禦結合在一起，擴大、鞏固漢朝在西北地方的統治。連同前一個時期在這方面的興作，主要有下列措施。

在戰爭時期，武帝就很注意開發西北與修築邊防設施。元朔二年（西元前一二七年）衛青、李息取河南地，武帝用主父偃計，立朔方郡，徙民十餘萬人由蘇建率領築朔方城，又修繕秦時蒙恬所築長城，因河為固。元狩二年（西元前一二一年）「漢在朔方穿渠，作者數萬人，各歷二三期（年）」。元狩三年（西元前一二〇年）山東大水，民多饑乏。漢朝「乃徙貧民於關以西，及充朔方以南新秦中，七十餘萬口」。元狩二年（西元前一二一年）匈奴渾邪王歸漢，使居沿邊五郡，地皆在河南，為五屬國。這些措施大大加強了長安以北至河套地區、陰山山脈一帶的防禦設施，消除了匈奴對長安的威脅。

元狩四年（西元前一一九年），漢北會戰後，「漢渡河自朔方以西至令居（今甘肅永登縣西北），往往通渠置田，官吏卒五六萬人，稍蠶食，地接匈奴以北。」[27]這就是說，從朔方沿黃河向西再轉而向南至今甘肅永登縣境通渠、置田，令官吏卒五六萬人屯墾戍守，這是漢朝從朔方郡沿黃河向西又轉而向南佈置的一條屯田戍邊的防守線。

又過了四年，元鼎二年（西元前一一五年），武帝派張騫出使烏孫，欲招烏孫至匈奴渾邪王故地（今甘肅河西地區），烏孫未東歸。於是漢在渾邪王故地置酒泉郡（治福祿，今甘肅酒泉縣），又徙民以實之，並築令居以西至酒泉的要塞，以絕匈奴與羌人交通。元鼎五年（西元前一一二年），先零羌與封牢姐種羌結盟，與匈奴通，集結十萬餘人，攻令居縣（今甘肅永登西北）與隴西郡的安故縣，並包圍枹罕縣（今甘肅臨夏東北）。元鼎六年（西元前一一一年）十月，武帝派將軍李息、郎中令徐自為率十萬士卒平定了叛亂，並置護羌校尉。羌人去了今青海省的湟中地區，移居西海、鹽池，[28]漢政權達到了隔斷匈奴與羌人交通的目的。

元封三年（西元前一〇八年）漢朝又修自酒泉至玉門關的亭障。[29]這樣，從朔方沿黃河至令居，又從令居到酒泉，再從酒泉至玉門關的邊塞防禦工事的修築得以完成，其目的是為「斷匈奴右臂」，即隔斷絕匈奴與西域聯繫，同時也是為了打通漢朝與西域聯繫的通道。

太初元年（西元前一〇四年），築受降城之後，太初三年（西元前一〇二年）武帝遣光祿勳徐自為出五原塞（今內蒙包頭市西北）數百里，遠者千餘里，築城、鄣、列亭，至廬朐（今克魯倫河上游）；使游擊將軍韓說、長平侯衛伉屯其旁，又使強弩都尉路博德在張掖北千五百多里的居延築防禦要塞。據今人研究，路博德在居延築塞之前「居延已有屯兵」，[30]路博德修築的是戰略性的防禦設施，如築居延縣城和烽燧、亭鄣、塢壁等設施，當時的居延立二縣或置二部都尉，二部

27《史記》卷一百一十，〈匈奴傳〉。

28《漢書》卷六，〈武帝紀〉；《後漢書》卷八十七，〈西羌傳〉。

29《漢書．張騫傳》載，這年從驃侯趙破奴「擊破姑師，虜樓蘭王。酒泉列亭鄣至玉門矣」。另見《史記》卷一百二十三，〈大宛列傳〉；《漢書》卷九十六，〈西域傳〉。

30 陳夢家，〈漢居延考〉，見《漢簡綴述》（中華書局，一九八〇年），二二三頁。

都尉即居延都尉和肩水都尉。

值得注意的是太初三年武帝令光祿勳徐自為出五原北數百、上千里築塞，在西邊令路博德在居延築塞都大大向北邊推進了。這些要塞既是防守匈奴的據點，又是攻擊匈奴的前方根據地。天漢二年（李陵）領步兵五千就是從居延出發千餘里北擊匈奴的，敗退時的目的地也是返回居延「遮虜鄣」。[31]所以這些要塞的修築與武帝下一步戰略構想有關，這就是進一步把邊防線推向北邊以迫使匈奴臣服，並保衛河西地區，隔斷匈奴與西域的通道、隔斷匈奴與羌人的聯繫，因此匈奴對此極為不滿，光祿勳徐自為所築鄣塞，當年就有不少地方為匈奴所破壞。

漢匈雙方重開戰局

從武帝天漢元年（西元前一〇〇年）到征和四年（西元前八九年）為武帝時漢匈關係發展的第三階段，即重開戰局時期，這一時期共十一年。

這次重開戰局，雙方力量對比發生了變化。漢朝在最初屢勝匈奴之後，又在雙方休戰和談時期修築邊防防禦體系，並借通西域、平兩越、擊朝鮮的勝利，具有明顯優勢。匈奴雖退守漠北，但不向漢朝稱臣，又在休戰時期休養生息，勢力日漸恢復。這一時期，雙方進行的戰爭有下列幾次：

一、天漢二年（西元前九九年）李廣利戰敗與李陵降匈奴

天漢元年（西元前一〇〇年），匈奴扣留漢使蘇武後，天漢二年（西元前九九年）五月，武帝

派貳師將軍李廣利率三萬騎兵出酒泉，擊右賢王於天山，得匈奴首虜萬餘級而還。在回軍路上，貳師軍被匈奴大軍圍困，漢軍幾天乏食，死傷者多，幸虧假司馬隴西人趙充國與壯士百餘人突圍陷陣，李廣利引兵隨後，方突圍而出。這一戰，漢軍死十分之六七，趙充國負傷二十餘處，李廣利奏明武帝，武帝親自接見趙充國，視其傷，感歎不已，拜趙充國為中郎。李廣利兵敗，未受懲處，在此之前極為少見。

李廣利兵敗後，武帝又派因杅將軍公孫敖出西河，與強弩都尉路博德相會涿塗山（今蒙古人民共和國境內），終無所得。

在上述兩次用兵之後，這年武帝又令李陵率步兵從居延出發深入匈奴境千餘里，遂發生李陵兵敗降匈奴之事。李陵是名將李廣之孫，字子卿，少為侍中，善騎射，愛人，謙讓下士，甚得好評。武帝以其有李廣之風，曾派李陵率八百騎兵，深入匈奴兩千餘里，路過居延視察地形，未遇匈奴而還。後拜李陵為騎都尉，率勇敢之士五千人，在酒泉、張掖教習射箭等，以備胡。這年五月武帝派李廣利率三萬騎擊右賢王時，武帝曾想派李陵負責為李廣利軍護送輜重，並召見李陵，李陵叩頭自請說：「臣所帶領的屯邊士卒，都是荊楚勇士、奇材、劍客，力扼（捉）虎，射箭必中，願自帶一支軍隊，到蘭干山南進擊，以分散匈奴兵力。」武帝對他說：「我這次發軍多，沒有騎兵給你。」李陵回答：「不需要騎兵，臣願以少擊眾，率步兵五千至單于王庭。」武帝嘉許其壯志，遂允許。於是，武帝詔在居延屯兵的強弩都尉路博德領兵半道接應李陵，路博德恥為李

31 陳夢家，〈漢居延考〉，見《漢簡綴述》（中華書局，一九八〇年），二二三頁。

陵後援，於是上書說：「現在正值秋天，匈奴的馬匹膘肥體壯，未可與戰。臣願到明年春天，與李陵帶領酒泉、張掖各五千人至浚稽山（今蒙古人民共和國圖拉河與鄂爾渾之間）東西兩側出擊匈奴，必可獲勝。」路博德曾為伏波將軍平定南越時立大功，是位資深將領，恥為年輕將領李陵的後援，這種心理武帝並未明察，但他提出等到明年春天匈奴馬匹瘦弱之時再與李陵共同出擊匈奴的意見，確是值得考慮的。然而，武帝卻懷疑李陵不願出兵而讓路博德上書阻撓，因此大怒，於是下詔令李陵當年九月從居延遮虜障出兵，同時又令路博德進兵西河。這一安排雖有道理，卻使李陵所部失去了後援。李陵奉命出兵，北行三十日，走千餘里，至浚稽山下為營，並把所過山川地形畫圖使人上報武帝，武帝得知李陵帶兵有方、士卒願效死力，十分高興。

李陵至浚稽山，軍處兩山之間，以大車環繞為營，李陵又率士卒在營外列陣，被單于所統三萬騎兵包圍。李陵所列陣，前邊士卒持戰盾，後面持弓弩，嚴令：聞鼓聲而攻戰，聞金聲而停止。匈奴見漢軍少，直至營前，李陵也率士卒搏戰進攻，後隊千弩齊發，敵軍應弦而倒。匈奴軍退走上山，漢軍追擊，殺數千人，單于大驚，急召左、右賢王八萬餘騎攻李陵，李陵且戰且退，南行數日，至山谷中，由於連續戰鬥，傷亡慘重，於是下令三次受傷者坐車，兩次受傷的趕車，一次受傷的持兵器戰鬥。第二天再戰，又斬殺敵軍三千餘級，而後又引兵向東南行進至山下，單于在南山上，令其子率騎兵擊陵軍，陵軍在樹木叢中搏鬥，又殺敵軍數千人。最後五十萬矢皆盡，士卒持車輻、短刀與敵軍數千人戰，這時單于見屢攻不下對下屬說：「此漢精兵，擊之不能下，日夜引我軍向南近漢邊塞，是不是有伏兵呢？」其下屬當戶君長都說：「單于親自統領數萬騎擊漢軍數千人不能滅，會讓漢朝更加輕視匈奴。」於是匈奴軍又攻擊漢軍，還是不能破，此時陵軍更加危急，匈奴憑著騎兵，一日戰數十次，又被漢軍殺傷兩千餘人。單于見戰鬥對己軍不利，欲退兵，恰巧這時一個叫管敢的軍官因受校尉侮辱，逃亡投降匈奴說：「李陵軍無後援，射矢且盡，……當使精騎射之即破矣。」單于得此信息喜出望外，遂圍攻陵軍。此時，陵軍矢皆盡，士卒持車輻、短刀與敵拼搏，多死，李陵又令士卒分散突圍，如有得脫者歸報天子，相約突圍後至遮虜障會合。夜半，李陵上馬，與所從壯士十餘人突圍，匈奴派數千騎兵追擊圍困，李陵感歎道「無面目報陛下」，遂降匈奴。據現在學者研究，李陵投降匈奴的地方距遮虜障僅一百八十餘里，[32]士卒分散突圍成功至邊塞者四百餘人。

這次李陵出師失敗有客觀原因，主要是孤軍深入而無後援、又遇多於自己兵力十幾倍的騎兵圍追堵截所致，這些都是不利的客觀條件所決定的。然而，李陵深為武帝器重，沒有以死報國，也未實踐自己對部下所說「吾不死，非壯士也」的諾言，大節有虧，這個責任李陵自己應該負責。但是，李陵投降匈奴又是在被迫無奈的情況出現的，這與甘心賣國求榮者又有不同，顯然，漢朝應針對不同情況區別對待。

李陵投降匈奴的消息傳至長安後，引起了朝廷內部的一場風波。據司馬遷〈報任少卿書〉載當時「主上（漢武帝）為之食不甘味，聽朝不怡，大臣憂懼」。在這種情況下，「群臣皆罪陵」，以為只要把罪責都推給李陵就可以草草了事。司馬遷對這種牆倒眾人推的陋習甚為不滿，恰逢武帝徵求他的意見，自己遂以「款款（誠懇）之愚」，談了自己的實話。司馬遷認為，李陵「事親孝，與士信，常奮不顧身以殉國家之急」，「有國士之風」。又稱讚他「提步卒不滿五千，深踐戎馬之

32 陳夢家，〈漢居延考〉，見《漢簡綴述》，二二三頁。

地，足歷王庭」，抑匈奴「數萬之師」，「橫挑強胡」，「與單于連戰十有餘日，所殺過當（殺死的敵人超過自己士兵的人數）」，使匈奴「救死扶傷不給，旃（氈）裘（皮衣）之君長咸（都）震怖，乃悉徵其左、右賢王，舉引弓之民，一國共攻而圍之，轉鬥千里，矢盡道窮」，又說李陵能得人心，使士卒冒著敵人的白刃，面向北與敵人殊死戰鬥，能「得人之死力，雖古名將不過也」。最後又總結說：「李陵雖然身陷敗，然其所摧敗匈奴之兵，功亦足以暴（昭）於天下矣！李陵之不死，是想著立功抵罪以報答漢朝。」據司馬遷自己說，他與李陵「素非能相善」即無深交，只是認為他是「奇士」，[33] 所以他上述讚揚李陵的話，並非出於為朋友辯護的私心。然而，他的話一點也未指責李陵帶有片面性，因這時李陵已降匈奴，按當時法律規範李陵犯了大罪。司馬遷自己說的話，是在武帝點名徵求意見時談出的，可以有片面性，武帝可以採納也可不採納，不算犯罪，但武帝認為，司馬遷的意見是「誣罔」之言，即誣衊、虛妄之詞，意在譏諷李廣利無功，毀壞貳師將軍，為李陵遊說，一怒之下，判司馬遷腐刑（宮刑）。因此，可以說司馬遷的判刑固然是武帝盛怒之下感情用事造成的，然而也與司馬遷不會分析人的心理、說話不慎重、不注意方式有關。

如果我們翻閱了關於李陵事件的文獻資料，就會發現李陵失敗，主要是漢武帝沒有明察軍事將領之間的矛盾，缺乏有力駕馭和決策失誤造成的。然而，武帝畢竟不愧是位英明睿智的君主，過了一段時間，他回過了味，悔李陵無救兵，於是感慨地說：「李陵當初領兵出塞之時，乃詔令強弩都尉路博德接應李陵的軍隊，……得令老將生奸詐。」[34] 結果，後援未至，導致李陵失敗，於是遣使臣犒賞了李陵軍突圍回來的戰士，這是武帝對李陵之敗的反思和採取的補救措施。天漢四年（西元前九七年）春，李陵降匈奴一年多之後，武帝派因杅將軍公孫敖帶兵深入匈奴境內迎李陵，無功而返。公孫敖回來卻對武帝說：「俘獲的匈奴人說，李陵教單于為兵以備漢軍，故臣無所得。」公孫敖是否真的聽到俘虜此言，無從考證，但公孫敖報此資訊的一個重要目的是為掩蓋自己的無功而歸。武帝聽此資訊大怒，「於是族陵家，母、弟、妻、子皆伏誅」，後來，漢派使臣出使匈奴，李陵見到了使臣說：「我為漢朝帶領步卒五千人，橫行匈奴，以亡（無）救而失敗，何負於漢而誅吾家？」使者回答說：「漢聞（聽說）李少卿教匈奴為（治）兵。」李陵說：「教匈奴治兵的是李緒，不是我。」李緒本是漢朝塞外都尉，守城，匈奴攻城，降匈奴，單于以客禮相待，地位在李陵之上。李陵痛恨因李緒使全家被誅，就使人刺殺李緒，單于母親大閼氏要殺李陵，單于把李陵藏匿到北方，大閼氏死後，李陵才回到單于身邊。武帝聽傳言而誤誅李陵全家，從此終武帝世漢朝再也不提李陵歸漢之事，而李陵作為一個變節的漢臣，卻又難忘故國情思。李陵後來受到了單于的重用，並且帶過兵，然而史籍上卻沒有他帶兵與漢軍認真拼殺的記載，這也許就是他的故國情思在起作用吧！漢昭帝時，蘇武返回漢朝，李陵送別時感慨萬千，賦詩道：

經萬里兮度沙幕，
為君（武帝）將兮奮匈奴。
路窮絕兮矢刀摧，
士眾滅兮名已隤。
老母已死，

33 司馬遷，〈報任少卿書〉，《漢書》卷六十二，〈司馬遷傳〉。
34 《漢書》卷五十四，〈李廣傳附李陵傳〉。

雖欲報恩將安歸！[35]

這是李陵懷念故國的絕唱，多麼地真摯感人，李陵沒有忘記祖國，同樣祖國也沒有忘記他。中國典籍中留下了為他惋惜感歎的篇章，這不是同情他的變節，而是感歎惋惜他的不幸遭遇！

二、李廣利兩次出擊與敗降匈奴

李陵降匈奴之後，天漢四年（西元前九七年），武帝令貳師將軍李廣利領六萬騎兵、七萬步兵出朔方；又派強弩都尉路博德領萬餘人，與李廣利會合；游擊將軍韓說領步兵三萬人，出五原；因杅將軍公孫敖領萬騎與步兵三萬出朔方。這次出兵，各將領統兵共計騎、步兵二十一萬，意在與匈奴決戰，單于聞訊，悉將其累重（妻子、資產）移至余吾水（今蒙古人民共和國土拉河）北，自領兵十萬在余吾水南等待，與李廣利兵接戰，連鬥十餘日，李廣利擺脫後引兵而歸。游擊將軍無所得，因杅將軍公孫敖與左賢王戰，不利，引歸。這次擊匈奴，出動這麼多的兵力，似乎只作了一次戰爭遊戲，到沙漠、草原上旅遊了一圈，就草草收兵而歸。

太始元年（西元前九六年）匈奴且鞮侯單于繼位，立其長子左賢王為狐鹿姑單于，新單于即位忙於鞏固其地位，無力攻擊漢朝。漢武帝在前一年派大軍攻匈奴無戰果，也沒有立即組織下一次進攻，這樣雙方出現了五年無戰爭的局面。武帝征和二年（西元前九一年）九月，匈奴入上谷、五原，殺掠吏民；征和三年（西元前九〇年）正月，匈奴又入五原、酒泉，殺兩都尉，這說明匈奴又恢復了入邊塞的殺掠行為。

征和三年（西元前九〇年）三月，武帝又派貳師將軍領七萬人出五原；御史大夫商丘成領三萬人出西河，重合侯馬通領四萬騎出酒泉千餘里。單于聞訊，悉遷其輜重至趙信城北郅居水，左賢王則驅其人民渡余吾水六、七百里。單于自領精兵度姑且水，御史大夫商丘城率軍至一個叫追斜徑的地方，無所見，還。匈奴派大將與李陵二人領兵三萬追擊漢軍，至浚稽山相遇，雙方轉戰九日，漢軍殺傷匈奴軍甚眾。又至蒲奴水，對匈奴軍仍不利，匈奴軍退去。重合侯馬通率軍，至天山，匈奴派大將偃渠等領兵二萬餘騎擊漢軍，見漢軍強，遂退去，馬通所領漢軍無所得也無所失。

這次率主力七萬出擊的是李廣利，李廣利領兵出塞後，匈奴使右大都尉與衛律二人帶五千騎腰擊漢軍於夫羊句山狹谷地帶，李廣利派屬國胡騎二千迎戰，匈奴兵壞散，死傷數百人。漢軍乘勝追擊，至范夫人城，匈奴不敢拒敵，李廣利軍取得的勝利，只是小勝。這時巫蠱之禍中發現了李廣利與丞相劉屈氂勾結陰謀立其妹武帝李夫人之子昌邑王髆為太子，劉屈氂被處死，李廣利妻子入獄。李廣利聞訊憂懼，想深入邀功，遂揮軍北上，令漢軍二萬人度郅居水，與匈奴左賢王下屬左大將二萬騎戰一日，殺左大將，匈奴軍死傷甚眾。此時，漢軍內部發生兵變，李廣利聞知，速斬首禍之人，引兵還至燕然山。單于以逸待勞，知漢軍勞倦，自統五萬騎從後急擊之，漢軍大敗，李廣利投降，其所領七萬大軍，全軍覆沒，這是自武帝與匈奴交戰以來，漢軍最大的失敗。

李廣利敗降匈奴後，單于氣焰囂張，第二年致書漢朝說：「南有大漢，北有強胡。胡者，天之驕子也，不為小禮以自煩。今欲與漢闓大關（即開關市、通商）、取漢女為妻，歲給遺我糵（曲）酒萬石，稷米五千斛，雜繒萬匹，它如故約，則邊不相盜矣。」漢武帝未答應這一要求。

匈奴看起來氣勢洶洶，實際上在漢軍多年窮追之下，懷孕婦女胎兒墜落，疲極困苦，「自單于

35《漢書》卷五十四，〈李廣傳附李陵傳〉。

以下常有欲和親計」。漢朝在這時國內階級矛盾、統治階級內部矛盾加劇，在李廣利敗降的第二年，武帝「輪臺屯田詔」下達，實現了政策大轉軌，此後終武帝之世雙方再未發生大戰。

武帝這一時期對匈奴的戰爭目的是通過軍事征討使匈奴臣服，四次出兵，兩次無所得，兩次失敗，未達目的，反而加重了人民的負擔和苦難，激化國內矛盾，總的說來是失敗的。對此前人已有客觀評論，余有丁說：「至匈奴遠遁，破耗矣，然猶不能臣服之，且不免浞野（趙破奴）、李陵、貳師之敗沒，見武帝雖事窮黷（窮兵默武），而未得十分逞志也。」36

武帝去世後漢匈關係的發展

漢武帝元封元年提出要匈奴臣服漢朝的目標，然而他終其一生並未達到這一目的。他死後三十六年，即宣帝甘露三年（西元前五一年）呼韓單于才到長安稱臣，表示臣服漢朝。又過了十五年，即元帝建昭三年（西元前三六年）郅支單于才被西域都護甘延壽、副校尉陳湯率西域諸國兵斬于康居。又過了三年，即元帝竟寧元年（西元前三三年），呼韓邪單于來朝，元帝以宮女王昭君嫁單于為閼氏，漢、匈兩大民族才實現了邊境的和平與安寧。

漢武帝生前雖未達到使匈奴臣服於漢朝的目的，但自後漢強、匈奴弱之勢已不可逆轉。宣帝本始三年（西元前七一年）漢與烏孫聯軍共擊匈奴，漢令五將軍共統十六萬大軍分五路擊胡，匈奴遠逃，斬獲均少。但烏孫昆彌與校尉常惠率烏孫軍五萬大破匈奴，得四萬級，虜馬牛羊驢等牲畜七十餘萬頭。這年單于自統萬騎擊烏孫，回軍時遇大雨雪，一日深丈餘，還者不能十分之一。同年丁令、烏桓、烏孫從北、東、西三面攻擊匈奴，三國所殺人數萬級、馬數萬匹，牛羊甚眾。

「又重以餓死，人民死者什三，畜產什五，匈奴大虛弱，諸國羈屬者皆瓦解，攻盜不能理。……茲欲鄉（嚮）和親，而邊境少事矣。」[37]

匈奴在衰弱困難的情況下，發生了內訌。宣帝五鳳元年（西元前五七年），匈奴五單于爭立，互相混戰。宣帝五鳳四年（西元前五四年）郅支單于擊敗呼韓邪單于，郅支單于都單于庭，呼韓邪單于南遷；匈奴始分南北。

呼韓邪單于戰敗之後，在宣帝甘露元年（西元前五三年），左伊秩訾王建議呼韓邪單于「稱臣入朝事漢，從漢求助，如此匈奴乃定」。呼韓邪單于徵詢諸大臣的意見，皆曰「不可」，並認為：「漢雖強，猶不能兼併匈奴，奈何亂先古之制，臣事於漢，卑辱先單于，為諸國所笑！雖如是而安，何以復長百蠻。」左伊秩訾王說：「強弱有時，今漢方盛。……今事漢則安存，不事則危亡，計何以過此。」呼韓邪單于遂從其計，引眾南遷近塞，遣子入侍漢朝；郅支單于也遣子入侍漢朝。

《漢書．宣帝紀》載宣帝甘露三年（西元前五一年）匈奴呼韓邪單于來朝，按事先商定的禮儀，「稱藩臣而不名。賜以璽綬、冠帶、衣裳、安車、駟馬、黃金、錦繡、繒絮」。據《漢書》卷九十四〈匈奴傳〉載，宣帝賜給呼韓邪單于的黃金璽綬按顏師古的注釋「亦諸侯王之制」，除贈送用器與金、錢外，還贈賜「錦繡綺縠雜帛八千匹，絮六千斤」。舉行儀式時，匈奴「左右當戶之群臣皆得列觀，及諸蠻夷君長王侯數萬，咸迎於渭橋下」。單于留月餘，歸國時，「漢遣長樂衛尉高昌侯董忠、車騎都尉韓昌將騎萬六千，又發邊郡士馬以千數，送單于出朔方雞鹿塞。詔忠等留衛

36 《歷代名家評史記》（北京師範大學出版社，一九八六年），六七六頁。

37 《漢書》卷九十四，〈匈奴傳〉。

單于，助誅不服，又轉邊穀米糒，前後三萬四千斛，給贍其食。」單于居幕南，保光祿城（前光祿勳徐自為所築城，在今內蒙包頭市西北），此前西域諸國近匈奴者，皆畏匈奴而輕漢，及呼韓邪單于朝漢以後，都尊漢矣。

呼韓邪單于歸漢後，北邊的郅支單于還有一定的實力，宣帝黃龍元年（西元前四九年）郅支單于擊破烏孫、烏揭、丁令、堅昆，並都於堅昆。漢元帝建昭三年（西元前三六年）西域都護甘延壽、副校尉陳湯斬郅支單于于康居。至此，匈奴全境又統一於呼韓邪單于，呼韓邪單于向漢朝稱臣，匈奴成了漢朝藩屬。不僅呼韓邪單于朝漢時，漢朝要贈大量的帛、絮等，而且在呼韓邪單于因災荒等提出要求時還要賜給大量糧食，兩個民族終於以長期戰爭的沉重代價，換來了邊境的和平與安定，換來了和平共處。

武帝時漢匈關係餘論

以歷史性全面地考察漢武帝時期的漢匈關係，以下一些問題值得注意。

其一，據中國古籍記載，匈奴族是黃帝、夏后氏的苗裔，據黃文弼先生考證，匈奴族在人種與外貌方面「與蒙古人相同」。[38] 所以漢、匈兩族是中國境內的兄弟民族，如果兩個民族能和平共處、優勢互補、和衷共濟，雙方可獲得很大發展；如果關係不好，處在戰爭狀態，就會給雙方造成重大損失。景帝中元四年（西元前一四六年），漢朝規定馬高五尺九寸，齒未平（十歲以下），弩（用弩機發射的弓）十石以上，皆不得出關。這條律令是針對諸侯王的，但也適用於匈奴。應劭曾說：「律，胡市，吏民不得持兵器及鐵出關。雖於京師市買，其法一也。」武帝元狩二年（西元前一二一年），渾邪王降漢至長安，漢賈人與匈奴人市易違犯上述法律，當死者五百餘人，對降漢的匈奴人尚且如此，這條法律執行之嚴由此可見。按漢朝的法令，出入關的通行證叫「傳」、「符」，如果沒有通行證「傳」、「符」而攜帶財物出關叫「闌（妄）出財物於邊關」，要處死刑。另外，按漢朝法律對「買塞外禁物」者也要治罪，所以漢朝通過這些法律，就可以控制「胡市」的交易，給匈奴造成困難。《漢書．匈奴傳》載「武帝即位，明和親約束，厚遇關市，饒給之。匈奴自單于以下皆親漢，往來長城下。」這一記載說明匈奴對漢朝的物資是多麼需要，是多麼希望與漢朝互通關市了。所以和平共處對雙方有利，尤其對需要漢朝物質財富的匈奴有利，戰爭對雙方都不利，不是最佳選擇。

其二，戰爭是雙方的實力較量，漢族可以統一中國，匈奴族也可以統一中國，歷史在這方面給予雙方的權力是平等的。然而，這決不是說雙方進行的這種戰爭是沒有是非的。從經濟方面來講，匈奴在武帝之前通過和親要從漢朝勒索大量財富，並常常入塞劫掠給人民生命、財產造成損失；在文化方面，匈奴對「禮儀之邦」漢朝的禮儀、文化、習俗竟然毫不尊重，並要把匈奴的一些習俗強加給漢朝最高統治者，這使漢朝感到受侮辱而無法接受，這說明二者在這方面的矛盾無法調和；在政治方面，賈誼認為匈奴人口與漢一個大縣相當，漢朝卻像匈奴的附屬國，要向匈奴上貢，實際上成了匈奴的臣下，這就把君臣關係顛倒了，漢朝對此不能容忍。在這種情況下，漢武帝即位後在處理漢、匈關係的第一階段，積極準備與反擊匈奴，並取得重大勝利，這就保衛了

38 黃文弼，〈論匈奴族之起源〉，見林幹編《匈奴史論文選集》，二七頁。

漢族的農業文明與先進的經濟、文化傳統及尊嚴，這在當時完全是正義的行動，應予肯定。

漢武帝在處理漢匈關係的第二階段，雙方休戰，進行和談，漢朝要匈奴稱臣，匈奴拒不答應，談不成功是雙方條件差距大，這完全是兩大民族交往中的正常現象。

漢武帝在漢、匈關係上的真正失誤是在第三階段。由第二階段議和不成，武帝遂想通過軍事征討使匈奴臣服，結果損兵折將，未達目的。如果僅從這一階段看，說漢武帝窮兵黷武、勞民傷財無疑是正確的。

其三，從全域和歷史發展的全過程來考察，漢武帝對匈奴的戰爭雖未達到使匈奴臣服的目的，然而在戰略上卻仍然是勝利的。武帝晚年，漢朝不僅在綜合國力上，而且從軍事實力上都遠遠強於匈奴就說明了這一點。武帝去世後，在軍事實力上漢強匈奴弱已成不可移易之勢，而呼韓邪單于的歸漢和郅支單于被擊斃於西域就宣告了武帝所追求的臣服匈奴目的的最終實現，這就說明漢武帝在漢、匈強弱轉化過程中起了重大的作用。

從元光二年（西元前一三三年）馬邑之謀到宣帝甘露三年（西元前五一年）呼韓邪單于稱臣，共經歷了八十二年。而從馬邑之謀到元帝建昭三年（西元前三六年）郅支單于被擊斃，則用了九十七年，而從馬邑之謀到元帝竟寧元年（西元前三三年）嫁王昭君為單于閼氏則過了整整一百年。從漢武帝元封元年（西元前一一〇年）提出讓單于向漢稱臣到宣帝甘露三年（西元前五一年）呼韓邪單于稱臣，歷時五十九年，經三代皇帝才達此目的。而漢武帝卻想在他在世時就達此目的，這也說明他給自己提出的目標太高了。

第二節　通西域

西域的概念，《史記．大宛列傳》與《漢書．西域傳》不同；《史記．大宛列傳》所說的西域是玉門關、陽關以西直至歐洲的通稱。張騫通西域所去的大月氏在今阿富汗北部；烏孫在今伊犁河流域喀爾巴什湖、伊塞克湖地區。張騫派副使所到的康居在今喀爾巴什湖至鹹海之間，安息在今伊朗高原東北部。李廣利征伐的大宛在今中亞費爾干納盆地，今烏茲別克或塔吉克境內，《史記．大宛列傳》所載條支在今伊拉克境；黎軒，即大秦，就是羅馬帝國。這都說明《史記》中所說的西域是指玉門關、陽關以西直至歐洲的廣大地區。

《漢書．西域傳》所說西域主要指現在中國的新疆地區，所謂西域東為「玉門、陽關，西則限以蔥嶺」就說明了這一點，蔥嶺是對帕米爾高原和昆侖山、喀喇昆侖山西部諸山的總稱。顏師古注說，蔥嶺山脈高大，其上生蔥，故名蔥嶺。

西域諸國，「本三十六國，其後稍分至五十餘」。小國僅一百多戶至幾百戶，人口上千至數千，如且末國，戶二百三十，人口千六百一十，兵三百二十人；小宛國，戶百五十，口千五十，兵二百人。大國如烏孫，戶十二萬，口六十三萬，兵十八萬八千餘人。[39]

從敦煌出玉門關、陽關去西域有兩條道路：一條至樓蘭（後改鄯善），而後沿南山北麓西行經且末、于闐到莎車為南道，從莎車越蔥嶺西行可達大月氏、安息；另一條是至車師（姑師）前王

39《漢書》卷九十六，〈西域傳〉。

庭(交河城),沿北山(天山)南麓,循河經龜茲、姑墨至疏勒為北道,而後逾蔥嶺可至大宛、康居。

漢武帝時通西域是件意義重大的事情。晉代從戰國魏王墓中發現了先秦古書《穆天子傳》,記載了周穆王西遊的故事,反映了中西交通的傳說,中國的勢力還未達到西域。「秦始皇攘卻戎狄,築長城,界中國,然西不過臨洮」,[40] 漢武帝時不僅開始第一次把漢朝的勢力擴展到西域,而且打通了中國和西方的通道,使中西文化得以交流,使中國人的眼界擴大,這個意義是不可低估的。

張騫通西域

張騫,漢中郡成固縣(今陝西成固縣)人,建元初為郎。郎官雖是個不大的官,然是郎中令下的屬官,可以充當皇帝左右的侍從,有望被皇帝賞識,提拔為高官。恰巧這時武帝從一個匈奴俘虜口中得到了一個資訊說,漢文帝四年(西元前一七四年)匈奴老上單于在敦煌、祁連間滅月氏,月氏逃奔至伊犁上游立國後,過了十三年,即文帝後六年(西元前一六一年),老上單于又攻破月氏,殺其王,以其頭為飲器。月氏又逃遁,常怨恨匈奴,恨無人援助,與其共擊匈奴,得此信息後,正在籌畫反擊匈奴的武帝,就招募能出使月氏的使者。張騫遂以郎應募,被批准,從此張騫就開始了他大探險家、外交家的生活。

一、張騫第一次出使西域

建元三年(西元前一三八年),張騫與堂邑父[41]率一百多人的使團從隴西出使大月氏。當時從河西至鹽澤(羅布泊)為匈奴佔據,張騫從這裡經過時,為匈奴所得,被押送單于王庭。軍臣單于對張騫說：「月氏在匈奴北方，漢朝怎麼能派使臣去那裡，如果我想派使臣去南越，漢朝能允許嗎？」於是便把張騫等人扣留了起來。張騫在匈奴留十餘歲，匈奴給他娶了妻子，生有兒子，然張騫持漢節不失，時機終於來臨，張騫在匈奴防備鬆弛時，遂帶領堂邑父等人逃出，奔西域而去。往西走了數十天，終於到了大宛（中亞費爾干納盆地）。大宛國王早聽說漢朝富饒，想與其建立經濟文化聯繫，由於種種原因又「欲通不得」，見了張騫大喜，問曰：「你們來此有什麼事？」張騫回答說：「我是漢朝出使月氏的使者，被匈奴擋住了去路，今逃亡出來，請國王派人做嚮導送我們去，如能到月氏，返回漢朝，一定送豐厚的禮物來報答國王。」國王聽了以為有道理，就派嚮導送張騫等人至康居，康居又送至大月氏。這時大月氏已立太子為王，在臣服了大夏（阿富汗北部）後，就在那裡定居下來，土地肥饒，又無盜寇，安居樂業，「殊無報胡之心」，又認為漢朝遙遠，張騫又從月氏至大夏，「竟不能得月氏要領」，計畫無法實現。

張騫在月氏、大夏一年多，穿越塔里木盆地沿著南山（昆侖山、祁連山）經羌人地區回長安，不料想又為匈奴扣留。在匈奴留了一年多，逢匈奴軍臣單于死，其弟左谷蠡王伊稚斜打敗太子，自立為單于，國內亂，張騫與在匈奴娶的妻子和堂邑父趁機逃亡歸漢。

張騫從建元三年（西元前一三八年）出使，到元朔三年（西元前一二六年）返回長安，歷十二載，去時一百餘人，回來時只有他與堂邑父二人。漢拜張騫為太中大夫，堂邑父為奉使君（官號）。

40 《漢書》卷九十六，〈西域傳〉。

41 《史記．大宛列傳》注引《漢書音義》：「堂邑氏，姓；胡奴甘父，字。」因以主人堂邑氏姓為姓，故名叫堂邑父。

張騫這次到西域主要去了大宛、康居、大月氏、大夏四個國家，還聽到了這四個國家近旁五、六個大國的情況。張騫把這些國家從產業上分為從事農業的土著、從事牧畜業的行國，以及這些國家與匈奴的關係、距漢的遠近、特產、大小等情況向漢武帝作了報告，這個報告就成了漢武帝以後制定對西域政策的依據。報告的內容有幾個重點：

（一）大宛在匈奴西南，漢朝正西，距漢萬里。其俗土著，耕田，田稻麥。有葡萄酒，有好馬，汗血馬就是天馬之子。[42] 有城郭屋室，屬邑大、小七十餘城，眾數十萬，兵能弓矛騎射。其北則康居，西南則大夏，東北則烏孫。

（二）烏孫在大宛東北二千里，隨畜牧水草遷徙，與匈奴同俗。能用弓箭者就有好幾萬人，勇敢善戰。原臣服於匈奴，後國勢日盛，雖名譽上屬匈奴，然而卻不去朝貢會盟

（三）康居在大宛西北二千里，也隨畜遷徙（行國），與月氏同俗，能用弓箭者有八、九萬人。與大宛為鄰，南面服事月氏，東面服事匈奴。奄蔡（今里海北）在康居西北二千里，逐畜牧水草而居（行國），與康居同俗，能用弓箭者十餘萬。

（四）大月氏在大宛西，居嬀水（阿姆河）北，南為大夏，西為安息，北則康居。隨畜牧移徙（行國），與匈奴同俗，能用弓箭者達一、二十萬。月氏始居敦煌、祁連間，為匈奴所敗，乃遠去，過大宛，西擊大夏而臣服之，建都在嬀水北，為王庭。留下的沒有遷走的部眾，號稱小月氏。

（五）安息在大月氏西數千里，其俗土著，耕田，種稻麥，有葡萄酒。所屬大小數百城，地方數千里，是西域最大的國家，有市，民與商賈用車、船，行鄰國有時到遠至幾千里的地方。用銀做錢幣，錢幣上鑄國王的肖像，國王死了就更換錢幣，改用新國王肖像。皮革上書寫的是橫行的文字。安息西方為條支，其北為奄蔡、黎軒（羅馬帝國）。

（六）條支在安息西數千里，臨西海，暑濕，耕田，種稻。有大鳥，卵如甕大。國人善雜技，會吞刀、吐火、截馬之術等等。安息長老傳聞條支有弱水、西王母，但自己沒有見過。

（七）大夏在大宛西南二千餘里嬀水南，其俗土著，有城屋，無大君長，往往城邑置小君長，兵弱，畏懼戰爭；民眾善於作生意（善賈市）。大月氏西遷時，大夏被打敗，為其所臣屬。大夏百姓眾多，有百餘萬，首都叫藍市城，有商賈買賣各種貨物，其東南有身毒國（印度）。

張騫在報告了上述情況之後，還提出了一個經四川、西南夷、通身毒而後到西域的建議，受到了武帝的重視。張騫對漢武帝說：臣在大夏時，見到四川特產邛竹杖、蜀布。問大夏人怎麼得到這些產品的，回答說是：大夏商人從身毒買來的。身毒在大夏東南數千里，張騫推斷，大夏距漢萬二千里，在漢西南。今身毒國又在大夏東南數千里，有蜀物，說明身毒距蜀不會太遠。現在出使大夏等西域各國，如從羌人地區經過，羌人受匈奴控制是很危險的；如果從羌人北邊走，則是匈奴控制地區，則為匈奴所得。如果從蜀地去身毒再到西域，又無盜寇，不是一條方便的途徑嗎？漢武帝聽了張騫所說大宛、大夏、安息、大月氏、康居等國的情況，認為如能聯通西域，可「廣地萬里」，「威德遍於四海」。想到這些，漢武帝不由得高興了起來，於是決定派張騫負責打通西南夷到身毒而達西域的道路。

元狩元年（西元前一二二年）張騫到了犍為（今四川宜賓）統籌指揮探求經西南夷至西域的道路，他派出使者分四路探索從今四川經西南夷去身毒的道路。第一路從駹（今四川茂汶羌族自

42《集解》引《漢書音義》曰：「大宛國有高山，其上有馬，不可得，因取五色母馬置山下，與交，生駒汗血，因號曰天馬子。」

治縣）出發；第二路從徙（今四川漢源）出發；第三路從莋（今四川漢源）、邛（今四川西昌）出發；第四路從僰（今四川宜賓一帶）出發。四路使者皆各走了一、二千里後被阻擋，無法前進，他們分別在氐、莋、巂、昆明等地受阻。昆明地區的少數民族「無君長」、「善盜寇」，殺掠漢使，無法通過。然而，往昆明一路的使者返回後說從昆明西行千餘里，有滇越，又稱作「乘象國」，他們認為蜀地的物產邛竹杖、蜀布先由四川運至滇越，而後又轉至身毒的，但要到滇越路途不通，更不要說去身毒了。這就是說，張騫這次尋求從西南夷通西域的道路沒有成功。

二、張騫第二次出使西域

張騫第一次出使西域回來後，曾參加了反擊匈奴的戰爭。元朔六年（西元前一二三年），衛青率六將軍從定襄出發反擊匈奴，張騫以校尉身分隨衛青出擊匈奴。由於張騫在第一次出使西域過程中被匈奴扣留十年多，熟悉匈奴地理情況，所以在這次戰爭過程中，他以「知善水草處，軍得以無饑渴」的功勞，被封為「博望侯」。元狩二年（西元前一二一年），張騫以衛尉率萬騎與郎中令李廣率四千騎出右北平出擊匈奴，李廣所率四千騎遇匈奴右賢王率領的四萬名騎兵的圍擊，士卒死者過半，所殺匈奴士兵也超過自己的死亡數。張騫這次率萬人後期遲到，按軍法當死，贖為庶人。

張騫雖然丟了侯，成了平民，但由於他對西域的深入了解，武帝還是常常詢問他。他就向武帝提出一個聯合烏孫，斷匈奴右臂，收烏孫等國為外臣的建議。

在一次談話中，張騫對武帝說：臣在匈奴之時，聽說匈奴西邊烏孫國國王叫昆莫。昆莫之父難兜靡統治時烏孫與大月氏都是住在祁連、敦煌之間的一個小國；後來大月氏攻殺難兜靡，奪其地，民眾也逃奔了匈奴。[43]而剛剛出生的昆莫，由其傅父布就翎侯抱著逃走放置在草中，自己去給他尋找食物，回來時看見狼給昆莫餵奶，烏銜著肉在其旁飛翔，他的傅父認為昆莫有神保護，就抱著他投奔匈奴，單于就收養了他。昆莫長大後，單于把逃亡到匈奴的烏孫人交還給他，並讓他帶兵打仗，屢立戰功。這時住在河西地區的月氏被匈奴打敗，西遷，打敗塞族，迫使塞族南遷遠徙，月氏就居住在塞族的土地上，這個地方就在喀爾巴什湖、伊克塞湖一帶。昆莫請單于讓他報殺父之仇，因此西攻大月氏，把大月氏趕到了大夏人居住的地方。昆莫虜掠了許多大月氏人，自己就留住在喀爾巴什湖、伊克塞湖一帶，開始強大了起來。這時，恰逢單于死去，昆莫不願再臣服匈奴，匈奴派兵擊昆莫，不勝，因此更加認為昆莫神奇而遠遠離開他。如此，烏孫便成了匈奴西部與匈奴對立的勢力。

接著，張騫對武帝說，現在漢朝接連大敗匈奴，渾邪王已降漢，烏孫原來居住的祁連、敦煌間的土地無人居住，蠻夷也戀著「故地」，又愛好漢朝的財物，如果此時送烏孫厚禮，招其東歸故地，漢朝再把公主嫁給烏孫國王為夫人，結為兄弟之邦，這樣就斷了匈奴右臂；如果連結了烏孫，從烏孫以西大夏之類的國家都可以招來作漢朝的外臣。

漢武帝完全同意張騫的意見，於是拜他為中郎將，讓他第二次出使西域。元鼎二年（西元前一一五年），漢武帝派給張騫隨從三百人，每人馬二匹，「牛羊以萬數，還帶金幣帛值數千巨萬」，還派給張騫不少「持節副使」作助手。[44]

43《漢書》卷六十一，〈張騫傳〉載「烏孫王號昆莫，昆莫父難兜靡……。大月氏攻殺難兜靡，奪其地，人民亡走匈奴」。《史記．大宛列傳》載「烏孫王號昆莫，……匈奴攻殺其父」云云。此處從前者。

44《漢書》卷六十一，〈張騫傳〉。

張騫到了烏孫，烏孫王昆莫對漢使與對單于使的禮節一樣，張騫對此十分惱怒，知蠻夷貴財貨，就對昆莫說：「這是天子所賜的幣帛，如果王不下拜就退還所賜幣帛。」昆莫下拜接受了所賜幣帛，其他的禮品也照此接納。接著，張騫又對昆莫說：「烏孫如能遷徙到匈奴渾邪王原來居住的地方，漢朝就可以遣公主為昆莫夫人，結為兄弟，共拒匈奴，破匈奴不難。」這時的烏孫國實已分裂為三，國王昆莫年老，離漢朝遠，又不知漢朝的大小，況且臣服匈奴已久，離匈奴又近，而大臣也懼怕匈奴，不想移徙，國王無法做主；張騫終不得昆莫要領。原來，昆莫有十餘個兒子，第二個兒子叫大祿，會帶兵，帶領一萬多騎兵居住在別的地方。大祿的兄長就是太子，太子之子叫岑娶。太子早死，死前對昆莫說：「應以岑娶為太子，不能讓他人取代。」昆莫為太子早死而傷感，就答應了這一要求。大祿則怒其父不讓他取代太子，就收羅眾兄弟，率部眾反叛，計畫攻岑娶和昆莫。昆莫恐怕大祿殺岑娶，遂讓岑娶統萬餘騎到別的地方居住；昆莫自有萬騎以自備。這樣烏孫國一分為三，昆莫雖是國王已無法控制全國，也因此不敢擅自對張騫有什麼承諾。

在上述情況下，張騫分遣副使使大宛、康居、大月氏、大夏、安息、身毒、于闐等國。烏孫國也派遣嚮導、翻譯人員送張騫回國，並派遣使臣數十人、好馬數十匹至長安，答謝漢朝皇帝。同時，讓使者了解漢朝。

張騫回到漢朝後，被任命為大行，位列於九卿，歲餘，去世。烏孫使者見漢朝人多、富厚、國土廣大，歸國報告國王，從此烏孫更加重視漢朝。又過了一年多，張騫所派遣的通大夏等國的使者和這些國家所派遣的人也來到漢朝，於是西北地方的國家開始與漢交往，以後漢派使者去西域各國都說是博望侯，以取信於外國，外國也因此信任漢使，這說明張騫第二次出使西域的目的已經達到。

張騫去世後，匈奴聽說漢與烏孫通好，大怒，想攻擊烏孫。漢使常通使烏孫及其南面的大宛、大月氏等國，烏孫王昆莫見漢強盛，派使者獻好馬，願娶漢公主為妻，與漢結為兄弟之邦。漢武帝問群臣應如何辦？群臣認為，烏孫應先納聘禮，然後漢朝再遣公主。武帝還占了一課，就說：「神馬當從西北來。」漢朝先得烏孫好馬，名曰：天馬。後又得大宛汗血馬，更加壯大，又初改烏孫馬名為「西極」，名大宛馬為「天馬」。[45]從這時開始，漢朝開始修築令居以西的亭障，又初置酒泉郡，以通西域的國家；漢朝加派使者到安息、奄蔡、黎軒、條枝、身毒國。漢武帝喜歡大宛馬，使者相望於道，絡繹不絕，漢朝派出的到外國的使團，多的人數達數百人，少的百餘人，每個使團所帶的東西都和博望侯一樣，以後次數多了，成了習慣，所帶東西也就減少了。漢朝一年中派出的使團，多者十餘批，少者五六批，路遠的八九年才能回來，近的數年就可以回來。

征樓蘭、姑師，與烏孫和親

張騫第二次出使西域後，漢朝與西域諸國頻繁通使，這使漢朝與匈奴爭奪西域的鬥爭空前激烈了起來。從匈奴方面看，文帝六年（西元前一七四年）匈奴滅月氏、定樓蘭、烏孫及其旁二十六國，西域已為匈奴所統治。[46]其後，匈奴西邊日逐王仍置僮僕都尉，使領西域，常居焉耆

45 《漢書》卷六十一，〈張騫傳〉載：「初，天子發書用《易》占卜，曰：『神馬當從西北來。』得烏孫馬好，名曰『天馬』。及得宛汗血馬，益壯，更名烏孫馬曰『西極馬』，宛馬曰『天馬』云。」

46 《漢書》卷九十四，〈匈奴傳〉。

（今新疆焉耆縣）、危須（焉耆縣西北）、尉犁（庫爾勒縣東北）間，「賦稅諸國，取富給（足也）焉」。[47]因此匈奴是不允許漢朝勢力進入西域的，漢朝勢力進入西域，經過了長期鬥爭才取代了匈奴的統治。

一、征討樓蘭、姑師

《史記》卷九十六〈大宛列傳〉載：「樓蘭、姑師，小國耳，當空道。」地理位置重要，正處漢朝通西域的咽喉要道。漢代的樓蘭地處羅布泊北，正處於西域的最東邊，恰在漢通西域孔道上。姑師（車師），在今新疆吐魯番盆地，車師前國都交河城，又恰在天山山路的南谷口，正處於通西域北道的要衝，這兩個國家原來都是匈奴屬國。

張騫第二次出使西域後，漢朝經常派使臣去西域，「一歲中使者多者十餘，少者五六輩」，[48]使樓蘭、姑師應接不暇，不勝其苦。另外，漢朝後來派出的使者挑選不嚴、素質太差，有的把國家帶去的貴重禮物作為私人財富，賣給外國以謀利，外國人也厭惡漢使者每人所言輕重不實，這些都影響了漢使者與兩國的關係。尤有甚者，匈奴常派兵殺掠漢使，又讓樓蘭、姑師兩國作耳目，刺探情報，阻攔、攻掠漢使。這時，有的使者認為應對這兩國進行討伐，並說這兩國「兵弱易擊」，為掃除通西域的障礙，元封三年（西元前一〇八年）冬，武帝令從驃侯趙破奴率歸降漢朝的匈奴騎兵「屬國騎」及郡兵數萬攻姑師，又以數次出使西域為樓蘭所苦的王恢佐助趙破奴。趙破奴率輕騎七百人先至，攻樓蘭，虜樓蘭王，繼而又破姑師。[49]漢軍的勝利使烏孫、大宛等國也為之震動，因這一勝利，武帝封趙破奴為浞野侯，王恢為浩侯。此後，從酒泉至玉門關修築了亭、障等邊防要塞，酒泉以西的安全較前有了保障。

樓蘭降服漢朝後，匈奴聞訊，又發兵攻擊樓蘭。樓蘭王就把一個兒子送至長安為人質，又把另一個兒子送至匈奴為人質。太初四年（西元前一〇一年），貳師將軍率軍征大宛，匈奴下令樓蘭王，阻止其通過。武帝詔令駐屯玉門關的將領任文率兵捕樓蘭王，送到長安審問，樓蘭王以實言相告說：「小國在大國間，不兩屬無以自安。」並表示願舉國內徙。武帝嘉勉樓蘭王直言，就把他遣送回國，因這時漢朝加強了對西域統轄，軍事實力明顯強於匈奴，所以匈奴從此後「不甚親信樓蘭」。[50]

征和元年（西元前九二年）樓蘭王死，樓蘭國人來長安請在漢朝的質子回去，想立其為王。因質子犯漢朝法律，已處宮刑，漢朝已無法讓回去，就說：「侍子，天子愛之，不能遣回。」讓樓蘭另立國王。樓蘭立新王後，漢朝又要人質，新王又送給漢朝人質，匈奴也要了質子。後來王死了，匈奴聞訊，急派質子返回，立為王。漢下詔令其新王入漢，稱「天子將加厚賞」，因前邊兩位人質均未返回，新王回答說：「新立，國未定。」等到後年再入見天子。新王明顯親匈奴，再加上樓蘭在西域的最東邊，近漢，地處「白龍堆，乏水草」，又常常送迎漢使，負水擔糧，派嚮導，又數為漢吏卒所寇，所以對漢朝不友好，再加上匈奴又從中反間，所以樓蘭「數遮殺漢使」。然而，樓蘭國內親漢與親匈奴兩派鬥爭尖銳，樓蘭王弟尉屠耆降漢，對漢朝談了新王親匈奴。宣

47《漢書》卷九十六，〈西域傳〉。
48《漢書》卷六十一，〈張騫傳〉。
49《史記》卷一百二十三，〈大宛列傳〉；《漢書》卷六十一，〈張騫傳〉；卷九十六，〈西域傳〉。
50《漢書》卷九十六，〈西域傳〉。

帝元鳳四年（西元前七七年），大將軍霍光派傳介子刺殺樓蘭王，立在漢的尉屠耆為王，改其國名為鄯善。尉屠耆說「國中有伊循城，其地肥美，願漢遣將屯田積穀」，於是漢派司馬一人，吏士四十人在伊循屯田，以鎮撫此地。[51]樓蘭問題方獲解決。

車師，在元封三年趙破奴破車師後，因地近匈奴，漢朝無法進行有效統治。天漢二年（西元前九九年），武帝派匈奴降將介和王為開陵侯率樓蘭兵擊車師，匈奴派右賢王率數萬騎救之，漢兵不利，退走。征和三年（西元前九〇年），武帝又派重合侯馬通率四萬騎擊匈奴，道過車師北；同時又令開陵侯率樓蘭、尉犁、危須等六國兵從別道擊車師，目的之一是不讓車師發兵阻攔重合侯馬通之軍，諸國兵共圍車師，車師王降，臣服漢朝。[52]

武帝通過上述用兵，應當說基本上掃除了通往西域大門口的障礙。

二、與烏孫和親

元鼎二年（西元前一一五年）張騫第二次出使西域至烏孫，張騫回國時烏孫遣使數十人至漢，見漢廣大，回國報告國王後，國王提出「願得尚（匹配）漢公主，為昆弟（兄弟）」，漢答應了這一請求。元封六年（西元前一〇五年），烏孫以千匹馬為聘禮，武帝遣江都王劉建之女細君為公主嫁給烏孫國王昆莫，並「賜乘輿服御物，為備官屬宦官侍御數百人，贈送甚盛」，烏孫王以其為右夫人。匈奴也遣女為昆莫妻，昆莫以其為左夫人。

細君公主嫁至烏孫，「自治宮室居，歲時一再與昆莫會，置酒飲食，以幣帛賜王左右貴人」，通過這些活動加強了兩國的關係。然而，公主個人生活卻是不幸的，烏孫王昆莫年老，語言不通，公主悲愁，自作歌詞曰：

吾家嫁我兮天一方，
遠託異國兮烏孫王。
穹廬為室兮旃（氈）為牆，
以肉為食兮酪為漿。
居常土思兮心內傷，
願為黃鵠兮歸故鄉。53

從這首歌詞中，可以看出公主對異域居住、飲食習俗都不習慣，非常思念故鄉。武帝聽說後哀憐公主，每年遣使送去「帷帳錦繡」。

昆莫年老，想使其孫岑娶匹配公主。公主不聽，上書武帝說明情況，武帝回答說：「從其國俗，欲與烏孫共滅胡。」岑娶遂娶細君公主為妻。昆莫死後，其孫岑娶為烏孫王。岑娶本官號，其名為軍須靡。岑娶與細君公主成婚後，生一女，名少夫。細君公主死後，漢又以楚王劉戊之孫女解憂為公主，嫁岑娶為妻。岑娶的匈奴妻子生子泥靡還小，岑娶去世，以其季父大祿子翁歸靡為國王。翁歸靡為國王後，又匹配解憂公主為妻。此後，解憂公主生三男兩女，長男叫元貴靡；次男叫萬年，為莎車王；三男叫大樂，為左大將；長女叫弟史，為龜茲王絳賓妻；小女叫素光，為若呼翎侯妻。武帝時與烏孫聯姻，促進了兩國友好關係的發展。宣帝時，烏孫為抗擊匈奴、車

51《漢書》卷九十六，〈西域傳〉。
52 開陵侯，匈奴介和王降封開陵侯，其兩次擊車師之事，見《漢書》卷九十六，〈西域傳．車師〉。
53《漢書》卷九十六，〈西域傳〉。

臂決策的正確。師聯軍進攻，曾與漢共發大軍擊匈奴，大獲全勝。這都說明在張騫建議下，武帝聯烏孫斷匈奴右

李廣利征伐大宛

從元鼎二年張騫第二次出使西域，元封三年的征討樓蘭、姑師，和與烏孫和親，西域各國的使者紛紛來漢。安息的使者以大鳥卵和黎軒善魔術的人獻給漢朝，一些小國如大益、姑師、扜彌皆派使者隨漢使晉見天子，武帝很高興。西域國家的使者來來去去，武帝巡狩海上，這些外國客人也悉數跟隨，散財帛以賞賜，給的都很優厚豐饒，以顯示漢朝的富厚，酒池肉林，令外國客人遍觀各倉庫府藏之積，這些使者「見漢之廣大，傾駭之」。大角抵、奇戲、諸怪物，從這時開始也興盛了起來。

大宛西邊國家的使者都從很遠的地方而來，不能用武力屈服，只能以禮教安撫。從烏孫以西至安息，靠近匈奴，匈奴打敗過月氏，所以匈奴的使者只要拿單于一封信，各國都傳送食，不敢阻留為難他們。如果是漢使，則「非出幣帛不得食」，不買馬就得不到坐騎，其所以如此，是因為漢朝遠，漢朝財物多，所以漢使只有通過買賣，才能得到所需要的東西。這些國家畏懼匈奴更甚於漢使，大宛左右以葡萄為酒，富人藏酒多達萬餘石，藏久的數十年都不敗壞。習俗嗜好酒，馬嗜好苜蓿，漢使取回種子，天子讓在肥饒的田地上種葡萄、苜蓿。以後天馬多了，外國使者來得也多了，離宮別館旁盡種葡萄、苜蓿，一望無邊。大宛以西至安息，雖語言不同，然而大的風俗卻是相同的，其人皆深眼、多鬚髯，會作買賣；婦女地位高，妻子所說的，丈夫就得聽從，不敢

違背。

漢朝使者出使多了，其中有的少年出使的使者常向天子進言，無所不談，就說：「大宛有好馬在貳師城，藏起來不肯給漢使。」武帝喜愛大宛馬，聽了他們的話，就派壯士車令等拿著千金和金馬而向大宛國王交換貳師城的良馬。大宛國已有很多漢朝的財物，就商議說：「漢離中國很遠，而鹽澤（羅布泊）路途艱難，常有死亡，從北邊來有匈奴攔阻，從南面來乏水草。而且，又常常沒有地方居住，食物也無法供給。漢使一批數百人來，因常乏食，死者過半。所以，漢朝是無法派大軍來的，對中國無可奈何？況且，貳師城的馬是大宛的寶馬，怎麼能給漢朝！」因此，不予漢使寶馬。漢使大怒，責罵，並椎壞金馬，以示不滿而去。大宛國貴人也大怒曰：「漢朝使者也太輕視我們。」於是遣漢使去，同時又令東邊郁成國攔阻攻殺漢使，取其財物。

一、李廣利第一次征伐大宛

《漢書．西域傳》載：「大宛國，王治貴山城，去長安萬二千二百五十里。戶六萬，口三十萬，勝兵六萬人。」北與康居，南與大月氏接，在今中亞的費爾干納盆地。在張騫第二次出使西域後，雙方已經通使，其後武帝派使臣帶千金和金馬，希望能交換大宛貳師城的好馬，大宛非但不予交換，而且設法攻殺漢使，奪其財物。武帝知此大怒，曾經出使大宛的姚定漢等人說，「宛兵弱，誠以漢兵不過三千人，彊弩射之，即盡虜破宛矣」。武帝曾令浞野侯趙破奴攻樓蘭，以七百餘人先至，虜其王，所以認為姚定漢等人的意見是正確的。這時漢武帝想使寵姬李氏家封侯，就任命寵姬李夫人的哥哥李廣利為貳師將軍，徵發匈奴歸降漢朝的屬國騎兵六千和郡國游手好閒愛打鬥的惡少年數萬人去征大宛，因為這次戰爭的目的，是如期到達貳師城取得良馬，所以稱李廣利為貳師將軍；又任命趙始成為軍正，浩侯王恢為嚮導，李哆為校尉。

太初元年（西元前一〇四年）秋，李廣利率軍西征大宛。軍隊過鹽澤（羅布泊）以後，沿途小國恐懼，「各堅城守，不肯給食。攻之不能下，下者得食，不下者數日則去」。及到郁成，士卒只剩下數千人，且又饑餓疲憊，攻郁成，被郁成打得大敗，又死傷了不少士卒。貳師將軍與李哆、趙始成商議說：「對郁成這樣的小邑還攻不下，何況至大宛國王的都城呢？」因此引兵而歸。往來二年，還至敦煌時，士卒剩下的「不過什一二」。李廣利曾使使者上書武帝說：「到大宛道遠乏食；士卒不怕打仗，怕沒有吃的。兵少，不足以攻克大宛都城，願暫且罷兵，請再派士兵前去攻打。」漢武帝聞之，大怒，立即派使者攔阻其軍於玉門關，說：「軍隊敢有入關者斬。」貳師將軍恐懼，後留於敦煌。

李廣利第一次征伐大宛就這樣以失敗而告終。究其原因有二：一是武帝聽了曾出使大宛的姚定漢等人之言，過於輕敵，對困難艱險估計不足；二是這次武帝令李廣利為領兵將領，李廣利此前並未在軍事上表現出才幹，而是因為他是武帝寵姬李夫人之兄提拔起來的，是靠裙帶關係受到重用的。在西域遇到困難時，並未採取什麼有力的應對措施，這不能不說是武帝用人失誤造成的。

二、李廣利第二次征伐大宛

第一次征伐大宛失敗後，漢武帝認為已經征討大宛，大宛是個小國，不能攻下，則讓大夏等國輕視漢朝，而大宛的好馬也絕不會送來，烏孫、侖頭（輪臺）等國也會輕視欺凌漢使，為外國恥笑。於是，積極準備第二次征伐大宛，為保證這次成功，赦免了囚徒和步兵將士，多徵派了惡少年及邊郡騎兵，部署了一年多，而從敦煌出發者六萬人，背負東西和私從等人員不在這六萬人之中，還徵發派出牛十萬、馬三萬匹，驢、騾、駝以萬計，多帶糧食、兵弩。天下騷動，轉相奉命伐大宛的共有五十餘個校尉，大宛都城中沒有水井，皆取城外流水，於是遣水匠工人準備改徙其城下水道，使城中沒有水喝。又增加徵發屯戍甲卒十八萬，在酒泉、張掖北設置居延、休屠二縣屯兵，以拱衛酒泉。又徵發天下七科謫者為兵，[54]讓其載運乾糧供應貳師大軍，轉運的車馬人眾相連不斷一直到敦煌，並令熟習馬匹的二人為執驅都尉，準備在攻破大宛後擇取良馬。

太初三年（西元前一〇二年）夏，李廣利率軍第二次出征大宛，由於兵多，「所至小國莫不迎，出食給軍」。至侖頭（輪臺），不下，攻數日，屠城而去。由此而西，至大宛，漢兵到者三萬人，大宛軍迎擊漢軍，被漢軍射殺打敗，大宛兵退入保守都城。漢軍圍攻大宛城，絕其水源，遷移改道，大宛都城受困擾，漢軍圍城，攻四十餘日，外城壞，漢軍虜宛貴人勇將煎靡。宛兵恐懼，退走中城，大宛貴人相互計議說：「漢所以攻城，是因大宛國王毋寡藏匿良馬而殺漢使。今殺大宛國王毋寡而獻良馬，漢兵應會解圍；如果不解圍，再力戰而死，也不為晚。」大宛貴人皆以為是，就共同殺死國王毋寡，派人持其頭送至貳師將軍，說：「漢軍不要再攻了，我們願出良馬，任你們擇取，並給漢軍糧食。如果漢軍不答應，我們盡殺良馬，而康居的救兵就要到來。如康居救兵至，我們在城內，康居軍在城外，都與漢軍戰。漢軍可好好計議，該怎麼辦？」貳師將軍與趙始成、李哆等計議：「聞宛城中新得秦人，知穿井，而其內食尚多。所以來這裡，為誅首惡者毋寡，毋寡頭已至，如果不許罷兵，則宛軍必堅守，而康居等到漢軍疲憊來救大宛，必會敗

54《史記・大宛列傳》，《正義》引張晏曰：「吏有罪一，亡命二，贅婿三，賈人四，故有市籍五，父母有市籍六，大父母有市籍七，凡七科。」

漢軍。」因此就答應了大宛的議和條件。大宛獻出良馬，讓漢軍自己擇取，又獻出糧食供漢軍食用。漢軍取良馬數十匹，中馬以下牡牝三千餘匹，又立對漢使友好的大宛貴人昧蔡為大宛國王，結盟罷兵，漢軍未入中城，東歸。

李廣利這次率大軍從敦煌出發，因人多，沿途小國不能供應糧食，就分為幾支軍隊，從南、北兩路進軍。校尉王申生，原鴻臚壺充國等千餘人，至郁成，郁成守將不給漢軍糧食。王申生離大軍二百里，憑大軍軍威輕視郁成守軍，責其不供糧食。郁成守軍「窺知申生軍日少」，早晨突發三千兵進攻，殺戮王申生等人，士卒有數人逃脫，至李廣利那裡。李廣利令搜粟都尉上官桀攻郁成，郁成國王逃亡至康居，上官桀追至康居，康居聽說漢軍已破大宛，於是把郁成王獻給上官桀，桀令四騎士縛郁成王送貳師將軍，怕其逃跑，上邽騎士趙弟斬郁成王，帶著他的人頭和上官桀一道趕上了貳師將軍。

破大宛後，貳師將軍率軍東歸，沿途諸小國聽說攻破了大宛，都使子弟隨大軍進貢，入見天子，而為人質。軍隊入玉門者萬餘人，馬千餘匹。貳師將軍後出發，軍隊不乏糧食，戰死的不多，而將吏貪暴，不愛士卒，侵奪之，因此士卒死者眾多。太初四年（西元前一〇一年）春，李廣利至長安，武帝因為他到萬里遠的地方攻伐大宛，不記這些過失，所以封李廣利為海西侯，食邑八千戶；又封斬郁成王的上邽騎士趙弟為新畤侯；軍正趙始成功最多，為光祿大夫；上官桀敢深入，為少府；李哆有計謀，為上黨太守。這次伐大宛的將領，為九卿者三人，為二千石者百餘人，千石以下千餘人，從第一次伐大宛，到第二次伐大宛而返回來，歷時四歲。

漢伐大宛後，立昧蔡為大宛王後離去。過一年多，大宛貴人因昧蔡善諂諛奉迎，而使大宛受屠戮，於是殺死昧蔡，立原國王毋寡兄弟名蟬封的為大宛王，並派遣其子到漢朝為人質，漢朝也派遣使者厚贈禮物以鎮撫他們。蟬封與約，每年獻天馬兩匹。

破大宛以後，西域震懼，漢派十餘批使者到大宛以西許多國家，尋求奇珍異物，順便觀察了解漢朝伐大宛的威德。漢朝在敦煌、酒泉置都尉，西至鹽澤（羅布泊），往往列置亭、障要塞。而輪臺、渠犁皆有田卒數百人，置使者、校尉，以護田積粟，供漢朝出使外國者。

《漢書・武帝紀》載「太初四年（西元前一〇一年）春，貳師將軍廣利斬大宛王首，獲汗血馬來」。汗血馬的名稱叫「蒲梢」，就是漢武帝所說的天馬。武帝十分高興，於是作〈西極天馬之歌〉，《史記》卷二十四〈樂書〉載其辭曰：

天馬來兮從西極，
經萬里兮歸有德。
承靈威兮降外國，
涉流沙兮四夷服。

在漢武帝的心目中，天馬是最高的神「太一」貢獻的可與龍相匹美的神馬。[55]在這首詩中，他又把天馬的來臨視為外國歸降、四夷臣服的標誌。從歷史實際考察，大宛等國臣服漢朝，西域各國送人質入漢都是破大宛獲汗血馬後出現的現象。

李廣利兩次伐大宛，雖然最後取得勝利，但損耗是很大的。第一次伐大宛，帶領騎兵六千，

55《史記・樂書》載武帝元鼎四年秋在敦煌渥窪水中得「神異」之馬，武帝作〈天馬之歌〉，其辭曰：「太一貢兮天馬下……今安匹兮龍為友。」

郡國惡少年數萬，回至敦煌只剩下十分之一二，損耗兵力十分之八九。第二次伐大宛，帶兵六萬，負責後勤供應動用的人力不下數十萬，耗費錢財無數。最後歸來時，軍隊只剩下一萬餘，損耗了約五萬人。《史記．大宛列傳》說，軍隊並不缺少吃的糧食，戰死的士兵也不多，主要在於將吏貪汙，不愛士卒，侵奪戰士糧餉等原因，造成了士卒大量傷亡、流失。[56] 所以後來有人指出李廣利二次伐大宛「損五萬之師，靡億萬之費，經四年之勞，而僅獲駿馬三十匹，雖斬宛王毋鼓（寡）之首，猶不足以復（償）費」。[57] 這就是說這次戰爭是得不償失，當然是有道理的，然而如從全過程、全域、戰略方面考察，這次戰爭的作用無法忽視，其原因有三：

其一，這兩次戰爭雖然損耗巨大，然而最後卻取得了勝利，達到了所要達到的戰略目的。這次戰爭之後，不僅大宛歸降漢朝，其他國家國王也紛紛送子入漢為人質，表示臣服。再如烏孫，已與漢朝和親，在李廣利第二次伐宛時，武帝遣使告烏孫，讓發大兵與漢並力擊大宛，烏孫卻只「發二千騎往，持兩端，不肯前」。[58] 這次戰爭之後，烏孫進一步臣服於漢。破大宛之後，不僅西域各國轉向漢朝，而且漢朝也在輪臺、渠犁屯田，加強了對西域各國的管理，「斷匈奴右臂」的戰略構想才得以實現。這些事實都說明，這次戰爭達到了戰略目的這一點是不應忽視的。

其二，在破大宛之後，宣帝時發生了漢與烏孫聯軍大敗匈奴之事；元帝時發生了漢西域都護騎都尉甘延壽和副校尉陳湯「不煩漢士、不費斗糧」徵發西域烏孫諸國兵誅斬匈奴郅支單于於康居。這兩個事件，正是破大宛後西域各國進一步臣服漢朝的結果。如果漢武帝不能破大宛，正如他自己所說，西域各國就會輕視漢朝，遠離漢朝而去，後面那兩件事也就不會發生。

其三，李廣利兩次伐大宛，士卒損失慘重，經濟上耗費巨大，也沒有打什麼漂亮的勝仗，這是漢武帝選用將領不當和軍隊紀律不好等失誤所造成的。然而，不能以這些局部失誤否定他不惜付出巨大代價而實現其戰略目的堅定決策，也不能否定以付出巨大代價而取得的成果。

漢朝與西域的經濟文化交流

漢武帝時張騫兩次出使西域，打通了中西交通。其後，漢與烏孫和親和李廣利伐大宛後，漢在西域屯田、設官，漢朝與西域各國的使者互相頻繁往來，使漢與西域各國的經濟、文化交流大大加強。

一、漢朝科技與經濟文化西傳

據中國史籍所載，漢武帝時鑄鐵技術、鑿井技術、絲織品從中國傳到了西域。

從世界冶鐵史考察，人工冶鐵最早約出現於西元前一千五百多年前小亞細亞和亞美尼亞山區，最早出現的這種人工冶鐵為塊煉鐵。根據文獻記載和考古材料西元前七至六世紀末中國出現了鑄鐵，這是人類冶鐵技術的一個重大進步，它表明中國的冶鐵技術已居於世界的領先水平。漢武帝時期鑄鐵技術從中國傳到了大宛，《漢書．西域傳》載，自大宛以西至安息「不知鑄鐵器，及

56《史記．大宛列傳》說李廣利第二次伐大宛「軍入玉門者萬餘人，軍馬千餘匹。貳師後行，軍非伐食，戰死不能多，而將吏貪，多不愛士卒，侵牟之，以此物故眾」。

57《漢書》卷七十，〈陳湯傳〉。

58《漢書》卷六十一，〈李廣利傳〉。

漢使亡卒降，教鑄作它兵器」。據注家解釋，漢使至大宛及亡卒降大宛者，才教會大宛用鐵鑄作兵器，這就是說中國的鑄鐵技術傳至大宛是在西元前一世紀初。據李約瑟教授說西歐是在西元十二世紀後才使用鑄鐵的，很可能中國先進的鑄鐵技術在西元前一世紀初先傳至大宛，而後才逐漸西傳至歐洲，這是中國在科技方面對中亞和世界人民的一個重大貢獻。

中國的穿井與井渠灌溉技術傳至西域，是對西域各國人民的又一貢獻。《史記．大宛列傳》載，李廣利伐大宛時，「宛王城中無井，皆汲城外流水，……宛城新得秦（漢）人，知穿井」。從這一記載可知，蔥嶺以西的大宛當時不知飲用井水，打井技術和飲用井水是漢人傳去的。另外，井渠灌溉技術，也是從漢朝傳去的。武帝時修龍首渠，《史記．河渠書》載：「萬餘人穿渠，自徵引洛水至商顏下，岸善崩，乃鑿井，深者四十餘丈，往往為井，井下相通行水。」《漢書．西域傳》載宣帝時，「漢遣破羌將軍辛武賢將兵萬五千人至敦煌，遣使者案行表，穿卑鞮侯井以西，欲通渠轉穀」。孟康曰：卑鞮侯井，「大井六通渠也，下泉流湧出」，據說打井的地點在樓蘭所在的「白龍堆東土山下」。這就是漢時修龍首渠的井渠法，宣帝時已傳至樓蘭（鄯善）地區。王國維先生認為，西漢時漢在鄯善、車師的屯田，用的就是這種井渠灌溉法，並認為這種方法是從中國傳至西域的。[59]

漢朝出產的銅、錫、金、銀等金屬也輸出至大宛等地，《漢書．西域傳》載，大宛等國「得漢黃白金，輒以為器，不用為幣」，這裡所說的「黃白金」當指漢朝出產的金、銀、銅、錫。《漢書．東方朔傳》載，長安南山就出產「玉石」和「金、銀、銅」等金屬。《史記．大宛列傳》又載安息國「以銀為錢，錢如其王面，王死輒更錢，效王面焉」，說明安息以銀為幣已是習慣。大宛等國得到漢朝的金、銀、銅、錫作器物用，不用貨幣，表示貨幣經濟不發展，而用黃、白金為器皿，說明生產使用價值的生產占統治地位。漢朝輸入到這裡的黃、白金增加了生活用器。

隨著張騫通西域，中國的絲織品也傳到了西域，當時漢朝和西域各國雙方的使者實際上起著貿易使團的作用。張騫第二次出使西域，率領三百人，帶去的「牛羊以萬數」，「金幣、帛直數千巨萬」，先到烏孫，又分別派遣副使到大宛、康居、大月氏、安息、身毒、于闐、扜彌等國，這就把所帶的金幣、絲織品分送到了各個國家。不久，隨著張騫回國，各國使團又先後回訪漢朝帶來各國的特產品，這種雙方使團互相攜帶禮品拜訪對方就是進行交換和貿易的一種重要形式。由於絲織品是中國向西域輸出的一種主要貨物，所以後來就把從長安經河西地區，出玉門關、陽關經中國新疆地區而至歐洲的這條中西交通的陸上通道稱為「絲綢之路」。從漢武帝開始，中國的絲織品等貨物通過絲綢之路源源不斷地輸往西方，西方的各種物產也可以通過這條通道輸入中國。中國西漢時期絲綢已有很高的技術水準，據一些考古學家、絲織專家的研究，中國漢代蠶絲的直徑與近代一些地區和國家的比較為：中國漢代蠶絲直徑零點零二至零點零三公釐；中國近代廣州生產的絲為零點二一八公釐；近代日本為零點二七三公釐；近代法國為零點三一六公釐。這一比較說明，漢代蠶絲的品質和技術水準，近代的一些先進國家也無法達到。[60]而且絲織品染色水準也很高。

湖南長沙馬王堆漢墓所出土的精製的絲織品，即使用現代科技手段複製，也仍然是非常困難的。正因為西漢時的絲織品有很高的品質，所以受到了中亞、西亞、北非和歐洲人的歡迎，在中

59　王國維，〈西域井渠考〉，《觀堂集林》卷十三。
60　夏鼐，〈中國古代桑蠶絲綢的歷史〉，《考古》一九七二年二期。

亞的撒馬爾罕、西亞的敘利亞、伊拉克、北非的埃及都曾出土過中國的絲綢。羅馬人把中國稱為「賽里斯」（意為「絲國」），稱中國的絲織品為「大也勃兒」（意為「惟妙惟肖」，轉意為「非常好」、「太棒啦」），羅馬的「富豪貴族婦女，用它做成衣服，光輝奪目」。羅馬帝國著名的凱撒大帝穿著精美無比的中國絲綢製作的衣服去劇院看戲，引起全場轟動，人們紛紛稱讚，並競相仿效。有的外國史學家認為「絲綢貿易是古代世界中運銷最遠、規模最大的商業」。

漢武帝時在西域的樓蘭、輪臺等地屯田，中國先進的農業生產技術傳至西域。考古工作者在新疆發現了漢代的鐵犁、鐵鐮，與中國出土的相同。漢朝的手工業品也大量西傳，如中亞地區發現過漢代的弧文銅鏡，上面刻有銘文說：「煉冶鉛華清而明，……延年益壽去不羊（祥），與天毋亟宜日月之光，千秋萬歲，長樂未央，青口。」[61]在高加索地區發現了漢代的玉器，在伏爾加河發現了漢代劍鞘有玉裝飾的劍。另外，中國的特產也傳至西域，如桃、杏、李、茶葉、桐油、乾薑、肉桂等。

二、西域經濟、文化的東來

漢武帝時，隨著西域的開通，西域的經濟、文化也傳入中國，據史籍和考古材料主要有下述一些。

西域的一些植物傳入中國，如苜蓿，是馬喜歡吃的一種植物，《史記·大宛列傳》就說「馬嗜苜蓿」，唐代杜甫有「宛馬總肥看苜蓿」的詩句。看來苜蓿被引進，主要是因為它是馬的飼料，同時它還是人食用的一種菜。[62]苜蓿在漢武帝時已在長安附近廣為種植，《史記·大宛列傳》說：「漢使取其實（種籽）來，於是天子始種苜蓿、葡萄肥饒地。及天馬多，外國使來眾，則離宮別觀旁盡種葡萄、苜蓿，極望（一望無邊）」。這幾句，把苜蓿是漢使從西域取回種籽開始種植，到其後隨天馬多、外國使者來後才在離宮別觀旁大面積種植等都講得很清楚。葡萄與苜蓿是一同取來種籽而種植的，是作為水果和造酒原料而引進的，《史記．大宛列傳》說大宛一帶「以葡萄為酒，富人藏酒至萬餘石」云云就講得很清楚。石榴也是那時傳入中國的水果，又名若榴，《博物志》載「張騫使大夏，得石榴」[63]。《齊民要術》也說：「張騫為漢使外國……，得塗林。塗林，安石榴也。」[64]胡麻，又稱芝麻，可榨香油，《齊民要術》說，「《漢書》，張騫外國得胡麻」。[65]胡豆，蠶豆、豌豆、綠豆之稱，《齊民要術》載「張騫使外國，得胡豆」。[66]胡桃，又稱核桃，《博物志》說：「張騫使西域，乃得胡桃種。」[67]此外，據文獻記載，胡蒜（大蒜）、胡荽（香菜）、胡瓜（黃瓜）都是張騫從西域帶回來的，這些植物傳至中國，大大豐富了中國各族人民的生活。由於這些植物都是在張騫通西域後傳來的，所以記載都把這些植物的東傳與張騫聯在一起，以紀念豐功偉績，有詩云：「不是張騫通異域，安能佳種自西來。」[68]

隨著張騫通西域的成功，西域的動物也傳入中國，這些動物中最著名的就是天馬。張騫第二

61 彭衛，《張騫》（陝西人民出版社，一九八一年），八一頁。
62 任在《述異記》中說：「苜蓿本胡中菜，騫（張騫）於西國得之。」
63 《文選》卷十六，〈閒居賦〉李善注。
64 《齊民要術》卷四，〈安石榴第四十一〉。
65 《齊民要術》卷二，〈胡麻第十三〉。
66 《齊民要術》卷二，〈大豆第六〉，引《本草經》。
67 《博物志》卷六，〈物名考〉。
68 乾隆重修《肅州新志》。

次使西域回國時，烏孫送給漢朝幾十匹好馬，名天馬。其後，大宛汗血馬也傳入中國，遂改烏孫馬為西極馬，而稱大宛馬為天馬。武帝求西域天馬，不僅有改良中國馬種的意義，而且賦予這件事以極其崇高的理想中的意義。元鼎四年（西元前一一三年）在敦煌渥窪水得神馬一匹，武帝即作了一首〈天馬歌〉，反映漢武帝賦予獲得天馬的象徵性的含義。其歌辭曰：「太一貢兮天馬下，霑赤汗兮沫流赭。騁容與兮跇（越）萬里，今安匹兮龍為友。」[69]這首天馬歌共四句，每句七個字與漢高帝〈大風歌〉相同，在這首歌中武帝認為，天馬下凡是最高的神「太一」貢賜的神物，天馬出汗似血流沫如赭，馳騁起來跨越萬里，有什麼可以與天馬相匹敵呢？那就只有龍了，所以在漢武帝的眼中，天馬是一種可以與龍相匹敵的神獸。太初四年李廣利伐大宛帶回汗血馬後，漢武帝又作了前已引述的那首天馬歌，則把天馬的來臨視為國家強盛、四夷賓服的象徵。總之，天馬是天降的祥瑞，從平定大宛後，大宛定期向漢朝貢獻天馬，據西晉張華《博物志》載一直到曹魏時期西域還「時有獻者」。[70]天馬的東來不僅增加了中國馬的品種，而且豐富了人們的精神生活，漢昭帝平陵附近西漢遺址中發現的玉奔馬、元帝陵附近發現羽人飛馬即羽人騎在玉雕的飛馬上遨遊太空，以及後來「伯樂識馬」故事的流傳都說明了這一點。

張騫通西域後，奄蔡及其東北的貂皮也傳入中國，《史記．貨殖列傳》載有「狐鼦裘千皮」的商人是可以與「千乘之家」比富的。安息、身毒、黎軒（大秦）的毛織品如地毯、毛褥、氈子等，這些毛織品在當時被稱為氍毹、毾㲪等。在新疆的樓蘭漢墓就發現有「堆絨地毯」、「粗制的毛織物」和氈子。[71]安息的寶石、大秦的明月珠等物品也進入中原地區。

漢武帝時西域的樂器和樂曲也傳入中國，促進了音樂的發展。胡笳為西域、塞北的管樂器，傳說是張騫從西域傳入的。胡笳據說最初是用葭葉（初生蘆葦葉）卷成小圓筒，稱「吹鞭」；近代所傳胡笳為木管三孔，吹出的聲音悲涼、淒厲。〈李陵答蘇武書〉有「胡笳互動，牧馬悲鳴」之語。武帝時，李延年據胡曲作新聲二十八解（章），[72]以為武樂。《漢書．外戚傳》稱讚李延年「每為新聲變曲，聞者莫不感動」，這二十八章樂曲，晉以後還存〈出關〉、〈入關〉、〈入塞〉、〈出塞〉等十曲。箜篌，又名坎侯，東漢應劭說，漢武帝「令樂人侯調始造此器」。《隋書．音樂志》認為這種樂器出自西域，《舊唐書．音樂志》載箜篌有兩種，一種似瑟而小，七弦，用撥彈之，如琵琶；[73]一種為豎箜篌，胡樂也，二十二弦，用兩手齊奏，並說豎箜篌是從西域傳來的。據上述記載，箜侯可能是漢武帝時從西域引進的一種樂器。

此外，黎軒（大秦）的「眩人」（變化惑人）即魔術也傳至中國，表演的有口中吹火、自縛自解等節目。而「角抵、奇戲歲增變」，昌盛興旺，此處所謂角抵即摔跤，乃中國古代的傳統體育節目，奇戲多為魔術一類的表演節目。據《漢書．武帝紀》載元封三年春，「作角抵戲，三百里內皆觀」。[74]這表明中西文化的交流，曾促進了中國文化活動的豐富與發展。

不僅如此，張騫通西域後，西域還是古代中國與印度經濟、文化交流的重要通道。斯坦因等

---

69 《史記》卷二十四，〈樂書〉。

70 《博物志》卷三。

71 斯坦因，《西域考古記》第九章。

72 崔豹《古今注》載李延年「更造新聲二十八解，乘輿以為武樂」。

73 一九六九年新疆吐魯番阿斯塔那二三〇號唐墓，發現豎抱彈撥的箜篌，七弦，與《舊唐書》所載相符。

74 《漢書．武帝紀》載：元封三年春「作角抵戲，三百里內皆來觀」。注引應劭曰：「角者，角技也。抵者，相抵觸也。」文穎曰：「名此樂為角抵者，兩兩相當角力。角技藝射御，故名角抵。」

人在古樓蘭廢墟中發現的梵文、佉盧文（古印度的一種文字）文書也說明了這一點。漢武帝之後，佛教傳入中國，西域也是一條很重要的通路。

《漢書．西域傳》贊曰：「孝武之世，圖制匈奴，患其兼從西國，結黨南羌，乃表河曲，列四郡，開玉門，通西域，以斷匈奴右臂，隔絕南羌、月氏。單于失援，由是遠遁，而漠南無王庭。」這就是說漢武帝打通、經營西域的政策達到了目的，而大宛、烏孫的臣服，說明其勢力達到了蔥嶺以西。同時與安息、康居等國也建立了友好關係，《史記．大宛列傳》載「漢使至安息，安息王令將二萬騎迎於東界，東界去王都數千里」等等就說明這一點。

《漢書．西域傳》又說：「自宣、元後，單于稱藩臣，西域服從，其土地山川王侯戶數道里遠近翔實矣。」這一記載，詳述了宣、元時漢朝在經營匈奴、西域方面取得的巨大成功。東漢初，西域各國不堪忍受匈奴騷擾紛紛遣使至漢，請求漢朝派都護管理西域各國。這個事實從另一個方面證明了漢武帝開通、經營西域方針的正確。

漢武帝通過經營西域，打通了中西交通，促進了中國與中亞、阿拉伯地區、歐洲、北非以及南亞次大陸在物產、科技、經濟、文化方面的互相交流，這一點有著重大的意義，互相交流，促進了互相進步與發展。近年以來，國際上對這條陸上的絲綢之路，給予了經久不衰的注意，正說明了它在古代所起的重要作用。從這種意義上看問題，漢武帝時期中國所發生的一些事情，不僅對中國，而且對世界歷史也有著不可忽視的重要影響。

第三節　統一兩越、西南夷與平定朝鮮

統一南越

南越（粵），主要指今廣東、廣西、越南北部、湖南南部越族居住地區；東越主要指今浙江、福建的越族居住區。《漢書．地理志》注引臣瓚曰：「自交阯至會稽七八千里，百越雜處，各有種姓。」關於越族的族屬問題，中國古籍有兩種意見：一種認為越族「其君禹後，帝少康之庶子云，封於會稽，文身斷發，以避蛟龍之害，後二十世，至勾踐稱王」。[75]另一種意見認為：「越為芈姓，與楚同祖。」[76]《史記．五帝本紀》說：「帝顓頊高陽者，黃帝之孫而昌意之子也。……南至於交趾。」顓頊高陽氏就是楚國的始祖，所以說越人與楚同祖是有根據的。按上述意見，越族是華夏族的一支，是中國境內的一個古老民族。春秋末越王勾踐北上黃河流域爭霸其霸主地位受到周天子和各國的承認，勾踐爭霸的目的之一就是要爭越國在華夏族諸國中的正宗地位，結果他取得了成功。

秦始皇統一中國前，地處今廣東、廣西和越南北部的越族，處在一種「百越雜處，各有種姓」，互不統屬的狀態。據《史記．孫子吳起列傳》載吳起在楚國當政時曾「南平百越」。秦始皇

75《漢書》卷二十八，〈地理志〉；《史記》卷四十一，〈越王勾踐世家〉。
76《漢書．地理志》臣瓚曰引《世本》。

統一這一地區後，徵發謫戍，徙至嶺南，「與越雜處」，[77]並置郡縣，設官管理。秦二世時農民起義爆發，秦南海郡督尉任囂「病且死」，召龍川縣令趙佗說：「秦為無道，天下苦之，中國擾亂，未知所安，豪傑叛秦相立，南海僻遠，吾恐盜兵侵地至此，欲興兵絕新道（秦朝新開通的道路），自備，待諸侯有變。且番禺（今廣州）負山險，阻南海，東西數千里，頗有中國人相輔，此亦一州之主也，可以立國。」於是，就把任命的文書給趙佗，讓他執行南海尉的職事。任囂死後，趙佗派人傳送檄文通知橫浦關、陽山關、湟溪關的官吏說：「盜兵快要到來，快快斷絕通道，集合軍隊，進行防守。」並利用時機誅殺了秦朝設置的官吏，以自己的親信黨羽代理郡縣的職守。秦滅亡後，趙佗攻擊吞併了桂林、象郡，自立為南越武王。

趙佗原為真定人（今河北省正定人），是秦朝南海郡的一個縣令，乘秦末大亂，並桂林、象郡，自立為王。然而，因無中央政權的任命、批准，所以「自立為王」的行為是不合法的。漢高帝統一中原後，由於民眾勞苦，天下疲憊，所以釋免趙佗之罪不加誅戮。漢十一年（西元前一九六年），派陸賈出使南越，封趙佗為南越王，並賜南越王印，趙佗答應「稱臣奉漢約」。其境，北與長沙國境接連。

高后當政時，有關機構的官吏「請求禁止對南越開設關市及出售鐵器」即「請禁南越關市、鐵器」。趙佗說：「高帝立我為南越王，互通使節、物產。現在高后聽信讒言，要區別漢與蠻夷的界限，不給南越重要器物，此必長沙王的計謀，想依靠中原，滅掉南越，並加以兼併」云云。於是趙佗自號南越武帝，發兵攻長沙國邊邑，打敗了幾個縣而退去。高后派將軍隆慮侯周灶進擊南越，因天氣暑熱潮濕，士卒大疫，未過陽山嶺。一年多後，高后去世，遂罷兵。趙佗因此以兵力威脅邊邑，又用財物遺賜閩越、西甌、駱，[78]加以役屬，並乘坐天子的黃屋車，左暨天子大纛，竟然當起了皇帝。

文帝元年（西元前一七九年），漢為趙佗在真定的祖墳設置守邑，每年舉行祭祀，並給趙佗堂兄弟當官和優厚賞賜，又派陸賈出使南越。趙佗稱帝，根本不敢派使者通報漢朝，陸賈這次使南越，趙佗十分恐懼，就上書謝罪說：「蠻夷大長老臣佗，前因高后歧視南越，又懷疑長沙王進臣的讒言，又聽說高后殺了臣的宗族、挖掘焚燒了臣的祖墳，所以背棄中國，侵犯長沙王邊界。況且，南方卑濕，蠻夷中，東方閩越只有上千人就稱王、西邊的甌、駱也稱王。老臣妄自竊稱帝號只是聊以自娛，怎麼敢報告給天王知道。」表示「叩頭謝罪，願長為藩臣，盡到朝貢的職責」，並下令國中說：「皇帝，賢天子也。自今以後，去帝制黃屋纛。」陸賈回報，文帝很高興。至景帝時，也向漢朝稱臣，使人入朝請安如諸侯國。

武帝建元四年，南越王趙佗死，其孫趙胡為南越王。此時閩越王郢派兵攻南越邊境，胡上書天子說：「兩越均系漢朝藩臣，不得派兵互相攻擊。現在閩越派兵攻臣，臣不敢出兵，請天子下詔處理。」天子認為南越王忠義，能恪守職責和盟約，派王恢、韓安國討伐閩越。軍隊還未到，閩越王弟余善殺郢降漢，漢於是罷兵。漢天子（武帝）派莊助（嚴助）把漢軍討伐閩越的經過告訴趙胡，胡叩頭謝恩說：「天子為臣興兵討閩越，死無以報德。」於是遣太子嬰齊到漢朝當宿衛，十幾年後，趙胡病重，太子嬰齊請歸，趙胡死後，嬰齊被立為南越王，並諡號趙胡為文王。

嬰齊在長安宿衛時，娶邯鄲樛氏的女兒為妻，生了一個兒子叫興。嬰齊繼位後，上書漢天

77《史記》卷五，〈秦始皇本紀〉。

78 西甌主要在今廣西地區；駱，亦稱駱越，主要在交趾。

子，請立樛氏為王后，兒子興為王位繼承人，並派他的兒子次公到漢朝去當宿衛。嬰齊死後，太子興繼位為南越王，諡嬰齊為明王，其母樛氏當了太后。元鼎四年（西元前一一三年）武帝派安國少季、終軍等使南越，告諭南越王興、王太后樛氏入朝見天子，比照內屬諸侯王。南越王年少，太后是中國人，數次勸國王與臣下要求內屬，並上書給漢天子，請求比照內屬諸侯王，三年朝貢一次，除去邊界的關塞。漢天子允許後，賜給了丞相呂嘉銀印，及內史、中尉、太傅的印，其餘可以自行設置。廢除原來的黥刑、劓刑，比照諸侯王，用漢朝的刑法。漢朝的使臣留下安撫南越民眾，南越王、王太后整飾行李、用器準備朝見漢天子。

南越相呂嘉從趙佗時起就擔任這一職務，已歷三王，其宗族當官為長吏者七十餘人，男盡娶南越王女為妻，女都嫁給了王子兄弟宗世。呂嘉在南越地位重要，受越人崇信，比國王還得民心。呂嘉不同意國王和太后的作法，反對內屬歸漢，就讓其弟統領士兵的一部分佈置在他的住處，稱自己有病，不肯見國王和漢使。在這種情況下，國王、太后內屬漢朝的決定無法執行。

漢武帝聽說呂嘉不聽國王、太后的制約，王、太后孤弱不能制，漢使臣又怯懦缺乏決斷，又認為只有呂嘉為亂，不值得派大軍，想派出二千人的使團去解決問題。此時，潁川郟縣人原來濟北王相韓千秋說：「一個區區之越，又有王、太后為內應，願得勇士二百人，必能斬呂嘉頭而歸報陛下。」於是漢武帝派韓千秋與南越王太后弟樛樂帶領兩千人前往，入南越境。呂嘉等人遂反，並下令說：「國王年齡小，太后是中國人，又與使者淫亂，[79]一心一意內屬漢朝，把先王的寶器都拿去獻給漢朝以諂媚漢天子。太后要帶很多人去長安，想把他們賣給中國人當僮僕，只顧一時之利，全不從趙氏社稷的長遠利益著想。」在進行這樣的煽動之後，呂嘉就同其弟帶兵攻殺南越國王趙興、太后樛氏和漢朝使臣。又派人告諸郡縣，立嬰齊越妻生子術陽侯建德為王。韓千秋所率兩千士兵，攻破數小邑，後越人開道給食，到距番禺（今廣州）四十里處，遭越兵攻擊，被滅，呂嘉又發兵守要害之處。漢武帝知道上述情況，封韓千秋兒子韓延年為成侯、樛樂之子廣德為龍亢侯，並決定派大軍和江淮以南樓船部隊十萬人討伐南越。

元鼎五年（西元前一一二年）秋，武帝令衛尉路博德為伏波將軍，出桂陽，下湟水；主爵都尉楊僕為樓船將軍，出豫章（今江西南昌市一帶），下橫浦（今廣東北江東源湞水）；歸義越侯二人為戈船、下瀨將軍出零陵，下離水、[80]抵蒼梧；馳義侯率巴蜀罪人、發夜郎兵，下牂柯江；各路軍都在番禺集會。

元鼎六年（西元前一一一年）冬，樓船將軍帶領數萬精兵與伏波將軍所帶千餘人會合，至番禺。南越王建德和丞相呂嘉守城，樓船將軍居東南面，伏波居西北面。樓船攻破越人，縱火燒城；伏波將軍遣使招降者，賜印，復令相招，到天明，城中皆降。建德、呂嘉逃亡入海，伏波將軍遣人追趕，校尉司馬蘇弘得南越王建德被封為海常侯；南越郎官都稽得南越相呂嘉封為臨蔡侯；蒼梧王趙光與南越王同姓聽說漢兵至，降，封隨桃侯；越揭陽令史定降漢，封為安道侯；越將畢取率軍降，為膫侯；越桂林部監居翁諭告甌駱四十萬口降，封湘城侯。戈船、下瀨將軍及馳義侯等所統軍未到，而南越已平。伏波將軍增加了封戶；樓船將軍因攻克堅固防守被封為將梁侯。

79 《史記．南越列傳》載王太后樛氏，在與嬰齊結婚前曾與霸陵人安國少季私通。元鼎四年漢朝派安國少季出使南越，呂嘉等人說他與太后樛氏淫亂，恐非事實。因太后樛氏曾想在宴會上誅呂嘉，因與漢使安國少季配合不好而失敗，證明二人關係並不親密，缺乏溝通。所以說二人在南越淫亂，當是呂嘉等人的誣陷之詞。

80 《史記．南越列傳》引《正義》注：「零陵有離水，東至廣信入鬱林，九百八十里。」

南越從趙佗自立為王，傳四代五王，共九十三年而亡。漢武帝於元鼎六年滅南越後，在其地設置九郡：

（一）儋耳：武帝元封元年（西元前一一〇年）置，轄今海南島西部地區，治所在今海南島儋縣，昭帝始元五年（西元前八二年）併入珠崖郡。

（二）珠崖：武帝元鼎六年（西元前一一一年）置，轄今海南島東北部，以崖邊出珍珠而得名，元帝初元三年（西元前四六年）廢。

（三）南海：秦始皇三十三年（西元前二一四年）置，漢武帝元鼎六年（西元前一一一年）滅南越後復置，治所在番禺（今廣州市），轄珠江三角洲等地，歷兩漢未改。

（四）蒼梧：漢武帝元鼎六年（西元前一一一年）置，治所在廣信（今廣西梧州市），轄今廣西都龐嶺、大瑤山以東和廣東肇東、羅定以西。

（五）鬱林：元鼎六年（西元前一一一年）置，治所在布山（今廣西桂平西），轄廣西廣大地區。

（六）合浦：元鼎六年（西元前一一一年）置，治所合浦（今縣東北）、轄今廣東西南地區。

（七）交阯（趾）：元鼎六年（西元前一一一年）置，轄今越南北部。

（八）九真：西元前三世紀末趙佗置，元鼎六年入漢，轄今越南清化、河靜兩省及義安省東部。

（九）日南：元鼎六年置，轄境約為今越南中部橫山以南、大嶺以北地區。東漢末以後，其境皆為林邑國所有。這九個郡中，海南島的儋耳、珠崖與今越南境內的交阯、九真、日南均為武帝時新置。

東越歸降與遷徙江淮

東越分兩支，一支為閩越王無諸，另一支為東海王搖，兩支皆為越王勾踐之後，姓騶（一說姓駱）。秦並天下，廢二者王號為君長，以其地為閩中郡。秦末農民起義爆發後，無諸、搖率越人歸番陽（今江西鄱陽縣）令，隨從諸侯滅秦。當時項籍（項羽）號令諸侯，沒有分封二人稱王，因此不歸附楚。劉邦擊項羽時，無諸、搖率越人輔佐劉邦滅項羽。漢五年（西元前二〇二年），劉邦立無諸為閩越王，統治閩王原來的地區，建都於東冶（今福建福州市）。惠帝三年，舉薦高帝時越人的功勞，主管此事的人說搖的功勞多，他的人民願歸附他，於是立搖為東海王，都東甌（今浙江溫州市），號稱東甌王。

景帝三年，吳王濞造反，想拉閩越與他一同反漢，閩越不肯跟隨他，只有東甌追隨他。吳王濞被打敗後，東甌被漢朝收買，在丹徒殺了吳王，所以對東甌追隨吳王濞之事未加追究。

吳王濞的兒子子駒逃亡到閩越，怨恨東甌殺了他的父親，常勸閩越擊東甌。建元三年（西元前一三八年），閩越發兵攻東甌，東甌糧盡，陷於困境，將要投降，派人向漢天子求救。武帝徵詢太尉田蚡的意見，田蚡回答說：「越人相攻擊，是平常的事情，他們反覆無常，不值得中國去救助，況且閩越在秦時已棄而不管理了。」中大夫莊助（嚴助）詰難田蚡說：「只患力量不能救助他們，恩德不能覆蓋他們，如果能夠，為什麼要拋棄他們？況且秦朝連咸陽都拋棄了，何況閩越呢？現在小國因困窮向天子告急，天子不予理睬，他們又到何處去訴求呢？這樣下去天子又怎能臣屬萬國呢？」武帝說：「太尉未足與計議。我初即位，不想出虎符去徵發郡國的軍隊。」於是派莊助以信節到會稽去調遣軍隊，會稽太守想拒不發兵，莊助斬一司馬，而後曉諭天子意指，於是派軍隊渡海去救東甌，未至，閩越已退兵而去。東甌請求把全國臣民都遷徙到中國去，於是率所有民眾而來，被漢朝安置於江、淮之間。注引徐廣曰：這次「東甌王、廣武侯望，率其眾四萬餘人來降，家廬江郡。」

建元六年（西元前一三五年），閩越又出兵攻南越，南越遵守天子的約束，不敢擅自發兵迎擊，而是把情況向天子報告，等待處理。武帝派大行（大鴻臚）王恢出豫章郡（今江西南昌市），大農韓安國出會稽郡（今江蘇蘇州市），兩人都拜為將軍領兵出擊。漢軍未越過山嶺，閩越王郢即發兵據險而守。此時，其弟余善就與宰相、宗族們商議說：「國王擅自發兵攻擊南越，也不請示天子，因此天子派兵來討伐。現在漢朝兵多又強，即使僥倖取勝，後面來的漢兵會愈來愈多，最後我們的國家還是得滅亡。現在如果殺國王向天子謝罪，天子接受了我們的謝罪，罷兵，國家就可以保全。如果不接受我們的謝罪，我們就拼死一戰，打不勝，就逃亡入海。」大家都說：「善。」於是余善等人就殺了國王，讓使者把國王的頭奉送給大行王恢。大行說：「我們來就是為誅殺國王，現在國王的頭已送來，又向天子謝罪，不戰而勝，沒有比這更有利了。」於是就把情況告訴了大農韓安國的軍隊，同時派使者帶著國王的頭向天子報告。武帝下詔罷兩位將軍的兵，並說：「郢等人是首惡，獨無諸的孫子繇君丑不與謀焉。」所以就立丑為越繇王，奉行對閩越祖先的祭祀活動。

余善殺了郢以後，威行全國，國民多歸屬，遂私下自立為王。繇王不能矯正民眾擁護他，漢武帝知道了這一消息認為余善的行為不值得漢朝去興師問罪，就說：「余善常和郢等謀作亂，後來首先誅郢，使漢朝軍隊不勞頓。」因此立余善為東越王，與繇王並處。

元鼎五年，南越相呂嘉反，東越王余善上書，請以士卒八千從樓船將軍楊僕擊呂嘉等，軍隊開到揭陽，就以海上有大風為藉口，不再前進，暗裡派使到南越通風報信。漢軍攻陷了番禺，他的軍隊還是不到。這時樓船將軍楊僕遣使上書，願順便率領軍隊攻打東越。漢武帝回答說：「士卒疲勞，所請不准，罷兵，令諸校尉率兵屯駐梅嶺待命。」

元鼎六年（西元前一一一年），余善聽說樓船將軍請誅掉他，漢兵已到邊界，因此就公然造反，派兵在漢兵經過時抵抗阻攔，封將軍騶力等為「吞漢將軍」。他們率軍攻入白沙（今江西南昌東北）、武林（今江西餘干北武陵山）、梅嶺等地，殺了三校尉。這時武帝曾派大農張成、原山州侯齒率軍屯駐那裡，他們不敢反擊東越軍隊，反而退到安全穩妥地方去了，都犯了畏戰懦弱的罪而被誅殺。

余善又刻「武帝」璽自立，說了不少狂妄的話以欺騙民眾。在這種情況下，漢武帝派四路大軍征討——橫海將軍韓說出句章縣（今浙江慈溪縣），渡海從東方前往；樓船將軍楊僕出武林；中尉王溫舒出梅嶺；戈船、下瀨將軍出若邪（今浙江紹興南）、白沙。元封元年（西元前一一〇年）冬，四路大軍入東越，東越派軍在險要處防守，派徇北將軍守武林，打敗了樓船將軍的幾位校尉，並殺了長吏。樓船將軍派錢唐（今浙江杭州市西）轅終古斬徇北將軍，漢使越衍侯吳陽勸余善降，余善不聽，等到橫海將軍韓說先到，越衍侯吳陽就率其邑中的七百人起義，攻擊漢陽（今福建浦城北）的越軍，並與建成侯敖、繇王居股謀劃說：「余善是罪魁禍首，劫持我們為他防守。現在漢兵已到，兵多而強，我們設計殺余善，各自歸順漢將，或者僥倖逃脫罪責。」於是遂殺余善，降橫海將軍韓說。

平定東越後，武帝封賞了歸降漢朝的閩越有功人員和漢朝有功者——封繇王居股為東成侯，食封萬戶；封建成侯敖為開陵侯；封越衍侯吳陽為北石侯；封橫海將軍韓說為案道侯；封橫海校尉福為繚嫈侯。橫海校尉，原是成陽共王子，故為海常侯，坐法失侯，今又封；其餘諸將無功，不封。東越將領多軍，漢兵到後，棄其軍，降漢，封為無錫侯。

漢武帝說：「東越狹多阻，閩越悍，數反覆，詔軍吏皆帶領其民遷徙到江、淮間去居住。」東越的土地遂成了無人居住的空地。其地，歸會稽郡東部都尉管轄。

通西南夷

秦漢時期的西南夷，指今四川、貴州、雲南一帶的少數民族地區。據《史記・西南夷列傳》所載當時在今雲南地區著名的有滇國（今雲南滇池附近）、巂（雲南雲龍縣西南）、昆明（今雲南大理市）；貴州境內以夜郎最大，主要在貴州西部、北部的遵義、桐梓一帶；四川境內著名的有邛都（今四川西昌市）、徙（今四川天全縣）、筰（今四川漢源縣東南）、冉駹（今四川茂汶羌族自治縣）等。此外，還有地處今甘肅的白馬夷（氐族）。

西南夷在秦統一之前已和中原地區發生聯繫。秦惠文王九年（西元前三一六年）秦國滅蜀、巴兩國，並設郡。楚頃襄王二十年（西元前二七九年）左右，楚將莊蹻率軍通過黔中至滇池，使滇屬楚，後因黔中被秦攻佔，滇、楚交通斷絕，莊蹻就「變服，從其俗」，在滇稱王。秦統一後，曾在西南地區修「五尺道」，據考證「五尺道」，自「僰道縣（今四川宜賓縣安邊鎮）至雲南曲靖附近，使西南邊民可由道入川，再由四川入關中，[81]由於這條路比秦在中原地區修的馳道狹窄，所以名為「五尺道」。《史記・西南夷列傳》說秦在西南夷諸國「頗置吏焉」；《漢書・司馬相如傳》

也說「邛、筰、冉、駹者近蜀，道易通，異時嘗通為郡縣矣，至漢興而罷。」這說明秦時在今四川的邛、筰、冉、駹曾置郡縣。

漢朝建立後，無暇顧及西南夷的事情。漢武帝時才開始通西南夷，其主要經過和事實如下。

一、唐蒙使夜郎與犍為郡的設置

《史記．西南夷列傳》說：「西南夷君長以什數，夜郎最大。」據學者研究，戰國至漢，夜郎在今貴州西、北部和雲南東北、廣西北部部分地區，為西南夷大國。建元六年（西元前一三五年）大行王恢以將軍擊東越，王恢派番（音婆）陽令唐蒙曉諭南越，南越人用蜀郡產的枸醬招待他，唐蒙問醬從何來，回答說：「道經西北的牂柯江而來，[82]牂柯江寬數里，途至番禺城下。」唐蒙回到長安又問蜀地商人，商人回答說：「只有蜀地出枸醬，當地很多人拿到夜郎去賣。夜郎者，臨牂柯江，江廣百餘步，足以行船。」唐蒙核實了這一資訊的可靠性，遂上書武帝說：「南越王坐著黃屋車，樹著左纛旗，東西地方萬餘里，名為外臣，實一州之主。今從長沙、豫章前往，水路多絕，甚難。聽說夜郎有精兵，大約十餘萬，如乘船從牂柯江而下，出其不意，此制服南越的一奇計也。以漢朝的強大，巴蜀的富饒，通過夜郎的道路，在那裡設置官吏，是很容易做到的事情。」武帝批准了這一建議，就任命唐蒙為郎中將，率戰士一千人，負責糧食輜重的萬餘人，從

81 林劍鳴，《秦漢史》上冊（上海人民出版社，一九八九年），七一頁。

82 牂柯江：一說今北盤江，一說今都江。此外，還有說今濛江（源出今貴州惠水縣西北，南流與紅水河匯合等）。見《辭海．江》條。

巴、蜀、筰關入，見夜郎侯多同。唐蒙賜給其優厚的禮物，曉以威德利害，約定為其置吏，使其子為令。夜郎及其旁邊的小邦城邑都貪得漢朝的繒帛，以為漢通夜郎的道路艱險，終不能佔有這一地區，就暫且接受唐蒙的盟約。

唐蒙把他出使夜郎的情況上報武帝，武帝就把夜郎設置為犍為郡。《漢書．地理志》及注載，犍為郡，武帝建元六年置，故夜郎國，下屬僰道縣等十二個縣。

唐蒙在此地又「發巴蜀卒治道」，修的道路從僰道至牂柯江（今貴州威寧、水城、關嶺一帶），[83]《漢書．司馬相如傳》載：「唐蒙已略通夜郎，因通西南夷道，發巴蜀廣漢卒，作者數萬人。治道二歲，道不成，士卒多物故（死），費以億萬計。」此外，唐蒙修西南夷道存在另一個問題是以「軍興法誅其渠率（首領），巴蜀民大驚恐」。漢制，朝廷徵集財物以供軍用，謂之軍興，按軍興法，可「以軍興誅不從命者」。[84]唐蒙在西南地區以軍興法誅不從命的「渠率」，引起「巴蜀民大驚恐」，如不及時制止，後果難以預料。所以漢武帝聽說後，急令司馬相如去西南夷責備唐蒙迅速改正，同時又傳檄諭告巴蜀民此非天子之意，在檄文指出「今聞其及發軍興制，驚懼子弟，憂患長老，郡又擅為轉粟運輸，皆非陛下之意也。……亦非人臣之節也。」並要求「檄到，急下縣道，咸喻陛下意，毋忽」。這是漢武帝為制止事態擴大所採取的緊急措施，也說明漢武帝對西南夷問題的處理是很審慎的。

唐蒙雖然出了上述問題，但唐蒙在通西南夷方面的功績卻是明顯的，這表現在以下方面：其一，在古夜郎國的範圍內設了犍為郡，下屬十二縣，包括貴州西部、北部和雲南東北部、四川南部。所設僰道縣即古僰國所在地；武帝建元六年還在古夜郎國首邑設夜郎縣，據考證夜郎縣應在今貴州安順地區關嶺縣境。[85]其二，據考證到元光六年唐蒙大體上修通了從僰道縣至牂柯江（今北盤江）的陸上交通，經考證是從今四川宜賓至雲南鎮雄、貴州畢節、威寧、水城、關嶺一帶，[86] 這條道路可能就是在秦統一後在西南所修的「五尺道」的基礎修建的。由於唐蒙辦成了這兩件事，所以對武帝後來通西南夷的影響是很大的。

二、司馬相如通西夷

夜郎、僰等地因在巴、蜀之南被稱為「南夷」，邛、筰、冉、駹等因在巴、蜀之西被稱為「西夷」。由於唐蒙使西南夷送給夜郎等少數民族君長以優厚的禮物，所以邛、筰等君長聽說「南夷與漢通，得賞賜多」，也想臣屬漢朝，願與「南夷」一樣，請漢朝派官吏管理。其時，恰逢司馬相如出使西南夷歸來，武帝就問他怎麼辦？回答說道：邛、筰、冉、駹者近蜀，道易通，秦時曾為郡縣，漢初才罷除的，現在要重新設置，比在「南夷」設置要容易得多。武帝就任命司馬相如為中郎將，持節出使，並任命王然于、壺充國、呂越人為副使，他們用巴蜀的財富、物產作禮品送給西夷君長，邛、筰、冉、斯榆之君長都請求臣屬漢朝，拆除了邊界的關卡，設置十餘個縣，一個都尉，屬蜀郡管轄。從此，西至沫（大渡河）、若（雅礱江）二水，南到牂柯江的邊塞都統一了起來，並在孫水（安寧河）上架橋，直通邛都（西昌）。司馬相如等回長安上報武帝，武帝聽了非常

83 《華陽國志校注》（巴蜀出版社，一九八四年），二七二頁。書中並考證至元光六年「此路當已開通或大部開通」。

84 《漢書》卷七十一，〈雋不疑傳〉載：「暴勝之為直指使者，……以軍興誅不從命者，威振州郡。」

85 《華陽國志校注》卷四，〈南中志・夜郎郡〉條考證夜郎縣「當於安順附近求之」。《辭海・夜郎》條載，夜郎縣在貴州關嶺縣境，關嶺縣恰在安順附近。

86 《華陽國志校注》卷三，〈蜀志・犍為郡〉條。

高興。

由於西南夷地區山嶺險峻，修路費用浩大，使民眾勞役負擔沉重，為此漢武帝曾令公孫弘前往視察訪問，他回來說，西南夷的事情很不便利。元朔二年（西元前一二七年）主父偃建議築朔方城，公孫弘提罷去通西南夷的事情，專力對付匈奴。漢武帝同意暫停通西南夷的事情，罷去對西夷邛、筰、冉、駹的經營，只在南夷夜郎設置了兩縣、一都尉，令犍為郡太守自保。

三、滇國臣屬與益州郡的設置

元狩元年（西元前一二二年）張騫出使大夏歸來，在大夏時他見過蜀地的布和邛地的竹杖，並聽當地人說是從東南的身毒國買來的，因此他判斷從西南夷地區可通身毒，從身毒又可到大夏，這樣就可以不經匈奴控制的河西地區而達西域。他向漢武帝進言自己的意見，漢武帝認為他說得有道理，就命令王然于、柏始昌、呂越人等向西南夷進發，到滇國（滇池附近），滇王嘗羌就留下他們，並派出十幾批人去西邊尋找通向身毒國的道路。經一年多，道路都被昆明國（今雲南大理市一帶）所封閉，無法前進。[87]

滇王據說就是莊蹻的後裔，見到漢使問道：「漢朝與中國相比，誰大？」[88]這與夜郎侯見到漢使的問話一模一樣，由於道路不通，所以他們不知漢朝的廣大。漢使回到長安後，極力進言說滇國是個大國，讓這個國家親附漢朝是值得的，漢武帝從此便注意了這件事情。

到南越呂嘉反叛，武帝派馳義侯以犍為郡的命令徵發南夷兵力攻南越，且蘭國（今貴州省貴陽市一帶）國君害怕軍隊遠征後，鄰國會趁機掠走國內的老弱人眾，因此與其眾反叛，殺漢使和犍為郡太守。此時，南越已被樓船、伏波將軍所滅，漢朝原準備平定南越的八校尉引兵而還，誅且蘭國君，遂平定南夷置牂柯郡。夜郎侯入長安朝見天子，武帝封他為夜郎王。

漢軍誅且蘭國君後，又誅邛君，置越巂郡（今四川西昌市一帶）；又殺筰侯，置沈黎郡（今四川漢源縣一帶）；又在冉、駹置汶山郡（今四川茂汶自治縣），又在廣漢郡西邊白馬夷所在地置武都郡（今甘肅武都等地）。以上四郡設立時間，均在元鼎六年（西元前一一一年）。

武帝使王然于以漢滅南越、誅南夷的兵威，諭告滇王入朝拜見天子稱臣。滇王有部眾幾萬，其東北鄰國有勞深、靡莫皆同姓相依仗，都不願歸附漢朝。勞深、靡莫兩國數次侵犯漢使者、吏卒。元封二年（西元前一〇九年），武帝令將軍郭昌等人徵發巴、蜀軍隊擊滅勞深、靡莫，大軍臨滇，滇王離難舉國降漢，要求入朝稱臣，並請漢朝在滇設置官吏。於是，漢朝在滇國設置益州郡，賜滇王印，令滇王復治其民。元封六年（西元前一〇五年）益州郡昆明（今雲南大理市）反叛，武帝赦京師亡命（無戶籍的逃亡人口）令從軍，派拔胡將軍郭昌出擊益州昆明等地，大破之。武帝元封二年設置的益州郡，下屬二十四縣，重要的有滇池縣在滇池附近；葉榆縣則在今雲南大理市東北；巂唐縣，元封二年置，在今雲南大理西北的雲龍縣西南。這都說明今雲南昆明市周圍的滇池地區和今雲南大理市周圍地區均屬益州郡管轄。

總之，漢武帝通西南夷從建元六年至元封二年基本完成。這期間在南夷地區設置三郡：犍為郡、牂柯郡、益州郡；在西夷地區設置四郡：越巂郡、沈黎部、汶山郡、武都郡。在西南夷地區

87《史記》卷一百一十六，〈西南夷列傳〉載「王然于、柏始昌、呂越人等……至滇，滇王嘗羌乃留，為求道西十餘輩。歲余，皆閉昆明，莫能通身毒國」。此處從《史記》。

88《漢書》卷九十五，〈西南夷傳〉載「滇王與漢使言『漢孰與我大？』及夜郎侯亦然。各自以一州王，不知漢廣大」。

眾多的少數民族君長中有兩國的君長封王，「夜郎、滇受王印」，封王。

平定朝鮮

朝鮮從古代就和中國有較多聯繫，《史記・宋微子世家》說周武王滅殷後曾「封箕子於朝鮮」，後來「箕子朝周，過故殷墟，感宮室毀壞，生禾黍」而哀傷不已。《後漢書・東夷傳》說：「昔武王封箕子於朝鮮，箕子教以禮義、田蠶，又制八條之教，其人終不相盜，無門戶之閉。」這說明朝鮮在大約西元前一千年左右就已有耕織、養蠶技術和良好的社會秩序。

戰國時，燕國曾佔領真番、朝鮮為屬地，並設置官吏，修建了邊塞。秦滅燕後，朝鮮屬遼東郡邊界外的地區。漢朝建立後，認為朝鮮太遠，難以防守，修遼東郡邊塞，以浿水（今朝鮮大同江，在平壤北）為界，屬燕國管轄。

漢初，燕王盧綰反叛，逃入匈奴。燕人衛滿聚集千餘人，穿上朝鮮人的服裝東出邊塞，渡過浿水，佔據秦時所設置的上、下要塞之間的地方，逐漸役屬了真番、朝鮮兩地的土著人和燕、齊的逃亡來這裡的人口，自立為王，建都王險城（今朝鮮平壤市）。

孝惠、高后時，因天下初定，遼東太守就與衛滿締約。衛滿作漢朝的外臣，治理塞外的蠻夷，不讓他們越界盜劫；諸蠻夷君長想進入漢朝朝見漢天子，不許禁止。這一協約的內容呈報天子後，天子批准了。因此，衛滿利用這一合法地位、名義和自己的兵力、財力、物力侵略和降服旁邊的小國，如真番、臨屯都來臣服歸順，統治的地盤達方圓以千里數。

朝鮮衛滿傳位至孫子右渠時，引誘了更多的逃亡人口到朝鮮，也沒有去朝見漢天子。真番旁邊眾小國想去晉見天子，又被阻擋不予通報。元朔元年（西元前一二八年），濊貊君南閭等叛右渠，率二十八萬口降漢，武帝置蒼海郡，元朔三年罷郡。[89]元封二年（西元前一〇九年）漢派使者涉何到朝鮮去，責備了右渠，右渠始終不接受漢朝的詔書。涉何離朝鮮回來到臨近水時，命令駕車的人刺殺了送行的朝鮮裨王名叫長的人，而後立即渡浿水，馳入關塞，歸報武帝。武帝因他有殺朝鮮將領的名聲，不予責備，並任命涉何為遼東督尉。右渠怨恨涉何，就派兵攻擊，殺涉何。

漢武帝下令招募罪人擊朝鮮。這年秋天，派樓船將軍楊僕率兵五萬從齊地（今山東）渡海赴朝鮮，左將軍荀彘從遼東赴朝鮮，海、陸兩路並進。右渠發兵拒險而守，左將軍荀彘的軍隊先失利。樓船將軍率齊地士卒七千，先至王險城，右渠守城探知樓船軍少，就率軍攻擊楊僕，楊僕戰敗，軍隊走散，將軍楊僕喪失士卒後逃入山中十餘日，收集失散的兵卒，又重新集結起來。

由於兩路軍均不利，天子就派衛山為使臣試圖利用兵威去詔諭右渠。右渠見到漢朝的使節就叩頭謝罪說：「願意投降，因為怕被兩將軍欺騙而遭殺害，現在看見了天子的信節，就請讓我投降歸順吧！」於是右渠就派太子入朝謝恩，而且獻出了五千匹戰馬，並饋贈給軍糧。朝鮮太子帶領人眾萬餘、手持兵器，正要渡浿水時，使者與左將軍荀彘懷疑他們會叛變，就說太子已降服，應命令隨行人員不要攜帶兵器，太子也懷疑漢使者和左將軍要用計謀詐騙而殺死他們，就不渡浿水，又帶領兵眾回去。衛山返回漢朝報告了漢天子，天子誅殺了衛山。

左將軍攻破水上的敵軍，向前推至王險城下，在西北包圍了都城。樓船將軍也前去會師，屯

89《漢書．武帝紀》：元朔元年，秋「東夷薉（濊）君南閭等口二十八萬降，為蒼海郡。」元朔「三年春，罷蒼海郡」。另見《後漢書》卷八十五，〈東夷列傳〉。

兵於城的南方。右渠堅決守城，經過幾個月，都未能攻破。左將軍在皇宮中當過侍中，很受皇帝寵幸，統領燕、代的士兵，勇悍，又因打了勝仗，軍多驕傲。樓船將軍率領齊地的士兵渡海作戰，曾戰敗被困，他們受傷的也多，士兵有恐懼感，心情也愧疚，他們包圍右渠時，常常帶著議和的信節；左將軍則極力進攻。朝鮮大臣暗暗使人私約投降樓船將軍，往來尚在談判，未作最後決定。左將軍幾次要與樓船將軍約好日期共同作戰，樓船想趕快與朝鮮達成降約，就不派兵和左將軍會合。左將軍也派人要求朝鮮投降，朝鮮不答應，心想歸附樓船，因此引起了兩將軍的互相猜疑，左將軍認為樓船前次失敗有罪，現在與朝鮮大臣私交好，而朝鮮又不投降，因而懷疑樓船想造反，只是不敢發動而已。

漢武帝知道前方這種情況後說：將帥無能，前一次使衛山招右渠投降，右渠派他的太子要求朝見，衛山等人因辦事不專一果斷，和左將軍計議發生錯誤，導致朝鮮王投降的約定被破壞打消。現在兩將軍圍城，又意見分歧，久不能決，於是派濟南太守公孫遂前往協調、糾正他們，可以便宜行事、全權處理。公孫遂一到，左將軍就對他說：「朝鮮早就應當攻下，沒有被攻下是有原因的。」就把樓船幾次不按約會出兵和對他的猜疑告訴了公孫遂，又說：「樓船到了這個地步還不捉拿他，恐會大禍臨頭，非獨樓船造反，他還會和朝鮮聯合起來，共滅我軍。」公孫遂認為他說得對，就用天子的符節召樓船將軍到左將軍軍營商議大事，當場就逮捕了樓船將軍，並兼併了他的軍隊。公孫遂向天子報告後，天子就誅殺了公孫遂。

左將軍荀彘及並兩軍，遂急擊朝鮮。朝鮮相路人、相韓陰、尼谿相參、將軍王唊共同計議說：「開始我們想投降樓船，樓船如今被捕，左將軍統領兩路兵馬，進攻更為激烈，恐怕對付不了，王又不肯投降。」韓陰、王唊、路人都逃亡投降了漢朝，路人在半路上死亡。元封三年（西元前一〇八年）夏天，尼谿相參就派人殺了朝鮮王右渠，投降漢朝。

朝鮮平定後，在其土地上設置了四個郡，即真番、臨屯、樂浪、玄菟。漢武帝還封朝鮮歸降漢朝有立功表現的尼谿相參、相韓陰、將軍王唊、右渠子長降、相路人之子最五人為侯。

左將軍荀彘被徵召回朝，因犯了爭奪功勞、互相嫉妒、計謀乖戾（不和）等罪過，被殺，屍體棄在市上（棄市）。樓船將軍率軍隊到地點以後，應等待左將軍，他未等待卻擅自縱兵進攻，士兵損失傷亡很多，應被誅殺，讓其贖為庶人。

朝鮮是平定了，但參與平定朝鮮的兩位使臣衛山、公孫遂和兩位將軍左將軍荀彘、樓船將軍楊僕，除楊僕一人被允許贖為平民外，其他三人均被誅殺。究其原因有二：一是從整個過程來看漢武帝在兵臨朝鮮的同時，希望和平解決，兩位使臣與左將軍均未能貫徹好這一有可能實現的意圖，使武帝憤怒；二是武帝厭惡二位將領不顧大局、臨陣爭功、嫉妒的行徑。即使如此，可加貶斥，不予任用，也就是懲罰了，然而卻加以殺戮，未免太過，這也說明武帝對下屬有過於嚴酷、苛暴的一面。

第四節　漢武帝「外事四夷」成功的原因和意義

漢武帝「外事四夷」的活動基本上是成功的。在這一活動中統一的大部分地區都在今天中國的版圖之內，這使中國出現了大一統的局面。漢武帝取得這一成功的主要原因和意義何在呢？

綜合國力強與方針正確是統一的根本原因

漢武帝時期經濟、技術方面漢朝在世界上居於領先地位。漢朝有先進的農業、手工業，所生產的糧食、絲織品、鐵製品、漆器等產品都是周圍少數民族所需要的，同時漢朝還有政治上、文化上、軍事上的優勢，漢朝在物質文明與精神文明方面都為周邊少數民族所仰慕。除匈奴族軍事上強大外，周邊其他地區、其他民族在社會經濟、政治、軍事、文化諸方面與漢朝在力量上無法對比，這是漢武帝能夠實現統一的主要條件和原因。

在上述情況下，漢武帝還採取正確的方針、政策，這就是他根據不同情況採取以招徠為主，或以招徠為主又輔以軍事征討的辦法，而非專靠武力（匈奴除外）。以西南夷為例，武帝派唐蒙出使夜郎「厚賜」繒帛等財物，宣揚漢朝威德，關照夜郎侯的利益，如「使其子為令」，夜郎即臣屬漢朝。而邛、筰等西夷君長，聽說「南夷與漢通，得賞賜多」，也願比照南夷歸屬漢朝。滇國對漢朝原來就很友好，到武帝派巴蜀兵擊滅東北劫掠漢使及吏卒的勞深、靡莫，滇王即舉國而降。西南夷是漢武帝招徠四夷成功的一個典型。

漢武帝對南越原來採取的也是招徠的辦法，南越太后、國王同意內附，因丞相呂嘉反叛而作罷。最後武帝派四路大軍征討，只到了兩路，便很快平息了叛亂，這說明分裂割據不得人心。統一南越的方式是以招徠為主，又輔以軍事征討。同樣，對東越、朝鮮、西域採取的都是這種二者兼用的辦法。其中西域各國情況複雜，對烏孫採取招徠的辦法，樓蘭、姑師、輪臺、大宛等國則因與匈奴鬥爭等原因採取了招徠與軍事征討相結合的辦法。

值得注意的是，周邊少數民族臣服漢朝，不僅是漢朝統一全國的需要，也是周邊少數民族求生存及其首領維護自身利益的需要。如南越王趙佗，秦末自立為王後，得不到漢天子的認可，其地位不合法，所以漢初向漢稱臣（外臣），漢朝認可其為南越王，這也體現了趙佗維護自身統治的需要，趙佗利用這一點鞏固和發展了自己的勢力。漢初朝鮮的衛氏政權的經歷也與南越相似。另外，少數民族地區的一些小國、小的君長，在受到臨近地區和其他勢力侵欺時，也希望臣屬漢朝以求得保護，如東甌在武帝即位之初受閩越侵擾報告武帝，武帝及時採取措施援救了他們，並受其請求把東甌從偏僻的今浙江溫州遷於江、淮。尤其值得注意的是漢武帝對少數民族君長的利益是很關照的，如在西南夷地區置郡縣後漢武帝封夜郎、滇兩國君長為王就是其例。

西漢初年對匈奴推行和親政策，每次和親都要送給匈奴很多財物。漢武帝在統一過程中，經濟方面給了周邊少數民族很多優惠，如派張騫通西域、西南夷時帶去了很多禮物，少數民族首領朝見納貢時又回贈很多禮物等等。漢武帝之後，在漢匈關係方面依然是如此。如宣帝甘露三年（西元前五一年）正月，呼韓邪單于「稱臣入朝事漢」，在甘泉宮朝見天子「漢寵以殊禮」，漢朝除賜以「冠帶衣裳」、黃金璽綬（諸侯王所用璽綬）、玉具劍、佩刀、弓一張……馬十匹，黃金二十斤，錢二十萬，衣被七十七襲（一副衣被稱一襲），錦、繡、綺、雜帛八千匹，絮六千斤」，同時「又轉邊穀米（乾糧）前後三萬四千斛，給贍衣食。是歲，郅支單于亦遣使奉獻，漢遇之甚厚。明年，兩單于俱遣使朝獻，漢待呼韓邪使有加。明年，呼韓邪單于復入朝，禮賜如初，加衣百一十襲，錦帛幾千匹，絮八千斤。」[90]

這說明在呼韓邪單于臣屬漢朝後，在其朝見、使節來往時漢朝都要給其大量財物，在匈奴缺

90《漢書》卷九十四，〈匈奴傳〉，亦可參見《漢書》卷八，〈宣帝紀〉。

乏糧食時還得給其大量「穀米」給其食用。

總之，漢朝在各方面具有優勢，對與漢朝友好交往和臣屬漢朝的少數民族在經濟上給以優惠；對臣屬漢朝少數民族君長的利益和社會地位都給了相應的關照；他們遇到侵欺和困難也可報告天子求得解決。在這種情況下，他們為什麼不接受漢武帝的統一呢？歸結起來，漢朝的綜合國力強大，漢武帝對少數民族的政策對頭，是其統一事業取得成功的根本原因和保證。

「一國兩制」是成功的重要條件

漢武帝實現了中國歷史上一次空前的大統一，在這遼闊的疆域內各民族的風俗習慣、社會制度都不相同，如果按一個模式對各民族進行統治是不現實的，所幸漢武帝採取了「因其故俗」的辦法，進行管理、統治。所謂「因其故俗」就是尊重原來各民族的風俗習慣、社會制度，使各民族樂意接受漢朝的管理與統治。根據史籍記載，對下列地區的不同部族都采用了這種方針。

一、對西北邊郡的五屬國採取「因其故俗」的方針進行管理

元狩二年（西元前一二一年）秋，漢武帝派霍去病到河西地區接受了匈奴渾邪王的歸降。渾邪王到長安受到漢武帝的接見和封賞之後，其部屬四萬多人，被安置在西北沿邊五郡，稱五屬國。《史記》卷一百一十一〈衛將軍驃騎列傳〉載：「乃分徙降者邊五郡故塞外，而皆在河南，因其故俗，為屬國。」注引《漢書正義》說：「五郡謂隴西、北地、上郡、朔方、雲中，並是故塞外。」又云：「以降來之民徙置五郡，各依本國之俗而屬漢，故言『屬國』也。」

這一記載及有關注釋講得很清楚，漢代對這批歸降的匈奴族居民的管理有下列特點：首先這批降民是附屬於漢朝的；其次，漢朝尊重其原來的風俗習慣、社會制度，所以說是「因其故俗」或「各依本國之俗」，因此這些民眾居住的地區被稱之為「屬國」，以示其和漢族居民有所區別。再次，五屬國在那五個郡有不同說法，《漢書．武帝紀》元狩二年載匈奴渾邪王來降「置五屬國以處之」。注引師古曰：「凡言屬國者，存其國號而屬漢朝，故曰屬國。」《漢書補注》引杜佑《通典》云：安定、上郡、天水、張掖、五原為五屬國。《漢書補注》並以《漢書．地理志》所載五屬國所在郡進行了核實，認為《通典》所載確實。是否《漢書正義》所載五郡系屬國最先所在五郡，《漢書．地理志》所載的五郡是後來所在五郡呢？亦未可知。第四，在有屬國的郡設有屬國都尉管理屬國騎兵。趙破奴就當過屬國都尉，《漢書．功臣表》載武帝時輝渠忠侯僕朋的後人雷電嗣侯後曾為五原屬國都尉。[91]

屬國騎兵在戰爭中，後來成了漢朝一支重要的武裝力量。元狩四年（西元前一一九年）霍去病在漠北大戰所率鐵甲軍就有五屬國騎兵，從驃侯趙破奴破樓蘭、車師也有屬國騎兵參加，李廣利征大宛和其後征伐匈奴時都有屬國騎兵參戰。而且，從未有屬國騎兵叛逃的記載，這說明漢朝對渾邪王歸降後的匈奴族實行「因其故俗」的一國兩制的管理方針是成功的。

二、在南越、西南夷地區也貫徹了「以其故俗治」的方針

《史記．平準書》說：「漢連兵三歲，誅羌、滅南越，番禺以西至蜀南者置初郡十七，且以其

91 《漢書》卷十七，〈景武昭宣元成功臣表〉。

故俗治，毋賦稅。」《集解》引徐廣曰，十七郡中有統一南越後所置九郡。另有平定西南夷所置武都、牂柯、越巂、沈犁、汶山郡和犍為、零陵、益州郡，共計十七郡。這裡所說「以其故俗治，毋賦稅」是其實行「一國兩制」的重要內容，「以其故俗治」的重要內容就是「毋賦稅」，因為這一帶社會發展滯後，許多地區，國家機構還未產生，沒有向政府繳納賦稅的習慣，所以「毋賦稅」就成「以其故俗治」的重要內容。其他方面還有哪些貫徹「以其故俗治」的方針，待進一步考察。

統一南越後，漢武帝曾在海南島置儋耳、珠崖兩郡，昭帝時因儋耳郡發生叛亂，所以昭帝始元五年（西元前八二年）把儋耳郡併入珠崖郡。後來珠崖郡也出了問題，所以元帝初元三年（西元前四六年）又罷珠崖郡。罷了兩個郡，並非漢朝完全放棄了對海南島的治理，而是讓海南島的少數民族完全按其原有的部落、氏族組織生活。

李廣利伐大宛以後，西域三十六國臣服漢朝。漢朝並不改變其社會組織、風俗習慣、制度，這樣宗主國與藩屬國間互相尊重，宣帝時呼韓邪單于臣服漢朝後也是如此。

總之，漢武帝實行大統一後，對少數民族實行一國兩制，允許、尊重按其原來的風俗習慣、社會組織、制度生活，也就是「因其故俗」或「以其故俗治」，這一點成了統一事業能夠完成和持續的重要條件。如果不是如此，而是按中原地區的風俗習慣、社會組織、制度一個模式去改變各地少數民族的生產方式、生活方式等等肯定是行不通的、也是不可能的。

統一有利於各民族的共同發展

中國歷史的發展有其自身特點，追求統一就是其特點之一，這點與歐洲不同，歐洲在中世紀分裂為許多國家，一直到近現代還是如此。秦以後，分裂時期的各個政權都想著統一全國，漢族政權是如此，少數民族政權也是如此，魏晉南北朝時的前秦苻堅是少數民族政權試圖統一全國的傑出代表。唐以後少數民族政權或割據半壁或統一全國者均有其例，所以中國這個統一的多民族國家實是各民族共同締造的。歷史上統一前常是刀兵不休、生靈塗炭，統一後使國家得到恢復、發展經濟和文化的安定環境，所以一般來說統一就是一種進步的因素，有利於各族的共同發展、進步與融合。

漢武帝在統一中國的過程中和統一之後，大大促進了中原地區先進的生產技術向周邊地區和外國的傳播，這是漢武帝統一的意義之一。前述漢武帝的統一曾使中國的鑄鐵技術、打井技術、農業生產工具、耕作技術傳至大宛等西域國家。《漢書．西域傳》曾載後來漢將軍辛武賢在西域白龍堆東土山下穿大井和六條通渠灌田等等，[92]《漢書．匈奴傳》載衛律曾在匈奴「為單于謀，穿井築城，治樓以藏穀」，於是匈奴即「穿井數百」，據說這種打井術與築樓的建築術就是從中原傳去的。

漢武帝及其以後，鐵器的使用出現了新的氣象。這表現在兩個方面：一是鐵器的使用更加廣泛，對此考古學者總結說：「到了漢代，鐵器的製作與使用，比戰國更為廣泛；特別是武帝及其以後，冶鐵業歸國家壟斷，鐵器的傳播更為迅速，這時不但舊有的中原地區普遍使用鐵器，而且推廣到邊區少數民族地區。」[93]從東北的吉林、遼寧、內蒙，西北的甘肅、新疆，西南的雲南、

92 按《漢書．西域傳》所載穿井通渠的地點當在敦煌西接近樓蘭的地方。

93 中科院考古所編著，《新中國的考古收穫》（文物出版社，一九六一年），七五頁。

貴州，東南的廣東、福建，都發現了各種各樣的鐵器。二是推廣了品質高的鐵制農具，而且大中小配套，如漢武帝時出現了舌形大型鐵犁鏵，一般長、寬均在三十公分以上，特大型的長、寬均達四十公分以上。這種大型犁鏵，不僅河北滿城漢墓和陝西寶雞鬥雞臺、西安市阿房區、隴縣等中原地區發現過，而且邊遠地區如遼寧遼陽三道壕和福建崇安村漢城遺址也發現過。尤其值得注意的是在陝西寶雞鬥雞臺、遼寧遼陽三道壕等地在發現大型犁鏵之外，同時發現了中、小型的犁鏵，而中型犁鏵長、寬在十幾公分到二十公分左右之間，小型犁鏵一般長、寬在十公分左右到十五公分左右之間。上述大、中、小三種鐵犁鏵的出現有助於屯田等官營農業、地主經濟、農民個體經濟等經濟成分的共同發展。

總之，武帝及其以後鐵制農具在全國各地進一步的推廣使用和各種樣式鐵農具的出現，標誌著農業生產向廣度、深度的發展。如果聯繫到漢武帝時的水利興修與耦犁、耬車、犁壁、代田法等新式農具和先進耕作方法應用，可以說武帝之後歷昭、宣，漢代的農業生產上了一個大臺階。從戰國時全國只養活兩千餘萬人口，而到西漢末則要養活六千萬人口也可以證明這一點。

漢武帝統一中國的活動有利於各民族的友好相處和在新的歷史條件下的共同發展、進步與融合。中華民族的發展壯大有其自身的特點、規律，這個特點和規律之一就是區分夷狄與華夏時看文明程度和文化習俗特徵是否基本相似，而不是狹隘地注重種族血統。中國古代視東方為夷族，南方長江流域為蠻族，北方為狄，西方為戎，一直到春秋時期還視楚國為南蠻，今山西、陝西、河南都有戎狄雜居。西方戎人的一支「犬戎」滅西周王朝後，《公羊傳．僖公四年》就楚人伐鄭之事說「南夷與北狄交，中國不絕若線」，可見在人們的心目中夷狄的勢力是很大的。然而，經戰國、秦而至於漢，人們關於蠻夷戎狄的觀念改變了，原來北方的一些戎狄、淮河流域的夷人、楚國的南蠻都成了中國的正宗。民族融合有個優勢互補、共同提高的問題，如以詩歌而論楚國人作的《楚辭》、黃河流域各國人作的《詩經》就都成為中國的詩歌經典。南、北方的民眾共同學習這兩部書，不就是優勢互補、共同提高嗎？再如南方的水軍漢代稱樓船，北方則用騎兵，此外還有步兵稱材官，這不又是各展所長、優勢互補嗎？所以各族的融合使中國的文明、文化更加豐富而又博大、精深。各族人民創造的優秀文化和文明成果成了中國各族人民的共同財富，這就是民族友好交往和民族融合創造的偉大奇績。

漢武帝的統一，則在更廣闊的範圍內促成了新的民族發展與融合。漢武帝把東甌、閩越的越人舉國遷至江、淮地區，久而久之，這部分越人就與當地民眾融合在一起了。考古發現證明由於各族之間的友好交往，彼此之間共同性增加，差別縮小，如秦至西漢前期「兩廣接連楚地，與楚文化關係最為密切」，「接受戰國時代楚文化的習俗，保留固有地方文化，構成兩廣秦末漢初墓的兩個特點」。從漢武帝元鼎六年滅南越至元成年間（西元前一一一年至前七年）的西漢中期「廣州……墓的隨葬器物，與前期比較，有了較大的變化。常見於中原漢墓的鼎、盒、壺、鑵、盆，在這裡大量出現，……帶有地方特色的瓿、三足鑵、小盒、三足盒等硬陶器大為減少；滑石器、井、囷、倉、灶、屋等模型普遍出現。可以看出，地方文化的特色趨於淡薄，與中原文化的共同點愈來愈顯著。」「廣州西漢後期也不乏大墓，隨葬器物繁多。器物的造型風格已與中原的無別，地方色彩的器物已近絕跡。」[94]

94 《新中國的考古發現和研究》（文物出版社，一九八四年），四三八—四四〇頁。

「川西高原同雲貴高原一樣，自漢高帝在此地設置郡縣後，中原物質文化隨之傳入，西漢晚期或到東漢時期，這裡原有地方民族特色的葬制與遺物相繼消失，代之而起的是土坑墓、磚室墓或崖墓，隨葬井、灶、壺、罐，與中原地區的物質文化融為一體。」[95]「一九七七年在青海大通上孫家塞發掘一座墓葬。墓內發現一件方銅印，陰刻篆文『漢匈奴歸義親漢長』八字，與新疆沙雅出土的『漢匈奴歸義羌長』銅印類似。除這件銅印外，從墓葬結構到隨葬品，如銅鏡、五銖錢及倉、井、灶等明器，完全具有漢文化的特徵。這充分說明南匈奴入居中原後到東漢晚期至少部分匈奴人已完全與漢族相融合。」[96]

民族融合是相互吸收對方好的東西，是自願進行的。如西域音樂傳入中原後，就為漢民族所喜愛和接受，成了中國音樂的有機組成部分；民族融合的發展是各民族都向美好的、人民群眾喜愛的、文化先進的東西學習，這樣的融合有利於社會的發展、進步，有利於各民族的共同提高。問題在於統治階級有時推行的錯誤的民族政策常常打亂這一進程，如王莽無理欺壓、侮辱兄弟民族激起匈奴和西域各族人民的反對就是其例。從東漢建立後，西域各國因無法忍受匈奴的壓迫要求東漢政權派西域督護去管理西域看，西漢王朝推行的政策是能夠為西域各國所接受的，對社會發展起了積極作用。

中國的統一從歷史上看經過兩個階段：第一階段是秦始皇統一六國、滇國、百越和匈奴占據的河南地，這一統一是春秋、戰國以來歷史發展的產物；第二階段是統一現在中國版圖內的地方，這第二階段的統一是從漢武帝開始的，漢武帝不僅統一了秦始皇統一的地區，而且統一了他沒有統一的地區。所以范文瀾說漢武帝「為現代中國的廣大疆域奠定了初步的基礎」，使中國作為當時世界上一流強國屹立於世界的東方，並以其先進的經濟文化、高度的文明影響著世界。因此，可以說漢武帝時期為中國和中華民族的發展作出了不朽的貢獻！

95 《新中國的考古發現和研究》（文物出版社，一九八四年），四九四頁。

96 《新中國的考古發現和研究》（文物出版社，一九八四年），四八四頁。

第七章　文化、科技方面的貢獻

漢武帝時期是中國文化與科技發展的一個輝煌時期。在秦始皇焚書之後，漢初開始搜求、收藏遺書，漢武帝把這一活動推向高潮、形成制度，收集了大量遺書，對繼承和發展中國傳統文化做出了重大貢獻。漢武帝的組織、宣導推動了樂府歌詩、漢賦的發展、繁榮；在科技方面，太初曆的制定、冶煉鋼鐵技術的進步、原始紙的出現、新式農具的推廣和新的耕作方法的出現。以上不僅在中國歷史上佔有一席之地，而且在世界歷史上都有著很高的地位。

第一節　搜求遺書與樂府、漢賦的發展

搜求、收藏遺書對文化的貢獻

秦始皇「焚書」，其後秦朝還頒佈了「挾（藏）書者族」的法令，[1] 書籍是文化的主要載體，焚燒書籍、嚴禁藏書，知識、文化還如何傳播與繼承、發展，古老而悠久的中華文化傳統面臨著中斷的危險。面對這一形勢，漢初開始搜求遺書，到漢武帝時這一活動達到高潮，形成制度。關於這一點，《漢書・藝文志》說：「至秦……乃燔滅文章，以愚黔首。漢興，改秦之敗，大收篇

籍，廣開獻書之路。迄孝武世，書缺簡脫，禮壞樂崩，聖上（武帝）喟然而稱曰：『朕甚閔焉！』於是建藏書之策，置寫書之官，下及諸子傳說，皆充祕府。」劉歆在《七略》中說：「孝武皇帝，敕丞相公孫弘，廣開獻書之路，百年之間，書積如丘山，故外（皇宮外）則有太常、太史、博士之藏，內（皇宮內）則有延閣、廣內、祕室之府。」[2]在此同時，漢中央設置寫書之官，把收集來的遺書，抄寫工整，妥為收藏、保存。

漢武帝時，不僅中央政府各有關機構在大力搜求遺書，而且郡國等地方政府也爭相搜求遺書。郡國搜求遺書成績最大的有以下兩位：一位是景帝之子、武帝之兄河間獻王劉德，他「從民得善書，必為好寫與之，留其真，加金帛賜以招之」。由於辦法好，保護了獻書者的利益，調動了獻書者的積極性，所以「得書多，與漢朝等」。「獻王所得書皆古文先秦舊書，《周官》（《周禮》）、《尚書》、《禮》、《禮記》、《孟子》、《老子》之屬，皆經傳說記。……立毛氏詩、左氏春秋博士。」另一位也是景帝之子、魯恭王劉余，其人「好治宮室，壞孔子舊宅以廣其宮，……於其壁中得古文經傳」。據《漢書．藝文志》載，這次從孔府牆壁中得到的書有《古文尚書》、《禮記》、《論語》、《孝經》等，其中《古文尚書》比漢初伏生所傳的《尚書》二十九篇多十六篇；[3]孔子後人孔安國「悉得其書」，「以今文讀之」。這些郡國地方政府所得遺書，都通過種種途徑獻給了漢中央政府，如獻王劉德來朝獻雅樂；孔安國所得孔壁之書也獻給了朝廷，因適逢「遭巫蠱事，未列於學官」，後來

1 《漢書．惠帝紀》載惠帝四年（西元前一九一年）「除挾書律」。注引應劭曰：「挾，藏也。」張晏曰：「秦律敢有挾書者族。」

2 《藝文類聚》卷十二，〈帝王部．漢武帝〉。

3 《漢書》卷五十三，〈景十三王傳〉；又見《漢書．藝文志》。

劉向據其書，校歐陽、夏後尚書。

據文獻記載，漢武帝搜集的遺書主要有儒家經籍、諸子傳記、史書及曲辭詩賦。另外，對各地上計的計書也妥為收藏，這就為古籍的整理和學術研究的發展創造了條件。根據文獻記載的事實，搜求、收藏遺書、上計的計書等資料，主要在下述三方面繼承、發展了中國古代的傳統文化。

一、促進了古籍整理與學術研究、學術思想的發展

搜求、收藏遺書促進了古籍整理和研究的發展是非常明顯的，如《孝經》，遭秦焚書，為河間人顏芝所藏，漢初顏芝子顏真獻出，凡十八章。後在孔壁中與《古文尚書》同出的古文《孝經》，經文與顏貞所獻之書大致相似，但多出三章，後合併為二十二章，孔安國為之作傳，後劉向校經籍時又定為十八章。再如《周官》(《周禮》)，漢武帝時李氏得《周官》，獻給河間獻王，獨缺冬官一篇，獻王以千金求購不得，遂取《考工記》以補，合成六篇奏上。王莽時，劉歆開始為《周官》置博士，此後《周官》流行於世。《論語》漢初有齊、魯兩個本子，齊傳二十二篇，魯傳二十篇。成帝時張禹刪齊語兩篇，依魯語定為二十篇，號張侯論。孔壁中也發現了古《論語》，與魯語同，惟子張分為兩篇，故為二十一篇，孔安國為之作傳。東漢末，鄭玄以《張侯論》為本，參考古《論語》為之作注。總之，武帝時搜求的遺書、經籍，對儒家經籍、諸子傳記和《國語》等史書的保存、流傳都有重大意義。

值得注意的是，武帝置五經博士時所用的經書是用當時文字寫的，稱今文經。魯恭王在孔壁中發現的書和民間獻書是用古籀文寫的，稱古文經。此後，儒家經學就出現了今文經學與古文經學之爭，對後世經學研究與發展有深刻影響。

二、對中國古代史學著作、歷史資料的保存和發展起了巨大的推動作用

《史記》卷十五〈六國年表〉載「秦……燒天下詩書，諸侯史記尤甚，為其有所刺譏也。詩書所以復見者，多藏人家，而史記獨藏周室，以故滅，惜哉，惜哉！獨有秦記，又不載日月，其文略不具。」這就是說，秦朝焚書時，各國的史記都被焚毀了，留下的獨有秦記，而秦記又不載日月，且文字簡略，所以損失無法彌補。

漢武帝時設置史官，收藏天下計書、史書，對史籍的保存和史學發展貢獻巨大。《隋書》卷三十三〈經籍志二〉說，戰國後「陵夷衰亂，史官放絕，秦滅先王之典，遺制莫存，至漢武帝時，始置太史令，命司馬談為之，以掌其職。時天下計書，皆先上太史，副上丞相，遺文古事，靡不畢臻。談乃據《左氏》、《國語》、《世本》、《戰國策》、《楚漢春秋》，接其後事，成一家之言。談卒，其子遷又為太史公，嗣成其志」。《隋書．經籍志二》反覆強調了收藏天下計書對史學發展的重要性：「天下計書，先上太史，善惡之事，靡不畢集。……股肱輔弼之臣，扶義俶黨之士，皆有記錄。……武帝時，計書既上太史，郡國地志，固亦在焉。而史遷所記，但述河渠而已。其後劉向略言地域，丞相張禹使屬朱貢條記風俗，班固因之作《地理志》。其州國郡縣山川夷險時俗之異，經星之分，風氣所生，區域之廣，戶口之數，各有攸敘，與古《禹貢》、《周官》所言相埒（等）。」

這裡需要說明的是，漢武帝時設立了專門史官，先後任司馬談父子為太史令。太史令的職能之一就是收藏各種典籍，如儒家經籍、諸子傳記、史書、天文、曆法、卜筮等書和天下計書，所以《史記》雖是司馬遷父子個人修的史書，但修《史記》的條件卻是漢武帝給他們創造的，沒有漢武帝創造的條件，《史記》是無法寫成的。

《史記》的出現有重大意義。首先，《史記》不僅通過〈本紀〉、〈表〉、〈世家〉、〈列傳〉敘述了中國從五帝到漢武帝三千年的歷史發展和各式各樣的代表人物，而且通過八《書》記載了中國禮儀、音樂、曆法、天文、祭祀、興修水利、經濟等方面制度的演變及其功能。通讀《史記》，中國歷史上三千年的興衰榮辱、經驗教訓、發展變化盡收眼底，它在增強國家和民族的凝聚力，開拓智慧，增強民族自豪感、自信心，鼓勵我們開拓未來的勇氣、毅力方面，有不可代替的作用。其次，《史記》開創了中國又一項巨大的文化工程，如果說孔子編訂六經和先秦諸子的出現標誌著中國一項巨大文化工程出現的話，那麼《史記》的誕生標誌著中國紀傳體正史這一巨大的文化工程的開始。《史記》開創的紀傳體史書體例是中國所特有的，歷代相沿，至今已有二十五史，這是中華民族文化史上的奇觀。從這種意義上可以說，漢武帝時期，《史記》的出現，標誌著中國史學的發展開始了一個新階段。因此也可以說，漢武帝搜求、收藏遺書和天下計書，對中國史學的發展起了重大作用。

三、促進了目錄學的發展

從漢初到漢武帝，搜求和收藏遺書、天下計書的活動成了漢代的一種傳統，為利用這些書，就需要分類整理、校對、編訂書目。成帝時因書頗散亡，又「使謁者陳農求遺書於天下，詔光祿大夫劉向校經傳、諸子、詩賦，步兵校尉任宏校兵書、太史令尹咸校數術，侍醫李柱國校方伎」。[4]每一書校完後，劉向都條其篇目，寫出提要奏上。劉向死後，哀帝令其子劉歆繼父業，總群書提要與目錄，編為《七略》。所謂《七略》為〈輯略〉[5]、〈六藝略〉、〈諸子略〉、〈詩賦略〉、〈兵書略〉、〈術數略〉、〈方技略〉。《漢書．藝文志》就是在刪節《七略》的基礎上寫成的，這是中國國家藏書的第一部分類目錄學著作，它的出現，對於書籍的收藏、利用和學術研究的發展，無疑具有重要的意義。

總之，由於書籍是文化的主要載體，秦朝焚書、嚴禁藏書，造成了中國傳統文化中斷的嚴重危險。在這種情況下，漢武帝繼承漢初搜求遺書的作法，建立了一套搜求、收藏遺書的制度，掀起了一個搜求遺書的高潮，對中國傳統文化的繼承、發展，無疑起了極為重要作用，對此我們應給予重視和積極評價。

樂府曲詞歌詩的發展

漢武帝對禮、樂、詩、賦都很重視和宣導。為什麼如此呢？《史記・樂書》說：「禮義立，則貴賤等矣；樂文同，則上下和矣。」這就是說，禮能使人區別貴賤等差，樂可以使人目標、感情一致，這有利於維護和協調封建等級制度中親疏貴賤尊卑的社會關係。武帝宣導詩賦也有原因，他尊儒，儒家提倡詩教，《禮記・經解》：「孔子曰：入其國，其教可知也。其為人也，溫柔敦厚，詩教也。」又云：「不學詩，無以言。」古代臣下諫君主，常引用《詩》作諫詞。「諸侯、卿大夫交接鄰國，……當揖讓之時，必稱《詩》以諭其志。蓋以別賢不肖而觀盛衰焉。」而採集

4 《漢書》卷三十，〈藝文志〉。

5 注引師古曰：「輯與集同，謂諸書之總要。」

民歌又可了解民間疾苦和政教得失。[6] 除這些原因之外，漢武帝宣導詩賦也與個人興趣、愛好有關，在武帝宣導下，樂府歌詩和漢賦都得到了很大發展。

一、樂府歌詩的發展

中國古代掌管音樂歌舞的官署稱「樂府」，這一官署製作、收集的樂舞歌詞也稱為樂府，樂府歌詞作為一種詩歌體裁和樂府所采之詩均名之曰「樂府」。

《漢書．百官公卿表》載秦代有樂府，漢初相沿。《史記．樂書》載：「高祖過沛詩三侯之章（〈大風歌〉），令小兒歌之。高祖崩，令沛得以四時歌舞宗廟。」這是高帝時作的歌舞樂曲之一。此外，據《漢書．禮樂志》載：「高祖時，叔孫通因秦樂人制宗廟樂。……又有房中祠樂，高祖唐山夫人所作也。……高祖樂楚聲，故房中樂楚聲也。孝惠二年，使樂府令夏侯寬備其簫管，更名曰安世樂。」上述記載說明高祖時樂府詞曲有所創新，如高祖作〈大風歌〉，唐山夫人作〈房中樂〉。其後，歷惠、文、景三帝無所增改，只是讓樂府研習舊的曲詞而已。[7] 這些材料也說明，樂府在漢武之前已存在，非武帝所創立。

雖然，樂府非武帝所創立，然而樂府在武帝時得到了空前發展。這從下列事實中可看出：

其一，增加了樂府演奏歌曲。漢代樂府中有三大演奏曲目，被稱為三大樂府，其一是高祖時唐山夫人所作的〈房中樂〉十七章。其他兩大樂府皆為武帝時所作，這兩大樂府一是〈郊祀歌〉十九章，《史記．樂書》載：「至今上（漢武帝）即位，作十九章，令侍中李延年次序其聲，拜為協律都尉，多舉司馬相如等數十人造作詩賦，略論律呂，以合八音之調，作十九章之歌。」武帝時所作的樂府第二大樂府曲目是〈鐃歌〉二十二曲，又稱之為〈短簫鐃歌〉，「軍中之所用也。」

東漢明帝時定為樂，又稱鼓吹，「胡樂也」，乃西漢時樂。[8]這些樂曲歌詞，也是武帝時的作品，也反映武帝時的情況，如二十二曲中之一的〈上之回〉，其詞曰：「上之回，所中益，夏將至，行將北，以承甘泉宮，寒暑德。遊石闕，望諸國，月氏臣，匈奴服。令從百官疾馳騁，千秋萬歲樂無極。」這首歌詩據前人考證，創作「在武帝元封中」[9]，此前於元鼎二年張騫通西域成功，元封元年武帝又遣使臣告單于要其臣服漢朝。這首詩是頌歌，不一定每句話當時都已變為現實，但表達了天子的行動一定要成功。

在增加曲目方面，由於張騫通西域後，西域的樂器胡笳、胡樂也傳入中原，據說「張騫入西域傳其法於西京，唯得摩訶兜勒一曲。李延年因胡曲更造新聲二十八解（章），乘輿以為武樂」。這二十八解樂曲晉代以後還留下十曲曲名，其曲名為：「〈黃鶴〉、〈隴頭〉、〈出關〉、〈入關〉、〈出塞〉、〈入塞〉、〈折楊柳〉、〈黃覃子〉、〈赤之揚〉、〈望行人〉。」[10]這些曲名與〈郊祀歌〉十九章、〈鐃歌〉二十二曲的曲名各異，說明〈新聲曲〉二十八解應是〈郊祀歌〉和〈鐃歌〉以外的另一大曲目。

其二，增加了樂舞、樂器。武帝之前郊祀不用樂舞，武帝時郊祀始用樂舞。《史記．封禪書》載：「上有嬖臣李延年以好音見，上善之，下公卿議，曰：『民間祀尚有鼓舞樂，今郊祀而無

6 《漢書》卷三十，〈藝文志〉載：「自孝武立樂府而采歌謠，於是有代趙之謳，秦楚之風，皆感於哀樂，緣事而發，亦可以觀風俗，知薄厚云。」其中，也含有「知政教得失」之義。

7 《史記．樂書》載：「孝惠、孝文、孝景無所增更，於樂府習常隸舊而已。」

8 羅根澤，《樂府文學史》（東方出版社，一九九六年），二二—二四頁。

9 同註8。

10 《通典》卷一百四十一，〈樂一〉。

樂，豈稱乎？』公卿曰：『古者祠天地皆有樂，而神祇可得而禮。』或曰：『太帝（太一）[11]使素女鼓五十弦瑟，悲，帝禁不止，故破其瑟為二十五弦。』於是……祠太一、后土，始用樂舞，益召歌兒，作二十五弦空侯琴瑟自此始。」這段記載說明了兩個問題：一是武帝之前郊祀太一、后土不用樂舞，從武帝開始郊祀太一、后土用了樂舞；二是為了郊祀太一、后土，革新樂器，因用五十弦的瑟太悲，所以創造了二十五弦的空侯琴瑟。瑟是一種撥絃樂器，形狀似琴，據說春秋時已流行，武帝以後二十五弦的瑟開始流行，空侯又名「箜篌」，也是一種撥絃樂器，據應劭《風俗通》說臥式空侯為武帝時樂人侯調始造。東漢時，有豎空侯，胡樂，有二十二弦，豎抱於懷，兩手齊奏。[12]此外，在張騫通西域後，胡笳等西域樂器也傳入漢朝。

其三，漢武帝定立了樂府收集民歌的「采詩夜誦」的制度。《漢書．禮樂志》載：「至武帝定郊祀之禮……。乃立樂府采詩夜誦。」收集民歌是武帝在樂府制度方面的一次革新，這些民歌的詞就是詩。這一制度制定後，各地的民歌得到了一定程度的收集、整理，據《漢書．藝文志．詩賦略》所載，到漢哀帝時著錄的民間歌詩的篇目主要有下列一些：吳、楚、汝南歌詩十五篇，燕代謳、雁門、雲中、隴西歌詩九篇，邯鄲、河間歌詩四篇，齊、鄭歌詩四篇，淮南歌詩四篇，左馮翊秦歌詩三篇，京兆尹秦歌詩五篇，河東蒲反歌詩一篇，黃門倡車忠等歌詩十五篇，雜各有主名歌詩十篇，雜各詩九篇，洛陽歌詩四篇，河南周歌詩七篇，河南周歌聲曲折七篇，周謠歌詩七十五篇，周謠歌詩聲曲折七十五篇，諸神歌詩三篇，送迎靈頌歌詩三篇，周歌詩二篇，南歌詩五篇。

上列民間詩歌共計兩百六十篇，在地域上包括了今長江流域的江蘇、浙江、湖北、湖南和黃河流域的甘肅、陝西、山西、河北、內蒙河套地區、山東及河南、安徽等地。漢武帝開創的政府機構收集整理民歌的活動，其意義主要表現在以下兩方面：其一，從孔子編《詩經》，整理周代收集的民歌國風之後，歷戰國、秦沒有人繼續這一工作；漢武帝制定樂府「采詩夜誦」的制度，恢復、繼承了對民歌的收集和整理。《漢書．藝文志》所著錄的上述兩百六十篇歌詩，就是一部西漢時期的國風。其二，樂府這一活動，後來延續到了東漢、魏、晉、南北朝，一些知識分子也以樂府歌詩篇名作詩，促進了中國詩歌的發展。

樂府收集的詩歌繼承了國風的現實主義傳統，反映社會生活的真實畫面。樂府〈鐃歌〉有一曲名〈戰城南〉，反映了對匈奴戰爭的慘烈和將士的英勇悲壯。其詞曰：

戰城南，死郭北，野死不葬烏可食。為我謂烏：「且為客豪！野死諒不葬，腐肉安能去子（之）逃？」水深激激，蒲葦冥冥，梟騎戰鬥死，駑馬徘徊鳴。樑築室，何以南，何以北？禾黍不獲君何食？願為忠臣安可得？思子良臣，良臣誠可思？朝行出攻，暮不夜歸！

據逯欽立先生考訂，這首詩反映了漢武帝時對匈奴戰爭的狀況。[13] 作戰的主要兵種是騎兵，戰鬥慘烈，「戰城南，死郭北，野死不葬烏可食」。剽悍勇猛的「梟騎」都在戰鬥中損耗了，而能力低下的「駑馬」卻在徘徊悲鳴。斷糧斷炊，「禾黍不獲君何食，願為忠臣安可得？」那麼良臣的出路何在呢？「朝行出攻，暮不夜歸！」他們只能用自己的生命去報效自己的國家，一幅悲壯、慘

---

11 漢代最高的天神稱太帝或太一，本書第十章有解釋。

12《舊唐書．音樂志二》。王利器，《風俗通義校注》卷六，〈聲音〉、〈空侯〉條注七、八可參考。

13 逯欽立，《先秦漢魏晉南北朝詩》上冊（中華書局，一九八三年），一五七頁。

烈的戰爭畫面浮現在人們的眼前，它告訴人們，漢武帝反擊匈奴戰爭的勝利是以無數將士的累累白骨換來的。此外，樂府詩歌在其他方面也表現出了濃郁的現實主義傳統，並開創了五言體詩，而柏梁臺賦詩又使用了七言詩，[14]這都對後來詩歌的發展產生了深刻的影響。

漢賦的興盛

漢賦是一種既有散文的章法格局，又有詩的節奏韻律，誇張鋪陳，「體物寫志」的文學形式。在漢代，賦是發展得最興盛、繁榮和最具藝術、時代特徵的文學形式，如同「唐詩」、「宋詞」、「元曲」一樣具有時代特徵。它能發展到如此程度，可以說與漢武帝的宣導是分不開的。漢賦最有成就的作者是司馬相如，景帝時司馬相如曾任武騎常侍，客游梁時作〈子虛賦〉為其代表作之一。漢武帝非常愛好賦，讀到〈子虛賦〉後說：「朕獨不得與此人同時哉！」其時管理獵犬的狗監蜀人楊得意對武帝說，臣的同鄉司馬相如自言作此賦。於是漢武帝召見相如，相如表示有此事，並對武帝說：「此乃諸侯之事，未足觀。」請求為天子作遊獵之賦，武帝令人給筆、箚（薄小的木簡），司馬相如遂作〈上林賦〉。在〈上林賦〉中，司馬相如以精妙的構思、過人的想像力，張揚漢天子壓倒一切的威嚴，取得了動人心魄的藝術效果，最後又假借天子的言行說：「乃解酒罷獵，而命有司曰：地可墾闢，悉為農郊，以贍氓隸，隤牆填塹，使山澤之人得至焉。……省刑罰，改制度，易服色，革正朔，與天下為始。」[15]漢武帝閱罷，極為高興，遂封相如為郎，後又任命其為中郎將，出使西南夷使者。

漢初作賦有成就的要數枚乘，枚乘先為吳王濞郎中，後為梁孝王客。武帝當太子時就慕枚乘之名，即位後以安車蒲輪徵召枚乘，枚乘年老，身體不好，死在半路上。枚乘有庶子叫枚皋，曾為梁共王郎，後被誣陷遇罪，家室沒入官，逃亡長安，遇大赦，上書北闕，自陳乃枚乘之子。武帝大喜，召其入宮，在殿中作賦，拜為郎，然枚皋不通經學，詼笑類同俳倡，好嫚戲，以此得武帝寵幸，「自悔類倡也」。枚皋常充當武帝侍從，遍遊全國各地，武帝有所感，就命他作賦。皋文才思敏捷，「受詔輒成，故所賦者多」，其賦可讀者百二十篇，其他戲不可讀者尚有數十篇。[16]司馬相如作賦速度遲慢而品質高，枚皋自以為不如。武帝時被羅致在左右能作賦的還有東方朔、嚴助、吾丘壽王、嬰齊、莊忽奇、臣說等。《漢書．藝文志》對武帝及其羅致在左右的文人、臣下所作賦，著錄如下：司馬相如二十九篇，枚皋賦百二十篇，太常蓼侯孔臧賦二十篇，吾丘壽王賦十五篇，常侍郎莊忽奇賦十一篇，嚴助賦三十五篇，朱買臣賦三篇，司馬遷賦八篇，郎中嬰齊賦十篇，臣說賦九篇，兒寬賦二篇，陽丘侯劉偃賦十九篇，上（武帝）自造賦二篇。

以上錄武帝及其侍從、臣下的賦共兩百八十三篇。據《漢書．藝文志》著錄漢初八家之賦，即陸賈、朱建、趙幽王劉友、賈誼、莊忌、枚乘、淮南王劉安及其臣下賓客共一百二十七篇。據此可知，武帝時期的賦比西漢初期的賦多出了一百一十一篇，不僅數量多，而且品質高，武帝時期的賦更加成熟而富於創造性，司馬相如就是其代表。司馬遷說司馬相如的賦：「其要歸引之節

14 逯欽立，《先秦漢魏晉南北朝詩》上冊（中華書局，一九八三年），九七頁。〈柏梁詩〉載，「〈東方朔別傳〉：孝武元封三年，作柏梁臺，詔群臣二千石有能為七言者，乃得上坐，賦詩。」

15 《漢書》卷一百一十七，〈司馬相如傳〉。

16 《漢書》卷五十一，〈枚乘傳附枚皋傳〉。

儉，此與詩之風諫何異？」魯迅先生在《漢文學史綱要》中則稱讚司馬相如說：「不師故轍，自攄妙才，廣博宏麗，卓越漢代。」因此可以說武帝時期的賦在數量上、品質上都向前發展了一步。

漢武帝不僅有改變當時「禮崩樂壞」的抱負，而且在音樂、舞蹈、詩歌、賦諸方面都有著廣泛的愛好，他在促進這些文化事業的發展方面起了巨大的作用。如他善於發現、使用人材，李延年「身及父母兄弟皆倡（歌舞藝人）也」，又「坐法腐刑」，武帝用他作協律都尉，發揮了他的特長，他是那個時代的大音樂家、作曲家。武帝又讓司馬相如、枚皋等作歌詞，這就促進了詩歌的發展。

漢武帝不僅愛好詩賦，他自己也是詩賦的作者，他作的詩賦分為兩類：一類大氣磅礴，意旨深遠，如《史記・樂書》所載兩首〈天馬歌〉即其代表；另一類感情真摯，詞藻華美，〈秋風辭〉、〈悼李夫人賦〉為其代表。魯迅先生說：「武帝詞華，實為獨絕。……雖詞人不能過也。」[17]武帝的這些作品，對詩賦的發展無疑起了推動作用。

總之，漢武帝適應歷史發展的需要通過搜求、收藏遺書推動了古籍整理、經學、史學等各方面的發展，同時在他的組織、宣導下樂府曲詞歌詩和漢賦得到了發展與繁榮。所以，漢武帝是對中國傳統文化的繼承、發展作出重大貢獻的皇帝。

第二節　科技方面的光輝成就

太初曆的頒佈

太初曆的頒佈是漢武帝時期在科技、天文、曆法方面的一個突出成就。

中國古代到戰國時期已流行古六曆，即黃帝曆、顓頊曆、夏曆、殷曆、周曆、魯曆，這古六曆都是「四分曆」，所謂「四分曆」就是一個回歸年的時間定為三百六十五又四分之一日。戰國時不同諸侯推行的曆法也不同，大約黃河中游地區夏族後裔居住的區域實行夏曆，以寅月即農曆正月為歲首，稱夏正；[18]東南方殷族所建諸侯國如宋國以丑月即農曆十二月為歲首，稱殷正；周王室及同姓諸侯國以子月即農曆十一月為歲首，稱為周正。秦朝奉行戰國時制定的顓頊曆，統一後頒行全國，以亥月即農曆十月為歲首。漢初沿用顓頊曆，年代長了，日月差數得不到校正，出現了「朔（每月初一）晦（農曆月終）見不到月亮的時候卻見到了月亮，上弦（農曆初七、初八月亮缺上半）、下弦（二十二、二十三月亮缺下半）的時候卻見到了圓圓的月亮」。[19]另外，當時社會上要求改制（改正朔）也很強烈，在上述情況下，漢武帝命公孫卿、壺遂、司馬遷與射姓、鄧平、唐都、落下閎等二十餘人共造太初曆，據說這次造出的太初曆「晦朔弦望，皆最密，日月如合璧，五星如連

17 魯迅，〈漢文學史綱要〉，《魯迅全集》第九卷，三八六頁。
18 夏正是農曆一年的第一個月，夏曆以農曆正月為歲首，故稱夏正。
19 《漢書》卷二十一，〈律曆志〉說：「朔晦月見，弦望滿虧，多非是。」

珠」，比顓頊曆有很大進步，並於太初元年（西元前一〇四年）頒行。太初曆原著失傳，西漢末劉歆基本採太初曆數據，改名三統曆，為《漢書．律曆志》收藏，流傳至今，其價值有以下幾點：

其一、太初曆採用夏曆（今農曆）以寅月即正月為歲首，至今已沿用兩千多年未變。

其二、太初曆確定以沒有中氣（月中沒有節氣）的月份為閏月的原則，把月份與季節的關係調整得很合理，這個辦法在農曆（夏曆）中沿用至今。沒有中氣（月中沒節氣）與中國農曆的二十四節氣有關，二十四節氣是將一回歸年分為二十四等分，約十五天左右設置一個節氣，以反映太陽在黃道上的二十四個特定位置，同時反映出氣候變化的情況。《淮南子．天文訓》中說：「日行一度，十五日為一節，以生二十四時之變。」文中所列二十四節氣的名稱、順序與今完全相同，即立春、雨水、驚蟄、春分、清明、穀雨、立夏、小滿、芒種、夏至、小暑、大暑、立秋、處暑、白露、秋分、寒露、霜降、立冬、小雪、大雪、冬至、小寒、大寒，這說明二十四節氣的設置在西漢初期已經完善。在這二十四節氣中，處在農曆的月頭，如立春、驚蟄、清明、立夏、芒種、小暑、立秋、白露、寒露、立冬、大雪、小寒，稱為十二節氣。其餘十二個節氣在農曆月中的就叫中氣，這十二個中氣有雨水、春分、穀雨、小滿、夏至、大暑、處暑、秋分、霜降、小雪、冬至、大寒。

太初曆頒佈之前，漢初曆法「一般都將閏月置於年終或某個固定的月份」[20]，這種置閏法不利於協調二十四節氣與氣候的變化，不利於協調晦朔、上弦下弦與月亮出沒圓缺的關係。太初曆確定以沒有中氣的月份置閏的方法有助於解決上述問題，協調了二十四節氣與氣候變化的關係，這對古代指導農業生產具有重要意義，並且一直沿用至今，這是中國古代科學史上的一個光輝成就，至今仍流傳著這樣的農諺：「種田無定例，全靠看天氣。立春陽氣轉，雨水沿河邊。驚蟄烏鴉叫，春分滴水乾。清明忙種粟，穀雨種大田。……」

其三、太初曆中五星會合週期的精度有明顯提高，並據五星在一個會合週期內的運動規律，建立了推算五星位置的方法。所謂五星即金、木、水、火、土五顆行星，這五顆行星在天空運動的路線總在黃道附近，又很明亮，易引起人們的注意。一九七四年在長沙馬王堆三號漢墓出土的帛書《五星占》的最後三章列出了秦王政元年（西元前二四六年）到漢文帝三年（西元前一七七年）共七十年間木、土、金星的位置和五大行星會合的情況。五大行星又分別被稱為歲星（木星）、熒惑（火星）、太白（金星）、填星或鎮星（土星）、辰星（水星）。[21]

五大行星中木星（歲星）最早被人注意，大約西元前二千年左右人們就知道它十二年繞天一周，在習慣上稱之為歲星。大約到戰國時，人們已知它繞行一周天不是整整十二年，太初曆中認為它繞行一周天為十一點九二年，東漢時又認為是十一點八七年，現代的精確值認為是十一點八六年，這說明太初曆中確定的數值比以前精確了一步。

五大行星和地球都圍繞太陽運轉，水星、金星這些內行星（比地球離太陽近）彷彿總在太陽兩邊擺動，當它們離地球最遠時，正好和地球分別處於太陽兩邊，三者成一條直線方向時，稱上合；當它們離地球最近，正好走到太陽與地球中間而成一直線時，稱下合。在上合或下合時，行星都為太陽的強烈光芒掩沒，無法看到。對火星、木星、土星這些外行星說，離地球最遠時，正好與地球分處太陽兩邊，從地球上看正好與太陽成一直線，稱為合；當離地球最近，地球處於太

20 張培瑜等三人，〈春秋魯國曆法與古六曆〉，《南京大學學報（社科版）》一九八五年第四期。

21 《漢書．律曆志》說：「水合於辰星，火合於熒惑，金合於太白，木合於歲星，土合於填星。」

陽與外行星之間時，稱為沖。內行星從上合到下一次上合，從下合到下一次下合；外行星從合到下次合，從沖到下次沖，就是行星的一個會合週期。

戰國時的《甘石星經》測得水星的會合週期為一百二十六日，太初曆說是一百一十五點九一日，現今的測定值則為一百一十五點八八日。戰國時甘氏測定的木星的會合週期為四百日，太初曆給的數值為三百九十八點七一日，現代測定值為三百九十八點八八日，二者極為接近。

總之，根據五大行星的會合週期，就能測定出各行星在天上的方位。太初曆對五大行星會合週期的測定較過去有了進步，測定其在天上的方位就會比較準確。

其四、太初曆還提出了一百三十五個月為交食[22]周期，這期間發生月食二十三次，還談到了發生月食的月份的演算法。太初曆只談到了月食，沒談到日食，但二者是同一道理。月食是地球進入太陽和月亮之間而發生的現象，這時地球擋住太陽光，地球的影子遮住了月亮的全部和一部分。所謂「日月合璧」在望（農曆十五左右）就發生月食，這時月球和太陽黃經相差一百八十度，太陽、地球、月亮在一條線上，地球遮住了太陽的光，此時就發生月食。日食則是月球介入太陽與地球之間，遮住了太陽的一部分和全部。所謂「日月合璧」在朔（農曆初一）就發生日食，就是說如果在「朔」這一天，太陽、月亮、地球為一線時，月亮遮住了太陽，這時就發生日食。太初曆的貢獻在於它闡明了月食發生的週期和規律，指出一百三十五個月為一個發生月食的週期，在此期間發生月食二十三次，據此可以算出發生月食的月份和日子。而據此交食週期，也可以算出發生日食的週期、月份和日子。這是太初曆比古六曆進步的又一重要表現。

古六曆是四分曆，太初曆是八十一分曆。太初曆的兩個基本數據是：

一歲（一回歸年）的日數

$$365\frac{385}{1539}\text{日}=365.2516\text{日}$$

一月的日數

$$29\frac{43}{81}\text{日}=29.5308\text{日}$$

這些數字比四分曆的誤差大，所以太初曆施行一百多年後，到東漢初年，人們發現日月合朔常在曆書上朔日前，月食日期也比預推的早一日。所以，太初曆從武帝太初元年（西元前一〇四年）施行到東漢章帝元和元年（西元八四年），共一八八年。

東漢章帝元和二年（西元八五年）廢止太初曆，重訂四分曆，頒佈施行。東漢四分曆與戰國四分曆基本常數相同。

一回歸年

$$365\frac{1}{4}\text{日}=365.2500\text{日}$$

---

22 交食，一般單稱為食，以日食、月食最引人注意。一個天體不管是否發光，都能看見其亮光。如果這個天體到觀測者之間有另一天體介入，它的光亮就會變暗，這種現象就叫交食。

一月的日數

$29\frac{499}{940}$日＝ 29.53008日

四分曆在這兩個基本常數上比太初曆誤差要小。

太初曆雖有缺點，但太初曆已有造曆理論，具備了節氣、朔望、五星、交食週期等常數和推算方法，是全世界最早的天文年曆芻形，為後世曆法樹立了範例。所以，其在曆法方面的進步作用不可低估。

炒鋼技術與原始紙的出現

一、炒鋼技術的出現

春秋中後期中國已出現並逐漸使用了鑄鐵，春秋後期還出現了鋼，戰國時又出現了生鐵柔化技術，百煉鋼的使用更為普遍，這使中國冶鑄鋼鐵的技術大大領先於世界。

漢武帝時期，即西漢中期又出現了炒鋼新技術。這種技術是將生鐵加熱成半液體、半固體狀態進行攪拌，利用空氣或鐵礦中的氣進行脫碳，獲得熟鐵或鋼的新技術。西漢中期已存在的河南鞏縣鐵生溝冶鐵遺址發現有低溫炒鋼爐一座，就說明那時炒鋼技術已經出現。[23]鐵生溝冶鐵遺址的冶煉設備，「已經能煉出品質較高的低炭鋼」。值得注意的是鐵生溝各種冶煉爐內及附近所出的煤塊、煤餅和煤渣，說明中國在西漢中期已用煤冶鐵確是事實。炒鋼技術的出現和用煤冶煉鋼鐵，使冶鐵業可向社會供應大量優質熟鐵和鋼料，以滿足生產和戰爭的需要，據學者研究「歐洲用炒鋼法冶煉熟鐵的技術在十八世紀中葉才開始出現，比中國要晚約一千九百餘年。」[24]

漢武帝時期，中國不僅有先進的冶煉鐵、鋼的技術，並且造有用這種先進技術武裝起來的冶煉場。以河南鞏縣鐵生溝冶鐵遺址為例，冶鐵遺址面積為兩萬一千六百平方公尺，發現有煉爐十八座，熔爐、鍛爐各一座，共二十座。煉爐中有一種圓形煉爐，直徑一點八公尺，殘高一點五公尺，爐體高大，溫度高，可煉優質生鐵，有時可以煉出熟鐵和鋼。這種冶鐵遺址，無疑應是武帝時鐵官管轄下的一座官營鋼鐵冶煉遺址，漢武帝時興修水利、對匈奴等的戰爭、推廣新式農具，需要大量的鋼鐵製品就是靠當時這些先進的冶煉場供應。漢朝是當時世界上最強大的國家，就是建立在當時先進的冶煉技術武裝的冶鑄場，所提供的物質基礎上。

不僅如此，漢武帝時期中國先進的鐵器、冶鐵技術不斷向偏遠地區傳播。漢朝法律規定「吏民不得持兵器及鐵出關」，在京城長安這類貨也不許胡人「市買」。雖然如此，非法買賣的現象仍然時有發生，渾邪王降漢後在長安期間，因胡人「市買」兵器、鐵器等貨物，長安商人犯法當死者五百餘人就是一例。《漢書．西域傳．大宛》載，中國的鑄鐵技術就是在漢武帝時期傳入大宛的。

23 鞏縣鐵生溝考古報告說，鐵生溝遺址出土「各種鐵器尤其是各種鐵制生產工具大部分與輝縣、洛陽等地戰國或西漢遺址與墓葬所出土的鐵制生產工具相同。所出土的銅錢又都是西漢時期的。」因此，「斷定鞏縣鐵生溝冶鐵遺址的年代是西漢中期至西漢晚期（武帝至新莽）」。見河南省文物局文物工作隊，《鞏縣鐵生溝》（文物出版社，一九六二年），三八頁。

24 杜石然等編著，《中國科學技術史稿》（科學出版社，一九八二年），一七一頁。

二、原始紙的出現

漢武帝時期中國出現了最早的紙。一九五七年在陝西西安灞橋一座墓葬中出土了中國最早的紙標本，外觀呈米黃色，已裂為數十塊碎片，最大的碎片長、寬各約十公分，厚零點一四公釐，其年代不晚於漢武帝元狩五年（西元前一一八年），有的認為灞橋出土的標本已具備紙的結構，是現存「世界上最早的植物纖維紙」，比東漢蔡倫造紙早了二百多年。[25] 一九七三至七四年，居延肩水金關遺址出土了一件與宣帝甘露二年（西元前五二年）木簡共存的麻紙標本，時間約與木簡紀年相當，出土時揉成一團，展開後最大的一片長、寬為二十一乘十九公分，色澤白淨，薄而勻，一邊平整，一邊稍起毛，質地堅韌。據鑒定，這片紙是以苧麻成分為主，由廢舊麻絮、繩頭、布料等製成的，現代對宣帝時居延出土的上述紙的標本，都一致肯定是紙，但評價高低上有不同。一種意見認為，已「具備紙的初步形態」，但還「粗糙」，只能算作「紙的雛形」或「原始紙」；另一種意見則強調了這種紙的成熟程度。宣帝時期的紙已經屢被發現，一九三三年在新疆羅布淖爾漢代烽燧亭址中，發現了一片與宣帝黃龍元年（西元前四九年）木簡共存的紙片。其後，在敦煌烽燧遺址中也發現了宣帝時期的紙，根據上述事實人們認為，「至遲在西漢中期，已經出現利用廢舊麻料抄造成的初級形態的紙張」。[26] 從武帝時期西漢國都長安灞橋發現的原始紙，到宣帝時新疆和西北邊郡不斷發現原始紙，這說明中國在西元前的一個多世紀中已經出現了紙。

紙的發明是中華民族對世界文明所做出的巨大貢獻之一。漢武帝時期中國就出現了原始紙，這為東漢時期出現的「蔡侯紙」奠定了堅實的基礎。

推廣新式農具

漢武帝時期，生產工具也有大的進步，如埋葬武帝兄長中山靖王劉勝的河北滿城漢墓二號墓發現了一件大型鐵犁鏵，這是考古發現的較早的漢代大型鐵犁鏵，犁鏵高十點三公分、脊長三十二點五公分、底長二十一公分、寬三十公分、重三點二五公斤；弧形刃，中間起脊，平底，底的後部有三角形銎孔。（見圖）

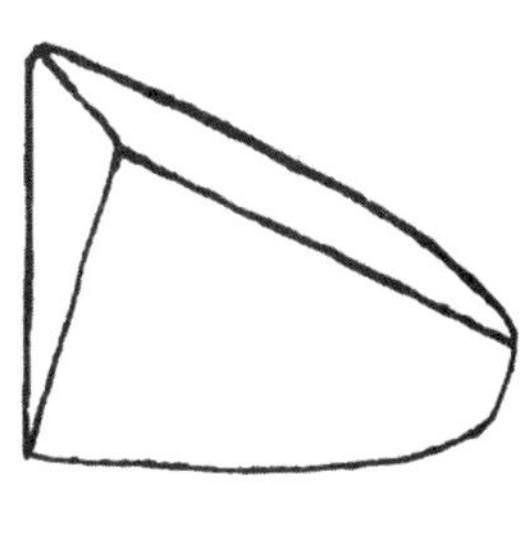

中山靖王劉勝，景帝子，景帝前三年（西元前一五四年）立為王，武帝元鼎五年（西元前一一二年）死，滿城漢墓中隨葬大鐵犁就是在這一時期製造的，這種大型鐵犁鏵可深耕，能提高工作效率。[27]西漢中期以後這類大型鐵犁鏵日益普遍，有的長、寬均達四十公分以上，最重的達十五公斤。

西漢中期以後，犁壁的使用較普遍，考古至今未發現戰國時的犁壁，劉仙洲先生據文獻材料認為中國戰國已出現犁壁。[28]犁壁又稱為鐴土、逼堵、犁耳等，唐陸龜蒙《耒耜經》稱壁，今一般稱為犁壁。犁壁的作用是可翻土、鬆土、開溝、培壟，把下面的土翻上來經太陽曬有殺蟲作

25 灞橋出土的紙，學術界有不同意見，一種意見認為是紙，一種意見認為不是紙。見中國社科院考古研究所編，《新中國的考古發現和研究》（文物出版社，一九八四年），四七七頁。

26 中國社科院考古研究所編，《新中國的考古發現和研究》（文物出版社，一九八四年），四七八頁。

27 《滿城漢墓發掘報告》（文物出版社，一九八〇年），二七九頁。

28 劉仙洲，《中國古代農業機械發明史》（科學出版社，一九六三年），一六頁。

用。現在考古發現的犁壁，時間上多在西漢中期後，這決非偶然。

上述所說西漢中期以後大型犁鏵普遍使用，大型犁鏵與犁壁配合就能深耕，同時又可翻土、鬆土、開溝、培壟。陝西省發現的西漢中期以後犁壁有馬鞍形、菱形、方形缺一角、板瓦形。陝西禮泉縣出土了一件馬鞍形犁壁，高二十二公分、寬二十三公分，下面前端有突尖，使用時插入犁鏵突脊的小孔中，犁壁、犁鏵、犁冠聯結在一起即可耕田，[29]可以清楚看出其翻土、鬆土、培壟的功能。（見左圖）

武帝時趙過推行代田法，使用兩頭牛拉的「耦犁」，耕作時要求把一畝土地整理成三條壟、三條溝，大型犁鏵上安上犁壁，恰恰能夠既開溝、又培壟，犁地時一氣呵成。這種耕作方法的需要，決定了西漢中期以後大量使用了犁壁。

耬車（耬犁）的發明與推廣是漢武帝時期在農具方面的又一創新。《齊民要術》卷一引崔寔〈政論〉說武帝末年令趙過為搜粟都尉，用耬車播種，其法「三犁一牛，一人將之」，「日種一頃」，而東漢末遼東地區用長轅犁耕種，「用兩牛六人，一日才種二十五畝」。二者勞動效率相差甚為懸殊，說明了武帝末年推廣耬車等新式農具對提高勞動生產率的作用，趙過所推行的三腳耬（土法播種器），後世有畜力、人力拖曳兩種，一直到一九四九年前後，中國農村還在廣為使用。

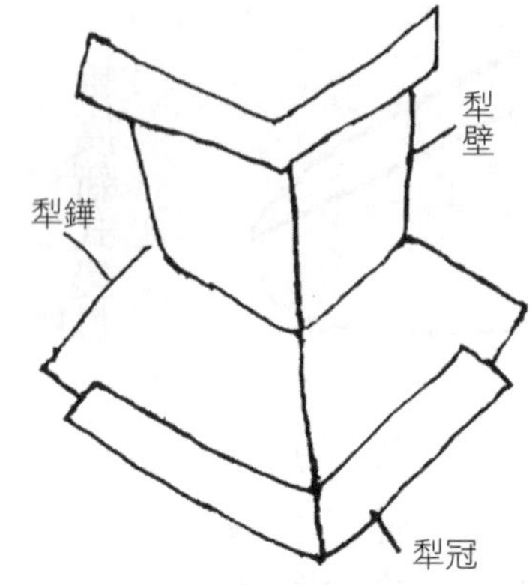

犁壁
犁鏵
犁冠

漢武帝時期新式農具的推廣和發明，大大提高了勞動生產，不僅在中國歷史上有重大影響，而且在人類農業發展史上也有著崇高的歷史地位。研究世界犁耕史的學者帕萊雷塞在所著《犁的形成與分佈》中說：「構成近代犁的具有特徵的部位，就是和犁鏵結合在一起呈曲面狀的鐵制犁壁。它是古代東方所發明的，十八世紀才從遠東傳入歐洲。」在歐洲「同時傳來的農具，可能還有耬車」等，「由於採用曲面犁壁」等農具，才使農業「從中世紀的三圃式農業擺脫出來」，完成「向集約化農法的轉變」。[30]從這一敘述中可知，漢武帝時期推廣的新式農具，不僅在中國農業史上，而且在世界農業史上，也有著重要意義。

漢武帝時期與推廣新式農具結合，還推廣了新式耕作方法——代田法，在用代田法耕種的地方畝產量可增加一斛(一石)以上，說明勞動生產率是大大提高了。代田法後文還要談到，此不述。

29 陝西省博物館，〈陝西省發現的漢代鐵鏵和土〉，《文物》，一九六六年一期。

30 熊代幸雄著、董愷忱譯，〈論中國旱地農法中精耕細作的基礎——兼評它在世界史上的意義〉。出自《中國農史》，一九八一年一期，九二—九四頁。

第八章　祭祀禮儀大典與方士、神仙

中國古代的祭祀禮儀活動在原始社會末期就已出現，商周時有進一步發展，尤其是周公「制禮作樂」對後世影響尤深。《漢書．郊祀志》說：「周公相成王，王道大洽，制禮作樂，……郊祀后稷以配天，宗祀文王於明堂以配上帝，四海之內各以其職來助祭。天子祭天下名山大川，懷柔百神，……而諸侯祭其疆內名山大川，……各有典禮，而淫祀有禁。」秦漢的祭祀活動都是在周制的基礎上損益增補而進行的。

西漢初期祭祀禮儀活動一仍舊制，增改不多，武帝繼位，又大刀闊斧地制禮作樂。《漢書．郊祀志》說「武帝初即位，尤敬鬼神之祀。」這使祭祀禮儀活動大大增加。雖然如此，各種祭祀活動仍然是以祭天、地為中心而進行的。天地化育萬物，原始人類就崇拜天地，後來就把天、地作為有意志、有人格的神靈而祭祀，崇拜天地鬼神，導致了迷信方士、迷信祥瑞、災異等等。《史記．封禪書》、《漢書．郊祀志》記載了漢武帝的上述活動。

第一節　祭禮與禮儀大典

所謂郊祀，泛指古代郊外祭祀天地的活動。據《漢書．郊祀志》所載郊祭活動，種類繁多，有的是一般經常的祭祀天地的活動，有的是禮儀大典。

祭五帝、三一、后土與名山大川

一、祭五帝

武帝即位第二年，就到雍（今陝西鳳翔）祭祀五帝，青帝、赤帝、黃帝、白帝、黑帝，此後三歲祭祀一次。五帝中，除黑帝為漢高帝所補，其他秦時已有。《孔子家語．五帝》中載老子曾說：「天有五行，水火金木土，分時化育，以成萬物，其神謂之五帝。」這就是說五帝，就是五行。

二、祭三一

「三一」是武帝時郊祀的新神，所謂「三一」，即太一、天一、地一。最初，有個叫謬忌的方士要求祭太一說：「天神中最尊貴的是太一，太一的輔佐是五帝。古代天子在春秋兩季於東南郊祭太一，每天用太牢禮祭，[1]一連七天，築壇，開八通鬼道。」漢武帝聽了他的話，令管祭祀的太祝在長安城東南郊築了太一壇，照謬忌的說法祭祀。其後，又有人上書說：「古代天子三年用太牢禮祭一次三一：天一、地一、太一。」武帝聽後，令太祝在太一祭祀壇上一塊祭祀。顧頡剛先生在探究三一的來源時說：「這種天神，無疑地發生於陰陽說：天一是陽神，地一是陰神；泰

1 古代帝王諸侯祭祀時，牛、羊、豬三牲齊備為太牢，亦稱大牢。

一更在陰陽之前，為陰陽所從出，所以謂之最貴。《易傳》裡說，『易有太極，是生兩儀』。泰一便是太極，天一和地一便是兩儀。……從此之後，泰一就是上帝之名，上帝就是泰一之位，終漢一代再也分不開來。」[2]

甘泉宮（地處今陝西淳化西北甘泉山）是武帝時郊祀聖地。元狩三年（西元前一二〇年）受武帝信用的方士齊人少翁說：「主上想與神通，宮室、被服如不像神所用，神就不至。」漢武帝信了他的話，為與神通話，建了甘泉宮，畫了太一、天一、地一諸神，設置祭祀用具，時時祭拜，但過了一年多，神不降臨，與神通話的目的未達到。過了兩年，上郡一位巫被武帝召進甘泉宮祭神，竟實現了武帝與神通話的願望。其時，武帝在長安京兆鼎湖病，這個巫傳達神君對武帝說的話：「天子不要為病擔憂，病稍好後，請振作精神與我在甘泉相會。」武帝聽了後，心中十分高興，及到甘泉，病就好了。這個巫祭祀的神君很多，其中最為尊貴的就是太一。雖然看不見它，卻能聽到它講話，聲音和平常人一樣，來時帶著風聲。神君講的話，皇上令人記錄下來，稱為「畫法」。到了元鼎五年（西元前一一二年），漢武帝為祭太一，在甘泉建起了泰時壇，[3]與在長安東南郊建的太一壇相似，共三層。五帝作為太一的輔佐，他們的壇環繞在泰壇的下面，各按自己的方位如青帝在東方等建造，只有黃帝因方位居中無法安置，只好建在西南，又開通八方鬼道。太一祠內的一切用物，和雍地[4]祭上帝的地方相似，另加上醴酒、棗、乾肉。祭祀時，殺一白鹿，把豬和酒裝進它的肚中，又殺一白氂牛，又把鹿放進牛的肚裡。祭太一時，掌祭的祝宰穿紫色的繡著花紋的衣服；祭五帝時，掌祭的各穿青、赤、白、黑、黃諸色的衣服。

這年十一月初一恰逢冬至，天子就在黎明時行郊祀禮，祭太一，早上祭日，晚間祭月，因為它的地位並不比天子高，所以天子都長揖而已；祭太一時和在雍的郊祭典禮一樣。祭祀過後，有司說：「祠上有光芒射出。」公卿說：「皇帝當初在雲陽宮郊祀太一時，有司奉上六寸的璧玉、上好的犧牲品，那一夜出現了美麗的光輝，到了白天，黃氣冉冉上天，真是奇觀。」太史令談和祠官寬舒等說：「神靈福佑著我們漢朝，才出現了這樣的祥瑞。」後來，武帝在泰山汶上作明堂，又把太一、五帝祀在明堂上。漢武帝的這些活動，就是要把天上的秩序，在人間建設起來。

三、祭后土

周代，冬至日祭上帝、夏至日祭后土，天帝、后土是兩個最大的神。漢朝在雍、長安東南郊、甘泉宮都有郊祀上帝的設施，但沒有祭后土的設施。元鼎四年（西元前一一三年）夏，武帝說「巡祭后土，祈為百姓育穀」，這說明祭后土的目的是為祈豐年。這年冬，武帝在雍郊祀說：「現在朕親自郊祭上帝，而后土無祀，與禮不合。」有司與太史令談、祠官寬舒議論說：「祭天地用牛作犧牲，牛角的形狀像繭或像栗，現今陛下要親祭后土，宜於在澤中圜丘上築五壇，每壇用黃牛犢一頭，具備太牢，祭禮後就埋在土中，陪祭的官員服色尚黃。」於是天子遂冬巡至汾陰，有人說看見汾水旁有光騰起，像紅紗，於是就在汾陰建起后土祠，建築形狀與太史令司馬談和祠官舒寬等商議的相同，天子親自舉行了祭拜，與祭上帝的禮相同，這樣祭后土也有了固定的地點

2 顧頡剛，《秦漢的方士與儒生》（上海人民出版社，一九七八年），一八頁。

3 《漢書．武帝紀》載，元鼎五年十一月，「冬至。立泰畤于甘泉。天子親郊見……詔曰：『朕……德未能綏民，民或飢寒，故巡祭后土以祈豐年。……朕甚念年歲未咸登，……。』」看來，這類活動都與祈求豐年有關。

4 雍（今陝西鳳翔境），秦人祭上帝的地方。

和設施。從此，漢武帝就常常在甘泉祭上帝、在汾陰祭后土。

四、祭名山大川

武帝還重視對名山大川的祭典，建元元年夏五月下詔說：河海滋潤千里，令掌管祭祀的官員修山川之祠，為一年中經常進行的事情，祭禮要有所增加。[5]元封五年（西元前一〇六年）冬，武帝南巡狩，到了今湖南、安徽、江西等地，祭虞舜於九嶷山，登南嶽天柱山，所過「禮祠其名山大川」。漢武帝祭祀的山有兩類，一類是埋葬名人的山，如「祠黃帝於橋山」，[6]祭舜於湖南九嶷山；另一類的山如五嶽等山，對東嶽泰山除封禪和祭明堂到泰山外，有時是為專門祭泰山而去的，如元封二年（西元前一〇九年）夏四月「祠泰山」。此外還祭過中嶽嵩高的太室山、東萊的之罘山，修封泰山時，路過還祭祀了北嶽恒山。

為了祭祀的需要，漢武帝對當時天下的名山曾經重新規定。《漢書．郊祀志》曾載，武帝在封禪泰山之前，有位叫申公的方士曾對武帝說：「天下名山八，而三在蠻夷，五在中國。」在中國的這五座山就是陝西的華山，山西的首山，河南的太室山，山東的泰山、東萊山，並對武帝說「此五山黃帝之所常遊，與神會」。武帝則據漢代的疆域規定：河南嵩高太室山為中嶽、山東泰山為東嶽、陝西華山為西嶽、安徽天柱山為南嶽、河北保定西的恒山為北嶽。由於《尚書．舜典》曾說舜「南巡狩，至於南嶽」，據注家解釋此處的南嶽，為湖南衡山，而且湖南衡山還在安徽天柱山之南，所以後來人們就以湖南衡山為南嶽。明朝定嶽制，又以山西渾源縣的恒山為北嶽。《尚書．舜典》說舜曾巡狩（視察）東嶽、南嶽、西嶽、北嶽，缺一個中嶽。據說五嶽制度最初就是從漢武帝開始的。

封禪，帝王祭天地的大典。《史記．封禪書》說：「自古受命帝王，曷（何）嘗不封禪？」帝王既然是受天命，治理民眾的，所以成功以後，要在泰山上築土為壇祭天，告天下太平，報天之功，曰封。在泰山下的小山上，開闢場地，祭地，報地之功，稱禪。[7]

從現存關於封禪的材料看，封禪的地點在泰山，最早討論封禪的是齊桓公和管仲，最早記載封禪的書是《管子．封禪篇》。根據這些情況，最早提出封禪的應是齊魯地區的人，從文化背景上看，春秋戰國時期齊魯地區是全國文化最發達的地區之一，孔子就非常重視禮和三代的道統。戰國時齊人鄒衍又提出「五德終始說」，非常強調王者受命於天，這都為封禪說的出現提供了前提。從地理環境上看，泰山是齊、魯兩地的界山，又是當地最高的山，「登泰山而小天下」，受命的帝王就應到最高的山上去祭祀上帝，向上帝報告功業，答謝上帝。在上述條件下，封禪說的出現也就不難理解了。

從有關記載來看，似乎是有業績而又遇嘉瑞的受命帝王方可封禪。《史記．封禪書》載，齊桓公稱霸，會諸侯於蔡丘後想封禪，管仲對他說：古代舉行封禪的有七十二家，我記得的有十二

5《漢書》卷六，〈武帝紀〉載建元元年五月，詔曰：「河海潤千里，其令祠官修山川之祠，為歲事，曲加禮。」

6《漢書》卷六，〈武帝紀〉載元封元年，「祠黃帝於橋山」，應劭曰：「在上郡，周陽縣有黃帝塚。」

7《史記．封禪書》引《正義》曰：「泰山上築土為壇以祭天，報天之功，故曰封。此泰山下小山上除地，報地之功，故曰禪。言禪者，神之也。」

家，其中無懷氏、慮羲、神農、炎帝、顓頊、帝嚳、堯、舜、湯都是在泰山舉行祭天的封禮，在名為云云的小山上舉行祭地的禪禮；黃帝在泰山舉行封禮，在名為亭亭的小山上舉行禪禮；禹則封泰山，禪會稽；周成王則封泰山，禪於社首山；這些人都是在受命後才進行封禪的。齊桓公回答：我九合諸侯，一匡天下，諸侯都不敢違背我，這比昔日夏、商、周三代受命，有什麼差異呢？管仲接著說：前代王者封禪之時，嘉穀生，靈茅現，東海來了比目魚，西海又得比翼鳥，不召而來的祥瑞事物有十五種。而現在呢？鳳凰、麒麟不來，嘉穀不生，而蓬蒿等野草長得卻很茂盛，在這種情況下想封禪，是不是不可以呢？齊桓公聽了只好作罷。顯然，在管仲看來齊桓公並非受命王者，而且也無嘉瑞來臨，所以不應封禪。

中國歷史上第一個到泰山進行封禪的是秦始皇。秦受命的符應是秦文公獲黑龍，在功業上秦始皇統一六國，功高五帝，自然是最有資格實行封禪大典的。秦始皇二十八年（西元前二一九年）東巡郡縣，被徵隨從的齊、魯儒生、博士七十人，到了泰山腳下，臨到要封禪時，這些儒生對封禪的禮儀竟然都說不清楚，有的說古時封禪用蒲席裹著車輪以免傷害山上的土石草木；有的說掃地而祭，席用剝去皮的禾稈製作即可。秦始皇感到他們的議論不合情理，難於施用，於是罷斥了他們，從山南清除車道，至山巔，立石，舉行了封禮；又從山的北坡下來到梁父山，刻石記功，舉行了禪禮。他用的都是原來秦國祭上帝的禮節，由於進行了保密，人們沒有記下來。秦始皇在返回的路上遇大風雨，躲在大樹下，因此封此樹為五大夫，為此，被罷斥不能參加封禪的儒生譏笑他，說他不順天意，遇暴風雨，中途退下，沒舉行封禮。

中國歷史上第二個到泰山封禪的皇帝就是漢武帝。漢初，高帝對封禪這類事沒功夫去做，文、景時無為而治，務在安民，封禪花費巨大，自然也不去做。武帝即位，建元元年就任用趙綰、王臧，草擬封禪計畫，結果因趙、王二人被竇太后治罪，只好作罷。但這只是暫時的，元狩四年（西元前一一九年）因得寶鼎，方士公孫卿託人獻書箚曰：「漢之聖者在高祖之孫且曾孫也，寶鼎出而與神通，封禪。」並說，黃帝就因封禪，而與仙通。當黃帝採首山之銅，鑄成鼎後，就有垂著鬚髯的龍，從天上下來迎接黃帝，黃帝騎上了龍，群臣和後宮女子七十餘人也爬到龍身上，餘下擠不上去的人就抓住龍髯，龍上了天，鬚髯脫落，抓髯的人就掉了下來。漢武帝聽後感歎地說：「唉，我要如果能像黃帝一樣上天，離開妻子就如同脫去鞋一樣容易，人間還有什麼值得留戀呢？」從得寶鼎後，漢武帝與公卿儒生議論封禪時，已九十餘歲的齊國人丁公說：「封禪，就是不死的稱謂。秦始皇沒有上到山頂舉行封禮，陛下一定想上去，慢慢地上山，如果沒有風雨，就可以上去舉行封禮。」要進行封禪時，方知群儒對封禪的禮儀都說不清楚，漢武帝把封禪用的器物給他們看，有的說和古代的不相同，召集多人商討封禪事宜，也沒有結果，於是漢武帝罷斥了他們，一概不用。

這次封禪，漢武帝作了精心準備。元封元年（西元前一一〇年）冬十月，漢武帝說：「古代先振兵釋旅，然後封禪。」為展示武力，他巡示朔方，經上郡、西河、五原，出長城，至朔方，統兵十八萬，旌旗千餘里，派遣使者告匈奴單于說：「南越王的頭已懸於漢首都長安城北城門樓上了，單于如果能戰，漢天子親自率兵在北邊等待；如不能戰，速來臣服，為什麼要藏匿於漠北寒苦之地。」匈奴懾於漢的威力不敢應戰。漢武帝在回來的路上，經上郡祭黃帝墓，回至甘泉宮（在今陝西淳化西北）。這年春三月，武帝臨幸緱氏（今河南偃師東南）登中嶽太室山[8]，隨從官

8　中嶽嵩山，漢時名崇高，山上有石室，曰太室、少室，故稱其山為太室山、少室山。

員在山下好像聽到有呼「萬歲」的聲音；問山上的人或山下的人，都無人做聲，很神祕，武帝撥出三百戶人家專供祭太室用。又東上泰山，草木未發葉，令人立石於山頂。遂又東巡海上，漢武帝對方士公孫卿等人所說封禪引來怪物，能與神交往，極有興致，這次東巡海上的目的，似乎就是為了與神仙交往，所以令宣稱海中有神山的數個人去求蓬萊神人。公孫卿持節到了東萊，說夜間見一大人，身長數丈，離近就不見了，腳印很大，武帝不信；但群臣又說，看見一位老者牽著狗，轉眼又不見了，武帝以為真有仙人了，於是派一千多方士坐著車去訪求仙人。

這年四月，武帝到泰山下梁父山進行封禪，首先在泰山下東方作壇，壇寬一丈二尺，高九尺，壇下放著玉牒書（玉簡），上寫著什麼無從知道，舉行的封禮，與郊祀太一（上帝）的禮相同。行禮畢，武帝和管車子的官員子侯登上泰山，也舉行了封禮。[9]第二天，從陰道（北坡）下山，至泰山東北的小山肅然山舉行禪禮，[10]禮儀與祭后土的禮相同。舉行封禪時，天子都親自拜見，穿著黃衣，都用了樂舞，[11]還用了江淮出產的有三棱脊的茅作神位的襯墊，用五色土作壇，放出遠方貢來的奇獸、飛禽和白雉等物以示加禮。在舉行封禪祭祀的地方，夜間仿佛有光芒照耀，白天有白雲從封土中升起。

東漢應劭記載了漢武帝泰山封禪時的刻石紀功辭，內云：

> 事天以禮，立身以義，事親以孝，育民以仁。四守之內莫不為郡縣，四夷八蠻咸來貢職，與天無極。人民蕃息，天祿永得。[12]

這一刻石紀功辭為我們理解漢武帝一生的活動提供了一個線索，也可以說它和武帝一生的功業基本一致。如「事天以禮」，武帝確實在一生中進行許多祭祀天地的禮儀活動；「育民以仁」，武帝一生確實治天下有許多仁德的措施等等。並表達了他想使「四守之內莫不為郡縣，四夷八蠻咸來貢職」的願望，最後則請天神保祐，讓「人民蕃息」，皇帝能夠「天祿永得」。

泰山東北，山下有周代遺留下的古明堂遺址，[13]武帝元封元年封禪下泰山後，坐在明堂遺址上，群臣祝賀，下詔御史說：「朕以渺小的身軀繼承至尊之位，小心謹慎唯恐不能擔當重任，自己德薄，不明白禮樂，祭祀太一後，似有景光出現，白天彷彿都可看見，我深感恐懼，想停止祭祀又不敢停止。於是登泰山封禪，到梁父，而後至肅然。為的是先自革新，以便有個美好的機會與士大夫們從新開始。」為讓天下更新，下詔中還規定賜民眾每百戶牛一頭、酒十石，年八十以上的孤寡老人加布帛二匹。博、奉高、蛇丘、歷城四地，無出今年租稅。大赦天下，凡車駕經過的地方，免除復作（二年刑）的刑徒，在二年以前犯法的，一概不究。[14]又下了一道詔書說：「古代的天子，每五年巡狩（視察）一次，在泰山辦公，所以諸侯在泰山都有住宿的地方。因此，令諸侯在泰山修建住所。」此後，漢武帝果然效法古制，不斷地到泰山去「增封」、「修封」。

從元封元年封禪始到征和四年，共到泰山封禪六次，今列表如下：

---

9 《漢書》卷二十五，〈郊祀志〉。

10 據《漢書．武帝紀》注引服虔曰：「禪，闡也，廣土地也。肅然，山名也，在梁父。」

11 《漢書．武帝紀》應劭注。又見《風俗通義》卷二，〈封泰山禪梁父〉。

12 同註11。

13 《孟子．梁惠王篇》說：「明堂者，王者之堂也。」趙歧注：「泰山下明堂，本周天子東巡狩朝諸侯之處也。」

14 此據《史記．封禪書》所載：「復博、奉高、蛇丘、歷城，無出今年租稅。其大赦天下，如乙卯赦令。行所過毋有復作。事在二年前，皆勿聽治。」《漢書》之〈武帝紀〉和〈郊祀志〉對上述記載或有差異或缺載。另外，乙卯年即元朔三年，據《漢書．武帝紀》載這年春確有「赦天下」的記載，但具體內容缺載。

時間	西元	封禪活動	備考
元封元年四月	前一一〇年	登封泰山	赦天下
元封五年三月	前一〇六年	至泰山，增封	祠高祖於明堂，以配上帝，受計，赦天下
太初三年四月	前一〇二年	修封泰山	
天漢三年三月	前九八年	行幸泰山，修封	祀明堂，受計
太始四年三月	前九三年	行幸泰山，修封	祀高祖於明堂，以配上帝，受計，赦天下
征和四年三月	前八九年	幸泰山，修封	祀於明堂

從元封元年起不斷地封禪、增封、修封，使武帝這位「受命天子」的威儀，盡顯於天下，但是封禪活動並沒有達到使武帝與神交往、成仙的目的。

當時的士大夫對於封禪大典是極其重視的，這從司馬談父子的表現可以看出。元封元年司馬談對自己滯留洛陽而未隨武帝封禪極為遺憾哀痛，在河、洛見到司馬遷時，「執遷手而泣」說：「今天子接千歲之統，封泰山，而余不得從行，是命也夫，命也夫！余死，汝必為太史；為太史，無忘吾所欲論著矣。」這說明在司馬談父子看來，封禪意味著繼承了千年聖君的道統，一個新的盛世就要到來，所以內心是無比激動的。

立明堂

元封二年（西元前一〇九年）秋，武帝「作明堂於泰山下」，實現了他從即位第一年起就要立明堂的願望。[15] 明堂是商周時流傳下來舉行大典的宮室，據說夏稱世室、商稱重屋、周稱明堂。

《周禮・考工記》說：「明堂者，明政教之堂。」《逸周書・明堂解》載：周公輔成王，天下大治，大會諸侯於明堂。「明堂者，明諸侯之尊卑也。故周公建焉，而朝諸侯於明堂之位，制禮作樂，頒度量而天下大服，萬國各致（送）其方賄（財物）。」[16]

十分明顯，周公在大治天下後，在明堂大會諸侯，就是要通過諸侯在明堂中的位置、次序從而明示其尊卑，各諸侯國都要貢納其統治地方的財物向天子表示臣服，會上制禮作樂表示天下太平，萬國來朝。《禮記・明堂位篇》所載周公大會諸侯於明堂與此大體相同，明堂既然是舉行這種大典的地方，難怪漢武帝熱衷於立明堂了。漢代高誘、蔡邕等認為明堂與太廟（宗廟）等為一事，明堂的作用一般認為是天子宣明政教的地方，朝會、祭祀、慶賞等均可在其中舉行。漢武帝元封二年秋在泰山下作明堂時，因舊明堂遺址地處峻險不顯敞，移址奉高縣（今山東泰安東）汶上（汶水旁），按濟南人公孫帶所獻明堂圖建造，按此圖，「明堂中有一殿，四面無壁，以茅蓋，通水，水圜（繞）宮垣，為復道，上有樓，從西南入，名曰昆侖，天子從之入，以拜祀上帝焉。」[17]從漢武帝在明堂的活動看，明堂似有兩個功能：

其一，發佈政令。武帝元封元年泰山封禪後，下山坐在周代遺留的明堂遺址上，發佈了賜民牛、酒、布帛和泰山周圍四地免一年租稅和大赦天下的詔令等等即是證明。

15 《漢書》卷六，〈武帝紀〉。

16 關於明堂的解釋很多，《呂氏春秋・十二紀》、《淮南子・時則篇》、《禮記・月令篇》、《周禮・考工記・匠人》、蔡邕〈明堂論〉、王國維〈明堂廟寢通考〉等均有論述，此不贅述。

17 《漢書》卷二十五，〈郊祀志〉。另外，考古發現了西漢末年長安南郊明堂遺址，可見其平面圖、復原圖，見劉敦楨主編《中國古代建築史》（中國建築工業出版社，一九八〇年），四五—四七頁。

其二，用以祭祀。漢武帝在泰山建明堂後元封五年（西元前一〇六年）春三月「祠高祖於明堂，以配上帝」。太初元年（西元前一〇四年）十一月「冬至，祀上帝於明堂」。太始四年（西元前九三年）三月，「行幸泰山……祀高祖於明堂，以配上帝」，後又「祀孝景皇帝於明堂」。征和四年（西元前八九年）三月，「還幸泰山……祀於明堂」。[18]

從漢武帝時明堂的兩個功能中可以看出，發佈政令似乎並非經常性的，而是特定條件下進行的；明堂用於祭祀的功能是主要的，但這種祭祀不是每年都進行，而是過幾年才進行一次，說明這種祭祀是一種隆重和盛大的祭祀。

漢平帝時，安漢公王莽奏請在長安城南立明堂、辟廱。注引應劭曰：「明堂所以正四時，出教化。明堂上圜下方，八窗四達，布政之宮，在國之陽。……辟廱者，象璧圜，雍之以水，象教化流行。」按此意見，明堂的形狀為「上圜下方，八窗四達」，功能是「出教化」與「布政」。這是東漢末年應劭對明堂的解釋。

改制

按照齊人鄒衍的五德終始說，受天命的王朝就要改制。秦始皇統一六國後，因周是火德，所以秦應是火德的水德，可是當時找不到天降的符應，有人就說，春秋時秦文公出獵獲一條黑龍，這不就是五百年前見到的符應嗎？於是秦始皇就制定了一套水德的制度：（一）以農曆冬十月為歲首；（二）色尚黑，衣服、旄旗都用黑色；（三）長度以六為名，所以以六寸為符、六尺為步等等；（四）水德為陰，陰主刑殺，所以政尚法令，事皆決於法；（五）更名黃河為德水。秦始皇又封禪泰山，表明秦是受天命的王朝。

秦始皇統一中國後進行了改制，漢朝建立後當然也應改制。然而，漢高帝卻不改制，秦有青、黃、赤、白四個上帝祠，而無黑帝祠，漢高帝補了黑帝祠，自居水德，其他一切照舊。高帝在這樣重大的問題上竟然無動於衷，使一些儒生和方士心裡都不是滋味；文帝時，賈誼又提出了這個問題，他認為漢在秦後，應為土德，宜改正朔、易服色、定官名、興禮樂，並草擬了一個土德的制度，如「色上（尚）黃，數用五」，定官名等等。[19] 由於文帝謙讓，自以為不當改制，以及賈誼因受到周勃、灌嬰等老臣的排斥而被貶抑，這次改制之議遂告作罷。其後魯人公孫臣也提出改制問題，他也認為漢應為土德，預言黃龍是其符應，應改正朔，服色尚黃。他的意見遭到了丞相張蒼的反對，張蒼認為漢為水德，文帝十二年（西元前一六八年）河決金堤就是其符應。沒想到過了一年，時文帝十五年黃龍竟然出現在成紀縣，文帝信服他，拜他為博士，準備改制，然而不久又發生了方士新垣平詐騙、謀逆之事。此後，文帝也懶得再談改制之事了。

大約在西漢初年又出現了一種「三統說」，董仲舒就積極鼓吹它。這一說認為，夏為黑統、商為白統、周為赤統，黑、白、赤三統循環往復，繼周者又應是赤統，這就是天道。「三統說」與「五德終始說」，都是歷史循環論，主宰循環的決定力量都是天。二者差別有幾個方面：一是五德循環，秦是水德在循環中還佔有一德的席位；一是三統循環，三統指夏、商、周，秦被排除在

18 以上材料均出自《漢書》卷六，〈武帝紀〉。

19 《漢書》卷四十八，〈賈誼傳〉載：「誼以為漢興二十餘年，天下和洽，宜當改正朔，易服色制度，定官名，興禮樂。乃草具其儀法，色上黃，數用五，為官名悉更，奏之。」

三統之外，因為秦不符合三代的道統，「三統說」非常符合儒家思想，可能是儒家改造「五德終始說」而提出的。二說都要求新王朝應受命改制，董仲舒在《天人三策》中要求改正朔、易服色、更化就表現了這一點。建元元年，武帝重用儒者趙綰、王臧，又讓使者帶著帛、璧玉，「安車以蒲裹輪」，駕四匹馬迎來申公，議立明堂，並草擬封禪、改曆、易服色諸事，結果惹怒了竇太后，趙、王也下獄自殺，改制的事情又沒有辦成，這件大事又拖下去了。

武帝即位的第三十六年，原為元封七年，大中大夫公孫卿、壺遂、太史令司馬遷上奏：「宜改正朔。」武帝令兒寬與博士討論此事，兒寬與博士上奏說：「帝王必改正朔，易服色，所以明受命於天也。創業變改，制不相復。」並建議以「三統之制」改制。[20]

這次改制，做了以下幾件事情：（一）改正朔，所謂「正」是一年開始的時間，「朔」是一月開始的時間。秦以農曆十月為歲首，漢武帝改正朔，建寅，以農曆正月為歲首，這一改動歷兩千多年未變，直到辛亥革命改用陽曆。（二）服色尚黃。（三）數用五。（四）改官名，如右內史改名為京兆尹，左內史改名為左馮翊，主爵都尉改名右扶風，大農令改名為大司農等等。（五）這一年由元封七年改為太初元年，令公孫卿、壺遂、司馬遷負責，天文學家鄧平、唐都、落下閎參與制定曆法，此為太初曆。

這次改制，從漢初開始反反覆覆，經一百多年才得以實現。司馬遷為自己能參與這件事並獲成功而顯得十分興奮，從太初元年起他開始作《史記》，其目的就是要繼承經周公、孔子傳下來的三代道統。從司馬遷身上可以看出當時的官僚士大夫、知識分子對改制一事是何等的重視！

值得注意的是，這次改正朔、制定太初曆，是經鄧平、唐都、落下閎等一批天文學家的實測和推算的，這是有根據的。然而，這些天文學者的成果卻充當了「五德終始說」、「三統說」達其目的的工具，而唐都、落下閎等天文學者竟同以神怪騙人的騙子一樣被稱為方士，僅此一點就可以看出當時的自然科學是多麼地不為人們所認識、所重視了。

重視祭祀與禮儀大典的原因

漢武帝一生在宗教神學思想的支配下，舉行了祭五帝、三一、后土、名山大川和封禪、建明堂、改制等大典。在這方面，漢武帝花費了巨大的錢財，而且其次數之頻繁、地點之眾多，在歷代帝王中是少有的，在這方面他大大超過了秦始皇。司馬遷專門寫了〈封禪書〉記載了漢武帝這方面的活動。後來司馬遷寫的《史記．武帝紀》失傳，褚少孫就以〈封禪書〉為《史記．武帝紀》，似乎武帝一生就是專門搞祭祀的，這也說明武帝所從事的此類活動在漢人心目中比重之大。為什麼漢武帝如此重視這類活動呢？為什麼花了那麼多的精力、財力、物力去搞這類活動呢？究其原因，主要有二：

其一，禮敬百神是漢武帝的精神支柱，正如武帝在《天人三策．制》所說：「受天之祜（福），享鬼神之靈，德澤洋溢，施乎方外，延及群生？」這表明他要使「德澤洋溢，施乎方外，延及群生」就必然要受天與鬼神的福。所以受天命，通過各種祭祀活動取得天與神鬼的保祐就成了他重要的精神支柱。在當時沒有科學理論指導的情況下，他就企圖通過頻繁的祭祀大典來在精神上

20《漢書》卷二十一，〈律曆志〉。

得到安慰、支持、鼓舞。在當時歷史條件下這是可以理解的，從現代的宗教活動中這一點也可以看出。

其二，武帝是成功締造大事業的帝王，要幹那樣大的事業，就需要團結內部，使臣民甘心情願地服從他，聽從他的驅使。為此就需要借天、神、鬼的力量痲醉他們，並使他們從中得到信心、力量，甚而自願地去盡忠效死。在當時科學不昌明的情況下，這也是需要的，並且也起了一定的作用。

雖然如此，武帝事業之能否成功，卻不是這些天、神、鬼的虛幻力量所能左右的，而是決定於客觀的現實條件。綜觀武帝一生，他事業的成功主要在元封年間以前；元封以後大量流民出現，階級矛盾、社會矛盾日趨尖銳，武帝的事業漸漸走向下坡。元封元年泰山封禪以後，武帝不僅頻頻去泰山增封、修封，又立明堂、改制，而這些大典並沒有能阻止他的事業向下坡滑去。

第二節　方士與神仙

方士，指秦漢時燕、齊地區鼓吹能長生不老、點石成金、成仙，為此求藥、煉丹之人而言。漢武帝在求長生不老、成仙方面與秦始皇酷似，為此他迷信方士，相信方士的胡說八道，一旦發現自己受騙上當時，又誅殺方士。據《史記．封禪書》、《漢書．郊祀志》所載，李少君、齊人少翁、欒大就是那時方士中的代表人物。

李少君求長生不老

武帝在祭祀活動中遇到的方士代表人物第一個就是李少君。李少君因懂得祠灶等長生不老的方術而見武帝，武帝很尊重他。李少君原是深澤侯的舍人，隱瞞了自己的年齡和經歷，自稱七十多歲，能使用神祕的物品，防止衰老，又無妻子，遍遊諸侯。人們得知他能使人長生不死，爭相饋贈他、款待他，因此他有很多儲蓄。少君憑藉他的奇方，講的話常有應驗。少君曾從武安侯田蚡宴飲，在座的有九十多歲的老人，少君對他說：「我同足下的祖父曾在某地玩和騎射。」老人童年時曾跟隨其祖父，記得確是某地，座人皆驚服。少君見武帝時，武帝藏有一件古銅器，武帝問其識此器嗎？少君說：「這件銅器在齊桓公十年，陳列在柏寢臺。」武帝仔細看器上銘文，果然是齊桓時的器物，宮中人都為此吃驚。李少君對武帝說：「祠灶可獲奇物，有此奇物可使丹沙化為黃金，再用這種黃金製成飲食器具就可延年益壽、可見到蓬萊仙人，見到仙人與之進行封禪大典則長生不死，黃帝就是這樣飛升成仙的。臣曾遊海上，見到仙人安期生，安期生吃的是像瓜一樣大的巨棗。安期生是神仙，生活在蓬萊仙島中，與他投合，他才與人見面，不投合則隱而不見。」因此天子親自祠（祭祀）灶，派遣方士入海求蓬萊安期生之類的神仙，從事化丹沙諸藥為黃金的點石成金術。沒有很久，李少君病死，武帝以為他化而為仙，並未死，就令人繼續研究他的遺方，訪求蓬萊安期生，雖無結果，但因此齊、燕的方士卻紛紛到漢朝廷來談神仙一類的事情。

少翁通鬼神

武帝遇到另一位方士是齊人少翁。元狩四年（西元前一一九年）少翁以通鬼神的方術見武帝。武帝有一位從趙地來且受寵幸的王夫人早死，少翁能用他的方術讓武帝夜晚從帷幕中看見王夫人和灶鬼。因此，武帝拜少翁為文成將軍，賞賜甚多，並以客禮相待。這位文成將軍對武帝說：「主上想與神通，宮室被服就要像神，否則神就不降臨。」於是武帝制作了畫有雲氣的車子，又興建了甘泉宮，中間有臺室，畫天、地、太一諸神鬼，設置了祭祀的用具，希望能迎來天神。過了一年多，少翁用的方法均無效，神仙並沒有降臨。

在這種情況下，少翁就用帛書喂牛，卻佯裝不知，又說：這牛腹中有奇異。殺牛，取出帛書，帛書上寫的極為荒誕奇怪，天子認識帛書上的字體筆跡，追問書寫的人，果然是偽書，於是武帝就誅殺文成將軍少翁，隱祕其事，以免為人所笑。

欒大求神仙

欒大是最著名的一位方士。欒大原是膠東王府的宮人，[21]與文成將軍文翁是師兄弟，後為膠東王府的主方藥的官吏。膠東康王劉寄在元狩二年（西元前一二一年）死後，王妃想媚於武帝，就讓其弟欒成侯丁義上書，薦欒大求見武帝談成仙之方。元鼎四年（西元前一一三年）漢武帝在誅殺文成之後，又後悔其早死，可惜他求長生不老、成仙的方子沒有全獻出來，在此情況下見了欒大，十分高興。

欒大，大個子，美貌，會講話，敢說大話，在武帝面前胡吹，說：「臣常往來海中，見到安期、羨門一類仙人，可是他們以臣地位卑賤，不相信臣；又以為康王不過是諸侯，不值得傳授方術。臣數次向康王進言，康王不重用臣。臣的老師說：『黃金可以用奇藥煉成；河水決堤可以堵塞；長生不死之藥可以求得，仙人可以找到。』然而，臣怕落得與文成將軍一樣的下場，方士都閉口不敢再說話了，豈敢再談方術！」武帝對他說：「文成是誤吃馬肝中毒死的，你如果真能修煉出使人成仙的方術，我還有什麼可愛惜的呢？」欒大則說：「臣的老師無求於人，而是人們有求於他。陛下一定要請他來，就應提高使者的地位，使其尊貴，讓其有親屬，以客禮相待，不能卑視他，讓他們各佩印信，才可使他們向神人說話。神人來或不來，就要看陛下是否讓使者尊貴，然後才能請到神人。」武帝要檢驗他的小伎，讓他鬥棋，果然棋子互相觸擊。注家解釋說，以雞血雜磨針、鐵杵，用磁石作棋頭，放置在棋局上，即可互相鬭擊。

這時武帝憂慮黃河決口，欒大還未試驗成功煉金術，就拜他為五利將軍。一個多月中，佩帶了四顆印信——天士將軍、地士將軍、大通將軍、五利將軍。武帝幻想欒大能幫他治水，所以封欒大為樂通侯，食邑兩千戶，賜給列侯的住宅和僮奴千人、帷幄器物以充實其家，並把皇后衛子夫生的衛長公主嫁給欒大為妻，贈給萬金。武帝親自到欒大宅第去看望，並讓使者前去問候，供給用品的人前後連續不斷，從武帝姑母、將相以下官員都備宴款待，並贈獻厚禮。武帝給欒大還

21　膠東康王劉寄是武帝劉徹之弟，見《漢書·景十三王傳》。

刻了「天道將軍」的玉石印章，讓欒大穿羽衣夜立白茅上接受此印，以表示他不把欒大當一般臣下。為什麼要佩「天道」印呢？是為讓他給天子迎天神。於是五利常夜間在家祭祀，想使神仙降臨，神沒有來，卻來了許多鬼，所幸欒大能驅使這些鬼。後來，欒大就東行入海，去求他的老師去了。欒大到京師求見武帝後，數月之間，佩帶了六顆大印，[22]貴寵震天下。於是，沿海燕、齊之地的人，莫不誇耀自己有祕方，能求得神仙。

元鼎五年（西元前一一二年）秋天，欒大不敢入海求仙，遂到泰山去祭祀，武帝派人去察驗，什麼也未見到。欒大又胡說見到了他的老師，其祕方用盡了，沒有應驗。武帝發現欒大是個大騙子，遂誅殺欒大與推薦他的樂成侯丁義。對此，王船山評價極高，他說：「丁義既誅，大臣弗敢薦方士者，畏誅而自不敢嘗試也。義誅，而公孫卿之寵不復如文成、五利之顯赫。其後求仙之志亦息矣，無有從諛之者也。故刑賞明而奸人收斂。武帝淫侈無度而終不亡，賴此也夫。」[23]

欒大死後，武帝又在方士公孫卿等人的引誘下繼續求仙活動。元封元年（西元前一一〇年）冬，武帝為封禪，先勒兵到內蒙向匈奴單于示威，而後到中嶽太室山，又接著東巡海上，齊人上書談神怪奇方的人以萬數，然而卻沒有應驗的。在這次封禪過程中掀起了一個求仙的高潮，結果卻以失敗而告終。元封二年（西元前一〇九年）春方士公孫卿說：「在東萊山看到神人，似乎是說『想見天子』。」於是武帝趕到東萊，住了幾天，沒有看見神人，卻見了大人的腳印。總之，武帝一生聽方士的話尋求神仙，沒有一次成功。所以，司馬遷說：「方士之侯祠神人，入海求蓬萊，終無有驗；而公孫卿之侯神者，猶以大人之跡為解，無有效。」揭露了方士尋求神仙的活動完全是一種騙人的把戲。

漢武帝臨死的前二年，征和四年（西元前八九年）三月大鴻臚田千秋上奏說：「方士言神仙者甚眾，而無顯功，臣請皆罷斥、遣之！」武帝接受了他的意見，「悉罷諸方士」。後來武帝對群臣說：「向時愚惑，為方士所欺。天下豈有仙人，盡妖妄耳！」這是武帝一生求長生不老、求仙所作的最後的結論。信了一輩子神，最後清醒了，也不容易。

第三節　祥瑞與災異

「天人合一」、「天人感應」在漢代是一股強大的思潮，在這方面漢代與商周有相似之處，漢代的人也相信天上的上帝是人間的主宰，管理著人間的事情。天上星辰的變化、日食、月食、隕星發生，地上發生的各種祥瑞和水災、旱災、火災等災異，都要在人間找到相應的表現。這些現象，以今天的科學知識來認識是十分荒唐可笑的事情，然而當時人對它卻似乎是很相信的，儒家的董仲舒和陰陽家都鼓吹它、宣揚它，方士則進一步引導人們去迷信神鬼。當時的進步思想家如司馬遷對這種現象的某些方面雖有懷疑與否定，但在當時的社會生活中起不了什麼作用，而漢武帝則在這一思潮的支配下，幹了許多事情，有的事情導致了嚴重失誤，如認為劉弗陵生時有祥瑞，想立其為太子導致嚴重失誤就是一例。在這類事情中有以下兩件事情值得注意。

其一，祥瑞與年號。漢武帝以前帝王無年號，漢武帝時有了年號，這年號的來源就和祥瑞有

22《史記．封禪書》注引《索隱》說欒大佩的六印為：「五利將軍、天士將軍、地士將軍、大通將軍為四也。更加樂通侯及天道將軍印，為六印。」

23 王船山，《讀通鑑論》，〈武帝二一〉。

麟。漢武帝即位的第十九年（西元前一二二年）到雍郊祀祭五帝，順便打獵，獲一獸。據說此獸為白色、牛尾、馬足、圓蹄、頭上只長一角，有點像麒麟。有司就說：「陛下虔誠郊祀，上帝回報祭獻，賜一角獸，當是麒麟。」於是作〈白麟之歌〉來紀念這件盛事。過了幾年，有司又上奏說：「元年應根據上天所降的祥瑞來命名，不宜按一、二來排數，一元曰建（即建元），二元因有流星的長光曰光（即元光，三元叫元朔），今元因郊祀得一角獸曰狩（即元狩）。」因此武帝即位的第十九年就是元狩元年，從這年起就有了年號。武帝即位的前十八年，則分為三段，一段六年，第一段年號為建元，第二段年號為元光，第三段為元朔，第四段就是元狩。元鼎四年六月因在汾陽縣掘地得到了一個大鼎，人們都以為是祥瑞，武帝以禮迎鼎至甘泉，於是就把這六年的年號改為元鼎。其後，因武帝到泰山進行了封禪，所以又把年號改為元封。

年號有兩個好處：一是武帝初建年號時，年號都有元字。元者，始也，《公羊傳．隱公元年》載：「元年者何，君之始年也。」年號中有元字，含有從頭開始，與民更始之意。所以，改一個年號，都含有除舊佈新，從頭開始之意，這一點不應忽視。二是年號使年代有了標記，「實用上甚是便利，別的不用說，即如周代器物常刻『唯王……年』，後人既不知道這王是哪一王，就不知道這年為哪一年。有了年號，一看便明白了。」[24]可能是因為皇帝都歡喜在年代上劃上自己的標記，所以漢武帝以後的皇帝都有了自己的年號。不僅如此，影響所及，連朝鮮、日本等國也有了年號。

其二，災異與建章宮。《漢書．五行志》記述了從古至漢代的種種災異及其在社會的各種回應，這裡僅談武帝時發生的災異及武帝和臣下的對應。建元六年（西元前一三五年）遼東高廟、長陵高園便殿火災，董仲舒以其天人感應之說推其災異，草稿未上奏，主父偃劫其書上奏，武帝於是召諸儒以其視之，董仲舒弟子呂步舒不知是董仲舒所寫，「以為大愚」，武帝因此令獄吏治董仲舒罪，當判死刑，後下詔赦免。此後，董仲舒不敢再言災異。《漢書．五刑志》保存了董仲舒對這次災異的觀點，他認為遼東高廟失火，應在天子要誅滅在外謀反的諸侯，而高帝長陵高園便殿失火應在朝內權臣不正有逆言。後來又有人附會這兩次災異，應在淮南、衡山王謀反和朝內太尉武安侯田蚡對淮南王說話有逆言。

災異常常把互不聯繫的天災與人事通過推演、預言聯繫在一起，不僅不利於社會安定，有時也造成了巨大奢侈、浪費。如太初元年（西元前一〇四年）未央宮柏梁臺火災，有個名為勇之的越人對漢武帝說：「越地的習俗，遭火災後再造新屋，新屋定要比舊屋大，屋大才能壓住發生災異的小屋。」因此，漢武帝作建章宮，宮室千門萬戶，前殿比未央宮還高；東面為鳳闕，高二十餘丈；西面是唐中池，有虎圈，周圍數十里；中間也開鑿了一個大池，池中間建漸臺，高二十餘丈，池名叫太液池，池中有蓬萊、方丈、瀛洲、壺梁，像海中的神山龜魚之屬；南面有玉堂（玉砌的堂）、璧門（玉璧作成的門）、大鳥之類的建築；又立神明臺、井干樓，樓高五十丈；皇帝、皇后乘輦的車道相連不斷。在災異說的支配下，為壓住柏梁臺火災，竟然興建了如此巨大的工程，耗費了巨大的人力、物力、財力。

漢武帝本來是要借「受命於天」的天命學說和神鬼的福，來加強皇權和使漢朝江山穩固的，沒想到他去世後不久，昭帝時眭弘就借泰山下的一塊大石忽然自己立起等現象宣揚漢朝國運已盡，江山應禪讓給新受命的天子。[25] 西漢末王莽又借這套把戲篡漢自立，建立了新朝。這樣，借

24 顧頡剛，《秦漢的方士與儒生》（上海古籍出版社，一九七八年），一二一頁。
25 《漢書》卷七十五，〈眭弘傳〉。

宗教神學迷信強化漢朝統治的「天人感應」之類的學說，後來竟然又成了一些人取代漢朝統治的工具。

第九章　晚年的形勢與悔過

漢武帝晚年對匈奴的戰爭連年失利，國內遍及全國廣大地區的小股農民起義紛紛發生。同時，統治階級內部矛盾尖銳，由此而引起的巫蠱之禍給社會帶來了一場災難。在嚴重危機面前，漢武帝下輪臺詔，斷然悔過，改弦更張，從此不復出軍，推行富民政策，安排新的領導班子，為其後的昭、宣中興創造了條件。

第一節　階級矛盾尖銳與鎮壓農民起義

國家開支巨大與農民負擔加重

漢武帝時期一改文景時的無為而治，轉而積極有為、大力興作，使國家開支浩巨。這主要表現在以下幾方面：（一）「外事四夷」，尤其是長時期不斷地對匈奴戰爭用費巨大；（二）不斷地興修水利；（三）興修苑囿宮殿樓臺；（四）封禪等禮儀大典。現僅就武帝興修苑囿宮殿等奢侈生活耗費簡述如下，其他方面在別處述及。

漢武帝一生不斷修建苑囿宮殿樓臺，生活奢侈。武帝即位不久，建元三年（西元前一三八年）

就擴大上林苑，原因是因武帝愛玩，常微行出遊，北至池陽（今陝西涇陽西北）、西至黃山（今陝西興平縣北）、南獵長楊（今陝西周至縣東南）、東遊宜春（今陝西長安縣南）。八九月份，與侍中常侍武騎及隴西、北地郡良家子能騎射者定期會諸殿門。武帝自稱平陽侯，早出晚歸，天明入山馳射鹿豕狐兔，手格殺熊羆，奔馳於禾稼、稻秔之地。民眾都號呼責罵，聚會起來，言之於鄠（戶）、杜（今陝西西安市東南）縣令，縣令大怒，使吏大聲喝止等等。由於路途遙遠，又為百姓所患，武帝就使吾丘壽王等人規劃把秦阿房宮（今西安市西阿房村）以南，盩厔（今陝西周至縣）以東，宜春以西方圓三百四十里（一說四百里）的地方築為上林苑。東方朔極力諫止說：這一地區是涇水、渭水之南的富饒天下稱為「陸海」的地區，南山出產的金銀銅鐵等礦產品、林木產品為「百工所取給、萬民所仰足」；這一地區的耕地肥沃，「號為土膏」，其價畝一金，今規劃為苑（養禽獸、植林木、打獵、遊玩的園林），是「絕陂池水澤之利，而取民膏腴之地，上乏國家之用，下奪農桑之業，棄成功，就敗事，損耗五穀，是其不可一也。」又指出，為築上林苑，就要「壞人塚墓，發人室廬，令幼弱懷土而思，耆老泣涕而悲，是其不可二也。……故務苑囿之大，不恤農時，非所以強國富人也。」甚而還說：「殷作九市之宮而諸侯叛，……秦興阿房之殿而天下亂」等等。[1] 漢武帝雖然認為他講得有道理，給他加官賜金，然而還是按吾丘壽王的規劃築起了上林苑。

《三輔黃圖》卷四載，「《漢書》云：『武帝建元三年開上林苑，東南至藍田宜春、鼎湖、御宿、昆吾，旁南山而西，至長楊、五柞，北繞黃山，瀕渭水而東，周袤三百里。』離宮七十所，皆容千乘萬騎。《漢宮殿疏》云：上林苑『方三百四十里』。《漢舊儀》云：『苑中養百獸，天子秋冬射獵取之。』帝初修上林苑，群臣、遠方，各獻名果異卉三千餘種植其中，……以標奇異。」

上林苑雖是秦朝舊苑，經漢武帝擴大、增修，遂成長安附近第一大名苑。《長安志》引《三輔故事》及《關中記》云：「上林延亙四百餘里。」[1]「上林苑有昆明觀，武帝置。又有繭觀、平樂觀、遠望觀、燕升觀、觀象觀、便門觀、白鹿觀、三爵觀、陽祿觀、陰德觀、鼎郊觀、樛木觀、椒唐觀、魚鳥觀、元華觀、走馬觀、柘觀、上蘭觀、郎池觀、當路觀，皆在上林苑。」此外，還有虎圈觀、昆池觀等等。《長安志》引《關中記》總敘上林宮、觀說：「上林苑門十二、中有苑三十六、宮十二、觀二十五」等等。[2]從這些記載可以看出，上林苑是一處規模巨大、多功能、多用途綜合性的帝王苑囿，比起清代的圓明園、頤和園規模要大得多，功能、用途也要多，是中國和世界園林史上的奇觀。

元狩三年，武帝又穿昆明池，周回四十里，以習水戰。《漢書・武帝紀》載：「元狩三年，減隴西、北地、上郡戍卒之事，發謫吏穿昆明池。」《三輔舊事》曰：「昆明池地三百三十二頃，中有戈船各數十，樓船百艘，船上建戈矛。」《廟記》曰：「池中後作豫章大船，可載萬人，上起宮室，因欲遊戲，養魚以給諸陵祭祀，余付（給）長安廚。」《三輔故事》曰：「池中有豫章臺及石鯨，刻石為鯨魚，長三丈，每至雷雨，常鳴吼，鬣尾皆動。」又云：「池中有龍首船，常令宮女泛舟池中，張鳳蓋，建花旗，作櫂歌，雜以鼓吹，帝御豫章觀臨觀焉。」《關輔古語》曰：「昆明池中有二石人，立牽牛、織女於池之東西，以象天河。」[3]從這些記載看，昆明池是一訓練水軍、

1《漢書》卷六十五，〈東方朔傳〉。
2 陳直，《三輔黃圖校證》卷之四，〈苑囿・上林苑〉（陝西人民出版社，一九八〇年）。
3 陳直，《三輔黃圖校證》卷之四，〈池沼・昆明池〉。

養魚、遊樂的多功能的人工湖。開挖這麼大的人工湖、製造出有關大小船隻、刻石等設施，自然花費巨大。

元狩四年，武帝又造甘泉宮。元鼎二年，又在長安北闕內築柏梁臺。《三輔舊事》云：柏梁臺「以香柏為梁也，帝嘗置酒其上，詔群臣和詩，能七言詩者上。」《三秦記》則說：「柏梁臺上有銅鳳，名鳳闕。……武帝作柏梁臺，詔群臣二千石有能為七言詩者，乃得上坐。」[4] 元封元年，武帝在泰山封禪後，「夢高祖坐明堂朝群臣，於是祀高祖於明堂以配天，還作首山宮以為高靈館。」[5] 從此記載可以看出，首山宮是在漢武帝泰山封禪後回長安後建造的，造首山宮的目的是安置靈位、靈堂。

元封二年，武帝又建飛廉觀，建造的原因是方士公孫卿通過衛青對武帝說「仙人好樓居，不極高顯，神終不降了。於是上（武帝）於長安作飛廉觀，高四十丈。」[6] 同時，又在甘泉作通天臺，《漢舊儀》云：「通天者，言此臺通於天也。」《漢武故事》說：「築通天臺於甘泉，去地百餘丈，望雲雨悉在其下」，「上通天臺，舞八歲童女三百人，祠祀招仙人。祭泰乙（泰一），云令人升通天臺，以候天神……。」

太初元年十一月，柏梁臺遭火災，為了造一個大屋子壓住災邪，這年二月築建章宮。《水經注》引《三輔黃圖》曰：「建章宮，漢武帝造，周二十餘里，千門萬戶。」[7]《漢武故事》載武帝建造建章宮及其奢侈、玩樂的生活說：「起建章宮為千門萬戶，其東鳳闕，高二十丈；其西唐中，廣數十里；其北太液池，池中有漸臺，高三十丈，池中又作三山，以象蓬萊、方丈、瀛洲，刻金石為魚龍禽獸之屬；其南方有玉堂、璧門、大鳥之屬，玉堂基與未央前殿等去地十二丈，階陛咸以玉為之，鑄銅鳳凰，高五丈，飾以黃金棲屋上。又作神明臺、井幹樓，高五十餘丈，皆作懸閣輦道相屬焉。其後又為酒池肉林，聚天下四方奇異鳥獸於其中，鳥獸能言能歌舞，或奇形異態，不可稱載。其旁別造奇華殿，四海夷狄器服珍寶充之，琉璃珠玉火浣布切玉刀，不可稱數。巨象大雀、獅子駿馬，充塞苑廏，自古以來所未見者必備。又起明光宮，發燕趙美女二千人充之，率取十五以上，二十以下；滿四十者出嫁，掖庭令總其籍，時有死出者補之。凡諸宮美人，可有七八千。……未央庭中設角牴戲，享外國，三百里內皆觀。角牴者，六國所造也；秦並天下，兼而增廣之；漢興雖罷，然猶不都絕，至上（武帝）復採用之。並四夷之樂，雜以奇幻，有若鬼神。角牴者，使角力相抵觸者也。其雲雨雷電，無異於真，畫地為川，聚石成山，倏忽變化，無所不為。」

漢武帝大興土木建造苑囿、宮殿，生活鋪張奢侈，在歷史上是出名的。東方朔就對武帝說：「今陛下以城中為小，圖起建章，左鳳闕，右神明，號稱千門萬戶；木土衣綺繡，狗馬被繢罽；宮人簪瑇瑁，垂珠璣；設戲車，教馳逐，飾文采，叢珍怪；撞萬石之鐘，擊雷霆之鼓，作俳優，舞鄭女。上為淫侈如此，而欲使民獨不奢侈失農，事之難者也。」後世有人認為漢武帝在大興土木役使民力方面超過了秦始皇，〈三輔黃圖序〉說：「至孝武皇帝，承文、景菲薄之餘，恃邦國阜繁之資，土木之役，倍秦越舊，斤斧之聲，畚鍤之勞，歲月不息，蓋騁其邪心以誇天下也。」

---

4 陳直，《三輔黃圖校證》卷之五，〈臺榭．柏梁臺〉。
5 陳直，《三輔黃圖校證》卷之三，〈首山宮〉。
6 陳直，《三輔黃圖校證》卷之五，〈飛廉觀〉。
7 《水經注》卷十九，〈渭水〉。

漢武帝這些大肆興作的活動，都直接、間接地加重了農民的負擔。對匈奴的戰爭，僅僅運輸糧草，這方面增加的農民負擔就極其繁重，《漢書》卷六十四〈主父偃傳〉載主父偃的話說，從沿海東萊、琅玡諸郡轉輸糧草到北河（朔方陰山南之黃河）「率三十鍾而致一石」。唐朝顏師古說：「六斛四斗為鍾。計其道路所費，凡用百九十二斛（十斗為一斛，同石），乃得一石至。」這就是說運送一石糧至朔方，路途就要耗費一百九十二石。《漢書》卷九十四〈匈奴傳〉載嚴尤說：「計一人三百日食，用糒（乾糧）十八斛，非牛力不能勝；牛又自當齎食，加二十斛，重矣。胡地沙鹵，多乏水草，以往事揆之，軍出未滿百日，牛必物故（死）且盡，餘糧尚多，人不能負。」這裡也講了對匈奴戰爭，運輸糧草的極端困難，及其加重民眾負擔的狀況，再加上武帝其他種種興作，則民眾負擔更為繁重。

另外，自然災害的不斷發生也使形勢變得更為危急。如《漢書．武帝紀》載，建元三年春，「河水溢於平原，大饑，人相食。」元光三年春，河決頓丘，夏河決濮陽，氾濫十六郡。元狩三年，「山東大水，民多饑乏。天子遣使者虛郡國倉廩以賑貧民，猶不足，又募豪富吏民能假貸貧民者以名聞；尚不能相救，乃徙貧民於關以西及充朔方以南新秦中七十餘萬口，衣食皆仰給縣官（國家），數歲假予產業。」[8] 元鼎三年（西元前一一四年），「關東郡國十餘饑，人相食」等等。

在上述形勢下，階級矛盾日趨尖銳，其表現形式是農民的流亡和起義。

農民流亡及其對策

漢武帝時，階級矛盾尖銳的一種表現形式就是農民流亡。流亡，是農民反抗的消極表現，通過流亡逃避封建國家賦稅、傜役。在元狩四年（西元前一一九年）武帝任用東郭咸陽、孔僅為大農丞，桑弘羊以會計用事，實行鹽鐵專賣，禁止私營。在此之前，農民就紛紛逃亡深山窮澤之中，為鹽鐵業主煮鹽冶鐵。關於此事，《鹽鐵論．復古篇》說：「往者（武帝管鹽鐵之前），豪強大家，得管山海之利，采鐵石鼓鑄，煮海為鹽。一家聚眾，或至千餘人，大抵盡收放流人民也，遠去鄉里，棄墳墓，依倚大家。」這裡所說的冶鐵煮鹽業主，「一家聚眾，或至千餘人，大抵盡收放流人民也」，所謂「放流人民」就是流亡農民。從這裡可以看出流亡農民數量之眾，以及他們在私人冶鐵、煮鹽業中所起的作用。由於負擔加重，農民流亡便愈來愈多，關於這點，《鹽鐵說．未通篇》說：「文學曰：『樹木數徙則萎，蟲獸徙居則壞。』故『代馬依北風，飛鳥翔故巢』，莫不哀其生。由此觀之，民非利避上公之事而樂流亡也。往者，軍陣數起，用度不足，以訾（資）徵賦，常取給見（現）民，田家又被其勞，故不齊出於南畝也。大抵逋流，皆在大家，吏正畏憚，不敢篤責；刻急細（小）民，細民不堪，流亡遠去；中家為之絕出，後亡者為先亡者服事；錄民數創於惡吏，故相仿效，去尤甚而就少愈者多。……是以田地日荒，城郭空虛。」這段話把農民為什麼大量流亡的原因說清楚了。農民本來是安土重遷的，農民逃避國家的賦稅、傜役而流亡，

8《資治通鑑》卷十九，〈漢紀一一〉。

實則對自己並無什麼利益，那麼他們為什麼要流亡呢？那是因為過去的武帝時期「軍陣數起」，按資產徵賦，卻常常從現存的小民身上徵取。大體上逃避賦稅的都是豪強大家，官吏們畏懼不敢督責他們繳賦，卻「刻急細民」，這些小民無法忍受，就流亡遠去；小民逃走了，有中等家產的人就要為他們出賦稅徭役，後面逃亡的人代先前逃亡的人服役；民眾多次受惡吏壓榨勒索，所以互相仿效，逃亡者愈來愈多，留下來的反而愈來愈少。這就是田地日益荒蕪、城郭空虛的原因。

元封年間農民流亡更加嚴重。「元封四年，關東流民二百萬口，無名數者（無產籍者）四十萬，公卿議欲請徙流民於邊以適（謫）之。」丞相石慶也慚愧地上書謝罪說：「臣幸得待罪丞相，罷駑無以輔治。城郭倉廩空虛，民多流亡，罪當伏斧質（斧質，殺人刑具），上不忍致法。願歸丞相侯印，乞骸骨歸，避賢者路。」漢武帝為回答丞相的上書，下了一道詔書說：

間者，河水滔（漫）陸，泛濫十餘郡，隄防勤勞，弗能汛（同堙，堵塞）塞，朕甚憂之。是故巡方州（巡視東方州郡），……問百年民所疾苦。惟吏多私，徵求無已，去者便，居者擾，故為流民法，以禁重賦。乃者封泰山，……是以切比（校考）閭里，知吏奸邪。委任有司，然則官曠（空）民愁，盜賊公行。往年覲明堂，赦殊死，無禁錮，咸自新，與更始。今流民愈多，計文（上計文書）不改，君（指丞相）不繩責長吏，而請以興徙四十萬口，搖蕩百姓，孤兒幼年未滿十歲，無罪而坐率，朕失望焉。今君上書言倉庫城郭不充實，民多貧，盜賊眾，請入粟為庶人。

上述圍繞元封四年（西元前一〇六年）流民問題嚴重，丞相上書辭職和武帝所下詔書，反映了以下幾個值得注意的問題：

其一，丞相上書中說「城郭倉廩空虛，民多流亡」。武帝的詔書中也說「官曠民愁，盜賊公行」等都說明存在的問題是很嚴重的。

其二，出現問題的原因，武帝從黃河瓠子決口，泛（氾）濫十餘郡時，尤其是在元封二年堵塞黃河瓠子決口前後，到許多地方問「民所疾苦」？得出的結論是「惟吏多私，徵求無已」，流亡出去的人得到了方便，在家居住的人反而受到騷擾。因此武帝制定了「流民法，以禁重賦」，想以此來解決流民問題。然而，並未收效，所以出現了元封四年嚴重的流民問題。

其三，在如何解決元封四年流民問題的辦法方面，武帝不同意公卿眾臣提出的「徙四十萬口」去邊郡的辦法，而指斥丞相說「今流民愈多，上計的文書卻不改」，你怎麼「不繩責長吏」？至於用什麼具體辦法來解決元封四年的流民問題，武帝雖未說明，但詔書中所說「赦殊死，無禁錮，咸自新，與更始」就是解決問題的一些原則了。《漢書．武帝紀》載元封五年冬天開始，武帝巡行了長江、淮河流域許多地方，後又到泰山封禪，夏四月下了一道詔書說「赦天下，所幸縣（皇帝所到過的縣）毋出今年租賦，賜鰥寡孤獨帛、貧窮者粟」。這道詔書，或許就是武帝解決元封四年流民問題的一些具體措施。

另外，還值得注意的是，武帝在詔書中一再指責民眾的疾苦和流民問題的嚴重是「惟吏多私，徵求無已」等等所造成的；對民眾的苦難則深表同情，如說要求「徙四十萬口」是「搖蕩百姓」，讓「孤兒幼年未滿十歲，無罪而由父母率領一同徙走」都是不對的等等。雖然武帝指責官吏、同情民眾。然而，民眾的疾苦、流亡與武帝內外興作的政策、措施有沒有聯繫，武帝並沒有從這方面檢查自己，說明他對這個問題仍然缺乏認識。

元封四年（西元前一〇七年）嚴重的流民問題曾使漢武帝和朝廷震動，但漢武帝並沒有認識發生這一問題的深刻原因，總結經驗教訓，從政策上加以適當調整。因此，事過境遷後，依舊內外興作不斷。過了兩年多，太初元年（西元前一〇四年），武帝雖造太初曆，實行改制，但並沒有真正的改弦更張，而是開始了新一輪的內外興作。其一，這一年冬十一月，柏梁臺火災，武帝聽信了越巫勇之的話，為把災星壓住，就於這年二月開始建造規模宏大的建章宮，建章宮造好不久，太初四年秋又造明光宮。其二，這年五月開始造太初曆的同時，令因杅將軍公孫敖在塞外築受降城，次年又令光祿勳徐自為修五原塞外列城、西北至盧朐等工事，又令強弩都尉路博德築居延塞。其三，太初元年八月，又令貳師將軍李廣利西征大宛，這次戰爭至元封四年才結束，用費浩巨。

天漢二年（西元前九九年），武帝又恢復新一輪對匈奴的軍事進攻。這年，先是令貳師將軍李廣利率三萬騎出酒泉擊匈奴，敗還。後又令李陵率五千步兵擊匈奴，與單于所率匈奴主力交戰，雖漢軍英勇無比「斬首虜萬餘級」，但在匈奴大軍圍追堵截下，最後全軍覆沒，李陵敗降。就在這時山東等地爆發了農民起義，《漢書．武帝紀》載：「泰山、琅邪群盜徐勃阻山（依山之險以自固）攻城，道路不通。」《史記．酷吏列傳》對這次農民起義所涉及的地區、規模有如下記載：

> 南陽有梅免、白政，楚有殷中、杜少，齊有徐勃，燕、趙之間有堅盧、范生之屬。大群至數千人，擅自號，攻城邑，取庫兵，釋死罪，縛辱郡太守、都尉，殺二千石，為檄告縣趨具

食。小群以百數，掠擄鄉里者，不可勝數也。

從這一記載可以看出，此次農民起義牽連的地區有南陽和楚、齊、燕、趙地區，幾乎遍及關東各地，所以在地區上具有廣泛性。從規模上看「大群至數千人」，從其「擅自號，攻城邑，取庫兵，釋死罪，縛辱郡太守、都尉，殺二千石」看，具有一定的戰鬥力。「小群以百數，掠擄鄉里者，不可勝數」，這些情況說明這次農民起義具有分散性，規模不大，有很多支，沒有形成統一、集中的領導，也沒有形成幾支有影響的規模大的義軍。早在元朔元年（西元前一二八年），徐樂就上書武帝說「天下之患，在於土崩，不在瓦解」。在徐樂看來，所謂土崩就是出現秦末陳涉起義的形勢；所謂瓦解就是出現吳楚七國之亂。在他看來可怕的是土崩，而不是瓦解。現在出現了農民起義，出現了土崩的前奏，應該怎麼辦呢？漢武帝採取的是迅速而堅決地鎮壓措施。《史記・酷吏列傳》載：

> 天子始使御史中丞、丞相長史督之，猶弗能禁也。乃使光祿大夫范昆、諸輔（部）都尉及故九卿張德等衣繡衣，持節、虎符發兵以興擊，斬首大部或至萬餘級，及以法誅通飲食，坐連諸郡，甚者數千人。數歲，乃頗得其渠率。散卒失亡，復聚黨阻山川者，往往而群居，無可奈何。於是作「沈命法」，曰群盜起不發覺，發覺而捕弗滿品者，二千石以下至小吏主者皆死。

上述記載說明農民起義發生後，漢武帝就採取以下措施加以鎮壓：其一，武帝開始讓負責督察地方的御史中丞、丞相長史督地方郡守進行鎮壓，然而卻無法禁止農民起義。其二，又使郎中令下屬光祿大夫范昆、諸部都尉和原來作過九卿的張德等人穿著繡衣，持節、虎符發兵擊農民起義軍，大支的農民軍被斬首的或至萬餘級。其三，依據法律誅殺與盜賊（農民起義者）通飲食的人，犯法的人牽連諸郡，甚者達數千人；幾年後，甚至得到了農民軍的渠（大）率。然而，這些盜賊（農民軍）流失的散亡士卒，又在山川中聚集起來，往往成群結隊，官府無可奈何。其四，為解決此問題，制定「沈（沒）命法」，即敢隱蔽藏匿盜賊處死的法律。此法規定：成群的盜賊出現沒有發現，發現後逮捕沒有達到人數的，二千石以下至小吏主管此事的全部處死。所謂「沈命法」就是處死鎮壓盜賊不力的二千石及其以下官吏的法律，目的是督促各級官吏鎮壓反抗的農民軍。此時，暴勝之為直指衣使者，誅殺二千石猶多，威震州郡。此法頒佈後，由於官吏怕被誅殺，所以出現了上下相隱匿的情況。雖然如此，但是在武帝一系列措施之下，天漢三年的這次農民起義終於被鎮壓了下去。

這次農民起義被鎮壓下去了，然而漢武帝卻仍然沒有接受教訓，天漢四年（西元前九七年）、征和三年（西元前九〇年），武帝依舊命李廣利等人率大軍擊匈奴，百姓仍然未從繁重的兵役、徭役負擔中解脫出來。

第二節　巫蠱之禍與統治集團內部矛盾

巫蠱之禍的由來與發生

天漢二年（西元前九九年）農民起義後，過了八年，到征和二年（西元前九一年）六至八月之間，又發生了震驚全國的巫蠱之禍。漢武帝時期巫蠱對宮廷生活和國家政治生活的影響不容小覷，所謂巫蠱，就是利用人們迷信，製作象徵真人的木偶人埋在地下，請巫師用巫術進行詛咒，據說這樣做就能把人害死。武帝的第一個皇后為陳皇后，陳皇后就是因為用巫蠱陷害人而被廢的，後立衛子夫為皇后。武帝晚年的巫蠱之禍，就是有人誣告衛皇后所生太子劉據、公主和衛皇后家族、親戚以巫蠱詛咒武帝而出現和形成的。

巫蠱之禍是征和元年（西元前九二年）從丞相公孫賀家開始的。公孫賀的夫人衛君孺是衛皇后之姊，因此公孫賀受到寵幸，後繼石慶為丞相。公孫賀兒子公孫敬聲為太僕時，驕奢不法，擅用北軍錢千九百萬，下獄。其時，朝廷追捕京師大俠朱安世不能得，公孫賀自請捕朱安世以為兒子敬聲贖罪，得到了武帝的允許。後果然捕得朱安世下獄，朱安世得知公孫賀捕自己為其子贖罪後，就從獄中上書，狀告公孫敬聲與陽石公主私通，使人詛咒武帝，並且在武帝去甘泉宮的馳道上埋木制偶人，並用惡言詛咒。此案下有關官府案驗，公孫賀父子死獄中，族誅全家，陽石、諸邑兩位公主及皇后弟衛青之子長平侯衛伉皆被誅。

衛皇后出身奴婢，在統治階級中沒有根基。元朔元年（西元前一二八年）衛子夫生一男，名據，衛子夫被立為皇后。元狩元年（西元前一二二年）劉據被立為皇太子，稱衛太子，後來又稱戾太子。衛皇后起家靠的是她的色相，後來色衰，再加上她的弟弟衛青、外甥霍去病都已去世，這使衛皇后在朝廷力單勢孤。大司馬、大將軍衛青是元封五年去世的，去世後三年即太初二年（西元前一〇三年）武帝就任命衛皇后的姊夫公孫賀為丞相，或許就是為了填補外戚勢力的空缺。偏偏征和元年公孫賀全家都因巫蠱被誅，連衛皇后與武帝生的女兒也被處死。這一事件對衛皇后和太子來說又意味著什麼？武帝老年多病，總是懷疑有人搞巫蠱要陷害他，這時武帝正在信任一個不值得信任的人——江充。

江充，本名齊，字次倩，趙國邯鄲人，其女弟（妹妹）善鼓琴歌舞，嫁給了趙王太子劉丹，江齊就受到了趙王的寵幸。時間長了，太子認為江齊把自己的「陰私」告訴了趙王，與江齊不和，並使吏追逐、逮捕江齊，江齊逃跑，遂收捕其父兄，經案驗查證，皆棄市。江齊逃走後，入關，改名充，至長安「詣（到）闕告太子丹與同產姊及王後宮奸亂，交通郡國豪猾，攻剽（劫）為奸，吏不能禁。」[9]武帝閱後大怒，派遣使者詔郡發吏卒圍趙王宮，捕太子丹，下魏郡獄，令與廷尉共辦此案，依法當辦太子丹死罪。趙王彭祖乃武帝的異母兄，遂上書武帝，說江充乃「逋逃小臣，苟為奸訛，激怒聖朝，欲……以復私怨」，並表示自己願選趙國勇士，「從軍擊匈奴，極盡死力，以贖丹罪」，武帝不許，廢太子丹，免死。此後，武帝在犬臺宮召見了江充，江充穿著新奇的服裝，大個子，容貌甚壯，武帝「望見而異之」，對左右說「燕趙多奇士」，又問以「當世政事，上悅之」。此後，江充出使了一次匈奴，回來被任命為能代表皇帝和朝廷處理事務的直指繡衣使者，其任務是「督三輔盜賊，禁察踰侈」。當時「貴戚近臣多奢僭」，江充都舉奏彈劾，請沒收其車馬，並把本人押解北軍等待隨軍擊匈奴，被武帝批准。貴戚子弟惶恐，都在武帝面前叩頭求哀，願入錢贖罪，得到武帝允許後，在北軍贖罪入錢達數千萬。武帝以為江充忠直，「奉法不阿，所言中意」，有次武帝的姑姑——陳皇后之母館陶長公主「行馳道中」，江充察問，公主回答有「太后詔」，江充回答說公主一人可以行走，車騎等沒收入官；有次又遇太子家派出的人「乘車馬行馳道中」，被江充的屬吏察問，太子聽說後，派人向江充道謝致謙說：「並非愛車馬不讓充公，實是不想讓皇上知道此事，平素對左右缺乏管教，請江君寬大為懷。」[10]充不接受太子的道謝，遂奏武帝。武帝高興地說：「人臣當如是矣。」此後，江充「大見信用，威震京師」。

不久，江充被升遷為水衡都尉。此時正值陽陵大俠朱安世告丞相公孫賀父子巫蠱事，武帝在甘泉宮，有疾病，江充就奏言說，武帝疾病就是由於巫蠱作崇的結果。因此武帝就讓江充「為使者治巫蠱」，於是江充率胡巫掘地求木偶人，捕夜間祠祝和視鬼之人，又派遣巫汙染地上，以誣其人巫蠱，而後收捕驗治，用「燒鐵鉗灼」，強迫他們服罪。在嚴刑拷問下，「民轉相誣以巫蠱」，官吏就奏劾這些人「大逆亡道」，因此坐法「而死者前後數萬人」。

江充治巫蠱冤死這麼多的人，然而他還不止步，因為他的真正目的還未達到。江充的真正目的是什麼呢？《漢書》卷四十五〈江充傳〉載：「上（武帝）幸甘泉，疾病，充見上年老，恐晏駕後為太子所誅，因是為奸。」所以江充的真正目的是要借巫蠱，打倒儲君，打倒太子。「是時，上春秋高，疑左右皆為蠱祝詛」，這一不正常情況正好為江充所利用，於是江充就對武帝說「宮中有蠱氣，先治後宮希幸夫人，以次及皇后。遂掘蠱於太子宮，得桐木人。」注引師古曰：此桐木人據《三輔舊事》云是江充「使胡巫作而埋之」。江充以此作為太子巫蠱詛咒武帝的證據，因此「太子懼，不能自明」遂收捕充，自臨斬之，說：「趙虜！亂汝國（趙國）國王父子不足邪！乃復亂吾父子也！」《漢書》卷六十三〈武五子傳〉對江充等人到太子宮掘蠱及太子斬江充有詳細記載，內云：江充到太子宮掘蠱時，武帝使按道侯韓說（悅），御史章贛、黃門蘇文（宦官）助充，江充掘蠱得桐木人時，武帝有疾病，在甘泉宮避暑，只有皇后、太子在場。太子召問太子少傅石德，石德對太

9 《漢書》卷四十五〈江充傳〉。

10 《漢書》卷四十五〈江充傳〉載原文為「太子聞之，使人謝充曰：『非愛車馬，誠不欲令上聞之，以教敕亡素者。唯江君寬之』。」

子說：「前丞相公孫賀父子、兩公主及衛伉皆犯此法而死，今巫與使者掘地得到了驗證，不知是巫放置的，還是原來就有，無以自明，可假託君命（矯）以節逮捕江充等人入獄，窮治其奸詐。況且皇帝有疾在甘泉，皇后和太子家吏請示、問有關事情皆無音訊，上（武帝）存亡未可知，而奸臣竟然如此（指掘蠱事），太子怎麼不念秦公子扶蘇事也？」太子著急，認為石德說得是對的。征和二年（西元前九一年）七月壬午，太子使客為使者逮捕江充等人，按道侯韓說懷疑使者有詐，不肯接受詔書，客殺死韓說。御史章贛受傷不見，自己回甘泉去了。太子又派其家舍人持節夜入未央宮長秋門把發生的事情都告訴了皇后，於是發廄（馬房）車載射士，出武庫兵，發長樂宮衛，告令百官說江充造反，於是斬江充，燒胡巫於上林中，遂讓賓客為將率人與丞相劉屈氂等戰。

關於巫蠱之禍過程中太子劉據與丞相劉屈氂雙方率人在長安大戰，《漢書》卷六十六〈劉屈氂傳〉有詳細記載，內云：戾太子殺江充後，發兵入丞相府，屈氂逃走，忘帶印綬。其時，武帝在甘泉宮，丞相府長史急乘驛至甘泉宮向武帝報告，武帝問「丞相何為？」回答說：「丞相祕之（祕而不宣、不公開），未敢發兵。」武帝怒曰：「事籍籍（紛紛）如此，何謂祕也？丞相無周公之風矣。周公不誅管蔡乎？」於是武帝賜丞相璽書曰：「捕斬反者，自有賞罰，毋（不要）接短兵，多殺傷士眾。堅閉城門，毋令反者得出。」太子發兵時宣稱「帝在甘泉病困，……奸臣欲作亂」。武帝從甘泉至長安城西建章宮下詔發三輔近縣兵，中二千石以下的都由丞相率領作戰。太子也遣使者矯制（假託詔命），赦長安各官府（即中都官）囚徒，發武庫兵器，命太子少傅石德及賓客張光等分別率領。又使長安囚如侯持節發長水及宣曲胡騎，此時武帝侍郎馬通使長安追捕並斬如侯，又告訴胡人「節有詐，勿聽也」，並引騎兵入長安，又發用棹的樓船士卒歸大鴻臚商丘成指揮。太子又召監北軍使者任安發北軍兵，任安受節後，閉軍不應太子。太子率兵總計數萬眾，至長樂宮西闕下，遇丞相軍，兩軍「合戰五日，死者數萬人，血流入溝中」。丞相率的兵漸漸多起來，太子軍敗，南奔至城門，出門而逃。太子出城門時，適逢丞相府輔佐丞相舉不法的司直田仁部閉城門，讓太子出走。丞相要斬田仁，御史大夫暴勝之對丞相說：「司直，吏二千石，要斬，當先請示，怎麼能擅自斬殺呢？」[11] 丞相就釋放了司直田仁。武帝聽說後大怒，下吏責問御史大夫曰：「司直縱反者，丞相斬之，法也，大夫何以擅止之？」暴勝之惶恐，自殺。北軍使者仁安，受太子節，懷二心，司直田仁縱放太子，皆腰斬。武帝說：「侍郎馬通獲反將如侯，跟隨馬通的長安男子景建獲少傅石德，所以侍郎馬通立了首功。[12] 大鴻臚商丘成力戰獲反將張光，封馬通為重合侯，隨從馬通的景建為德侯，商丘成為秺侯。」對跟太子的人作了如下處理：諸太子賓客，嘗出入宮門，皆誅殺；隨太子發兵，以反法，族；吏與士卒劫掠者，皆徙敦煌郡。

太子戰敗，從長安城逃走後，武帝下詔派遣處理皇族事務的長官宗正劉長樂、執金吾劉敢奉命收皇后璽綬，衛皇后自殺。黃門蘇文、姚定漢把衛皇后屍體「盛以小棺」，埋之城南桐柏，「衛氏悉滅」。[13] 太子從長安城逃出後，東至湖（縣名），[14] 藏匿於泉鳩里。主人家貧，常賣屨以給太子，太子有故人在湖，聽說他富足，使人呼之被發覺。吏圍捕太子，太子自度不得脫，即入室自縊而死。山陽男子張富昌為卒，足蹋開門戶，新安令史李壽趨抱太子屍體解開縊帶，主人為保護太子格鬥而死，隨太子的皇孫二人皆遇害。這些事情是太子逃出長安城以後二十餘日發生的，為

11《漢書》卷六十六，〈劉屈氂傳〉載原文為：「司直，吏二千石，當先請，奈何擅斬之。」
12《漢書》卷六十六，〈劉屈氂傳〉載「莽通」，《漢書．武帝紀》稱「馬通」，是同一人，因馬通謀反，後改稱莽通。
13《漢書》卷九十七，〈外戚傳〉。
14 注引師古曰：「湖，縣名，今虢州、湖城二縣皆其地也。」

了申信用於天下，武帝仍加封賞，封李壽為邗侯，張富昌為題侯。[15]

巫蠱之禍中也不乏頭腦清醒的人。在太子兵敗，逃出長安城外，武帝盛怒，群臣憂懼，計無所出時，《漢武故事》則說「治隨太子反者，外連郡國數十萬人」。在此緊急時刻，有位名叫鄭茂的壺關三老上書武帝訟太子冤說，江充「造飾奸詐，群邪錯謬，是以親戚之路隔塞而不通，太子進則不得上見，退則困於亂臣，獨冤結而亡（無）告，不忍忿忿之心，起而殺充，恐懼逋逃，子盜父兵以救難自免耳，臣竊以為無私心」。書奏，天子感悟。[16]過了一段時間，巫蠱事人多不信，武帝也知道太子惶恐無他意。征和三年（西元前九〇年）九月守衛高帝廟的郎田千秋復訟太子冤，武帝任命田千秋為大鴻臚，不久又任命為丞相，並族滅江充家，焚宦官蘇文於橫門渭橋上；對在泉鳩里加兵刃於太子者，初拜為北地太守，後族誅。武帝憐太子無辜，於是築思子宮，又建歸來望思之臺於湖城，築臺的目的是望而思之，期盼太子之魂來歸。[17]天下百姓聽說後為之悲切！

這次巫蠱之禍牽連入獄的人幾年不絕，一直到後元二年（西元前八七年）二月武帝臨終之前來往於長楊、五柞宮之時，望氣的方士說長安獄中有天子氣，武帝就下令派使者錄各官府獄中案犯，無論輕重，全部處死。此時丙吉受詔書治巫蠱獄，恰逢武帝曾孫即太子劉據的孫子也因巫蠱之禍受牽連入獄，丙吉令人妥為養護。當內謁者令郭穰夜間到獄處理犯人時，丙吉閉獄門不讓使者入內，說：「皇曾孫在，他人無罪而死都不可以，何況皇帝的親曾孫呢？」至天明不讓使者入獄。郭穰還報，武帝大悟，因此「赦天下」，所以史籍載獄中犯人「獨賴吉得生，恩及四海」。[18]丙吉所救的這個孩子，就是後來的漢宣帝。

巫蠱之禍的發展與鎮壓謀反者

武帝征和元年開始的巫蠱之禍最初的矛頭是指向衛皇后家族和太子劉據的，到衛皇后和太子自殺巫蠱之禍的第一階段基本結束。然而，巫蠱之禍還在進一步發展，這一發展就是巫蠱之禍的第二階段，第二階段的矛頭又恰恰是指向鎮壓太子的丞相劉屈氂、大鴻臚（後為御史大夫）商丘成和貳師將軍李廣利、武帝寵妃李夫人家族的。這是令人感到奇怪的事情，然而歷史事實就是如此。

《漢書》卷六十六〈劉屈氂傳〉載，戾太子、衛皇后死，巫蠱之禍第一階段結束後，征和三年（西元前九〇年）三月武帝派貳師將軍李廣利率七萬大軍出五原，御史大夫商丘成領二萬人出西河，重合侯馬通（又稱莽通）四萬騎出酒泉。李廣利從長安領兵出征時，劉屈氂作為丞相又與李廣利是兒女親家去送行，臨到渭橋相辭別時，據《漢書》卷六十六〈劉屈氂傳〉載二人有下述言行：

> 廣利曰：「願君侯早請昌邑王為太子，如立為帝，君侯長何憂乎？」屈氂許諾。昌邑王者，貳師將軍女弟李夫人子也。貳師女為屈氂子妻，故共欲立焉。

15 《漢書》卷六十三，〈戾太子劉據傳〉，並參閱《漢書》卷六十六，〈劉屈氂傳〉。

16 《漢武故事》載：「治隨太子反者，外連郡國數十萬人。壺關三老鄭茂上書，上感悟，赦反者，拜鄭茂為宣慈校尉，持節徇三輔，赦太子。太子欲出，疑弗實。吏捕太子急，太子自殺。」

17 《漢書》卷六十三，〈戾太子劉據傳及注〉。

18 《漢書》卷七十四，〈魏相丙吉傳〉。

這一記載，說明太子劉據死後，作為當時漢朝最高軍事將領的李廣利與丞相劉屈氂互相勾結，妄圖立自己的外甥昌邑王為太子，這在當時完全是一種非法的陰謀活動。正在二人作美夢時，又發生了一件驚人的事情，前引《漢書・劉屈氂傳》又載：

是時治巫蠱獄急，內者令郭穰告丞相夫人以丞相數有譴（責備），使巫（巫師）祠（祭祀）社（土地神），祝（祭祀時告神鬼之人）詛主上，有惡言，及與貳師共禱（向神祝告）祠，欲令昌邑王為帝。有司奏請案驗，罪至大逆不道。

這一記載的內容是講當時治巫蠱獄事緊急，管皇宮內部事務的令長郭穰告丞相劉屈氂夫人，因丞相數有責備，所以使巫師祭祀社神，祭祀時詛咒武帝，用惡毒的語言；並與貳師將軍李廣利祭祀時共同祝告神靈，祝願昌邑王為帝。經有關官府案驗查證符實，被判處大逆不道罪。由於巫蠱是一種很迷信的活動，現在已為一般人所不信，又因內者令郭穰怎麼知道丞相劉屈氂家中隱祕而加以告發等事情未交代清楚，所以有的學者認為郭穰的告發是誣告，不可信。如果分析了誣蠱之禍的整個過程，郭穰的告發很可能就是真的，理由如次：

其一，當時人很迷信，許多人是信巫蠱的，漢武帝也是相信的，不然巫蠱之禍怎麼會搞得那麼大。

其二，自從衛皇后和太子劉據自殺後，李廣利與劉屈氂早有立昌邑王為太子的陰謀活動，所以在丞相的數次責備下，丞相夫人才去詛咒武帝的，並且還夥同李廣利在祭祀時祝告神仙保昌邑王早日為帝。正因為他們早有這方面的活動，所以在李廣利出征匈奴離開長安時，才對送別的劉屈氂說「願君侯早請昌邑王為太子，如立為帝」云云。

其三，李廣利和劉屈氂有搞這種陰謀的條件，李是軍事上的最高將領，劉是丞相，武帝又年老多病。如果劉提出立昌邑王為太子的意見，朝臣不敢反對，待武帝一點頭，這一陰謀立刻就會變為現實，這就是其如意算盤。而且史籍對這一陰謀作了明確的記載，又無任何材料可以否定這一記載，怎麼能隨便主觀地加以否定呢？史籍還明載二人的陰謀失敗後，在這年六月劉屈氂被腰斬東市，妻子梟首華陽街。李廣利妻子被收捕入獄，李廣利在前線聞訊降匈奴，被滅族，其弟協律都尉李延年也被誅。王船山說：「劉屈氂之攻戾太子也。」一非感於武帝「周公誅管、蔡之言而行辟也」，「此其心欲為昌邑王地耳」。「孰使險如屈氂而為相也，則武帝狎寵姬、任廣利，而為之左右也」。[19]

至於以大鴻臚擊太子有功後升為御史大夫的商丘成，《漢書．武帝紀》載後元元年（西元前八九年）六月「御史大夫商丘成自殺」；《漢書》卷十七〈景武昭宣元成功臣表〉說他是在祠文帝廟時因醉歌，犯「大不敬，自殺」；《資治通鑒》卷二二〈漢紀十四〉則載「商丘成坐祝詛自殺」。這兩處看似矛盾的記載，實際是同一回事，商丘成在武帝為太子據平反恢復名譽後，攻太子的劉屈氂等人又被誅殺，他在擊太子時所立功勳自然在後來就成罪了。為發洩不滿，所以在文帝廟祭祀時，借酒醉唱歌詛罵皇室，《漢書》就記載為「大不敬，自殺」；《通鑒》則記載為「坐祝詛自殺」；實為一事。

上述事實說明，在巫蠱之禍的進一步發展中，那些前一階段因擊太子有功的丞相劉屈氂、御

19 王船山，《讀通鑒論》卷三，〈武帝二九〉。

史大夫商丘成、貳師將軍李廣利等人也因搞巫蠱和與此有關連的罪行而被誅殺。

巫蠱之禍結束之後，統治階級內部的謀反事件又不斷發生，有些直接就是巫蠱之禍的產物，有些則是在這一事件的影響下發生的。據史籍所載著名謀反事件及政府對其鎮壓主要有下列兩次。

一、馬（莽）何羅與其弟馬（莽）通刺殺武帝的謀反事件

《漢書．武帝紀》載後元元年（西元前八八年）六月，在御史大夫商丘成自殺的同月「侍中莽何羅與弟重合侯通謀反」，注引孟康的話解釋說，謀反的二人原姓馬，叫馬合羅與馬通，東漢初光武帝馬皇后因其反改其姓為莽。《漢書》卷六十八〈霍光金日磾傳〉對此事有詳細記載：侍中僕射馬何羅最初與江充關係好，及江充陷害太子，馬何羅弟馬通在誅太子時力戰有功，封重合侯。後來漢武帝知道太子蒙冤誅江充宗族、黨羽，馬何羅兄弟害怕誅及自身，遂思謀反叛。駙馬都尉金日磾觀察到他不正常，懷疑他，暗中觀察、留意他的動靜，與他一同出入殿中。馬何羅感到金日磾注意他，所以長時間沒有動手。這時武帝到了甘泉宮旁邊的林光宮，金日磾因小病臥廬中。馬何羅、馬通及其小弟馬安成矯制（假託君命）夜出，發兵。第二天早上，武帝還未起床，馬何羅無故從外而入，驚動了金日磾，金日磾入內坐戶下，馬何羅帶刀從車箱上，見日磾，急趨武帝臥室想入內，金日磾抱住馬何羅喊：「馬何羅反！」武帝驚起，左右拔刀想格殺之，武帝怕誤殺金日磾立即制止。金日磾把馬何羅推投殿下，左右擒縛之，對其同夥全部嚴加治罪。與金日磾共同擒獲馬何羅等人的還有霍光、上官桀。《漢書》卷十七〈景武昭宣元成功臣表〉載在這次謀反事件中重合侯馬通「坐發兵與衛尉潰等謀反，腰斬」，在誅太子時力戰有功的德侯景建坐共同與「莽通謀反，腰斬」，這就是說這次參加謀反的除馬何羅、馬通外，還有「衛尉潰」、「德侯景建」等人。

他們「發兵」多少、在刺殺武帝後又有何計畫，史籍均未記載。從參加謀反的頭面人物看有重合侯馬通、德侯景建，還有侍中馬何羅、衛尉潰等都是誅太子的有功之臣和武帝的近侍，由於武帝住處戒備森嚴，才使武帝倖免於難。對鎮壓這次反叛的有功人員，漢武帝給予了重獎，《漢書》卷六十八〈霍光傳〉載，這次鎮壓謀反事件後武帝病，生前未能封賞，臨死前留下遺詔——封金日磾為秺侯、上官桀為安陽侯、霍光為博陸侯。

二、公孫勇、胡倩謀反事件

《漢書．武帝紀》載，征和三年（西元前九〇年）九月「反者公孫勇、胡倩……，皆伏辜（罪）」。這次謀反事件發生於戾太子自殺後的次年，可能是巫蠱之禍激起的反對情緒的一次表現。《漢書》卷九十〈酷吏傳〉對這次謀反事件有較詳細記載，內云：酷吏田廣明，從河南都尉，升遷為淮陽郡太守，歲餘，原城父縣令「公孫勇與客胡倩等謀反」，客胡倩，詐稱自己是朝廷的光祿大夫，隨車騎數十，說朝廷派他為使，來督察盜賊，止陳留客舍居住。後由於淮陽太守田廣明發覺知道了胡倩等人的真實身分，遂「發兵皆捕斬焉」。公孫勇則衣繡衣把自己打扮成朝廷派來的特使，乘坐駟馬車至圉縣，圉縣縣令讓小吏侍候他們，也清楚他們的真實身分。守尉魏不害與廄嗇夫江德、尉史蘇昌共同逮捕了公孫勇一夥。武帝封魏不害為當塗侯，江德為轑陽侯，蘇昌為昌蒲侯。受封後，四人上前俱拜，有小吏竊竊私語，武帝問他們「說什麼？」回答說：「當侯以後能不能回關東去？」武帝問他「你想不想回去？你已顯貴，你所在鄉名叫什麼鄉？」回答說「名叫遺鄉。」於是武帝賜小吏爵關內侯，食遺鄉六百戶。封賞有功人員時，還聽取、採納小吏本人的意見，這反映了武帝作風開明的一個側面。

對於公孫勇、胡倩這次謀反，有的研究者把它列入農民起義。作者認為此劃分似不恰當，還是列入謀反為宜，其理由如次：一是《史記》、《漢書》均把農民起義稱之為盜賊，而把統治階級內部以下反上的行為稱之為「謀反」。《漢書》之〈武帝紀〉、〈酷吏傳〉把侍中僕射馬何羅等人與公孫勇等人的行為均稱之為「謀反」或「反者」[20]，而不稱之為「盜賊」，這說明二者性質相同，都非農民起義。二是，從公孫勇、胡倩二人的身分看公孫勇是離職的官僚、縣令，偽稱自己是朝內的光祿大夫，是朝廷委任的「督盜賊」的使者；胡倩則是位豪門家的賓客，化裝為「衣繡衣」、「乘駟馬車」朝廷使者，這只能說明他們反官府，但說明不了他們是農民起義，因此應把他們列入統治階級內部「謀反」者的行列。

巫蠱之禍發生原因考察

巫蠱之禍是一個惡性政治事件，沒有一點積極作用，對漢朝可以說是一場浩劫。皇后、太子自殺，兩位丞相公孫賀、劉屈氂，兩位御史大夫暴勝之、商丘成，都被誅殺。貳師將軍率七萬大軍降匈奴，江充治巫蠱刑訊逼供，「坐法而死者前後數萬人」，劉屈氂與太子率軍在長安大戰，死者又「數萬人」，恐怖籠罩社會，人人自危，國家遭受了重大損失。對發生這次事件的原因，後世學者有所探討，今據這些探討和歷史事實陳述如下。

一、統治集團內部矛盾尖銳的表現

漢武帝外事四夷，內事興作，以及與此有關的經濟政策和用法深刻，使民眾痛苦不堪，朝臣也因此分為兩派。《資治通鑒》卷二二〈漢紀十四〉載：「上（武帝）用法嚴，多任深刻吏；太子寬厚，多所平反，雖得百姓心，而用法大臣皆不悅。皇后恐久獲罪，每戒太子，宜留取上意，不應擅有所縱舍。上聞之，是太子而非皇后。群臣寬厚長者皆附太子，而深刻用法者皆毀之。邪臣多黨與，故太子譽少而毀多。」田余慶先生據歷史事實和前人研究成果，探討了武帝從外事四夷到「守文」的轉變時指出：「江充充當了殘酷用法臣僚的代表……，憑藉黨羽優勢，用非常手段摧毀以衛太子為代表的『守文』的政治勢力，這也許就是巫蠱之獄的實質。」[21]田先生這一分析是很深刻的。武帝重法治，任用用法深刻的酷吏，製造了不少冤案，「太子寬厚，多所平反，雖得百姓心」，「而深刻用法者皆毀之」。為什麼「用法深刻者」要如此呢？顯然，太子如平反冤案，有的酷吏的錯誤、罪行就會暴露出來，武帝已到晚年，如太子當政他們還有什麼前程可言。所以，從他們的私利出發，難免要除掉太子。江充就是他們其中的一個代表，江充與皇后和太子有隙，怕太子當政後被誅，就利用治巫蠱的權力去誣陷、打倒太子，因此田先生上述關於「巫蠱之獄的實質」的論斷是合乎實際的。

上引《通鑒》說「群臣寬厚長者皆附太子」，太子周圍這些「寬厚長者」都有誰呢？從歷史上看元狩元年（西元前一二二年）武帝立太子，在群臣中挑選石慶為太子太傅，《漢書》卷十九〈百官公卿表〉載元鼎二年（西元前一一五年）「石慶為御史大夫」，元鼎五年（西元前一一二年）「石慶為丞相」。巫蠱之禍時，正是石慶之子石德任太子少傅，在關鍵時刻石德提醒「太子將不念秦扶

20《漢書．武帝紀》載，征和三年九月「反者公孫勇、胡倩發覺，皆伏辜」。

21 田餘慶，〈論輪臺詔〉，《歷史研究》一九八五年一期。

蘇事耶？」在太子發兵後，石德又與賓客張光分別率兵與丞相劉屈氂大戰，後被馬通、景建捕獲。當過太子太傅的石慶和少傅石德又是父子關係，這父子二人無論在與太子的關係上，還是從思想體系上來說無疑應是附太子的「寬厚長者」之中的人。石慶是黃老「無為而治」的力行者，他當齊相時「不治而齊國大治」，[22]齊國為其「立石相祠」，作丞相「醇謹」，是個「寬厚長者」，曾請求武帝處理用法深刻的近臣所忠和酷吏咸宣，但未成功，自己「反受其過」。[23]石慶有幾個兒子，但最喜歡石德，太初三年（西元前一〇二年）石德為太常，坐法被免職，後為少傅，巫蠱之禍為衛護太子而獻身。石慶、石德這樣的人親附太子，與所忠、咸宣、江充一類的人進行鬥爭，自然反映了武帝臣僚中兩種不同思想、不同主張的鬥爭。從巫蠱之禍來看，站在太子一邊的還有「賓客張光」、「舍人無且」、「長安囚如侯」等，但這些人的事蹟缺乏記載，此處無法詳談。[24]

二、武帝在太子問題上的失誤

《漢書．戾太子劉據傳》載元狩元年（西元前一二二年）武帝三十五歲立七歲劉據為太子，「為立博望苑，使通賓客，從其所好」。《通鑑》說「故賓客多以異端進者」，下載司馬光曰：「夫正直難親，諂諛易合，此……人之常情，宜太子之不終也。」這是批評漢武帝對太子的教育不嚴，讓其自通賓客，使異端進，就導致了太子不能善終的嚴重問題。《通鑑》又載：劉據乃衛皇后生子，後皇后色衰，武帝所幸王夫人生子劉閎；李姬生子劉旦、劉胥；李夫人生子髆。皇后、太子寵衰，常有不自安之意。武帝發覺，對大將軍說：「漢家庶事草創，加四夷侵陵中國，朕不變更制度，後世無法；不出師征伐，天下不安；為此者不得不勞民。若後世又如朕所為，是襲亡秦之跡也。太子敦重好靜，必能安天下，不使朕憂。欲求守文之主，安有賢於太子者乎！聞皇后與太子有不安之意，豈有之邪？可以意曉之。」[25]武帝的這一番話表明太子是他理想的接班人，或者可以說劉據是他對接班人的最佳選擇，此外別無他意。這是武帝為安撫衛皇后、戾太子對衛青所說的話。

然而，事情並不如此簡單，《漢書》卷九十七〈外戚傳〉載，太始三年（西元前九四年）鉤弋夫人趙倢伃懷孕十四月生子弗陵（後為昭帝）。武帝曰：「聞昔堯十四月而生，今鉤弋亦然。」於是下令將其所居宮室的門命名為堯母門。這裡稱鉤弋夫人為「堯母」把皇后置於何地呢？把皇子劉弗陵比喻為堯，這就是期望劉弗陵長大成為堯，把皇太子又置於何地呢？這到底是武帝為廢太子做的暗示呢？還是他一貫愛張揚作風的顯示並無其他用意呢？這種問題是很難說清楚的。然而，太子與武帝之間存在矛盾確是事實，太子「守文」、「好靜」，武帝多欲；武帝任用酷吏處罰的人，太子卻給以平反，這種矛盾和武帝發出的喻意不準確的信號實際上就起了鼓勵臣下反太子、反皇后的作用。《通鑑》卷二二〈漢紀十四〉載：「衛青薨，臣下無復外家為據，竟欲構（罪）太子。上與諸子疏，皇后希得見。太子嘗謁皇后，移日乃出。黃門蘇文告上曰：『太子與宮人戲。』上益（增）太子宮人滿二百人。太子後知之，心銜（厭惡）文。文與小黃門常融、王弼等常常微伺太子過，輒增加白之。皇后切齒，使太子白（向武帝說明）誅文等。……上嘗小不平（有小病），

22《漢書》卷四十六，〈石奮傳〉。
23《史記．平準書》、《漢書．酷吏傳》有所忠、咸宣事蹟。
24 閻步克，〈漢武帝時「寬厚長者皆附太子」考〉，《北京大學學報（哲社版）》一九九三年三期。
25《資治通鑑》卷二十二，〈漢紀十四〉。

使常融召太子，融言『太子有喜色』，上嘿然。及太子至，上察其貌，有涕泣處，而佯語笑，上怪之；更微問，知其情，乃誅融。皇后亦善防閑，避嫌疑，雖久無寵，尚被禮遇。」這一記載說明從元封五年（西元前一〇六年）衛青去世後，一些臣下竟想構陷太子，而辦事的奴才（宦官）也放肆地在皇帝與太子、皇后之間編造謊言，太子、皇后稍不留心，就會遺恨終生。這是何等險惡的環境啊！多虧武帝明察，識破了宦官常融的誣陷，誅殺了他，這無疑又是向臣下發出的一個資訊，誣陷太子、皇后，罪不容誅。

然而，征和元年開端的巫蠱之禍，不僅丞相公孫賀一家遭誅殺，連武帝與衛皇后生的兩個女兒也被誅戮。既然皇帝的兩個親生女兒也可被處死，還有什麼不可捨棄呢？這就傳給了臣下又一個資訊，如果太子、皇后搞巫蠱也可以被捨棄。這使江充得到了施展陰謀的機會，江充以武帝疾病是巫蠱作祟的奏言，從武帝手中得到了治巫蠱的權力，以嚴刑逼供使「數萬」人喪生；又以「宮中有蠱氣」，從武帝那裡得到了至宮中掘蠱的權力，使太子、皇后蒙冤自殺。從上述事實不難看出，武帝在太子問題上態度搖擺不定，實是巫蠱之禍發生的重要原因。

三、封建專制制度的局限性

中國封建專制主義的特徵是皇帝有至高無上的權力，甚而可以說是絕對權力。這個制度具有兩重性，積極方面是皇帝可以接受法家富國強兵、道家無為而治、儒家的民本思想的影響，可以通過對策問答、廷議（朝廷臣僚討論）、上書等接受臣民的意見等等形式，制定出符合民意、社會發展的治國方針、政策，可以收到經濟發展、人民生活改善、富國強兵的效果。這個制度也可以集中全國的人力、物力辦大事，秦皇、漢武不就建樹了顯赫的偉業嗎？然而這個制度也有自身的局限性，問題在於決策權在皇帝手中，臣民的意見可以聽也可以不聽，當然更談不上什麼科學、民主決策；皇帝不受監督，可以為所欲為，而且又是終身制、世襲制；在這種情況下，如果皇帝決策嚴重失誤，又一意孤行，就會給國家、民族造成巨大的災難，這是封建專制制度局限性的表現。

秦始皇在這個問題上犯了嚴重錯誤。漢武帝也無例外，他外事四夷、內事興作，搞得「天下虛耗，戶口減半」，小股農民起義紛紛發生，該改弦更張、該轉軌了，他就是轉不過這彎來。最後，統治集團內部形成了有以太子為代表「守文」的政治勢力，也有以他為代表外事四夷、用法深刻的政治勢力。兩派不斷鬥爭，後者不能容納前者，這不僅表現在武帝不斷聽到臣僚、宦官那裡對太子、皇后的造謠誣陷上，也集中表現在武帝對太子態度的搖擺不定、反覆莫測上，最後終於導致了對國家造成重大災難的巫蠱之禍發生。從這個意義上可以說，中國封建專制制度的局限性是巫蠱之禍發生的制度上的根源，值得注意的是，漢武帝繼漢初，總結歷史經驗，為完善這個制度作出了巨大努力，然而最後他自己也未能完全逃脫這個制度的缺陷所造成的失誤。

第三節　悔過與轉軌

從天漢元年（西元前一〇〇年）開始，不幸的事情頻頻發生。

其一是對匈奴戰爭失敗。天漢二年（西元前九九年）、天漢四年（西元前九七年）、征和三年（西元前九〇年）李廣利等人對匈奴戰爭失敗，最後李廣利率七萬大軍敗降匈奴。

其二是從天漢二年開始在全國廣大地區內紛紛發生小規模的農民起義，數年後雖有緩解，但仍然存在。征和三年（西元前九〇年）酷吏田廣明為河南、淮陽太守時，當時仍是「郡國盜賊並起」就說明了這一點。

其三是發生於征和一、二年的巫蠱之禍，說明統治集團內部分裂。從西元前一〇〇年至前九〇年這十年中發生的三件事情，使漢王朝元氣大傷，如果任其發展下去會出現什麼樣的形勢是很難預料的。在這緊急時刻，漢武帝悔悟了，政策轉軌了。

輪臺詔與悔過

征和四年（西元前八九年）搜粟都尉桑弘羊與丞相、御史奏言：輪臺東有溉田五千頃以上，可遣屯田卒，置校尉三人分護，益（多）種五穀。除派遣屯田卒屯田外，還提出要「募民壯健……敢徙者詣（到）田所（在地），益（多）墾溉田」，以及「築列亭」、隧（道路）等有關設施。武帝就此事下了一道詔書，即輪臺詔，實際是罷輪臺屯田詔。《漢書》卷九十六〈西域傳〉載其全文，其精神和內容主要如下：

一、悔征伐之事

《漢書．西域傳》載「是時軍旅連出，……海內虛耗。征和中，貳師將李廣利以軍降匈奴」。武帝「悔遠征伐」，輪臺詔中講了對西域和匈奴用兵造成的糧草困難、士卒傷亡、作戰決策的難度及失誤等等，內云：「今又請遣卒田輪臺，輪臺西於車師千餘里。」指出征和三年（西元前九〇年），「前開陵侯（匈奴介和王降漢後封為開陵侯）擊車師時，危須、尉犁、樓蘭子弟在京師者皆先歸，發畜食迎漢軍，又自發兵，由各國國王自己率領，共圍車師，降其王。」自後「諸國兵停罷」，已「不能復至道上食漢軍（供給漢軍食用）」，又說「漢軍破城，食至多。然士卒自己載運的不足以供師旅食用。因此行軍途中，身體強壯的人吃的是畜產品，身體弱的、死在半途的有數千人。朕發酒泉驢、駱駝馱負食糧，出玉門迎軍。吏卒從張掖出發，不甚遠，然而廝留在後面的人甚眾。」這實際上是說用兵西域解決糧草的運輸問題很困難，過去開陵侯擊車師是西域六國軍隊配合作戰，給漢軍以糧草，現在已沒有這個條件。由於糧草運輸困難，所以那時因路上沒吃的東西，餓死了幾千人。朕設法從酒泉、張掖出玉門關送糧迎軍，也不是很成功的，現在你們奏言在輪臺屯田，又要派屯田卒，又要募民前往，還要築亭隧、派軍隊保護，而輪臺還在車師西邊一千餘里，運輸糧草的問題如何解決呢？

輪臺詔書中還談了對匈奴作戰時決策的困難和勝敗的難於把握。詔書中說，「古者卿大夫與謀，參以蓍龜，不吉不行」，即古代在臨戰前除與卿大夫謀議外，還要輔之以蓍龜占卜，「不吉利不能行動」。按此程序，對匈奴作戰前曾用《易》的理論占卜，「卦得大過，爻在九五，匈奴困敗。公車方士，太史治星望氣，及太卜龜著，皆以為吉，匈奴必破，時不可再得也。」這樣便選擇了一個能獲勝的好時間。占卜又說：「北伐行將（遣將率行），於鬴（釜）山必克。」「卦諸將，貳師最吉」，因此「朕親發貳師下釜山，詔之必毋深入」。然而，得到的結果，與計謀占卜的卦兆完全相反，所以「乃者（往日）貳師敗，軍士死略（被虜掠）離散，悲痛常在朕心」等等。最後，漢武帝的結論是：「今請遠田輪臺，欲起亭隧，是擾勞天下，非所以優民也。今朕不忍聞。」這就是說，到輪臺屯田的意見是擾勞天下民眾，而不是優惠民眾，他「不忍聞」，所以這一意見最後被否定了。

此外，輪臺詔中還講到了匈奴的一些文化現象使武帝迷惑不解，如「匈奴縛馬前後足，置城下」，並說「秦人（漢人），我給予你馬」。這一現象使武帝大惑不解，他問了許多人，意見不同。後來重合侯馬通，俘虜了一個匈奴俘虜說：「縛馬者，詛軍事也。」才知道，縛馬前後足，是詛咒漢軍讓其潰敗。類似此類問題，都使武帝困惑。

《漢書．西域傳》班固贊曰，稱輪臺詔為「哀痛之詔」，詔書陳述了在戰爭中遭受的種種苦難之後說出「悲痛常在朕心」，表示了武帝「悔征伐之事」的內心世界。《漢書．西域傳》說武帝在下輪臺詔之後，「由是不復出軍」。由過去不斷出軍，一轉而為「不復出軍」，這是輪臺詔的重要內容之一。

二、禁苛暴、止擅賦、力本農

輪臺詔中一開頭就說：「前有司奏，欲益（增）民賦三十助邊用，是重困老弱孤獨也。」「而今又請遣卒田輪臺」云云，自然就會更加加重民眾的負擔，還指出：「今邊塞未（不）正，私出邊塞不受禁止，障候長吏使卒獵獸，以皮肉為利，卒苦而烽火乏，流失的士卒也不集於文書向上報告。」此類情況是從「後來投降的人、捕捉的生口或俘虜的匈奴人那裡知道的」，所以武帝在詔書中提出「當今務在禁苛暴，止擅賦，力本農」的切中時弊的措施。《漢書．西域傳》班固在贊曰中指出：孝武之世，擊匈奴，通西域，「用度不足，乃榷酒酤，筦鹽鐵，鑄白金，造皮幣，算至車船，租及六畜。民力屈，財用竭，因之以凶年，寇盜並起，道路不通，直指之使始出，衣繡杖斧，斷斬於郡國，然後勝之。是以末年遂棄輪臺之地，而下哀痛之詔，豈非仁聖之所悔哉！」當時在客觀形勢的制約下和其他種種因素的影響下，武帝自己提出了「當今務在禁苛暴，止擅賦」，同時要「力本農」。換句話說就是要與民休息，重視農業，這是輪臺詔又一重要內容。

三、鼓勵養馬，防止缺乏武備

在輪臺詔中，武帝還提出「修馬復令」，就是重新修復實行「因養馬以免徭賦」的命令。[26]這樣做的目的是為了「補缺，毋乏武備」，為此在輪臺詔中又令「郡國二千石各上進畜馬方略補邊狀」，並令負責此事的官吏「與上計者同來赴對也」。[27]這說明武帝在輪臺詔中考慮還是較全面的，一方面悔征伐之事；一方面又防止缺乏武備，不愧是一位英明君主。

四、罷斥方士

輪臺詔反映了武帝治國方針上的一個大轉軌、大調整的總精神。在這一方針的指引下，採取了一系列的具體措施，有的措施雖然輪臺詔中沒有提到，但也是輪臺詔內容的有機組成部分。如《通鑒》卷二二〈漢紀十四〉載征和四年三月，大鴻臚田千秋曰：「方士言神仙者甚眾，而無顯功，臣請罷斥遣之！」武帝曰：「大鴻臚言是也。」「於是悉罷諸方士候神人者。是後上（武帝）每對群臣自歎：『向時愚惑，為方士所欺。天下豈有仙人，盡妖妄耳！』節食服藥，差可少病而已。」

以上四點是輪臺詔的主要精神和內容。

26《漢書．西域傳》師古注。
27 同註26。

據《資治通鑒》載，征和四年（西元前八九年）三月，武帝曰：「朕即位以來，所為狂悖，使天下愁苦，不可追悔。自今事有傷害百姓，糜費天下者，悉罷之。」[28]這一段話的精神與輪臺詔的精神是一致的，從這段話可以了解武帝輪臺詔的總體精神。

在西漢的歷史上輪臺詔無疑有著重大歷史意義，此時的悔悟已發展到對過去軍事征伐匈奴的評估了。《漢書．西域傳》：「是時軍旅連出，師行三十二年，海內虛耗。征和中，貳師將軍李廣利以軍降匈奴。上既悔遠征伐。」云云。這裡存在一個問題就是此處所說三十二年指的是哪一段時間呢？田余慶先生據徐松《漢書．西域傳．補注》曰：「自元光二年謀馬邑……至太初三年西域貢獻，凡三十二年。」指出此處的三十二年是指元光二年（西元前一三三年）到太初三年（西元前一〇二年）大宛降漢，西域諸國紛紛臣服貢獻為止。實際太初三年以後，武帝還在不斷對匈奴進行戰爭，一直到征和三年李廣利降匈奴。征和四年輪臺詔下達後，才明確以後「不復出軍」的。這就可以看出，武帝從元光二年（西元前一三三年）至征和三年（西元前九〇年）李廣利降匈奴這四十三年中都是在戰爭狀態度過的。從事了這麼多年的戰爭，以輪臺詔為標誌實行了大轉折，這對當時的歷史來說，應當說是一次有重大意義的轉折。

推行富民政策

《漢書》卷六十九〈西域傳〉載武帝征和四年下詔曰：「當今務在禁苛暴、止擅賦、力本農。」又「封丞相田千秋為富民侯，以明休息，思富養民也。」這就說明，武帝主張「力本農」的目的是為「富民」，封丞相田千秋為「富民侯」就清楚說明這一點。

為推行「富民」政策，「力本農」，武帝採取了以下措施：

一、任用趙過為搜粟都尉推行代田法

據《漢書・食貨志》所載，代田法是總結前人生產經驗而形成的一種先進的耕作方法。代田法具有以下幾個特點。

其一，把輪流休耕制與年年耕作制相結合。中國西周、春秋時存在著休耕制、戰國時出現了年年耕作制，代田法的一個特點就是把休耕制與年年耕作制結合起來。代田法耕種時是「一畝三甽（溝），歲代（易）處，故曰代（易）田」，這就是說代（易）田法耕種時把一畝的地方分為三條甽（溝）和三條壟，溝深一尺、寬一尺，壟也寬一尺，種子種在溝中。第二年耕種時，溝改為壟，壟改為溝，種子又種在溝中。這就是易地（換地）耕種，也就是輪換休耕制，也可以看出，在一畝地的三條溝、三條壟間，年年在輪換休耕，而從整個這一畝地看卻年年都在耕作，這樣就把休耕制與年年耕作制結合了起來。

其二，代田法是一種把除草與抗旱保墒、防風抗倒伏結合起來的耕作方法，上已述種子種在溝中，等禾苗長大後，一邊除草一邊把壟上的土填在溝中，使禾苗根紮得深，這樣就把除草與抗旱保墒、防風防倒伏都結合了起來。

其三，代田法先在離宮旁的閒置土地上實驗成功，而後才推廣到三輔、弘農、河東、西北邊

28《資治通鑑》卷二十二，〈漢紀十四〉。

郡居延城等地。

其四，代田法能夠提高勞動生產率、提高畝產量。《漢書．食貨志》載：用代田法耕種「一歲之收常過縵田（沒有甽、壟的田）具一斛（石）以上，善者倍之」。

二、推廣新式農具

趙過推廣代田法時，使用耦犁，二牛三人。另也推廣耬，耬是土法播種器，一直到一九四九年前後，耬還在廣泛使用。這時可能還推廣了犁壁，代田法要求開溝培壟，使用犁壁對此極為有利。陝西一些地區考古工作者發現了西漢時期的犁壁，這些新式農具的使用對後世農業發展有很大影響。

三、教民互相換工用人拉犁，墾辟土地

《漢書．食貨志》載：「故平都令光教過以人輓（拉）犁。過奏光以為丞，教民相與庸輓犁。率多人者田日三十畝，少者十三畝，以故田多墾闢。」所謂「教民相與庸輓犁」，就是讓民眾互相換工給對方拉犁。人多的一天犁三十畝地，人少的犁十三畝地，所以個別地區收到了「田多墾闢」的效果。

四、讓官府冶鐵業為推廣代田法製造農具

《漢書．食貨志》載，趙過在三輔地區推行代田法時，「大農置工巧奴與從事，為作田器」，就說明了這一點。

據記載，武帝末年所推行的「力本農」措施就以上幾條。這是向新的方向邁出了一步，說明政策已經轉軌，已經改弦更張，從而就為後繼者開通了前進的道路。從昭帝時鹽鐵會議上朝廷內部兩派激烈鬥爭的情況看，如果武帝沒有轉軌，昭帝、霍光面臨的困難將會更大。所以王船山說：「武帝之能及此也，故昭帝、霍光承之，可以布寬大之政，而無改道之嫌。」[29] 這是武帝晚年為國家、後代解決的一大難題。

昭帝繼位，霍光輔政

武帝晚年有病，身體不好。巫蠱之禍以後身體更加不好，不想吃飯，愧悔之心溢於言表。征和四年六月封田千秋為丞相，田千秋曾與御史大夫、中二千石官員給武帝祝壽頌美德，武帝為此下詔書說：「朕之不德，自左丞相與貳師陰謀為逆亂，巫蠱之禍流及士大夫。朕日一食者累月，乃何樂之聽？痛士大夫常在心，既事不咎。……至今餘蠱頗脫不止，陰賊侵身，遠近為蠱，朕愧之甚，何壽之有？……謹謝丞相、二千石各就館（舍）……毋有復言。」[30] 這說明巫蠱之禍後武帝又痛心、又慚愧，飲食少，年老多病，當然要考慮立儲後事。《漢書》卷六十八〈霍光傳〉載：「征和二年，衛太子為江充所敗，而燕王旦、廣陵王胥皆多過失。是時上年老，寵姬鉤弋趙倢伃有男，上心欲以為嗣，命大臣輔之。」這說明從衛太子劉據自殺以後，武帝就看好了鉤弋夫人之子

29　王船山，《讀通鑒論》卷三，〈武帝二八〉。

30　《漢書》卷六十六，〈車千秋傳〉。

劉弗陵，為什麼會如此呢？武帝對天命、祥瑞這類東西是很信奉的。據說堯是懷孕十四個月才出生的，劉弗陵也是如此，再加上劉弗陵比其他孩子個子大等等，這就成了一個很重要的原因。司馬光曾說：「孝武以孝昭之生，神異於人而復有早成之資，違長幼之次而立之。」其中就點破了這一點。[31]只是因為劉弗陵年幼，其母太年輕，如何處理此問題還未考慮成熟，才拖延了下來。皇帝小，可以托大臣輔佐，觀察群臣，惟奉車都尉、光祿大夫霍光「可屬（委）社稷」，於是就令宮內畫師畫「周公負成王朝諸侯」的圖畫以賜霍光。

此後，沒過幾天，武帝譴責鉤弋夫人，夫人叩頭。武帝令把她送入掖庭獄，最後賜死。後問左右曰：「外邊對此事說了什麼呢？」左右回答說：「人言：『既立其子，何必除去他母親？』」武帝回答說：「這不是你們這些平常的人所能知道的。以往國家之所以亂，是因為皇帝小，母親年輕。女主獨足驕蹇，淫亂自恣，莫能禁也。你們沒有聽說呂后嗎？所以不得不先除去也。」[32]司馬光就此事說：「鑒於諸呂，先誅其母，以絕禍源，其於重天下謀子孫深遠矣。」[33]

後元二年（西元前八七年）二月，武帝遊五柞宮，病重，霍光涕泣問曰：「如有不可隱諱的事發生，誰當為嗣君呢？」武帝說：「君未明白前面話的意思嗎？立少子，君行周公之事！」霍光叩謝謙讓說：「臣不如金日磾！」金日磾則說：「臣，不如霍光！」乙丑，下詔立劉弗陵為太子，時弗陵年八歲。丙寅，武帝任命霍光為大司馬大將軍，金日磾為車騎將軍，上官桀為左將軍，桑弘羊為御史大夫。四人皆拜臥床下，受遺詔輔少主。同受遺詔的還有丞相田千秋。

漢武帝安排的霍光、金日磾、上官桀三位顧命大臣都是多年在武帝左右辦事，深得武帝信任的人。

霍光，是霍去病的同父異母弟。霍光父親叫霍中孺，河東郡平陽人，以縣吏的身分被派遣去平陽侯家做事，與侍者衛少兒（衛子夫之姊）私通生霍去病；中孺作吏以後回家又娶妻生霍光，此後兩家無來往。後衛子夫為皇后，霍去病為驃騎將軍擊匈奴，道經河東，至平陽，才與霍中孺相認。霍去病擊匈奴後返回長安時又途經河東，才帶霍光至長安，時霍光十餘歲，被任命為郎，又升遷為諸曹侍中。霍去病死後，霍光「為奉車都尉、光祿大夫，出則奉車，入侍左右，出入宮禁二十餘年，未嘗有過，甚見親信。」

金日磾字翁叔，本匈奴休屠王太子。元狩年間，霍去病大破匈奴渾邪、休屠王，單于欲誅二人，二人謀降漢。後休屠王後悔，被渾邪王殺之，並率其眾降漢封侯。金日磾因其父不降被殺，與母、弟俱沒入官，日磾被輸入黃內（黃色宮門）內養馬，時年十四。金日磾高八尺二寸，容貌莊重嚴肅，馬餵得又肥又好，目不斜視，被武帝注意，後被拜為馬監，又升為駙馬都尉光祿大夫，「日磾既親近，未嘗有過失，上甚信愛之，賞賜累千金，出則驂乘，入侍左右」。貴戚多怨說：「陛下妄得一胡兒，反貴重之！」[34] 武帝聽見，對金日磾更加親厚。

上官桀曾為未央宮廄令，後與霍光、李陵等人為侍中，後又為搜粟都尉等。侍中僕射馬何羅謀反刺殺武帝時金日磾與霍光、上官桀均為平叛功臣，此三人都是內朝的官員。武帝臨終前所安排的這三位主要的顧命大臣都是從內朝起家的官員，說明在武帝心目中內朝比外朝要可靠而重

31 司馬光，《溫國文正公集》卷七十三。
32 《資治通鑒》卷二十二，〈漢紀十四〉。
33 司馬光，《溫國文正公集》卷七十三
34 《漢書》卷六十八，〈金日磾傳〉。

要。至於桑弘羊原為武帝時老臣，長期從事財政方面的工作，昭帝、霍光在這方面可能仍然需要。至於田千秋，原是高廟（高帝廟）寢郎，因上書訟太子冤，使武帝頓悟，在幾個月內就被提拔為大鴻臚、丞相，身為外朝的最高長官，田千秋是沒有可能與霍光爭權的。這樣一個輔佐少主的班子應當是穩妥可靠的。

這年二月丁卯，武帝崩於五柞宮。戊辰，太子即皇帝位。霍光、金日磾、上官桀共領尚書事，光輔幼主，政自己出。三月，甲辰，葬孝武帝於茂陵。

司馬光在《資治通鑒》針對漢武帝一生活動所造成的社會問題及其最後結局說：

> 孝武窮奢極欲，繁刑重斂，內侈宮室，外事四夷，信惑神怪，巡遊無度，使百姓疲敝，起為盜賊，其所以異於秦始皇者無幾矣。然秦以之亡，漢以之興者，孝武能尊先王之道，知所統守，受忠直之言，惡人欺蔽，好賢不倦，誅賞嚴明，晚而改過，顧託得人，此其所以有亡秦之失而免亡秦之禍乎！

這一論述應當說是客觀的，漢武帝晚年確實出現了與秦始皇晚年相似的形勢。然而在相似的形勢下為什麼「秦以之亡，漢以之興」呢？司馬光從漢武帝與秦始皇的差別方面探討了這一問題，指出了以下幾點：

其一，「孝武能遵先王之道，知所統守，受忠直之言」，而秦始皇則「滅先王之道」、「專任刑罰」，二人在這方面有很大反差。正因如此，漢武帝有推行德治、重禮樂教化，繼承「先王之道」的一面。因此二人治國的理論方法上有區別，最後的客觀後果也就不同。

其二，「好賢不倦，賞罰嚴明」。漢武帝一生似乎都在選賢任能，晚年還選拔出了霍光、田千秋和胡人金日磾作為受遺詔輔幼主的大臣。漢武帝「賞罰嚴明」，而且是重賞重罰，這不僅選拔了人才，也誅殺了不少人，雖然因此殺了一些不該殺的人，但也殺了一些像欒大、江充這樣騙人、誣陷人的人，給壞人以震懾。

其三，「晚而改過，顧託得人」，這又是秦皇、漢武的一大區別。秦皇是不認錯、不悔過，最後導致二世而亡。漢武是認錯、悔過、轉軌，臨終「顧託得人」，組織新班子、推行新政策，最後導致昭、宣中興。所以漢武帝是「有亡秦之失而免亡秦之禍」，青出於藍而勝於藍。

其實，秦皇、漢武二人晚年客觀形勢與文化思想背景是不同的，如秦始皇晚年六國舊貴族在伺機造反、焚書坑儒後還有多少人敢吐真言。武帝晚年就與此不同，不僅他自己，他的臣下也都幫助他力挽狂瀾、改弦更張。漢武帝晚年成功地收拾了局面是個事實。所以，他在這方面依然是個強者，是個英雄！

第十章　漢武帝和他的臣下

漢武帝即帝位後，大權獨攬。他制定的方針、政策要靠臣下去執行，臣下彼此之間的矛盾有時也要由他親自出面解決。他的臣下有各種類型的人，既有以丞相為首的三公九卿等中央和地方的各級行政官員，也有以大將軍、大司馬為代表的各級軍事官員。這些臣下出身各不相同，既有貴戚出身的權臣、將軍，也有從貧苦農民中選拔出來的丞相、將軍，並且來自不同的民族，有漢人，也有胡人，性格更是懸殊迥異，如有敢於直諫的骨鯁忠直大臣，也有察言觀色、奉迎諂媚的小人，甚而有專門以詐騙為手段、以獵取富貴為目的的方士等等。在武帝的臣下中，還有一種臣下是他的兄弟、宗戚，漢武帝既要尊重、給予他們種種特權與榮華富貴，又要處理他們的各種不法行為。總之，通過了解武帝與其臣下的關係，有助於了解他的治國方略與性格特徵。

第一節　武帝和他的丞相

十三位丞相概況

從漢武帝即位到去世共換了十三位丞相，其中有五位基本上屬於正常免職和正常死亡，有七位屬於不正常死亡；一位是武帝死後託孤留任的。丞相處於當時政治生活的中心，武帝與丞相的關係反映了他恩威並用的堅毅、果斷又嚴酷的性格。因此，考察武帝時丞相的經歷與下場，就成為了解武帝不可缺少的一環。為讓讀者對武帝時的丞相概況有個概括的了解，特列表如下。

武帝時丞相概況一覽表[1]

姓名	上任時間	離職時間	任期	封爵	離職原因
衛綰	景帝後元年（西元前一四三年）八月	武帝建元元年（西元前一四〇年）六月	二年零十個月	建陵侯	免職
竇嬰	建元元年（西元前一四〇年）六月	建元二年（西元前一三九年）十月免	一年零四個月	魏其侯	免職後棄市
許昌	建元二年（西元前一三九年）三月	建元六年（西元前一三五年）六月	三年零三個月	柏至侯	免職
田蚡	建元六年（西元前一三五年）六月	元光四年（西元前一三一年）三月	三年零九個月	武安侯	薨免非正常死亡
薛澤	元光四年（西元前一三一年）五月	元朔五年（西元前一二四年）十一月	七年零七個月	平棘侯	免職
公孫弘	元朔五年（西元前一二四年）十一月	元狩二年（西元前一二一年）三月	二年零四個月	平津侯	薨免正常

1 此表據《漢書》之〈武帝紀〉、〈功臣表〉與有關本傳製成。

姓名	上任時間	離職時間	任期	封爵	離職原因
李蔡	元狩二年（西元前一二一年）三月	元狩五年（西元前一一七年）三月	三年	樂安侯	坐盜景帝園壖地，自殺
莊（嚴）青翟	元狩五年（西元前一一七年）四月	元鼎二年（西元前一一五年）十二月	二年零八個月	武強侯	下獄自殺
趙周	元鼎二年（西元前一一五年）二月	元鼎五年（西元前一一二年）九月	三年零七個月	商陵侯	下獄自殺
石慶	元鼎五年（西元前一一二年）九月	太初二年（西元前一〇三年）正月	九年零三個月	牧丘侯	薨免正常
公孫賀	太初二年（西元前一〇三年）正月閏月	征和二年（西元前九一年）正月	十一年	葛繹侯	下獄死，全家族
劉屈氂	征和二年（西元前九一年）正月	征和三年（西元前九〇年）六月	一年零六個月	澎侯	下獄腰斬妻梟首
田千秋	征和四年（西元前八九年）六月	昭帝元鳳四年（西元前七七年）正月	十一年零六個月	富民侯	薨免正常

從上表中可以看出，武帝時十三位丞相中，除一人在武帝死後留任丞相外，其他十二位丞相中，被免職的七位，五人因犯罪自殺和下獄治罪。被免職的人中，有兩位也屬非正常死亡，一位竇嬰先被免職後又被棄市，另一位是武帝的舅父田蚡是被驚嚇患思覺失調症而死的，也屬非正常死亡。十二位丞相中，七位屬非正常死亡，比例是很高的，這些丞相中有的任職長達十一年多，短的僅一年多。

尤其值得注意的是，有的丞相雖職高位顯，卻沒有什麼事蹟可述。這也是武帝時丞相的特點之一，這類丞相有以下六位：

武帝時的第一位丞相叫衛綰，文帝時為郎以功升為中郎將。景帝曾任為河間王太傅，吳楚七國亂時為將，統河間兵擊吳楚有功，拜中尉，三年後以軍功封建陵侯。景帝後元年八月為丞相，景帝認為他敦厚可以輔佐少主，建元元年舉賢良對策時，他提出罷法家、縱橫家兩家之言，得到武帝認可。過了八個月，就以景帝病時官府的囚徒多無罪是衛綰處理失誤造成的為理由而被罷官。這顯然是藉口，真正的原因是衛綰尊儒術罷除兩家的建議，惹怒了酷愛黃老學的竇太后而被罷免的。

武帝的十三位丞相中，有幾位純系掛名丞相，無事可述。《漢書》卷四十二〈申屠嘉傳〉載：武帝時柏至侯許昌、平棘侯薛澤、武強侯莊青翟、商陵侯趙周，「皆以列侯繼踵，齪齪廉謹，為丞相備員而已，無所能發明功名著於世者。」這四人均是功臣子孫，襲封爵而貴，其做事小心謹慎，柏至侯許昌、平棘侯薛澤分別當了三年多或七年多的丞相，竟然對皇帝沒有任何匡諫，也未記載辦過任何事情，看來確屬掛名丞相而已。莊青翟因避東漢明帝劉莊諱而稱嚴青翟，本來也是位「備員」的掛名丞相，自己不想多事，然而事情偏偏找他。張湯自殺後，武帝認為丞相府三長史陷害張湯，誅三長史，丞相莊青翟被牽連在內，下獄自殺。[2] 趙周也是位謙謙君子，然而事情是躲不了的，元鼎五年（西元前一一二年），列侯因祭宗廟酎金「不如法，奪爵者百六人」，趙周作為丞相因知列侯酎金輕而不糾正、揭發，下獄自殺。[3]

2《漢書》卷五十九〈張湯傳〉。

3《漢書·武帝紀》元鼎五年九月及注。

此外，丞相李蔡因犯法自殺。李蔡不是功臣之後，自己立功封侯，人品不正犯法自殺。《漢書・李廣傳》載，文帝時李廣與從弟李蔡皆為郎，景帝時李蔡積功至二千石。武帝元朔五年為輕車將軍從大將軍擊匈奴右賢王有功，封樂安侯，元狩二年三月代公孫弘為丞相。元狩五年三月，因盜取陽陵地三頃，又盜取孝景園壖（隙）地[4]，當下獄，自殺。

上述六位丞相的情況就是如此，他們沒有值得陳述的事蹟。至於其他七位丞相的事蹟則分別列陳如下。

四位貴戚丞相的遭遇

十三位丞相中，竇嬰、田蚡、公孫賀是從外戚中提拔出來的，劉屈氂則是從皇帝宗室中提拔出來的。這四位竟然都無好下場，其經歷、事蹟值得人們引以為鑒。

一、搞內耗的竇嬰與田蚡

竇嬰與田蚡均是外戚。竇嬰是太皇竇太后的侄兒，從《史記》、《漢書》本傳記載來看，竇嬰是位平定吳楚七國之亂的功臣，敢於直言急諫。竇嬰的姑姑竇太后乃文帝皇后，景帝之母，溺愛幼子梁孝王，希望景帝能死後傳位給梁孝王。竇嬰曾因諫景帝不應傳皇位給梁孝王的意見，惹怒竇太后，被除去出入宮廷的門籍，不許他入宮朝見。吳楚七國之亂時，景帝拜竇嬰為大將軍，賜金千斤。竇嬰把金子擺在廊屋中，讓下屬軍吏取去使用，從沒有把皇帝所賜金子轉為家中的私產。竇嬰守滎陽，並監護齊、趙軍隊，平定七國之亂後，竇嬰被封為魏其侯。此時，遊士、賓客都爭著投歸竇嬰門下。朝廷議論大事時，條侯周亞夫、魏其侯竇嬰有很高的威望。景帝四年，立栗姬生子劉榮為太子，竇嬰為太子太傅；景帝七年，又廢栗太子，竇嬰數次爭諫不能得，遂謝病不朝。武帝即位後建元元年（西元前一四〇年）六月衛綰罷相，遂任命竇嬰為丞相，後因支持尊儒活動，得罪竇太后，於建元二年十月免相。

建元六年五月太皇竇太后崩，六月武帝以其舅田蚡為丞相。竇嬰為大將軍時，田蚡只是個郎官，在竇嬰身邊侍酒奉陪，時常下跪，好像晚輩。現在田蚡當了丞相，架子擺得很大，淩駕在竇嬰之上，竇嬰自然不買帳，二人矛盾日益尖銳。田蚡曾使人請竇嬰把其「在長安城南面的田地」送自己，竇嬰為此說：「老僕雖被皇帝遺棄不用，將軍（田蚡）雖然尊貴，寧可以勢奪乎？」不許把田地給田蚡。田蚡知道竇嬰和投靠他的灌夫怒而不給田地，也大動肝火，並說：「魏其侯之子嘗殺人，是我田蚡救了他的命。我田蚡侍奉魏其侯沒有什麼不可以？他竟不得數頃田？況且灌夫為什麼要干預此事呢？吾不敢復求田？」由此大怒。

灌夫是潁陰（今河南許昌市）人，父親張孟曾為漢初功臣潁陰侯灌嬰舍人。灌嬰推舉他，官至二千石，所以改姓灌，叫灌孟，吳、楚七國之亂時戰死，灌夫聲稱要替父報仇，衝鋒陷陣，也立了戰功。此後，灌夫先後做了中郎將、代相、淮陽郡太守、太僕、燕相。灌夫家是潁川郡的大豪強，「家累數千萬，食客日數十百人。陂池田園，宗族賓客為權利，橫潁川。潁川兒歌之曰：『潁水清，灌氏寧；潁水濁，灌氏族。』」太皇竇太后去世後，竇嬰被疏遠，不受重用，失去了權

4《史記．李廣傳》注引《索隱》：「地，神道之地也。」

勢，賓客漸去，有的甚而對魏其侯態度怠慢，惟獨灌夫對他還像以前一樣尊敬，所以魏其侯厚待灌夫，兩人相為引重，恨相知太晚。後田蚡以丞相上奏：「灌夫家屬橫行，民苦之。」遂扣押灌夫，並捉拿其親屬，罪皆棄市。竇嬰也上書皇帝為灌夫辯護，武帝同意他的看法，讓雙方在朝廷上辯論。辯論時，魏其侯讚揚灌夫家對朝廷的功勞；田蚡就極力攻擊灌夫的橫行不法，後來二人互相揭短指責。武帝就問大臣二人誰說得對？御史大夫韓安國說兩人都說得對，只請主上裁決了；主爵都尉汲黯認為魏其侯說得對；內史鄭當時也認為魏其侯說得對，但不敢堅持。武帝嫌內史不敢堅持己見，生氣地說：我把他們一同斬了。

武帝下朝侍奉王太后進餐，早就聽到消息的太后說：「我現在還活著，人就說我弟弟（田蚡）的壞話；如果我死了，別人就像對待魚肉一樣來斬割了。況且皇帝怎麼能像石頭人一樣不作主張，現在皇帝在，他們隨聲附和；如果皇帝死了，這些大臣還信得過嗎？」武帝回答說：「由於均是宗室外戚家，所以在朝廷辯論。如果不是如此，此類問題一個獄吏就可以處理解決。」後來武帝讓御史調查了灌夫的事情，認為魏其侯竇嬰說得不對，欺騙了朝廷，遂族誅灌夫全家。武帝本來不殺竇嬰，然而田蚡等人散佈竇嬰誹謗朝廷的流言蜚語，讓武帝聽到了，所以元光四年（西元前一三一年）十二月，竇嬰在渭城（咸陽）棄市（斬首示眾）。[5]同年春天，武安侯田蚡病死。[6]從今天醫學的知識來看，田蚡患的應是思覺失調症，病中大聲喊叫，說自己有罪，謝罪不止。武帝讓能看見鬼的巫師為他看病，巫師說看見魏其侯、灌夫兩個鬼看守著田蚡，想殺他，田蚡竟這樣死了。兩個從外戚中提拔起來的丞相，驕縱不法，心中沒有國家大事，把彼此之間的矛盾看得比什麼都重，最後竟因互相指斥搞內耗而死，這個事情的教訓是值得後人深思的。

從外戚中提拔的丞相情況各不相同，竇嬰在做丞相前對漢朝有功，而田蚡則完全是靠著他是武帝母親王太后的同母弟、武帝的舅父而做丞相的。每個人做丞相的志趣也不一樣，如田蚡未做丞相前就想著當丞相，對賓客謙恭，並推薦沒有當官的名士去當官，想以此壓倒竇嬰等將相的勢力；田蚡喜歡討好、拉攏人壯大自己的勢力。建元二年當太尉時，淮南王進京朝見，田蚡到灞上去迎接，對淮南王說：「上（皇帝）沒有太子，大王最賢，乃高祖孫。一旦皇帝去世，不是大王繼皇帝位還有誰呢？」淮南王聽了大喜，送給他很多金銀財物。武帝從魏其侯事件後，就不以田蚡為然，只是看著王太后的面子容忍了下來，當淮南王謀反後聽到他與淮南王勾結和接受淮南王的金銀財物後說：「如果武安侯還活著，該滅族了。」田蚡以權謀私，武帝元光三年黃河在瓠子決口，使東南十六郡遭水災。時田蚡為丞相，因他的封邑在黃河決口的北邊，黃河在南岸決口，北邊無水災，封邑收入多，田蚡就對武帝說：「江河之決皆天事，未易以人力強塞，強塞之未必順天。」這使黃河瓠子決口的堵塞擱置了二十多年。田蚡當丞相推薦人材，一起家就升到二千石的職位，皇帝的權力都轉移到他手裡去了。武帝於是對他說：「你任命的官，任用完了沒有，我也想任命一些官呢？」有次，田蚡竟然請武帝撥出考工室的官地供他擴建私宅用，武帝大怒說：「你何不把武庫一齊取走呢？」此後，田蚡才收斂了一些。田蚡愛擺架子，有次請客晏飲，讓兄長蓋侯王信面向南坐，自己面向東坐，認為漢朝丞相尊貴，即使在自己兄長面前，也不能委屈自己。田蚡自己曾說他「所好音樂狗馬田宅，所愛倡優巧匠之屬」，《史記．魏其武安侯列傳》說他

5 《史記》卷一百零七，〈魏其武安侯列傳〉載元光五年十月灌夫及家屬族誅；元光五年十二月竇嬰在渭城棄市。《資治通鑑》卷十，〈漢紀二〉載元光四年十二月，魏其侯竇嬰於渭城棄市，此處從《通鑑》。

6 田蚡死後五年，即元朔三年（西元前一二六年）王太后死。見《漢書》卷九十七上，〈外戚傳．孝景王皇后〉。

「滋驕，修建的住宅極為華麗壯觀，所有貴族的府第都比不上。田園極膏腴，派到市上去買郡縣名貴器物的人相連於道。前堂擺設著鐘、鼓，立曲旃（旗），後房婦女以百數。諸侯奉送的金、玉、狗、馬和古玩等，數都數不清。」從田蚡的這些表現來看，他雖位居丞相，但對國家和朝廷並無責任心、義務感，追求的不過是個人的權勢，奢侈和生活享受而已。

太史公說：魏其（竇嬰）、武安（田蚡）皆以外戚重。魏其之舉（提拔）以吳楚（平定吳楚七國之亂），武安之貴在日月之際。然魏其誠不知時變；武安負貴而好權，陷彼兩賢（竇嬰、灌夫），遷怒及人，命亦不延，嗚呼哀哉！

《漢武故事》說：「太后弟田蚡欲奪太后（竇太后）兄子竇嬰田，嬰不與。上召大臣議之，群臣多是竇嬰。太后亦哭弗食。上（武帝）亦不復窮問，兩罷之。田蚡大恨，欲自殺，先與太后訣，兄弟共號哭訴太后。太后亦哭弗食。上不得已，遂乃殺嬰。」這段記載說明武帝對二人這一官司原來是想兩不傷害，以和稀泥的態度了結此案，但是田蚡不罷休，憑藉其姊王太后的勢力，迫使武帝誅殺竇嬰，武帝難違母命，所以武帝被迫誅殺竇嬰。可此後，田蚡也未逃脫厄運，《漢武故事》說竇嬰死後「月餘日，蚡病，一身盡病，若擊者，叩頭復罪。上使視鬼者察之，見竇嬰笞之，上又夢竇嬰謝上屬之。上於是頗信鬼神事」。竇嬰、田蚡二人案件，使武帝從田蚡身上看到了貴戚丞相的腐敗、無能、自私、貪權和以勢欺人，這可能是導致武帝後來提拔平民當丞相、設內朝的原因之一。

二、公孫賀與劉屈氂被處極刑

公孫賀、劉屈氂一為外戚、一為宗室，但被處極刑是共同的。

公孫賀從太初二年（西元前一〇三年）正月為丞相，到征和二年（西元前九一年）正月被處死，計當丞相十一年，是漢武帝時當丞相時間最長的人。公孫賀字子叔，北地郡義渠胡人，賀年少時為騎士，從軍數有功，武帝為太子時，賀為舍人，武帝即位，遷為太僕。[7]公孫賀夫人君孺，「衛皇后姊也，賀由是有寵。」所以，公孫賀屬於衛皇后系統中的外戚。元光中，公孫賀為輕車將軍。元朔五年春，公孫賀為騎將軍，隨衛青出征，因功封南窌侯，後坐酎金律失侯。太初二年正月丞相石慶死，遂為丞相，封葛繹侯。由於當時丞相李蔡、莊青翟、趙周三人接連坐事而死，石慶雖謹慎得終天年，然而數次被譴。因此，公孫賀初拜丞相，不受印綬，叩頭涕泣說：「臣本邊鄙之人，以鞍馬騎射而為官，才能實不能勝任宰相。」武帝與左右群臣見賀如此悲哀，竟然被感動得落下了眼淚。武帝說：「扶起丞相。」公孫賀不肯起，武帝起身走了，賀不得不拜為丞相。出了宮門，左右人等問賀為什麼這樣，回答說：「主上賢明，臣不足以擔當此任，恐負重責，從此殆（危險）矣。」

公孫賀的兒子叫公孫敬聲，公孫賀拜為丞相後，武帝令其子為太僕，父子並居公卿位。然而，敬聲以自己是皇后姊姊的兒子，驕奢不守法，征和年間擅用北軍錢千九百萬，事發下獄。這時，武帝下詔捕京師大俠朱安世不得，要求急辦此事，公孫賀自己請求逮捕朱安世，並以此贖兒子敬聲之罪，武帝允許。後果然捕安世，朱安世聽說公孫賀捕自己的目的是為贖子之罪，笑著說：「丞相禍及全家矣！」[8]朱安世遂在獄中上書，狀告公孫敬聲與武帝女兒陽石公主私通，使人詛咒武帝，並且在甘泉宮的馳道上埋了木頭刻制的偶人，詛咒時用了惡毒的語言。於是下有關

7 太僕，九卿之一，掌輿馬及畜牧之事。

8 《漢書》卷六十六，〈公孫劉田王楊蔡陳傳〉。

機構案驗，嚴加處理，公孫賀父子死獄中，全家族誅。《漢書．劉屈氂傳》所載詔書指責公孫賀當丞相「乘高勢而為邪，興美田宅以利子弟賓客」、使戍邊卒糧食困乏、收受賄賂，下吏妄賦等等罪行。[9]《漢書．公孫賀傳》說：「巫蠱之禍起自朱安世，成於江充，遂及公主、皇后、太子，皆敗。」[10]所以，朱安世狀告公孫賀父子對武帝晚年的政治生活影響巨大！

劉屈氂於征和二年正月到征和三年六月為丞相一年零六個月。劉屈氂是武帝兄中山靖王之子，所以他是以皇室宗親為丞相的。漢武帝在諸兄弟中似與中山靖王關係較好，建元三年中山靖王劉勝、濟川王劉明等諸侯王朝見，武帝置酒設宴招待，中山靖王感於吳楚七國之亂後，諸侯王「或無罪，為臣下所侵辱」等等事實，「聞樂聲而泣」，武帝問其原因，中山靖王講了他對當時「宗室擯卻（斥退），骨肉冰釋（銷散）」的感慨，於是武帝「厚諸侯之禮，……加親親之恩」，其後就用主父偃提出的推恩分封辦法令諸侯王封其子弟。[11]這樣一方面關照了諸侯王的願望，同時也削弱了分封割據勢力。漢武帝是位很重感情的人，凡是給他出了好主意的人、對他、對漢朝態度好的人，他都加恩給以報答，對中山靖王劉勝有好感，也許是提拔劉屈氂的一個因素。在任命劉屈氂為左丞相的詔書中一方面指斥公孫賀當丞相時「為邪」的種種罪行，一方面又說本著歷史上「親親任賢」的原則「以涿郡太守屈氂為左丞相」，封澎侯、食邑二千二百戶，同時還強調了分丞相為兩府，等到選出了合適人選時再任命右丞相。

據《漢書．劉屈氂傳》載劉屈氂在當左丞相的一年多中主要做了兩件事：一件事是在巫蠱之禍中奉武帝之命率兵打敗戾太子（太子劉據）；第二件事是巫蠱之禍的次年即征和三年（西元前九〇年）春李廣利出擊匈奴，劉屈氂送到渭橋，李廣利說：「願君侯早請昌邑王為太子，如立為帝，君侯長何憂乎？」屈氂允諾。昌邑王乃李廣利女弟、武帝寵妃李夫人之子；李廣利女乃劉屈氂之子的妻子，這一對兒女親家越權謀立昌邑王為太子是犯了大罪的。這時適值朝廷急治巫蠱之獄，內者令郭穰告丞相夫人以丞相數次受譴責，使巫詛咒主上有惡言，又與李廣利共謀立昌邑王為帝。有關機構奏請案驗，定罪為大逆不道，劉屈氂被腰斬東市，妻子梟首；李廣利妻子收獄，李廣利聞降匈奴，宗族遂滅。

上述武帝從外戚和宗室中提拔任用的四位丞相都沒有好下場，這固然與漢武帝執法嚴酷有關；同時也是這類丞相驕橫不法，有的如田蚡以勢欺人、私欲膨脹，有的如劉屈氂竟非法謀立太子等等為國法所不容的行為造成的。

公孫弘、石慶與車千秋

公孫弘、石慶、車千秋是武帝任用的丞相中比較好的三位，今列述如下。

一、平民丞相公孫弘

公孫弘是武帝時的第六位丞相，從元朔五年十一月到元狩二年三月為丞相二年零四個月，是武帝從平民中提拔起來的一位丞相。公孫弘，齊，川國，薛縣人，少時為薛縣獄吏，有罪，免。

9 《漢書》卷六十六，〈公孫劉田王楊蔡陳傳〉。
10 同註9。
11 《漢書》卷五十三，〈景十三王傳〉。

家貧，牧豬海上。年四十餘，學《春秋》雜說。建元元年，武帝即位，招賢良文學對策，公孫弘被征賢良為博士，令使匈奴，不合武帝意圖，以其無能，弘以病免。元光五年，復徵召賢良文學，菑川國又推公孫弘，太常令所征儒士對策中，百餘人弘策居下，武帝提弘對策為第一，召見後，拜為博士。公孫弘曾對武帝說：「夫虎豹馬牛，禽獸之不可制者也，及其教馴服習之，至可牽持駕服，唯人之從。」並以此比喻治人的道理，武帝「異其言」，對他更加注意。[12] 公孫弘言語不尋常，常說：「人主病不廣大，人臣病不儉節。」武帝觀察公孫弘的品行「敦厚，辯論有餘，習文法吏事，而又緣飾以儒術，上大說（悅）之。」二年中，弘被提拔為左內史。每次朝廷開會，他只在開始時說個開端，讓皇帝自己去擇取，不肯當面在朝廷上爭論。他常和其他公卿約定談某項建議，到皇帝面前，卻背棄先前的約定而順從皇帝的意旨。汲黯因此在朝廷責問公孫弘說：「齊人多詐而無真實的感情，開始與臣等商議建此議，在皇帝面前都持相反的意見，不忠。」武帝問公孫弘，弘謝罪說：「知臣者以臣為忠，不知臣者以臣為不忠。」武帝認為公孫弘說得對。左右近臣每每有說他壞話的，皇帝卻更加厚待他。公孫弘也並不是在什麼問題上都討好皇帝，有時是能堅持己見的，如元光五年，他拜博士，武帝令他出使西南夷，回來在朝廷奏事反對在西南夷置郡，「盛毀西南夷無所用」，武帝不聽他的話。元朔三年弘任御史大夫，通西南夷、置滄海郡、北築朔方，公孫弘「數諫，以為這些都是疲憊中國而奉無用之地，希望罷去（撤銷）有關措施」，武帝令朱買臣等人與公孫弘辯論，十條策問，公孫弘答不上一條，於是謝罪說：「山東鄙（鄉下）人，不知設朔方郡的好處，希望停止通西南夷、置滄海郡的措施，集中力量專門經營朔方郡。」武帝採納了這一意見，這一年武帝撤銷了蒼海郡和西夷都尉。公孫弘提的這一條意見無疑是正確的，因為同時置蒼海郡和置西夷都尉耗費大量錢財，撤銷這兩處建置集中全國財力築朔方城、經營朔方郡容易收到實效，也不會使國家財政過於緊張。

公孫弘生活節儉，身上蓋「布被，食不重肉」。汲黯對武帝說：「弘位在三公，奉祿甚多，然而蓋著布被，這是欺詐。」武帝問，公孫弘謝武帝說：「有這事。九卿與臣關係好的比不上汲黯，今天他在朝廷上責問我，也說中了我的毛病，以三公而蓋布被，實在是脫不了以欺詐想釣取名聲的嫌疑。臣聽說管仲相齊，奢侈可與國君相比，齊桓公稱霸也有僭越。而晏嬰相齊，食不重肉，妾不衣絲，齊國治理得也很好，這是向下和平民看齊。今臣為御史大夫，這樣作使自九卿以下至小吏無等差，實像汲黯說得一樣。況且沒汲黯這樣的忠臣，陛下怎麼能聽到這樣的話。」武帝認為公孫弘謙讓，愈加厚待，最後以其為丞相，封平津侯。公孫弘孝順母親，「後母死，服喪三年。」老朋友和與他關係好的賓客，仰賴他衣食，公孫弘把俸祿拿出來供養他們，「家無餘財」，士人因此認為他賢明。

公孫弘當丞相有責任心，同時也小心謹慎。淮南王、衡山王謀反以後，朝廷追查其黨羽甚急。公孫弘這時病得很重，認為諸侯國的造反，也是丞相不稱職的緣故，擔心自己病死，也無法塞責，於是上書武帝請求辭職，書中說：「自己無汗馬之勞，陛下特意提臣於卒伍之中，封為列侯，位到三公。臣的德行和才能都不足以稱職，平素又有疾病，恐先於狗馬死去，最後無法報答陛下的恩德而搪塞責任，願歸侯印，乞骸骨，為賢者避路。」武帝不批准他辭職，數月以後，病癒，又再度辦事。

12《史記》卷一百一十二，〈平津侯主父偃傳〉；《漢書》卷五十八，〈公孫弘傳〉。

公孫弘嫉恨別人，外表寬厚，內心深刻。一些與公孫弘不和的人，公孫弘表面和他友善，暗中卻進行陷害，如調董仲舒任國王驕縱的膠西國相，便是他的力量。然而，公孫弘有時能堅持己見，如誅殺游俠郭解發生爭論，他力主應予處死就是一例。王船山就說：「公孫弘請誅郭解，而游俠之害不滋於天下，偉矣哉！」[13]元狩二年，公孫弘病，年八十，以丞相善終。[14]《漢武故事》說丞相公孫弘「數諫，上弗從，因自殺」，而且還說公孫弘「嘗諫伐匈奴，為之小止。弘卒，乃大發卒數十萬，遣霍去病討胡，殺休屠王」云云。公孫弘死後，武帝在茂陵旁，「為起墳塚」，並寫悼文，稱讚他「元老克壯，為漢之貞」。

公孫弘是漢武帝從平民選拔出來的丞相，此人建元元年已六十歲，元光五年又被征為賢良文學對策為博士參加政治活動已七十歲，所以是位老於世故的人。他雖有耍兩面派、迎合武帝、有時嫉恨和陷害別人的問題；但尊重和領會武帝的意圖，小心謹慎、常常自責、遵法守職，有時為緩解國家的財政困難能堅持意見、並提出一些合理建議為武帝採納，在搜求遺書、為五經博士置弟子等方面都作出了貢獻。同時，他和董仲舒都是把儒家經典《春秋》當作法典運用的人，而且有法學著述問世，這種把儒法雜糅而運用於政治的人正是武帝所需要的，因此在武帝時期的丞相中，他還是一位好的或者說比較好的丞相。公孫弘具有小心謹慎、能自責等品質和他平民出身是有關係的，所以平民出身的丞相也有平民出身的優勢。

二、醇謹丞相石慶

石慶是著名的醇謹丞相。石慶當丞相九年多，其時「事不關決於丞相，丞相醇謹（淳樸慎重）而已」。[15]他的事蹟值得注意。

石慶乃景帝時名臣萬石君石奮之幼子。景帝時石奮四個兒子均官至二千石，石奮也位居二千石以上高官，所以稱之為萬石君。其家以「馴（順）行孝謹」而聞名，「孝謹聞乎郡國，雖齊魯諸儒……，皆自以為不及」。武帝建元二年（西元前一三九年）御史大夫趙綰、郎中令王臧下獄自殺，太皇太后認為「儒者文多質少」，而萬石君家「不言而躬行」，遂任命萬石君長子石建「為郎中令，少子慶為內史」。萬石君石奮家教很嚴，子孫有過失，不責備他們，而是自己坐於便室，對著桌案不吃東西，於是諸子就共同責備犯錯誤的人，通過長老的請求，犯錯誤的人裸露著上身向他請罪（肉袒謝罪），真正改過了，他才答應。子孫到了戴冠的年紀，即使閒坐休息也要把冠戴上，顯得很整齊嚴適，惟恭謹為要。萬石君石奮遷居到茂陵縣陵里後，內史石慶酒醉而回，進里門後沒有下車。萬石君聽說後不吃飯，石慶恐懼，裸露著上身向他父親請罪，不被允許。全族的人和石慶的兄長石建也肉袒謝罪，萬石君責備說：「內史是高貴的人，進入閭里，里中的長老都避著他，內史卻依然自如地坐在車中，應當如此嗎？」[16] 從此以後，石慶和石家的子弟進入里門，都很快地走回了家，再也不敢不下車了。石慶曾做過齊國相，齊國全國人「皆慕其家行，不言而齊國大治」，為此，齊國的百姓為他立了「石相祠」，加以紀念。元狩元年武帝立太子，任石慶為太子太傅，後又任為御史大夫。

---

13 王船山，《讀通鑒論》卷三，〈武帝一一〉（中華書局，一九七五年）。

14 《史記》卷一百一十二，〈平津侯主父偃列傳〉。

15 《漢書》卷四十六，〈石奮傳附石慶傳〉；《史記》卷一百零三，〈萬石君張叔列傳〉。

16 《史記》卷一百零三，〈萬石君張叔列傳〉。

元鼎五年（西元前一一二年）九月丞相趙周因酎金成色不足有罪罷相，遂以御史大夫石慶為丞相，封牧丘侯。此時，收兩越，擊朝鮮，北逐匈奴、西伐大宛，國家多事。武帝巡狩海內，封禪、興禮樂，當時國事不通過丞相、不決定於丞相。石慶在相位九年，竟沒有任何匡正時局的建言，他想治天子近臣所忠和九卿咸宣的罪，又不能讓他們服罪，反而為此受處分而謝罪。

元封四年（西元前一〇七年），關東流民二百萬口，無戶籍的流亡人口四十萬，公卿商議決定請求徙流民於邊以此作為貶斥、處罰，武帝認為丞相年老而謹慎，不會與他們商量決定此事，而要案治、處罰御史大夫以下請求天子把流民遷徙於邊的官員。丞相石慶慚愧自己不稱職，上書武帝說：「慶幸居丞相位，然資質低下不能輔陛下治理國家，致使城郭倉庫空虛，民多流亡，陛下不忍心依法把我治罪，我願歸還丞相和侯爵印，乞請告老還鄉，為賢者避路。」武帝回答他說：「現在流民愈來愈多，上計簿書上的戶籍人口數卻不減改，你怎麼不對這些官吏繩之以法呢？」[17]又說：「今倉庫空虛，民貧流亡，而你卻請徙民，民眾已經動盪不安了，你還要遷徙，危害他們，而你又要辭職，你想著把這些危難推給誰呢？」[18]武帝以詔書責備他，他非常慚愧，遂又重理政事。石慶為丞相，「文深審謹，無他大略」，此後又過了三年多，太初二年正月去世，謚恬侯。皇帝以其中子石德為嗣，繼侯爵位。石慶作丞相時，石家的子弟由小吏升至二千石官位的有十三人，到石慶去世後，才逐漸因犯罪而被罷除，孝謹的家風也日益衰微。

三、悟主丞相車千秋

車千秋是位「敦厚有智，居位自稱（稱職）」的丞相。車千秋，本姓田，其祖先為齊諸田，高祖徙關東大族時遷至關中長陵縣。中國古代帝王宗廟有廟和寢兩部分，廟在前為接神之處，廟的後殿是放置祖先衣冠的地方稱寢，合起來稱為寢廟。千秋為高帝廟衛寢之郎，適逢太子為江充進讒言誣陷而失敗，久之，千秋以非常事訟太子冤說：「子弄父兵，罪當笞；天子之子過誤殺人，當何罪哉，臣嘗夢見一白頭翁教臣言。」這時，武帝已知「太子惶恐無他意」，乃大悟，召見千秋說：「父子之間，人所難言也，公獨明其不然。此高廟神靈使公教我，公當遂為我輔佐。」[19]立即拜千秋為大鴻臚，數月，代劉屈氂為丞相，封富民侯。千秋無他才能術學，又無閱歷功勞，而以一言悟主，就取宰相封侯，世上未嘗有也。千秋作丞相後，因武帝連年治太子巫蠱之獄，誅殺、懲罰太多，臣下恐懼，所以想開闊武帝的思路，安慰眾庶，設法讓臣下祝壽頌皇上的美德，勸皇上施恩惠，緩刑罰等等。武帝去世後，昭帝即位「政事壹決大將軍光。千秋居丞相位，謹厚有重德」。霍光與車千秋二人互相尊重而又配合，使「國家少事，百姓稍益充實」，促進了經濟的恢復。昭帝元鳳四年（西元前七七年）車千秋去世，共計做丞相十一年零六個月。千秋本應叫田千秋，因昭帝時，千秋年老，朝見時，得乘小車入宮殿中，因號曰「車丞相」，所以也叫車千秋。

從上述武帝時期的十三位丞相來看，除車千秋是在昭帝時去世離職外，其他十二位都是在武帝時期免職和死亡的，其中正常免職者五位，非正常死亡的七位。這七位是竇嬰、田蚡、李蔡、莊青翟、趙周、公孫賀、劉屈氂。竇嬰個人並無犯法之事，只是反對處死灌夫，武帝對竇嬰的處

17《漢書》卷四十六，〈石奮傳〉載：「今流民愈多，計文不改，君不繩責長吏。」

18《史記》卷一百零三，〈萬石君張叔列傳〉載，天子曰：「倉廩既空，民貧流亡，而君欲請徙之，搖動不安，動危之，而辭位，君欲安歸難乎？」

19《漢書》卷六十六，〈車千秋傳〉。

理是按其母王太后意旨辦事，也談不上什麼司法公正。田蚡雖未處理，但卻精神失常而死，他仗勢害人，做丞相以權謀私，死有應得；他的死和武帝對他的態度是有關的。李蔡因盜用景帝園隙地，犯罪自殺。莊青翟是被牽連到張湯死的案子中而下獄自殺的。趙周是因列侯酎金成色不足自殺的。公孫賀是受陽石公主（武帝女兒）和他的兒子公孫敬聲詛咒武帝牽連在獄中自殺的。劉屈氂是犯大逆不道罪而死的。

以上說明武帝對丞相的處置也是很嚴酷的，他似忽視換丞相失職、犯法輕重不同區別對待、分等加以處罰，這不能不說是個問題。漢武帝時期沒有傑出的丞相，這是由種種原因所造成的。尤其是田蚡以後，武帝不任命地位顯赫的人為丞相，也不任命傑出軍事將領出將入相，丞相只是「備員」和掛名而已，重大的事情都是武帝與內朝官員、其他大臣商議決定的，丞相只要謹慎奉公、惟命是從、處理好日常政務、不出紕漏就算完成任務。然而，丞相又有輔佐天子治理天下的名分，所以出了問題，皇帝又可以追查丞相的責任，如元封四年因流民問題嚴重武帝責備丞相石慶就是一例。在這種情況下，像公孫弘、石慶、車千秋就算是比較好的丞相了。

第二節　納諫、拒諫與有關臣下結局

虛心納諫概況

納諫指接納臣下意見、規勸，反之為拒諫。

漢武帝是非常希望聽取臣下好的治國方略、方法和意見的，他在即位之初，就在建元元年、元光元年兩次舉行了「舉賢良對策」會議，其目的就是聽取意見。他設立中朝的目的之一，也是為了聽取左右親信的好的意見、辦法；此外臣下還可以通過上書、面談等方式提出意見，遇有難處理、解決的問題，如處理竇嬰、田蚡案件時還舉行廷議讓臣下各抒己見，以便處理。在這方面，他是很英明的。武帝究竟都接受了哪些臣下的意見，無法盡述。茲舉其明顯者，列述如下：（一）董仲舒在《天人三策》中關於尊儒術、興太學廣教化的意見；（二）主父偃推恩分封的意見；（三）主父偃設置朔方郡的意見；（四）公孫弘暫停在西夷置縣和置滄海郡，專力經營朔方郡的意見；（五）主父偃遷徙「豪傑兼併之家」於茂陵的意見；（六）接受嚴助自己的意見，任命他為會稽郡太守；（七）吾丘壽王說在汾陰得到的周鼎，不是周寶，而是「漢寶」，被接受，並賜其黃十金；（八）在雍（今陝西鳳翔境）祠五帝時，獲白麟。終軍從天人感應說加以解釋，認為是祥瑞的意見被接受，因此「改元為元狩」；（九）接受公孫卿、丁公等方士的意見封禪泰山；（十）接受司馬遷等人的意見，制定太初曆；（十一）接受大農鄭當時的意見，修漕渠；（十二）接受莊熊羆的意見修建龍首渠；（十三）接受王恢意見在馬邑埋伏大軍伏擊匈奴單于；（十四）接受唐蒙、司馬相如的意見通西南夷；（十五）接受漢使臣意見認為樓蘭兵弱易擊，派趙破奴破樓蘭；（十六）接受姚定漢意見，令李廣利伐大宛；（十七）接受孔僅、東郭咸陽的意見，實行鹽鐵官營；（十八）接受桑弘羊的意見置均輸、平準；（十九）接受吾丘壽王意見否定公孫弘禁民不得挾弓弩建議；（二十）接受車千秋的意見，同意在巫蠱之禍中自殺的太子無罪。

以上這二十條中，有的是他同意的，臣下說出來即加以接受；有的是情況不明臣下說明情況他採納了；有的是他原來不同意，臣下講出來又認為對而採納的。這二十條只是他接受臣下意見的一部分，如主父偃「所言九事，其八事為律令」，上述二十條中只列了主父偃被接受的三條意見，還有五條被採納的意見沒有列出就是一例。從武帝接受意見的過程看，有時是很開明的，如他想讓嚴助當個官，事先徵求嚴助的意見，嚴助說想當家鄉會稽郡太守，武帝就加以任命，在封建時代這可是夠開明的。在對策中、上書、面談提出了好的意見而被武帝看中的人，往往加以試用，再任命為官，如嚴助、朱買臣做了郡太守，董仲舒、主父偃做到了王國相，都是二千石級的大官。有的雖未作大官，也可侍從武帝左右，恩禮有加，如東方朔、吾丘壽王、終軍等人就是如此。漢武帝注意接受臣下的意見，吸取臣下的智慧，調動他們的積極性，這對他治國和成就的事業無疑起了巨大的作用。在這方面，他表現出了傑出的才能，不愧是位英明的君主。

然而，這些提出好的意見被採納的人，如果犯法，他也加以嚴厲誅殺，而這恰恰有時又是因為他聽取了別的臣下的意見。如嚴助，原來他很賞識，當郡太守後又侍從左右，處理淮南王謀反後，發現嚴助接受了淮南王賄賂，與淮南王「交私論議」。雖然漢武帝「薄其罪，欲勿誅」，但張湯卻爭諫說：「助出入禁門，腹心之臣，而外與諸侯私交如此，不誅，後不可治。」於是武帝聽了張湯的意見，嚴助被棄市。再如主父偃，受武帝賞識後，一歲四遷，由謁者、中郎升至中大夫。主父偃揭發了燕王劉定國見不得人的事情，大臣們因此怕他，給他送的賄賂「累千金」，有人說他「太橫」，主父偃卻說：「我結遊學四十餘年，身不得顯達，父母親不以我為子，堂弟不以我為兄弟，賓客拋棄我，我困窮久矣。丈夫生不五鼎食，死則五鼎烹耳！吾已日日年老，所以倒行逆施。」元朔年間，主父偃又講了齊王有「淫失之行」，武帝因此任他齊國相。到齊後，主父偃讓以「王與姊奸事動王」，齊王懼怕像燕王一樣被判死刑，自殺。武帝為此大怒，以為是主父偃強迫齊王自殺的，遂下吏受審治罪。主父偃承認受過諸侯賄賂，但沒有強迫齊王自殺，武帝想不誅殺他，公孫弘爭諫說：「齊王自殺無後，主父偃是首惡，非誅偃無以謝天下。」於是遂族誅偃。

上述這些情況說明，漢武帝是注意聽取和採納臣下的意見的。而且，有時認為臣下的意見有道理，就放棄自己原有的意見而加以採納。從這方面看，漢武帝不愧是明主，他所以能成就大事業，與這種氣度與作風有很大關係。

對不同意見的態度

由於漢武帝能夠虛心納諫，聽取、採納臣下的意見，所以在漢武帝周圍的臣下，勇於發表意見，包括與漢武帝不同的意見。值得注意的是，武帝對與自己有不同意見的臣下是寬容的，如對汲黯、東方朔等人就是其例。

汲黯是位耿直而又敢於說話、敢於批評別人的大臣，他是在父親舉薦下任子為官的，景帝時為太子洗馬，[20]武帝即位為謁者、滎陽令、中大夫、東海太守、主爵都尉，[21]位列九卿。其為人簡樸、傲慢、不能容人之過，敢犯顏直諫，多次在武帝面前指責武帝過失，如曾說武帝：「陛下內多欲而外施仁義，奈何（怎麼能）欲效唐虞（堯舜）之治乎？」為此，武帝怒而罷朝。後來武帝對嚴助說：「古有社稷之臣，至如汲黯，近之矣。」這就是說，武帝稱讚汲黯是個忠臣，並不因他頂撞自己而否定他。汲黯位列九卿時，公孫弘、張湯還是個小吏，後來公孫弘、張湯當了

20《日知錄》卷二十四，〈洗馬〉載：「洗馬者，馬前引導之人也，亦有稱……洗廄養之。」

21 主爵都尉，原名主爵中尉，景帝中六年更名都尉，治右扶風。

丞相、御史大夫，汲黯還是沒有升遷，心裡有怨氣，對武帝說：「陛下用群臣如積薪，後來者居上。」事後武帝說，「人果不可以無學，觀汲黯之言，日益甚矣。」這裡也只是批評汲黯不好好學習，不增長自己的見識，並沒有怪罪他。匈奴渾邪王降漢，率眾至長安，武帝優待降者，費用巨大，汲黯就對武帝說：「臣愚以為陛下得胡人，皆以為奴婢，賜從軍死者家，虜獲，因與之，以謝天下，塞百姓之心。今縱不能，渾邪帥數萬之眾來，虛府庫賞賜，發良民侍養，若奉驕子。……臣竊為陛下弗取也。」武帝不採納他的意見，過後說：「吾久不聞汲黯之言，今又復妄發矣！」過了幾個月，汲黯犯了法，遇赦，被免官，因此在田園耕作了數年。汲黯學習黃老之言，當東海郡太守時，無為而治，多病，臥閤房不出，一年多後，東海郡大治，受到稱讚。元狩四年（西元前一一八年），鑄五銖錢，民多盜鑄，楚地尤甚。淮陽郡是那一帶的交通要衝，對穩定那一帶的形勢十分重要，武帝鑒於以往汲黯在東海郡的政績，就任命他為淮陽郡太守，汲黯不接受，幾次給他，才接受。汲黯在宮殿上對武帝說自己有病，「力不能任郡事，臣願為中郎，出入宮中小門，補過拾遺，臣之願也。」武帝對他說：「你是不是輕視淮陽郡呢？我現在召你來，是因為淮陽吏、民不相安，我是想借重你的威望，臥在閤房中把那裡治理好。」最後武帝優待他，讓他以比郡守高的諸侯相的俸祿為太守，汲黯在淮陽郡工作了十年而卒。

再如，韓安國為御史大夫時，在馬邑之謀時他力主和親，意見沒有被接受，武帝還任命他統領諸將伏擊單于。主父偃上書武帝利諫不可擊匈奴，公孫弘力諫不可置朔方郡，武帝雖都沒有接受這些意見，但都不影響他們以後的使用和升遷。卜式為御史大夫時，說「郡國不便鹽鐵而船有算，可罷」，這牽涉到了財政收入問題，武帝因此「不悅卜式」，貶其秩為太子太傅，後「以壽終」。這說明武帝在正常情況下，對臣下提出的不同意見能夠正確對待，意見可以不接受，提意見者官職可以有升有降，但並不任意誅殺。

正是因為武帝在一般正常情況下能夠正確對待不同意見，所以在他周圍形成了敢於發表不同意見的風氣，如東方朔是武帝侍從左右的近臣，他就敢於多次發表不同意見。建元三年（西元前一三八年）武帝接受了吾丘壽王的意見，要佔用民田擴大上林苑。東方朔上諫指出這是「奢侈越制，天為之變，上林雖小，臣尚以為大也」，又說「今規以為苑，絕陂池水澤之利，而取民膏腴之地，上乏國家之用，下奪農桑之業，棄成功，就敗事，損耗五穀，是其不可一也」；「又壞人塚墓，發人室廬，令幼弱懷土而思，耆老泣涕而悲，是其不可二也」等等。武帝認為他講得好，所以拜朔為太中大夫、給事中，賜黃金百斤，然而武帝並沒有接受他的意見，而是據吾丘壽王所奏，擴大了上林苑。武帝姑姑竇太主，因其丈夫堂邑侯陳午早死，養男寵董偃，武帝接見了董偃，東方朔上前說：「董偃有斬罪三。」武帝問他是哪三罪，東方朔回答說：「偃以人臣私侍公主，其罪一也。敗男女之化，而亂婚姻之禮，傷王制，其罪二也。」又「陛下富於春秋，方積思於六經，留神於王事……偃不遵經勸學，反以靡麗為右，奢侈為務，盡狗馬之樂，極耳目之欲，行邪枉之道，徑淫辟之路，是乃國家之大賊，人主之大蜮。偃為淫首，其罪三也」等等。這一通意見不僅批評了竇太主，也批評了武帝；武帝認為他講得好，賜他黃金三十斤。董偃之寵由此日衰，至三十而死。[22] 武帝妹妹隆慮公主之子昭平君是武帝女兒夷安公主的丈夫，隆慮公主病重時曾以千金贖昭平君死罪，武帝允許了；隆慮公主死後，昭平君又因犯了殺人罪，廷尉請示武帝決

22《漢書》卷六十五，〈東方朔傳〉。

定，武帝為此悲傷，東方朔上前說：「臣聞聖王為政，賞不避仇讎，誅不擇骨肉」云云，意思是說應處以死刑。武帝因此不高興，繼而又感到他講得對，這時東方朔已因在宮殿上小便，被彈劾為不敬之罪，詔令免為庶人，待詔宦者署。由於上述諫語，武帝又任命他為中郎，並賜帛百匹。

再如司馬相如是武帝的文學侍從，其所作〈上林賦〉（遊獵賦）就是一篇諫詞，賦中以鋪張的陳述、華美的詞藻描述了上林苑的廣大壯美、奇獸異樹、千姿百態、別宮離館。而後筆鋒一轉，「天子芒然而思」，說：「嗟乎，此大奢侈！」「於是乎解酒罷獵，而命有司曰：『地可墾辟，悉為農郊，以贍氓隸，隤牆填塹，使山澤之民得至焉，……發倉廩以救貧窮，補不足，恤鰥寡，存孤獨。出德號，省刑罰，改制度，易服色，革正朔，與天下為始。』」又「興道而遷義，刑錯而不用，德隆於三皇，功羨（超出）於五帝。」這實際上是批評漢武帝太奢侈，並希望他能給流亡到山澤的農民以耕地、救濟貧窮、撫恤鰥寡、減輕刑罰等等。武帝並不談他這些批評、意見對不對，而是稱讚他的賦寫得好。這都說明武帝對不同意見的態度是開明的，所以他左右的侍從敢於隨時提出不同意見，如果武帝聽到不同意見就濫殺一通，這些侍從還敢說話嗎？

誅殺不同意見者事例

漢武帝一生確有多殺人、誤殺人的一面。這主要表現在下述兩方面：一是因執法嚴、急而多殺人；二是在不正常情況下如巫蠱之禍中錯殺了許多人。然而，因聽不進不同意見而多殺人卻不是他的特點，雖然有時也有因聽不進不同意見而錯殺人的現象。這方面有兩個突出的事例。

其一是顏異以「腹誹罪」被處死刑。顏異最初為濟南亭長，因廉潔、正直，提為大司農。武帝與張湯為解決財政困難造白鹿皮幣，其用途是諸侯朝賀進奉蒼璧時把皮幣墊在下面送上。製造皮幣後，武帝問顏異怎麼樣？顏回答說：「王侯朝賀用的蒼璧值數千，下面墊的皮幣反而值四十萬，本末不相稱。」武帝聽了不高興。張湯與顏異有成見，恰巧這時有人因別的事情告發了顏異，此案交張湯審處。顏異與客人交談時，客說詔令初頒佈時有不便民眾的地方，顏異沒有回答他，只是嘴唇略微動了動。張湯就上奏武帝，說顏異位居九卿，見法令不便不上奏，卻在腹內誹謗，論處死刑。此後，立了一條「腹誹」之法，影響所及使朝中公卿大夫，因此多諂諛以討上級的喜歡。十分明顯，對顏異在皮幣問題上的不同意見，武帝只是不高興而已，並無進一步處罰。張湯處治顏異一案時打擊顏異，以「腹誹」罪，判處死刑，使言路閉塞，張湯應負主要責任，當然漢武帝誤信張湯也有自己的責任。

另一個案子就是張湯的案子。據史籍記載張湯「懷詐面欺」，有兩方面的問題：一是身為廷尉辦案時挾私報復，草菅人命。除前述以「腹誹」罪處死大司農顏異之外，另一典型事例就是張湯與御史中丞李文有隙，勾結下屬魯謁居，誣陷李文，判其死刑。張湯的另一問題是經濟問題，張湯與商人關係不正常，商人「居（儲）物致富，與湯分之」。然而張湯貫徹武帝意圖得力，深得武帝信任。張湯的事被揭發後，當得知已無力更改時，自殺而死。然而，張湯死後，發現「家產值不過五百金，皆所得奉（俸）賜」，「昆弟諸子欲厚葬湯，湯母曰：『湯為天子大臣，被惡言而死，何厚葬焉！』載以牛車，有棺無槨。」[23] 武帝知張湯葬禮簡樸，認為張湯受了誣陷，遂誅殺揭發

23《漢書》卷五十九，〈張湯傳〉。

張湯的丞相府三長史，丞相莊青翟也受牽連下獄自殺。

其實張湯的案子根本就未查清楚，僅憑張湯挾私報復，處死大司農顏異、御史中丞李文，按當時的法律就應判處死刑。

圍繞著張湯的案件，不難發現，漢武帝為張湯的表面現象所蒙蔽，聽不進不同意見，聽信張湯的意見錯殺了大司農顏異等人。在張湯自殺後，又誤認為張湯受誣陷而死，又誅殺了丞相府三長史等人。

值得注意的是，武帝這種殺不同意見者的背景發生在內外興作，導致了國家財政危機出現，武帝急於增加國家財政收入，寵信張湯等人，加上武帝性格嚴厲、急躁，所以就出現了上述錯誤。

總之，從上述情況可以看出，武帝在一般情況下，在相當長的時間內，是能夠虛心納諫，聽取、採納不同意見，也能正確對待不同意見。在這方面具有明主的氣度、風範，但有時又因情況不明等原因，錯誤地殺戮有不同意見的臣下，反映了封建專制君主的嚴酷性與苛暴性、隨意性。

第三節　文化人與酷吏的結局

漢武帝的臣下還有兩種人值得注意：一種人是文化人，如董仲舒、司馬相如、司馬遷等人；另一種是武帝的執法酷吏如張湯、杜周、趙禹等人。前一種人在文化上做出了重大貢獻，是武帝時期文化上成就輝煌的體現者；後一種人，雖有的如張湯，雖名聲不好，但卻是武帝政策的有力推行者。

董仲舒、兒寬、司馬相如、東方朔、司馬遷幾位可以說是武帝時有成就的文化人的代表。

董仲舒，廣川人（今河北棗強縣人），治《春秋公羊傳》。據說他專心研究學問「三年不窺園」，又「進退容止，非禮不行，學士皆師尊之」，所上〈賢良對策〉受武帝賞識後，武帝任命他為江都相。江都易王劉非系武帝之兄，此人「素驕，好勇」不好對付，不過他「敬重」董仲舒，董仲舒能以「禮義匡正」易王。後董仲舒在江都相任上被廢，為中大夫，因遼東高廟起火言災異之事倖免於死，此後「不敢復言災異」。武帝另一位兄長是膠西王劉瑞，縱恣放任，幾次陷害二千石的官員，公孫弘與董仲舒不和，就對武帝說：「只有董仲舒可使為膠西相。」膠西王聽說他是個大儒，善待他。董仲舒害怕時間長獲罪，以病為理由，免相。據《漢書．董仲舒傳》載，董仲舒兩次當諸侯王國相時都能「正身以率下，數上疏諫爭，教令國中，所居而治」，到他離職居家後還是「終不問家產業，以修學著書為事」。朝廷討論大的事情時，就讓使者和廷尉張湯至其家問事，董仲舒的對答「皆有明法」。年老後，「以壽終於家」。

兒寬是繼董仲舒之後一位以儒學起家官至御史大夫的官僚。兒寬，原從歐陽生，治《尚書》，後又受業孔安國。家貧，據說他為人「賃作，帶經而鋤，休息時常誦讀儒學經書」。後以「射策」[24]為掌故，補廷尉文學卒史。其時，張湯為廷尉，廷尉府用的都是習文史法律的小吏，兒寬

24　射策：漢代取士考試的一種，射策時由主試者出試題，寫在簡策上，列置案上，分甲乙科，應試隨意取答。射者投射之意。

是儒生，因沒學過這類事情找不到合適的位置，而改為從史，前往北地郡視察廷尉府的牲畜數年。回到廷尉府時，兒寬寫了一個奏疏，受到廷尉府掾史稱讚，張湯看後大驚，奇其才，以為掾，把奏疏送給武帝那裡後，過了些日子武帝問張湯：「前奏非俗吏所及，是誰寫的呢？」張湯說是兒寬，武帝說：「我早就聽說過這個人。」湯升為御史大夫，又以寬為掾，並舉為侍御史。兒寬曾與武帝討論經學，武帝很喜歡，問了他《尚書》中的問題，後提拔為中大夫、左內史。

兒寬當了左內史之後，做了以下幾件事情：（一）治民寬，勸農業、緩刑罰、理獄訟，務在得民心；（二）選擇仁厚士人，推民情即按民眾願望施政，不求名聲，得到民眾的信愛；（三）開六輔渠，制定用水前後次序，定為法律，法令都合理得體；（四）收租稅時，按貧弱和農時不立即徵收，並假貸與民，所以收租不多。後來因軍事徵發，左內史所轄地區因租賦多欠，當免職。民眾聽說兒寬要免職，恐怕他走了，有的用牛車拉，有的擔著、背著送租賦，路上絡繹不絕，最後收繳租稅最好。[25]武帝因此愈覺兒寬奇特。後來因司馬相如病死前，有遺書，頌功德，言符瑞，請封禪泰山。武帝奇其書，曾與諸儒五十餘人議論，未能定。武帝問兒寬，兒寬說：今將舉大事，讓群臣各言其是，「終莫能成」，因此應「唯聖主所由，制定其當」，「兼總條貫，……以順成天慶，垂萬世之基」。武帝認為他說得對，於是「自製儀」。後拜兒寬為御史大夫，從武帝東封泰山，「居位九歲，以官卒」。作為學者，兒寬還傳授經學，歐陽、大小夏侯氏所授《尚書》皆出自兒寬。

司馬相如以善賦而出名，一生除作賦和樂府歌詩外，其他活動不多，曾出使西南夷，也曾因武帝愛打獵與猛獸格鬥曾上諫詞要武帝注意安全等等。他有消渴病（糖尿病），又口吃不善言談，不多參加公卿大臣議論國家之事，不慕官爵，因與蜀卓氏通婚，家中饒於財，常稱病閒居。雖然如此，他對國家大事還是很關心的，他病死後，遺書一卷「言封禪事」受到了武帝的重視。在〈上林賦〉中提到改制，這兩件大事後來都被武帝所實現。他希望武帝不要奢侈，而返歸節儉，武帝並未接受。從司馬相如的這些主張來看，他不愧是一位關心國家命運的傑出文學家，武帝對他一直很重視，生前稱讚他的賦寫得好。有人曾上書說他出使西南夷時受賄，為此失官，一年多以後，武帝又召他為郎；在他病重時，武帝就派所忠到他家取書，到他家時，相如已死，家無遺書，問其妻，回答說：司馬相如時時著書，人又取去，只留下一卷遺書，讓奏上，就是言封禪事的那一卷。

在武帝左右的文化人中，東方朔是一位多才多藝的雜家學者，他詼諧、幽默，引人發笑，「然時觀察顏色，直言切諫，上常用之」。東方朔哀歎自己不能為大官，所以「上書陳農戰強國之計，……欲求試用。其言專商鞅、韓非之語也，……辭數萬言，終不見用」。[26]雖然他一輩子在武帝身邊侍從，未被重用而做大官，然而卻心向朝廷，至死未變。《史記・滑稽列傳》載：「至老，朔且死時，諫曰：『……樂和君子，不信讒言。讒言不止，四方大亂。』願陛下遠巧佞，退讒言。」[27]武帝奇怪地說：「今天東方朔為何說好話呢？」過了沒多久，東方朔就病死了。東方朔臨死前上的這一諫詞應是有所指而發，武帝晚年確實是信了讒言的，相信江充誣陷太子就是一

25《漢書》卷五十八，〈兒寬傳〉。

26《漢書》卷六十五，〈東方朔傳〉。

27《史記》卷一百二十六，〈滑稽列傳〉載原文為：「至老，朔且死時，諫曰：『《詩》云「營營青蠅，止於蕃。愷悌君子，無信讒言。讒言罔極，交亂四國（四方）」。願陛下遠巧佞，退讒言。』」

例。東方朔的例子，說明武帝左右的文化人侍從中是不乏忠良之臣的。

司馬遷的最後結局史學界是有分歧的。《史記．太史公自序》中《集解》引衛宏《漢書舊儀注》曰：「司馬遷作〈景帝本紀〉，極言其短及武帝過，武帝怒而削去之。後坐舉李陵，陵降匈奴，故下遷蠶室。有怨言，下獄死。」《西京雜記》[28]也載司馬遷「後坐舉李陵，陵降匈奴，下遷蠶室。有怨言，下獄死。」這與衛宏的上述意見是一致的。對這類記述了司馬遷最後結局的材料，史學界出現了截然不同的意見：一種意見以王國維先生為代表認為此記述純系無稽之談，理由是：「〈太史公自序〉與〈報任安書〉皆作於被刑之後，而〈自序〉最目（目次）有孝景、今上兩本紀，〈報任安書〉亦云本紀十二，是無削去之說也；同時按《漢書．司馬遷傳》遷被刑之後，為中書令，尊寵任職，司馬遷父子素以文學登用，奉使扈從，光寵有加，一旦以言獲罪，帝未嘗不惜其才。」[29]這就是說司馬遷下蠶室後被任命為中書令了，並未下獄死，全部否定了衛巨集的上述論斷。另一種意見以郭沫若先生為代表，他認為「司馬遷下獄死事，前人多不相信；但從種種材料來看，沒有堅實的理由可以完全否認。」[30]這實際上是說司馬遷下獄死的論斷無法否認。這兩位史學大師的見解各有道理，人們應當何去何從呢？

從客觀事實來看，司馬遷歷史上有個疑點，也是人們解不開的一個謎。據王國維先生〈太史公行年考〉的考證，司馬遷的〈報任安書〉寫於太始四年（西元前九三年）十一月無疑，而太始四年以後就見不到司馬遷有什麼活動了。王國維先生還說，司馬遷「卒年雖未可遽知，然視為與武帝相終始，當無大誤也」。既然如此，從太始四年（西元前九三年）到後元二年（西元前八七年）武帝死，這中間還有六年時間，這六年中司馬遷到哪裡去了，這就成了一個疑問？是去官在家閒居了呢？還是病死？還是應作別的解釋呢？而衛宏所說司馬遷「下獄死」正提供給人一個選擇的答案，目前雖無法結論，但至少這種可能性是存在的。王國維先生還說「史公卒年，絕不可考」，在目前缺乏事實的情況下確實如此。既然如此，這個問題就成了歷史上的一個懸案。

從司馬遷的主客觀條件而言，導致他非自然死亡的因素和可能都是存在的。據郭沫若等人的意見，司馬遷生於建元六年（西元前一三五年），太初元年（西元前一〇四年）三十一周歲時開始寫《史記》，太始四年（西元前九三年）四十二歲時寫〈報任安書〉。這正是他的青、壯年時期，血氣方剛，他寫了當代史，很容易得罪人。如司馬相如的賦寫得好，漢武帝和當時人都給以高度評價，司馬遷卻說他寫的賦是「虛辭濫說」，這讓喜歡司馬相如賦的漢武帝看了會有何想法呢？再有他直言不諱地講了漢武帝經濟措施的客觀後果及人們對它的批評也是很容易引起誤會的。再有，漢武帝一直視司馬遷為人才，先為太史令，下蠶室後又為中書令，為當時人所羨慕，班固也說中書令是很「尊寵」的職位。而司馬遷在〈報任安書〉中說自己所從事的「文史星曆近乎卜祝之間，固主上所戲弄，倡優畜之，流俗之所輕也」。如果有人把〈報任安書〉送給武帝看，武帝看到這些會怎麼想呢？如果再有人在武帝面前進讒言，說司馬遷如何有怨言，而武帝又是位「性嚴急，不貸小過，刑殺法令，殊為峻刻」的皇帝，司馬遷不是隨時有可能遭不幸而離開人世嗎？

然而，歷史學是一門重實證的科學，雖然司馬遷有可能非正常死亡，但可能性不一定等於現實性。多年以來，一些學者就司馬遷的結局發表過意見，進行過考證。鄭鶴聲《司馬遷年譜》，認

28 葛洪，《西京雜記》卷六，〈書太史公事〉。

29 王國維，〈太史公行年考〉，《觀堂集林．第二冊》卷十一，五〇一至五一三頁。

30 郭沫若，〈關於司馬遷之死〉，《歷史研究》一九五五年四期。

為司馬遷卒於昭帝始元元年；有的學者認為司馬遷並未「下獄死」，而是善終。其所根據的兩條材料，也值得注意。

其一，蘇誠鑒先生指出：「《史記．封禪書》結尾有云：『其後五年，復至泰山修封。』《集解》引徐廣曰：『天漢三年。』〈封禪書〉又云：『其後十二歲而還，遍於五嶽四瀆矣。』按自天漢三年（西元前九八年）至武帝卒年後元二年（西元前八七年）恰為十二年。如果〈封禪書〉未經後人竄補的話，那麼這條材料很可以證明〈封禪書〉記事乃盡漢武帝一生，而司馬遷乃死於武帝之後。」[31]作者認為，蘇先生的這一意見值得重視。

其二，《鹽鐵論．周秦篇》說：「一日下蠶室，創未瘳（愈），宿衛人主，出入宮殿，由得受俸祿，食太官享賜，身以尊榮，妻子獲其饒。故或載卿相之列，就刀鋸而不見閔，況眾庶乎？」這一段指司馬遷應無疑問。這裡所說「一日下蠶室，創未瘳（愈），宿衛人主，出入宮殿」和司馬遷的情況相符合，司馬遷所任中書令為內（中）朝的主管官員，與這裡所說「或載卿相之列」也是相合的，而此所說「就刀鋸」就是指他「下蠶室」受腐刑之事，並不是說在「下蠶室」之後，又「就刀鋸」而被處死。這樣理解這一段話，這段話就成了並未「下獄死」的證據。

另外，其他一些材料也說明昭帝時司馬遷的後人處境較好，他本人也受著人們的尊敬。如司馬遷的女兒曾嫁給昭帝時任丞相的楊敞為夫人，楊敞之子楊惲乃司馬遷之女所生。[32]《鹽鐵論．毀學篇》載：「大夫曰：『司馬子言：天下穰穰，皆為利往。』」這裡直接稱司馬遷為司馬子，如稱墨子、孟子、荀子等一樣稱呼，如此情況也反映了司馬遷不像是被漢武帝處了極刑的人。

總之，漢武帝與司馬遷都是對我們國家和民族作出過重大獻的人物，無論司馬遷最後結局如何，都無損於二人的光輝！

酷吏的結局

漢武帝是個複雜的人物，他在尊儒術的同時又重法制、刑罰，一些執法酷吏如張湯、杜周、趙禹等人在推行武帝政策方面曾起過重要作用，[33]這些人的業績、結局有助於從另一個側面了解武帝。

張湯，京兆杜陵人，他的父親做過長安縣丞。張湯小時候發現老鼠偷吃了家裡的肉，就掘地挖洞，捉到偷肉的鼠和剩下的肉，一再審訊追究，記錄審訊經過，當堂結案，判處老鼠分屍處死，他的父親看了他判案的文辭像老獄吏一樣，大為驚異，因此就讓他辦理斷獄文書。其父死後，張湯就當了長安的吏，做了很久。寧成做內史時，張湯是其屬吏，他認為張湯是個好官，上報丞相府，調任茂陵尉，管工程方面的事情。武安侯田蚡做丞相時，張湯為丞相史，後被推薦為侍御史，主辦陳皇后巫蠱案件，深究同黨，武帝認為他能幹，提升為太中大夫。此時張湯與趙禹共訂諸種律令，意在求深、求重，以限制在職的官吏。張湯為人多詐偽，賣弄智謀以控制別人，作小官時就口是心非、言行不一；張湯當了九卿後，交結天下名士大夫，內心雖然和他們不合，

31 蘇誠鑒，〈司馬遷行年三事考辨〉，《秦漢史論叢．第三集》（陝西人民出版社，一九八一年）。

32 《漢書》卷六十六，〈楊敞傳附楊惲傳〉云：「惲母，司馬遷女也。惲始讀外祖《太史公記》，頗為《春秋》。」

33 《漢書》卷十九，〈百官公卿表〉載：元朔三年（西元前一二六年）「中大夫張湯為廷尉，五年遷。」元鼎四年（西元前一一三年）「故少府趙禹為廷尉，四年以老貶為燕相。」元封二年（西元前一〇九年）「御史中丞杜周為廷尉，十一年免。」又載元狩三年（西元前一二〇年）「廷尉張湯為御史大夫，有罪自殺。」天漢三年（西元前九八年）「執金吾杜周為御史大夫，四年卒。」

表面上還是稱讚他們。

張湯當廷尉後，因漢武帝尊儒，決獄時要附會儒家經義，就請博士弟子研究《尚書》、《春秋》的補為廷尉史，讓他們平斷疑案。奏明疑案的時候，必預先替皇上分別案子的原委，皇上認為是的，就書寫記錄下來，以廷尉名義公佈為法令，頌揚皇上的英明。如果奏事受到譴責，張湯就謝罪，按皇上說的意思，必定指出其屬下正、左、右監等的賢能者，說「他們對臣下的建議，與皇上責備臣下的意旨相同，臣沒有採納，愚昧不聽以至於到了這種地步」。因此皇帝並不怪罪。

張湯想要推薦官吏，就稱讚別人的好處、掩飾別人的過失。他在治淮南、衡山、江都王謀反時，皆窮根本，株連甚廣，連武帝想赦免的嚴助和伍被都在張湯的爭諫下誅殺了。張湯認為辦理案件時這樣誅殺臣下都是他的功勞，在這種情況下，張湯日益受到武帝的尊重、信任，於元狩二年（西元前一二一年）升任為御史大夫。這時正是匈奴渾邪王投降，漢興兵討伐匈奴的高潮時期，也是山東水災、流民多、遷徙貧民至朔方等地七十餘萬口的時期，國庫空虛。此時張湯又承武帝意旨，造白金及五銖錢、籠天下鹽鐵、排富商大賈、出告緡令等，以巧妙的文辭輔助法律去嚴懲犯法的人。張湯每次在朝廷上奏事，談到國家財用，時間晚了，天子也忘了吃飯，丞相也成了擺設，天下的事情都由張湯決定。張湯生病後，天子親自去看望他，竟隆貴至此。當時百姓不得安生，再加上壞的官吏對百姓的侵擾和漁肉，天下騷動，從公卿以下至庶民，都指責張湯。

張湯愛玩權術，與其他公卿大臣關係緊張，彼此之間互相告密、陷害，張湯之死就是這類事情的產物。當時張湯牽連在兩個案件中：

一是御史中丞李文與張湯不和，有怨恨之心，想從文書中找到張湯的問題。張湯寵愛的屬史魯謁居就使人告發李文的奸事，事下張湯審理，張湯借機判處李文死刑。張湯知道是謁居所為，當武帝問他李文案子的蹤跡是怎麼起來的時候？湯卻回答說，這是李文的故交怨恨李文告發的。謁居病後，張湯去探視，為表示對謁居的親密和感謝，為謁居摩足。趙王也因與張湯有隙，暗中尋找張湯幹的壞事。知此事後，上書說：「張湯是大臣，謁居有病，張湯竟然為他摩足，疑二人有大奸。」云云。

二是當時有人偷了孝文帝陵園埋葬的錢，丞相嚴青翟上朝時與張湯約定共同在朝廷上謝罪。到皇上面前時，張湯想只有丞相四時巡視陵園，應當謝罪；自己沒關係，未謝罪。皇上讓御史辦理此案，張湯認為丞相應該知道偷竊的事，要歸罪丞相。丞相府的三位長史都與張湯不和，就對丞相說，張湯這樣做是想代替你的職位，並說他們知道張湯背後幹的違法事情。他們揭發了張湯每次奏請政事，商人田信就先知道，囤積貨物取利，與張湯分之，及其他奸事。武帝讓人審查張湯此案，並使人對照證據審問張湯，張湯自己說無此事，不服。最後武帝讓廷尉趙禹處理張湯的案子，趙禹對張湯說：「你怎麼不知道你的身分呢？你辦案時牽連誅殺了不知多少人。現在別人告發你都有證據，天子要辦你的罪，是想讓你自己自殺，你為自己辯護有什麼用？」張湯上書謝罪說：「湯對國家無尺寸之功，從文書小吏起家，蒙陛下厚愛使居三公之位，沒有什麼功勞報答。然而圖謀誣陷加給臣罪名的，是三長史也。」而後自殺身亡。

杜周，南陽杜衍人。酷吏義縱為南陽太守時，杜周是他的爪牙，並把他推薦給張湯做廷尉史，杜周審理邊境士卒逃亡的案子，誅殺的人很多；杜周後來與另一名為減宣的官吏互相輪換當

34《漢書》卷五十九，〈張湯傳〉。

御史中丞有十幾年。杜周奏事能合武帝的意旨，外表上說話少、反應遲慢，用法卻深刻無比。杜周當廷尉後，大體仿效張湯，善觀察領會皇上的意圖，皇上要排擠的人他就陷害；皇上要釋放的人他就拘留等待審問而顯示其冤情。有人責問杜周：「你為天下審案，不按法律辦理，專門以天子意旨作為斷案的根據，斷案應這樣做嗎？」杜周回答說：「法律從何產生呢？先前君主認為是的，寫下來就是法律；後面君主認為是的，就是法令；當時認為是的，就為是，有什麼古代的法律可依據呢？」[35]

杜周當廷尉時，審理的案子更多了，二千石的高級官員被捕在獄中，來的去的不下百餘人，郡吏和丞相、御史府等官府送廷尉辦理的案子一年有千多件。一個大案子牽連逮捕的人有數百人，小的也達數十人；這些人遠的數千里，近的數百里。為讓依據告發的案情服罪，如不服，就以嚴刑拷打定案，因此聽說有牽連要逮捕的都逃亡藏匿。案子拖久的經數次赦免歷十幾年還在訴訟，大都判的是不道以上的罪名。廷尉和中央各官府判罪逮捕的就有六七萬人，屬吏增加的罪人至十萬有餘。杜周曾被罷官，後來又當了執金吾，[36]在逮捕、審訊桑弘羊財政改革時的犯法者及衛皇后子侄的案件中用法嚴苛，皇上認為他盡力無私，提升他為御史大夫。杜周為廷尉時，家中有一匹馬，後任御史大夫、位列三公，兩個兒子也作了郡守，「家資累數巨萬」。杜周及其作郡守的兩個兒子，都執法酷暴，惟其幼子杜延年行事寬厚，後受霍光重用，被封為建平侯，任太僕右曹給事中。[37]

趙禹，扶風斄人（今陝西武功縣西南），曾為京師官府吏，周亞夫為丞相時禹為丞相史。趙禹廉潔，然而周亞夫卻不加任用，並說：「我知道趙禹清廉，然而用法深刻，不適合在丞相府任事。」武帝即位後，趙禹因辦理法律文書之事有功，升為御史。武帝認為他能幹，提升他為太中大夫，與張湯共同制定法律，作「見知不舉」、「吏轉相監司」等法律，用法深刻就是從此開始的。趙禹後被免官，後來又做了廷尉，處理事情嚴酷急躁。年老時調任燕國相，後被免官歸家，在張湯死後十餘年，在家壽終。

上述三人是武帝時期重要的執法大臣，三人都做過廷尉，其中兩人當了御史大夫、位列三公。此外，武帝時期還有一批酷吏，如寧成、周陽由、王溫舒、尹齊、楊僕等人，都執法嚴酷，這些人在鎮壓諸侯王叛亂、打擊豪強方面起了積極作用，在推行武帝解決國家財政困難的改革措施方面也執法嚴厲，既為解決財政困難做出了貢獻，也搜刮了商人和民眾的錢財。同時他們也殘酷地鎮壓民眾，如張湯曾令酷吏尹齊「使督盜賊」，再如楊僕為御史時，曾奉命「督盜賊關東」。這裡的「盜賊」應是反抗的民眾。《史記．酷吏列傳》載十一位著名的酷吏分別是郅都、寧成、周陽由、趙禹、張湯、義縱、王溫舒、尹齊、楊僕、減宣、杜周。其中，除郅都一人為武帝之前的酷吏，其他十人均是武帝時任用。此外還有蜀守馮當、廣漢李貞、東郡彌僕、天水駱璧、河東褚廣、京兆無忌、馮翊殷周、水衡閻馮等等，「何足數哉！何足數哉！」[38]這說明酷吏之多是無法計數的，同時也說明武帝對酷吏依賴之深。

---

35 《史記》卷一百二十二，〈酷吏列傳〉載其原文為：「三尺（以三尺竹簡寫的法律）安出哉，前主所是著為律，後主所是疏為令，當時為是，何古之法乎！」

36 武帝太初元年改中尉為執金吾，為督巡三輔地區治安的長官。

37 《漢書》卷六十，〈杜周傳〉。

38 《史記》卷一百二十二，〈酷吏列傳〉。

第四節　武帝與其軍事將領

漢武帝時的軍事將領是一個特殊的群體，武帝除任用的衛青、霍去病、李廣利三大將領外，每一大將領之下，又有許多將領。《漢書・衛青傳》載衛青之下，有「裨將、及校尉侯者九人；為『特將』（獨自別為將而出征）者十五人」。如果再把霍去病、李廣利下屬將領算上，數量就更多了，因此只能擇其要者列述如下。

武帝與三大軍事將領

中國的封建君主專制制度特點之一是建立在特權等級之上的一種制度。《漢書・諸侯王表》說：「親親賢賢，褒表功德，關諸盛衰，深固根本。」講的就是封建制下的用人原則。所謂「親親」就是要用親屬，體現了封建宗法制度的用人原則；所謂「賢賢」就是要用一些有德才的人來共同治理天下，以鞏固統治。具體到漢武帝選用軍事將領則注重任用外戚，衛青、霍去病、李廣利三大將領都是從外戚中選用的。武帝時的最高軍事將領從外戚中選用是有道理的，擁有重兵的軍事將領從劉姓宗親中選拔明顯不合適，因為他們也是高帝後裔，也可以繼承皇位，是皇位的競爭者，是絕不能委以軍權的；從異姓臣下中選用怕出現韓信式的將領不好控制，或盧綰式的人物投降匈奴；從皇后、寵妃的家族中選用，這些人和皇帝已結為一榮俱榮、一衰俱衰的共同體，在一般情況下，他們既不能叛向敵方又無法篡奪皇位，再加上皇帝還可以給他們以種種限制，所以任用他們是最可靠而又放心的。武帝對衛青既放手使用、恩寵有加，又加以種種限制，而衛青對武帝一直是又感恩、又盡力、又馴服。這是成功使用外戚最高將領的一個事例，所以武帝從外戚中選任最高軍事將領是有一定道理的，然而成功使用外戚將領雙方都應具備一定條件，否則就容易出問題，武帝後期使用李廣利出問題就是一例。因此不能抽象地說，封建時代任用外戚是好還是不好，是對還是不對，而應具體情況具體分析。

一、衛青

衛青原為奴產子，《漢書．衛青傳》說：衛青，字仲卿。父親名鄭季，河東平陽（今山西臨汾縣）人，做縣吏，被派到平陽侯曹壽家辦事，曹壽是漢初功臣曹參之後，娶武帝姊陽信長公主（平陽公主）為妻。鄭季與侯家婢女衛媼私通，生青；衛媼的丈夫姓衛，所以青就冒姓衛。衛媼在衛青之前還生過一男三女，男名衛長君，長女衛君孺、次女衛少兒、三女衛子夫；此外衛青還有一個弟弟叫步廣，也冒姓衛。衛青是平陽侯的家人，小時歸其父鄭季養育，鄭季讓他牧羊，鄭季妻子生的兒子把他當奴隸看待，不把他當兄弟。衛青曾跟著人到過甘泉宮，有一鉗徒（剃去頭髮、頸上戴著鐵枷）給他相面說：「貴人也，官至封侯。」衛青笑著說：「奴僕的生活，不受笞打、責罵就滿足了，怎麼談得上封侯？」衛青長大，為平陽侯家騎士，隨平陽公主。青姊衛子夫入宮，受武帝寵幸。陳皇后母親、武帝的姑姑大長公主聽說衛子夫有身孕，嫉妒，使人捕青。這時衛青在建章宮做事，還不出名，大長公主囚禁了衛青，想把他殺掉，衛青的友人騎郎公孫敖與幾位壯士，把他奪了出來，因此未死；武帝知道這件事以後，就召衛青為建章監侍中。此時，衛君孺做了太僕公孫賀的妻子；衛少兒原與漢初名臣陳平曾孫陳掌私通，武帝召陳掌，賜給他財富，讓他富貴。不久，衛子夫當了武帝的夫人，衛青也作了太中大夫。

從元光六年（西元前一二九年）衛青拜車騎將軍出上谷擊匈奴之後，到元朔五年（西元前一二四年）、元朔六年（西元前一二三年）兩次出定襄越陰山擊匈奴至元狩四年（西元前一一九年）的漠北之戰，衛青領兵七次擊匈奴，均獲勝。《漢書》卷五十五〈衛青傳〉說：「大將軍青凡七出擊匈奴，斬捕首虜五萬餘級。一與單于戰，收河南地，置朔方郡。再益封，凡萬六千三百戶；封三子為侯，侯千三百戶，並之二萬二百戶。其裨將及校尉侯者九人，為特將（獨別為將而出征）者十五人。」封長平侯、大將軍、大司馬，其三個兒子，衛伉封宜春侯、衛不疑封陰安侯、衛登封發乾侯。

衛青是武帝時期一位卓越的軍事將領，無論當時人和後人都對他多所讚譽。《漢書》卷四十五〈伍被傳〉載淮南王造反前曾問謀士伍被說：「大將軍何如人也？」伍被回答說：

> 臣所善黃義，從大將軍擊匈奴，言大將軍遇士大夫以禮，與士卒有恩，眾皆樂為用。騎上下山如飛，材力絕人如此，數將習兵，未易當也。及謁者（掌賓贊受事的官員）曹梁使長安來，言大將軍號令明，當敵勇，常為士卒先；須士卒休，乃舍；穿井得水，乃敢飲；軍罷，士卒已踰河，乃度。皇太后所賜金錢，盡以賞賜，雖古名將不過也。

淮南王劉安想造反，擔心他在山東地區叛亂後，漢朝定會派大將軍衛青統兵平定山東，所以問謀士伍被「大將軍是個什麼樣的人呢？」伍被說，與臣友好的黃義，曾跟從大將軍擊匈奴，說大將軍待士大夫有禮，對士卒有恩，眾人都樂為所用；騎馬上山下山如飛，才力絕倫超群，又幾次為將領熟習兵法，不易抵擋。執掌「賓贊受事」的謁者（官名）曹梁出使長安回來說：「大將軍號令明，遇敵勇，常身先士卒；等待士卒休息後，自己才到房間休息；打井得到水，才敢飲用；退兵時，士卒已渡河，自己才過河。皇太后賜給的金錢，全賞賜給了部屬。雖然古代的名將也不能超過他。」這是當時人對衛青將軍的評價。明代李贄據《史記》、《漢書》有關記載和評價對衛青作了下述評價：「青雖出奴虜，然善騎射，材力絕人；遇士大夫以禮，與士卒有恩，有將帥才。故每出輒有功，天下由此服上之知人。」[39]衛青不愧是漢代卓越的軍事家，武帝因為他得了個「知人」的美名，當時人和後世史家都給衛青以高度評價，衛青是中國古代軍事史上的驕傲！

衛青不僅是個優秀的軍事將領，在領兵打仗的過程中，他良善謙虛的特質也見記載。《史記・衛青傳》元朔六年（西元前一二三年）衛青率六將軍兩次出定襄擊匈奴，雖然勝利，但局部上也有損失。在戰爭中右將軍蘇建與前將軍趙信合軍三千餘騎，逢單于所率匈奴兵主力數萬，與戰一日，在匈奴引誘下趙信率其餘騎八百降匈奴，蘇建盡亡其軍，隻身投歸衛青。衛青問有關下屬軍吏，蘇建犯了什麼罪呢？議郎周霸說：「自大將軍出征，未嘗斬裨將，今蘇建丟棄了軍隊，斬之，以明將軍之威。」屬吏閎與長史安則說：「蘇建以數千當單于數萬，力戰一日餘，士卒不敢有二心。自己回來而斬之，是表示以後無反意的人應處斬嗎？不當斬。」衛青說：「即使臣下的職權可以斬將，以臣之尊寵不敢擅自專誅於境外，這樣的權力應歸天子，天子自己去裁決，以示人臣不敢專權，不是也可以嗎？」因此，遂囚蘇建返回。蘇建回到長安，武帝沒有誅殺，令贖為庶人，後蘇建為代郡太守。這個事情的處理，說明衛青作為大將軍具有不擅自專權、愛護部屬的

39 李贄，《史綱評要》卷七，〈漢紀〉（中華書局，一九七四年）。

好品質。如果與田蚡的貪得無厭相比，衛青還有一個好處就是不貪。元朔五年（西元前一二四年）衛青出高闕擊右賢王大勝，武帝派使迎大軍至塞，拜青為大將軍，益（增）封八千七百戶，[40]封衛青三子為侯。衛青再三辭謝說：「臣有幸待罪行伍之中，賴陛下神靈，軍大捷，皆諸校尉力戰之功也。陛下已加封臣青，臣青的兒子還在繈褓之中，未有勤勞，陛下封為三侯，這不是臣在軍中勸勉戰士奮力作戰的用意啊！臣兒子伉等三人怎麼敢受封啊！」衛青這幾句是他內心世界的真實表白，是啊！打了勝仗，前線奮力拼殺的將領、士卒沒有受封，而他不僅自己加官增封，連他的三個小孩也封了侯，他怎麼能對得起他的部下，以後他怎麼還能激勵他們奮力殺敵呢？武帝說，他並非忘記諸校尉之功，封了公孫敖、韓說、公孫賀、李蔡等七人為侯，封李詛、李息、豆如意等四人為關內侯等等，衛青才接受了封賞。這件事情說明衛青不僅不貪得無厭，而且首先能想到自己的部下，這恐怕是他能使將士效力的一個重要原因吧！

漢武帝對衛青是放手任用的，衛青能統率漢朝的精兵強將馳騁大漠南北立下赫赫戰功就是明證；漢武帝拜衛青大將軍、大司馬，位在丞相之上，並且是武帝所封列侯中封戶最多的，後來武帝下詔衛青與丈夫已死的其姊平陽公主（陽信長公主）結為夫妻。衛青是武帝時地位最高的親上加親的大臣，然而武帝對衛青卻加以種種限制，姑且不說武帝加封衛青為大司馬僅僅是個榮譽性的虛銜，並無實權，就是平時在朝政問題上也並不讓衛青插手。《漢書》卷九十二〈游俠傳〉載徙豪俠茂陵時，郭解「貧，家產不夠遷徙條件，吏恐懼，不敢不徙。」衛青說：「郭解家貧，不中徙。」武帝說：「郭解作為布衣平民，權至使將軍，此其家不貧。」結果，把郭解徙至關中。可見武帝為貫徹自己的意圖，並不照顧衛青的面子。《史記》卷一百一十二〈平津侯主父列傳〉載，武帝元光元年，主父偃「以為諸侯莫足游者，乃西入關見衛將軍。衛將軍數言上，上不召。資用乏，留久，諸公賓客多厭之，乃上書闕下。朝奏，暮召入見。所言九事，其八事為律令。」為什麼主父偃通過衛青數次想見武帝，武帝就是不召見呢？為什麼主父偃自己早上上書武帝，傍晚武帝就加以召見呢？這個道理《史記》卷一百一十一〈衛將軍驃騎列傳〉最後講得是很明白的，內云：

太史公曰：蘇建語余曰：「吾嘗責大將軍至尊重，而天下之賢大夫毋稱（不稱讚）焉，願將軍觀古名將所招選擇賢者，勉之哉。」大將軍謝曰：「自魏其（竇嬰）、武安（田蚡）之厚賓客，天子常切齒。彼親附士大夫，招賢絀（黜）不肖者，人主之柄（權）也。人臣奉法遵職而已，何與招士！」驃騎亦仿此意，其為將如此。

太史公引述蘇建與衛青的對話把問題講明白了，蘇建對他說：「我曾經責備大將軍過分嚴肅，而天之賢士大夫不稱讚，希望大將軍仿效古代名將招賢進士的樣子以自勉。」大將軍答謝我的勸勉說：「自竇嬰、田蚡厚交賓客，天子對此常切齒嫌惡，所以那些親附士大夫，招納賢才罷黜不肖者的事情，是人主的權柄。當臣下的只要遵法守職就可以了，為什麼要招賢納士！」這就是說在武帝心目中，招賢納士這類事情是皇帝的權柄，不能下移臣下，所以他對竇嬰、田蚡等人厚交賓客之事常常切齒嫌惡！了解這一點，就可以明白漢武帝為什麼不接受衛青不遷徙郭解和推薦主父偃的建議了，這就是防止衛青結交豪俠、士人而不守臣道。衛青、霍去病也以竇嬰、田蚡為前車之鑒，「奉法遵職」而謹守臣道。不僅如此，元狩五年（西元前一一九年）漠北大戰之後，

40《史記》卷一百一十一，〈衛將軍驃騎列傳〉載「益封六千戶。」此據《漢書．衛青傳》。

武帝令衛青、霍去病「皆為大司馬」，二人「秩祿（俸祿）」相等。「自是之後，大將軍青日退，而驃騎（霍去病）日貴」，而原大將軍的故人、門下多數去了驃騎將軍霍去病的門下做事，而且常常得到官爵；相反，大將軍衛青的勢力就一天天走向衰落。如此，漢武帝通過提拔霍去病，客觀上就使衛青遭到貶抑，這也應視為武帝限制衛青的一種措施。

在上述情況下，衛青並無怨恨武帝之意，司馬遷說「大將軍為人仁善退讓，以和柔自媚於上」。這裡所謂「仁善退讓」合理推理是說衛青將軍不為個人而爭名奪利，能善良而謙謹退讓，這不恰恰是一種可貴的美德嗎？至於說「以和柔自媚於上」，這明顯是一種貶意詞，合理的推理是說衛青迎合、討好武帝，從《史記》、《漢書》有關記載來看只有一條事實符合這一論斷。元朔六年（西元前一二三年）衛青兩次出定襄擊匈奴之後，武帝賞賜他千金，當時王夫人受武帝寵幸，有個叫寧乘的人對他說「今王夫人幸而宗族未富貴，願將軍奉所賜千金為王夫人親（母親）壽。」衛青拿出五百金當了壽禮。武帝問起這件事時，衛青以實相告，武帝於是拜寧乘為東海都尉。這件事的確是為討好武帝，然而這件事並不危害別人，況且衛青是皇后的弟弟，個人出身卑賤，衛青的一切都是武帝給的，因此他不可能沒有感恩圖報的思想，武帝賞賜他千金，他拿出五百金給武帝寵幸的王夫人母親作壽禮，根本就不算問題；至於武帝姊平陽公主嫁他，這是公主自己提出來的，也是武帝的詔命，衛青自己是無法決定的。

這樣說並非說衛青將軍是個完人，沒有缺點，他有缺點、錯誤，根據歷史記載他和李廣將軍有過結，李廣將軍自殺和他有關係，這個問題後面還要談及，此不述。

二、霍去病

霍去病是皇后衛子夫、衛青之姊衛少兒的兒子，衛青是霍去病的舅舅。霍去病的父親叫霍仲孺，衛少兒先與霍仲孺私通，生霍去病，後來衛少兒才做了陳平曾孫詹事陳掌的妻子。霍去病因為是皇后親姊的兒子，十八歲當了侍中，侍從皇帝左右，出入宮廷，善騎射，後跟從大將軍，為嫖姚校尉。元朔六年（西元前一二三年）衛青率軍兩次出定襄擊匈奴時，霍去病率輕勇騎兵八百追擊匈奴數百里，斬殺兩千多，武帝說：「嫖姚校尉與輕勇騎八百遠離大軍數百里追殺敵軍，斬捕首虜超過自己統領軍隊的人數，斬單于祖父輩的藉若侯產，捕單于季父（叔父）羅姑，……以二千五百戶封去病為冠軍侯。」同時受封的有上谷太守郝賢為終利侯，騎士孟已為關內侯。

元狩二年（西元前一二一年）春，霍去病以冠軍侯為驃騎將軍，率萬騎出隴西有功。武帝說：「驃騎將軍率戎士，……殺折蘭王，斬盧侯王，銳悍者誅，全甲獲醜，執渾邪王子，及相國、都尉，首虜八千九百六十餘級，收休屠祭天金人，使匈奴的軍隊十減七成，益（加）封去病二千二百戶。」[41]

這年夏天，霍去病與合騎侯公孫敖均出北地，二人異道。霍去病率軍至祁連山，捕首虜甚多。武帝說：「驃騎將軍逾居延，遂過小月氏（大月氏遷走後，留下的部眾稱小月氏），攻祁連山，得酋塗王，以眾降者二千五百人，斬首虜三萬二百級，獲五王，五王母，單于閼氏、王子

41《史記》、《漢書》之霍去病本傳。

五十九人，相國、將軍、當戶、都尉六十三人，所統漢軍大約十減三，加封去病五千四百戶。」合騎侯公孫敖犯了在路上滯留沒與驃騎將軍按期會合的罪，當斬首，贖為庶人。諸宿將（老將）所率騎士、馬匹、步兵也不如驃騎將軍所率領的精壯，驃騎將軍所率領的是精心挑選出來的；驃騎將軍也敢於深入敵境，常和精壯的騎兵走在大軍最前面，他率領的軍隊也很幸運，未曾陷入困窮絕境，而諸老將常因滯留、落後遇不到敵人而犯法。因此，驃騎將軍常常受到皇帝的親近、貴寵，可以和大將軍相比。

這年秋天，匈奴單于怒渾邪王為漢軍大敗，損失數萬人，欲誅殺渾邪王。渾邪、休屠王遂降漢，武帝恐他們詐降乘機襲邊，所以令霍去病前往接應。霍去病勝利完成了這一任務，武帝稱讚霍去病之功說：「驃騎將軍霍去病率軍征匈奴，西部渾邪王及其部眾都奔走歸降，漢以軍糧給其食，驃騎將軍同時率弓箭兵誅強悍不降的叛軍八千餘人，使匈奴之王三十二位歸降。漢朝戰士不因遠征而離別、悲傷，就使匈奴十萬之眾都來歸降，……以千七百戶加封驃騎將軍。」減隴西、北地、上郡戍卒之事，以減天下的徭役。

元狩四年（西元前一一九年）春，武帝令衛青、霍去病各率五萬騎兵，轉運之士及後應步兵數十萬出擊匈奴，而挑選「敢力戰深入之士」屬驃騎將軍。驃騎將軍從代郡出發獲大勝，軍隊回來後，武帝說：「驃騎將軍去病統兵，親自率領所俘獲的匈奴降兵，帶著簡單的行裝，跨越大沙漠，……獲匈奴屯頭王、韓王等三人，將軍、相國、當戶、都尉八十三人，在狼居胥山做壇祭天，在姑衍山為墠祭地，登臨高山以望漠北之翰海。執、擄獲其族類七萬有四百四十三級，所領軍隊減十分之三，軍糧供應取自敵人，行殊遠而糧不絕，以五千八百戶加封驃騎將軍。」

《漢書》卷五十五〈霍去病傳〉載：「驃騎將軍去病凡六出擊匈奴，其四出以將軍，斬首虜十一萬餘級。渾邪王以眾降數萬，開河西、酒泉之地，西方益少胡寇。四益封，凡萬七千七百戶。其校尉吏有功者六人，為將軍者二人。」

驃騎將軍少言寡語、不洩露別人說的話，有氣魄敢於承擔任務，武帝曾想教他學孫吳兵法，他回答說：「就看戰略如何了，不只是學習古代兵法。」[43]武帝為他建造府第，令他去看看，他回答說：「匈奴未滅，無以家為也。」因此，武帝更加看重和喜愛他。他年輕時在宮中當侍中侍奉皇帝，富貴後不知體恤士卒。從軍出征時，武帝為他派遣主膳食的太官裝載數十車食物等東西，回師後，不少車上丟棄剩餘的糧食、肉，而士卒有饑餓的人。在塞外時，士卒因缺糧餓得站不起來，而驃騎將軍還在蹋足球，[44]事多類此。

霍去病做大司馬後，曾上疏要求立武帝之子劉閎、劉旦、劉胥為王，經武帝批准後，封三人分別為齊王、燕王、廣陵王。

元狩六年（西元前一一七年），驃騎將軍霍去病去世，武帝深為悼念，派渾邪王降漢後安置於五郡的匈奴鐵甲軍，從長安到茂陵列成軍陣，為他造的塚墓形狀像祁連山，以紀念他的功績，因為他勇武和有廣地之功，諡曰——景桓侯。

42 此據《史記》霍去病本傳。《漢書》霍去病傳與《史記》所載稍有出入，如上引《史記》談這次戰爭「斬首虜三萬二百級」，《漢書》則說「捷（戰利品）首虜三萬二百」，這二者有差異。此處從《史記》。

43 《史記．衛將軍驃騎列傳》原文為：「顧方略何如耳，不至學古兵法。」

44 《史記．衛將軍驃騎列傳》載「驃騎尚穿域蹋鞠」。注引《集解》引徐廣曰：穿域即「穿地為營域」，也就是穿地劃出球場的界限。《索隱》說「穿域蹋（踏）鞠」，就是「穿域鞠」。鞠，以皮為之，中實以毛，就是皮球；蹵，蹋也。「穿域蹋鞠」，就是作為球場、蹋球。

霍去病是漢武帝培養出來的與衛青齊名的一位傑出軍事將領，他帶領一支挑選出來的精銳部隊勇冠三軍，所向披靡，為武帝時反擊匈奴戰爭的勝利作出了重大貢獻，在中國古代戰爭史上寫下了不朽的篇章。然而，霍去病也有自己明顯弱點，就是青年時顯貴，不體恤士卒，玩足球雖不算缺點，然而在士卒餓得站不起來時，他竟然毫不顧及，依然去玩他的足球，這與中國古代名將吳起等人愛護士卒的態度截然不同，這不能不說是霍去病為將的一個缺點。另外，李廣將軍之子李敢在元狩四年（西元前一一九年）的漢北大戰中是他的得力助手，李敢因其父李廣自殺打傷衛青將軍，霍去病不是依法處理和利用自己的身分化解矛盾，而是用箭射死李敢。這說明他不善於處理將領之間的內部矛盾，不能不說是他的另一個缺點。

三、李廣利

元封五年（西元前一〇六年）大將軍衛青去世後，太初元年（西元前一〇四年）武帝又從外戚中選用李廣利為貳師將軍。李廣利是武帝寵妃李夫人的兄長，李夫人給武帝生了一個兒子就是昌邑王劉髆。武帝選用李廣利為將軍的同年，令他攻大宛，目的是至大宛貳師城「取善馬」，所以稱他為「貳師將軍」。李廣利征大宛第一次敗歸；第二次雖然勝利，但耗費巨大，出發時六萬士兵，回來時入玉門者萬餘人，因將吏貪暴，士卒死亡甚眾。兩次征大宛前後歷時四年，太初四年（西元前一〇一年）春李廣利至長安。武帝下詔說：「貳師將軍李廣利征討大宛，取得了勝利。賴天之靈，從泝河山，涉流沙，通西海，山雪不積，軍士將佐徑直可以通過，獲王首虜，珍怪之物都陳列於闕下。因此封李廣利為海西侯，食邑八千戶。」

漢武帝選任外戚為最高軍事將領，他們一有軍功就封侯，而且封戶多。漢武帝這種特殊關照外戚的措施當時已為人知，如《史記．衛將軍驃騎列傳》載甯乘說大將軍：「將軍所以功未甚多，身食萬戶，三子皆為侯者，徒以皇后故也。」雖然如此，由於衛青、霍去病戰功顯赫，當時人稱讚武帝「知人」，並無別的非議。後來任用李廣利，征討大宛在武帝堅持之下雖最後取得了勝利，但損耗太大，漢朝人就有得不償失的議論。天漢二年李廣利率三萬騎擊匈奴失敗，漢武帝似乎有點怕人議論他用人不當，恰巧這年李陵又降匈奴，司馬遷為李陵辯護，武帝就敏感地認為他是在詆毀貳師將軍，這實際上就是在譏諷自己，所以一怒之下判處司馬遷腐刑。天漢四年又令李廣利出擊匈奴，讓他帶了六萬騎兵比前一次多了一倍，此外又增加了七萬步兵，加上其他將領所帶騎、步兵，總數達二十一萬人，目的就是為了讓李廣利打個勝仗，沒想到李廣利又不利而歸；第三次李廣利率七萬大軍出擊匈奴，卻因要立昌邑王為太子的陰謀敗露而敗降匈奴。由此可推斷，任用李廣利為最高軍事將領實是漢武帝的一個重大失誤。

李廣家族的悲劇

李廣家族的主要代表人物是名將李廣及其子李敢和孫子李陵。李廣自殺身亡，李敢因打傷衛青將軍被霍去病射死，李陵備受武帝器重卻在關鍵時刻變節投降匈奴。這個家族的悲劇結局及其是非曲直一向為後人所關注，這裡就談一談這一問題。

李廣，隴西郡成紀縣人，李廣祖上名叫李信，曾當過秦朝的將領，家中世世傳授射法。文帝十四年（西元前一六六年）匈奴入蕭關，李廣以良家子從軍擊胡，因善騎射，殺敵多，為漢朝中郎。廣的從弟（堂弟）李蔡也為郎，二人均為皇帝的武騎常侍，俸祿八百石。李廣曾從文帝出行，每當衝鋒陷陣、破關奪隘、格鬥猛獸時，文帝就說：「可惜啊！你生不逢時，如果生逢高帝時，封個萬戶侯也算不了什麼？」景帝即位，李廣為隴西都尉，又為管理騎郎的騎郎將。吳楚之亂時，廣任驍騎都尉，從周亞夫擊吳、楚軍，在昌邑城下奪取了敵人軍旗，功名顯於當時[45]，梁王以自己的名義授李廣將軍印，回長安後因李廣私自接受了梁王所給授印，漢不加賞賜，後又遷李廣為上谷郡太守，匈奴兵天天來和他交戰。典屬國（管理少數民族事務的官員）公孫昆邪在皇帝面前哭訴說：「李廣才氣，天下無雙，倚仗自己本領高強，經常與匈奴作戰，恐怕會發生意外。」因此又改派他為上郡太守，他曾做過隴西、北地、雁門、代郡、雲中各郡太守，都以「力戰」出名。

匈奴大舉入侵上郡時，景帝派了一個宦官頭目跟隨李廣訓練軍隊、抗擊匈奴，這個宦官帶幾十名騎兵，與三個匈奴人戰，三個匈奴人射傷宦官，把他帶的騎兵幾乎殺光。宦官逃到李廣營中，李廣對他說：「這必定是匈奴的射雕之人。」遂帶領百騎急追，追上三人後，李廣親自射殺二人，活捉一人，果然是匈奴射雕的人，這時看見匈奴數千騎兵，他們以為李廣是誘敵的騎兵，極度吃驚，立即上山列陣。李廣帶的百餘名騎兵也都驚恐，想往回奔馳，李廣說「今以百騎走，匈奴如追射，我們會被他們殺盡。現在我們留下來，匈奴必定會以為我們是為後面大軍來誘敵的，不敢來攻擊」等等。大家按照李廣的意見辦，一直到天將黑，匈奴感到奇怪，不敢攻擊他們。到了半夜，匈奴兵以為漢朝有大軍埋伏在旁邊要趁夜攻擊他們，就趕快撤走了，第二天李廣等人平安回到大軍軍營。這個事實說明李廣的勇敢和膽略都是過人的。

武帝即位後，皇帝左右的人都認為李廣是名將，於是從上郡太守調任未央宮衛尉；另一位名將程不識任長樂宮衛尉。二人風格不同，出擊匈奴時，李廣行軍無部伍編制和行列陣勢，在靠近水草好的地方紮營，休息時人人自便，晚上不敲銅鑼巡更，幕府簡化文書簿籍之事，然而到很遠的地方去放哨，從未遇到過危險。程不識對部曲的行伍、營陣要求嚴格，晚上敲銅鑼巡更，官吏辦理文書簿籍徹夜不眠，士卒得不到休息，然而也從未遇到危險。程不識說：「李廣治軍極為簡單省事，敵人如突然來侵犯，就無法阻止；他的士卒也很安逸快樂，都樂意為他效死。我治軍雖然事煩忙擾，然而敵人也不能侵犯我。」二人都是名將，然而匈奴人畏懼李廣的膽略，士卒也樂於跟隨李廣。

漢武帝反擊匈奴戰爭開始後，李廣多次以將軍身分隨軍出擊匈奴，以其武勇竟然未能立功，今把李廣出擊匈奴簡況列述如下：

元光二年（西元前一三四年）在馬邑之謀中，李廣為驍騎將軍，在護軍將軍韓安國統領下伏擊匈奴，因單于退去，「漢軍皆無功」。李廣當然也無例外。

元光六年（西元前一二九年），衛青、公孫賀、公孫敖、李廣各率萬騎擊匈奴，李廣出雁門，被匈奴俘獲，後奪匈奴士卒馬匹、弓馳歸。李廣與亡失七千騎的公孫敖，當斬，贖為庶人，後李廣在家居數年，又被武帝召拜右北平太守。郎中令石建死後，又召廣為郎中令，武帝對李廣有很高的期望，曾賜詔書說：「將軍者，國之爪牙也。……振旅撫師，以征不服，率三軍之心，同戰士之力，故怒形則千里竦，威振則萬物伏，是以名聲暴於夷貉，威稜憺乎鄰國。夫報忿除害，損殘去殺，朕之所圖於將軍也。」[46]

元朔六年（西元前一二三年）春、夏大將軍率六位將軍兩次擊匈奴，廣為後將軍，無功。

45 昌邑，縣名，秦置，漢初屬梁國，治所在今山東巨野東南。

46 《漢書》卷五十四，〈李廣傳〉。武帝賜詔書時間為元朔二年。

元狩二年（西元前一二一年），霍去病率軍出隴西擊匈奴，廣以郎中令率四千騎、博望侯張騫率萬騎出右北平，二人異道。李廣行數百里被左賢王所率四萬騎包圍，士卒皆恐，李廣令其子李敢率數十騎直沖匈奴騎兵，從其左右穿過而還，對廣說「匈奴兵容易對付」，士卒情緒才安定下來。李廣指揮軍伫列圓陣，匈奴兵急攻，矢如雨下，漢兵死者過半，箭將用完時，廣令士卒拉滿弓不射，廣以連發的大黃肩弩射匈奴副將，殺數人，匈奴兵的攻擊才緩和下來。時值天將黑，李廣意氣自如，加緊整飭軍隊，官兵都佩服李廣的勇敢。第二天，李廣又率兵奮力作戰，恰好博望侯的軍隊趕到，匈奴兵退去，漢軍沒有追擊。依漢朝軍法，博望侯張騫遲到，應處死，贖為庶人。李廣功過相抵，無賞。

元狩四年（西元前一一九年）衛青、霍去病率大軍進行漠北大戰時，李廣幾次請求隨軍出征，武帝認為他年老，不許，考慮好久才答應了他的要求，並讓他作前將軍。臨出發前，武帝又對衛青說：「李廣老了，數次出征都因奇怪的遭遇而致敗，運氣不好，不要讓他正面與單于交鋒，恐怕不能達到目的。」衛青領兵出塞，從捉到的俘虜口中知道了單于的駐地，計畫自統精兵進擊，令李廣與右將軍趙食其合軍，從東路出發，東路迂回路遠，水草少，對屯兵、行軍不利。李廣向衛青請求說：「我為前將軍，大將軍令我從東路行軍。況且我從小與匈奴作戰，現在得到一次與單于作戰機會，因此願作前鋒，和單于決一死戰。」衛青不採納李廣的意見是因武帝曾交代不要讓李廣與單于交戰。另外，也因對衛青有救命之恩的中將軍公孫敖新失侯爵，衛青想讓公孫敖與自己一道擊匈奴以立功補過。李廣知道後面這一情況，堅決推辭從東路出發，衛青不接受李廣請求，令長史下公文給李廣幕府說：「按公文所下達命令，急歸所部。」李廣無計而施不辭而走，只得帶軍與右將軍趙食其合軍出東路，又因軍無嚮導而迷路，誤了與大將軍約會的日期。衛青至漠北與單于接戰後，返回漠南遇見了李廣、趙食其，令長史拿著乾糧、酒給李廣，問二人迷失道路的情況，想上書武帝報告其迷路與失期的原因，李廣沒有回答。衛青使長史急切督責李廣幕府有關官吏接受審訊說明原委，李廣說：「諸校尉無罪，是我自己迷失道路，我自己去受審問。」至幕府，李廣對部下說：「我從年輕時就開始與匈奴作戰，大小七十餘戰，今有幸隨從大將軍出擊單于，而大將軍又讓我部軍隊走迂回的遠路，軍隊迷失了道路，這豈不是天意？況且我已六十餘歲，畢竟不能接受辦理文書的刀筆小吏的問訊。」於是，抽刀自殺，部下將士「一軍皆哭」，百姓聽到後都為之「流涕」；右將軍趙食其當死，贖為庶人。

李廣常為自己坎坷的命運而感歎。李廣的堂弟李蔡與他同時侍奉文帝，景帝時二人都是二千石的官秩，武帝時李蔡因軍功封樂安侯，還當了丞相。而李蔡的品行不好，其名聲比李廣也差得太多，地位比李廣卻高得多，廣部下的軍吏、士卒有的也封了侯。李廣曾對望氣占卜的方士王朔說：「從漢朝反擊匈奴以來廣都在其中，軍隊中校尉以下的軍官，才能不及中等人，然而在反擊匈奴戰爭中以軍功封侯爵的有數十人，而李廣我不為人後，然而卻無尺寸之功得以封侯，這是為什麼呢？是我的相貌不應當封侯？還是命該如此呢？」[47]這說明李廣對自己為什麼沒有立功封侯也無法理解，最後只能歸之於天意和運氣了，或許是因此牽涉到對個人前途和預卜未來的神祕性，以及對名將李廣的關切，所以為當時和後人所關注。

那麼，李廣為什麼立功沒有封侯呢？是不是有人在打擊和排斥他呢？從現在《史記》、《漢書》

47《史記》卷一百零九，〈李將軍列傳〉。

有關記載來看，應當說基本上不存在這個問題，有以下緣由：

其一，漢武帝對他很重視，然而運用上卻有缺點：元光二年在馬邑之謀中，李廣作為驍騎將軍，是韓安國所統諸將之首。元光六年，武帝又令衛青、公孫賀、公孫敖、李廣四位將軍各統萬騎擊匈奴，其中衛青是皇后的弟弟、公孫賀是皇后的姊夫、公孫敖是衛青的救命恩人，李廣同這三位一同出征，並未降低他的身分。這次他曾因被俘當斬，贖為庶人，後在家閒居了幾年，武帝又任命他為右北平太守、郎中令；特別是郎中令，在九卿中地位重要，郎官、大夫、謁者等在皇帝左右辦事的人都歸其管理。元狩四年漠北大戰前武帝背著人對衛青說過那句不讓李廣和單于交戰的話，當然也不是什麼排擠他的話，武帝讓他隨軍出征可能是想以他年老志壯的精神來鼓舞軍隊的士氣，真正要打硬仗武帝卻不敢用他。須知武帝本人就是個很迷信的人，知他武勇非凡而屢屢機遇不好而落敗，怕他關鍵時刻又出什麼問題，這是武帝對李廣將軍的關心和愛護，並無別的用意。

然而，這並不是說武帝對李廣的任用沒有缺點，武帝的用人缺點在於未能對李廣用其所長。李廣的特長是善騎射，是射箭專家，《漢書．藝文志》載有他射箭的著作三篇，《史記．李將軍列傳》說：「廣為人長（大個子），猿臂，甚善射亦天性也，雖其子孫他人學者，莫能及廣。」李廣將軍的另一特長是戰鬥中能勇冠三軍；危難時則能連連射殺敵將、穩定軍心。據《史記》、《漢書》所載，在小的保衛戰中李廣將軍常能取勝，匈奴兵害怕他，不敢進攻他鎮守的地方。李廣將軍的缺點恰在於他不善於獨立帶兵深入匈奴腹地殲敵，因為這涉及到了更為複雜的問題，如嚮導問題、偵探敵方的情報問題、遇到緊急情況臨時應變問題、避實擊虛尋機殲敵等等，前述五次戰役中李廣將軍四次獨領一軍作戰竟無一次勝利就是證明。漢武帝若能用李廣之長，如讓他去為漢朝訓練一支射箭專業隊、讓他在一大將統領下帶一支精勇之旅去衝鋒陷陣，退兵時又令他去斷後，李廣將軍很可能會立功封侯。武帝反擊匈奴戰爭開始後，除馬邑之謀李廣是在韓安國統領下分領一軍外，其他四次都是獨領一軍，單獨從特定地區出發擊匈奴的，而這恰是李廣的短處，怎能取勝，因此，武帝未注意使用李廣之長是李廣失利的一個因素。

其二，衛青是否排斥、打擊李廣。目前從《史記》、《漢書》有關記載來看無法得出衛青排斥、打擊李廣的結論，李廣在景帝時為郡太守、二千石級官員、名將，景帝三年（西元前一五四年）平定吳楚七國之亂中有軍功。衛青於元光六年（西元前一二九年）出上谷至龍城，得匈奴首虜七百，在軍事上初露頭角；元朔五年（西元前一二四年）衛青擊匈奴右賢王，得首虜萬五千級，拜為大將軍。從上述情況可看出幾點：首先，李廣是衛青父輩的人、老一代的名將，衛青在當大將軍前與李廣同為將軍，二人級別差不多，當大將軍後雖在戰時可總領諸將，然而平時並無太多的權力。李廣的任命、調遣為武帝直接掌握，衛青管不了，漠北大戰出發前武帝對衛青說李廣老了，不要與單于對陣云云，也說明李廣的任用是武帝直接安排的。其次，《史記．李將軍列傳》載元狩四年（西元前一一九年）漠北大戰前後衛青、李廣的關係是很符合邏輯的。先是衛青不接受李廣的請求，令他從東路出發；回來時見到李廣，李廣生氣不和他說話，而回自己營中，因此衛青使長史拿著乾糧、酒送李廣軍以示慰問，並問李廣、趙食其迷失道路的情況，李廣不回答，衛青又使長史急督責李廣幕府有關官吏去接受審訊說明情況，後即發生李廣將軍自殺事件。衛青急於要了解二位將軍迷失道路的情況和原因是要向武帝報告，因為兩位將軍的這一過失，按軍法當斬，如何處置衛青作不了主，應上報武帝決定；如果兩位將軍過失嚴重，衛青作為上司也有責任，所以衛青沒必要就李廣迷失道路做什麼文章。值得注意的是，李廣將軍與衛青地位相差太遠，衛青戰功卓著非李廣將軍可比，衛青的貴戚身分李廣將軍也望塵莫及，二人在利益上沒有衝突。以衛青後來的身分，去排擠、打擊一位落難的老一代名將實難令人相信，況且衛青做事一貫小心謹慎，講究退讓，說他排擠李廣也和他一貫作風不合，因此指衛青排擠、打擊李廣缺乏事實依據，應予以否定。

李廣雖然沒有立功封侯，並不能否定他是那時的名將，他的一些優點，確為人所不及。《史記·李將軍列傳》稱讚他非常廉潔，「廣廉，得賞賜常常分給部下，飲食與士卒共之。李廣一生，為二千石四十餘年，家無餘財，終生不言家產之事。」「廣之領軍，到自然條件惡劣的地方，見水，士卒不盡飲，廣不近水，士卒不盡食，廣不嘗食。對士卒寬緩，不嚴苛，士卒因此愛戴他，樂為所用。」這些優點確實是突出的，但這些優點並不能保證他常打勝仗，因為打勝仗還需要其他的條件，如李廣將軍養成的射箭習慣，既是他制勝的法寶，又是導致失敗的致命傷，《史記·李將軍列傳》說他射箭時，「敵人逼近，非在數十步之內，估計射不中不發，發即應弦而倒。因此，他領兵數次受困辱，其射猛獸也為所傷。」這說明他的射箭習慣，既是優點也是缺點，既能導致勝利，也能導致失敗。在幾十步之內，箭還未發，敵兵就會飛騎趕到，自己就當俘虜；或箭還未發出，猛獸就會撲過來而使自己受傷。元光六年李廣率萬騎出雁門擊匈奴，士卒並未亡失，他自己卻被俘，就是這種射箭習慣造成的。在這種情況下，漢武帝對他不放心、不讓他與單于對陣是有知人之明。總之，李廣將軍是一位優點、缺點都很突出的人，不能隨著形勢的變化而不斷提高、完善自己，也是他不能立功封侯的一個重要原因。

漢武帝時期反擊匈奴的戰爭，對領兵將領是個風險很大的事業，這次戰爭打勝了，就立功封侯，下次戰爭打敗了，就按軍法當斬，贖為庶民，李廣、張騫、公孫敖、蘇建、趙破奴等人都有這樣的經歷。值得注意的是，漢代的軍法所規定的賞罰並不完全合理，各位將領深入匈奴境內遇到的情況千差萬別，而衡量戰功完全以斬殺、俘虜敵人的數量和物資為標準，這就可能使一些將領受冤屈，如元狩二年李廣所率四千騎，與左賢王四萬騎對陣，兵力對比是一比十，按常規是要全軍覆沒的，賴李廣將軍驍勇善戰、指揮得當，漢軍雖損失兩千多人，但也殺死了敵人兩千多人，同時保全了漢軍約兩千人。如果合理評價這次戰鬥，李廣應是有戰功的，然而按軍法卻說是得失相當，無功，不受賞也不受罰，軍法當時就是這樣規定的。所以歷史有時就是這樣的冷酷與無情，它不僅給李廣將軍本人，也給後人留下了不盡的遺恨與回味！

評價一位軍事將領，不是看他有多大的名聲，而是要看他的戰績。從武帝反擊匈奴戰爭開始之後，李廣多次參戰，竟然未打過一次漂亮的勝仗，讓漢武帝、衛青怎樣去放心地使用他。明代王船山就李廣將軍之事寫了下述一段發人深思的話：

> 廣出塞而未有功，則曰數奇，無可如何而姑為之辭爾。其死，而知與不知皆為垂涕，廣之好名市惠以動人，於此見矣。三軍之事，進退之機，操之一心，事成而謀不泄，悠悠者惡（焉）足以知之？廣之得此譽也，家無餘財也，與士大夫相與而善為慷慨之談也。嗚呀！以笑貌相得，以惠相感，士大夫流俗之褒譏僅此耳。……衛青之令出東道避單于之鋒，非青之私也，陰受武帝之戒而慮其敗也。方其出塞，武帝欲無用，而固請以行，士大夫之口嘖嘖（稱讚）焉，武帝亦聊以謝之而姑勿任之，其知廣深矣。不然，有良將而不用，趙黜廉頗而亡，燕疑樂毅而僨（敗），而武帝何以收絕幕之功？……則置廣於不用之地，姑以掣匈奴，將

將之善術，非士大夫流俗之所測，固矣。東出而迷道，廣之為將，概可知矣。廣死之日，寧使天下為廣流涕，而弗使天下為漢之社稷、百萬之生靈痛哭焉，不已愈乎！48

王船山這段話透徹地表述了以下幾層意思。其一，李廣出塞無功，則說「數奇」，這實際是無可奈何之辭。李廣死後，了解和不了解他的人都為他落淚，李廣以優惠廉價的方法博取好名聲而感動人，於此可見。三軍之事，進退之機遇，運用在乎一心，事情成功了而機謀不洩露於外，以平常心對待之不足以知之。李廣得此榮譽，是因家無餘財以濟人，與士大夫交好而為慷慨之談的緣故。其二，衛青令李廣從東路出發是為了讓他避開單于的鋒銳，並非出自衛青的私心，而是因背後受了漢武帝的告誡而憂慮他吃敗仗，在剛考慮出塞時，武帝就不想用李廣，而李廣堅決請求前往，僅此一點就會受到士大夫的稱讚，武帝也聊表謝意而姑且任其前往，可見漢武帝對李廣了解是很深的。其三，有好的將領不任用，武帝去漠北征討怎麼能成功。李廣從東道前往而迷失道路，則李為將的才幹，不就可以知道了嗎？李廣自殺而死之日，寧讓天下為李廣痛哭流涕，而不使天下為漢朝社稷與百萬生靈而痛哭，這不是很好嗎？王船山對李廣的評價，確實值得後人深思。

李廣有三子，即當戶、椒、敢。李敢是李廣第三子，也是一位勇將。元狩二年李廣率四千騎遇左賢王四萬騎時，李廣令李敢領數十騎向匈奴大軍衝擊，李敢「出其左右而還」，並對李廣說：「匈奴兵容易對付。」士卒才安定了下來。在元狩四年（西元前一一九年）的漠北大戰中，李敢以校尉隨驃騎將軍霍去病擊匈奴左賢王，時霍去病無副將，遂以李敢等人為副將，李敢力戰，奪左賢王旗鼓，斬首多，賜爵關內侯，食邑二百戶，李廣死後，敢代替李廣為郎中令。不久，李敢怨恨大將軍衛青讓其父李廣走東路致使父親遺恨而死，就「擊傷大將軍」，大將軍把這件事隱匿了起來。過了不久，李敢隨武帝從雍（今陝西鳳翔縣境）去甘泉宮打獵，因衛青是霍去病的舅舅，霍去病就用箭射死了李敢，由於霍去病當時正受寵幸，武帝把這件事隱瞞了起來，說李敢是被鹿撞死的；一年多以後，霍去病也死了。李敢有一女兒，為戾太子侍妾，受愛幸。

從這些事實來看，漢朝像霍去病、李敢這樣三公、九卿級的大官竟沒有法律觀念，二人都不從大局出發，李敢為報私仇竟打傷大將軍衛青；霍去病作為大司馬，又是李敢原來的上級，應向李敢說明不讓李廣與單于對陣是武帝的意旨，設法調解李、衛矛盾，促使二人和解，共輔漢朝。然而，霍去病竟然也為報私仇，射死郎中令李敢，事情鬧到了這種地步，武帝無法深究，只好以隱瞞事實真相了事。這個事情不能不說是霍去病歷史上的一個汙點。

李陵是李廣長子當戶之子，當戶曾為郎，武帝與韓嫣遊戲時，韓不恭順、不禮貌，當戶遂擊韓嫣，韓逃走。因為這件事情，武帝以為當戶勇敢，由於當戶死得早，武帝拜李廣的第二個兒子椒為代郡太守，當戶與椒均先李廣而死。

李陵是李廣的長孫，年輕時曾為侍中，後為建章監，即建章營騎後改名羽林騎的長官，也就是皇帝近衛軍的長官。衛青曾作建章監，後李陵也任此職，正說明武帝對李陵的信任和重視，並認為他是將門之子，經試用任命他為騎都尉，率領丹陽郡楚人五千，教他們射箭，並屯戍酒泉、張掖地區，防備匈奴。

關於李陵的事蹟前已有述，這裡略提三點。一是李陵率五千士卒擊匈奴的時間問題，《史記．李將軍列傳附李陵》載「天漢二年秋，貳師將軍李廣利將三萬騎擊匈奴右賢王於祁連天山」，同

48 王船山，《讀通鑑論》卷三，〈武帝一八〉（中華書局，一九七五年）。

時令李陵策應出居延北千餘里，目的是「分匈奴兵」。按此記載，李陵出兵擊匈奴的時間點，大約同於李廣利。《漢書．武帝紀》則載李廣利擊匈奴右賢王為天漢二年五月，《漢書．李廣傳附李陵傳》載武帝給李陵詔書讓李陵九月出兵，按《漢書》所載則李陵出兵當在李廣利失敗之後，又匈奴單于曾調遣左、右賢王共八萬兵力圍追李陵，如果與李廣利同時出兵，匈奴絕不可能傾全國兵力對付李陵。二是李陵失敗的主要原因，因是源於漢武帝沒有派出後續援軍按時接應造成的，李陵降匈奴則是他個人的責任，如果與蘇武相比，這個問題看得就很清楚；蘇武在匈奴以死相威脅面前，堅貞不屈，李陵就沒有把握住自己。三是漢武帝聽了錯誤的傳言，殺死李陵全家，這是武帝的錯誤。這兩個問題前文已述，此略。

武帝去世後，昭帝即位，大將軍霍光與左將軍上官桀輔政，二人曾與李陵交好，特遣李陵老朋友隴西任立政等三人至匈奴招李陵歸漢。任立政見李陵後說：「漢朝已大赦，中國安樂。」又說「請少卿（指李陵）來歸故鄉，毋憂富貴。」李陵最後回答說：「丈夫不能再辱！」遂不歸漢。李陵降匈奴之後，李氏名聲敗壞，而隴西郡的士人曾居其門下的，都因李陵降匈奴而感到恥辱。

上述李廣家族的三位軍事將領世受國恩，英勇善戰卻未善終，令後人遺憾。然而，如分析歷史記載，也會發現這與他們的缺點是有關係的，如李廣贖為庶人後在家閒居，與潁陰侯灌嬰之孫灌強一同打獵，有天晚上帶一騎，行到霸陵縣亭，縣尉喝醉了酒，喝斥李廣，禁止他通行，隨從說：「這是前任李將軍。」縣尉說：「現任將軍也不能夜間行走，何況是前任將軍！」李廣遂被留宿在驛亭。後武帝又任李廣為右北平太守，李廣請武帝派遣霸陵縣尉也去右北平，縣尉到了軍中，就被李廣斬了，這說明李廣沒有法律觀念，驕橫，擅自斬殺縣尉，這都是嚴重的犯法行為。再如李敢，在其父自殺後，又不明情況，就魯莽地打傷大將軍，做得也出格了。再如李陵，他是武帝一手培養提拔起來的，年輕時當侍中、建章營羽林軍長官，關鍵時刻敗降匈奴，像他這樣的人都不能為漢朝死節，還能指望別人以死報國嗎？所以武帝知道他敗降匈奴後非常生氣與沮喪，可能就是這個原因。《孫子兵法》提出為將應具備的五個條件是「智、信、仁、勇、嚴」，李廣家族的這三位將領在綜合素質上明顯有欠缺，這樣說並不是要貶低歷史人物，而是為了從歷史中受到啟迪。

其他將領的結局

在上述三大將領和李廣家族的三位將領之外，還有一大批將領，了解這些將領的經歷、出身、命運與最後的結局，有助於我們從另一個側面了解漢武帝的治軍及其對軍事將領的管理，同時也有助於我們了解那個時代錯綜複雜的社會矛盾與鬥爭。

一、對失敗和犯法受罰及無功將領的重新啟用

張騫第一次通西域回來後，以校尉從大將軍擊匈奴有功封博望侯；元狩二年（西元前一二一年）與李廣出右北平隨驃騎將軍出隴西擊匈奴，誤期當斬，贖為庶人；其後又第二次通西域，官拜大行而卒。蘇建以校尉從衛青將軍擊匈奴有功，封平陵侯，以將軍築朔方城；元朔六年（西元前一二三年）隨大將軍出定襄擊匈奴，盡失其軍當斬，贖為庶人；又啟用為代郡太守，後卒。將軍路博德，西河郡平州人，以右北平太守立軍功封符離侯，又以衛尉為伏波將軍，伐南越有功，增封；後犯法失侯，又重新起用為強弩都尉，屯居延，卒。將軍李沮以左內史為強弩將軍，未見立功。

有的無功將領，雖幾次出兵無功，仍然使用。如將軍李息，北地郡鬱郅縣人，馬邑之謀時為

材官將軍，「後六歲，為將軍，出代；後三歲，為將軍，從大將軍出朔方，皆無功。凡三為將軍，其後常為大行。」

二、在巫蠱之禍中被處死的將領

公孫賀，義渠胡人，後為衛皇后姊夫。元朔五年（西元前一二四年）從大將軍擊右賢王為騎將軍有功，封南窌侯，食邑一千三百戶；元鼎五年（西元前一一二年）坐酎金律失侯，後為丞相，封葛繹侯，後來坐子敬聲與陽石公主為巫蠱，滅族。將軍公孫敖，義渠胡人，對衛青有救命之恩，元光六年（西元前一二九年）為騎將軍擊匈奴，亡卒七千當斬，贖為庶人；元朔五年（西元前一二四年）以校尉從大將軍擊右賢王有功，封合騎侯；元狩二年（西元前一二一年）又隨驃騎將軍擊匈奴，失道當斬，贖為庶人；天漢四年（西元前九七年）隨李廣利分道擊匈奴，至余吾水（今蒙古人民共和國土拉河），亡士卒多當斬，詐死，亡匿居民間五、六年，後被發覺收捕，因坐其妻巫蠱，族誅。將軍韓說，以校尉從大將軍擊匈奴有功，封龍額侯，坐酎金律失侯；元鼎六年（西元前一一一年）詔為橫海將軍，擊東越有功，封按道侯，後為光祿勳，因入太子宮掘蠱，被衛太子殺死。趙破奴，從驃騎將軍出北地擊匈奴，以功封從驃侯，坐酎金律失侯；後擊樓蘭，虜樓蘭王，封浞野侯；後被匈奴左賢王俘虜，沒其軍，在匈奴居十歲逃歸漢，武帝以禮相待，後坐巫蠱，族誅。

三、坐法失侯、贖為庶人後未見啟用的將軍

將軍張次公，以校尉從衛青將軍有功，封岸頭侯，後又兩次為將軍，從大將軍出征，坐法失侯。將軍趙食其，以主爵都尉（掌管封爵之事）為右將軍，從大將軍擊匈奴，失道當斬，贖為庶人。將軍郭昌，雲中郡人，以校尉從大將軍；元封四年，乙太中大夫為拔胡將軍，屯朔方，後擊昆明，無功奪印。

四、其他將軍

將軍李蔡，以輕車將軍從大將軍有功封樂安侯，後為丞相，坐法死。將軍趙信，以匈奴相國降漢，為翕侯，後為前將軍與蘇建同從大將軍擊匈奴，敗降匈奴。將軍荀彘，以侍中，為校尉，數從大將軍；元封三年為左將軍擊朝鮮，捕樓船將軍，坐法死。

上述皆載於《史記》卷一百一十一〈衛將軍驃騎列傳〉，衛青、霍去病十幾位下屬將領的結局就是如此，其中戰爭中失敗、犯軍法、無功而被使用的將領五人，曾經做過將軍在巫蠱之禍中非正常死亡者四人，犯法失侯和贖為庶人而未見起用者三人，曾為將軍後任丞相坐法死者一人，降匈奴者一人，在戰爭過程中擅自專權捕其他將領而死者一人。

漢武帝時軍法很嚴，但對於受軍法處置失侯、降為庶人的人，過些時間又重新任用，像李廣、蘇建、公孫敖、趙破奴等人都有此經歷。蘇建重新任為太守，後來就死在任上，他的三個兒子，大兒子蘇嘉、三兒子蘇賢均官居都尉（比二千石級的官員）、二兒子蘇武成了有民族大義忠於國家而留名千載的名人。所以在一般情況下，武帝還是講人情的，能夠保護將軍們的正當權益。至於巫蠱之禍是一種非正常情況，連武帝自己的皇后、兒子、女兒都死了，至於其他人被牽連在內自然難於倖免。

第五節　武帝與其兄弟姊妹

《漢書》卷五十三〈景十三王傳〉記載了武帝之外，漢景帝的十三個封王的兒子，這十三人都是武帝的同父兄弟。按漢朝的定制，皇帝的兒子沒有繼承帝位的要封王，所以武帝的這十三個兄弟都封了諸侯王，這十三人分別為景帝的五位夫人所生；此外，武帝還有幾位同母姊妹。從武帝與其兄弟姊妹的關係中，有助於了解武帝及其兄弟姊妹的貴族生活。

一、栗姬生三人：臨江閔王劉榮、臨江哀王劉閼、河間獻王劉德

劉榮是景帝長子，於景帝前四年（西元前一五三年）立為皇太子，景帝前七年（西元前一五〇年）廢太子，改封為臨江王。景帝中二年（西元前一四八年）臨江王劉榮因侵文帝廟地為宮，被徵赴中尉府受審，自殺。

臨江哀王劉閼，據其傳所載，劉閼在景帝前二年（西元前一五五年）立為臨江王；三年而薨，即在景帝前四年（西元前一五三年）死，無子；取消封國，改為郡。

栗姬生的另一位兒子是河間獻王劉德，劉德在景帝前二年（西元前一五五年）封為河間王，劉德修學好古，實事求是，在搜求遺書遺樂等文化事業方面曾作出貢獻。武帝元光五年（西元前一三〇年）冬十月來朝獻雅樂，對武帝所問三十餘事，皆「推道術而言，得事之中，文約指明」，這年春正月河間王薨。[49] 大行令上奏：「聰明睿知（智）曰獻，宜諡曰：獻王。」班固在贊中曾指出，獻王劉德在景帝的諸子中「卓爾不群」，[50] 是一位突出且有文化，真正做了正事的人。

二、程姬生三人：魯共王劉餘、江都易王劉非、膠西于王劉端

魯共（恭）王余在景帝前二年（西元前一五五年）封為淮陽王，次年徙魯為魯王。劉餘「好治宮室苑囿狗馬」，末年「好音，不善辭令，為人口吃難言」。因為好治宮室，為擴大宮室壞孔子舊宅，聽到了「鐘磬琴瑟之聲，遂不敢復壞，於其壁中得古文經傳」。元朔二年（西元前一二八年），劉餘在封王後二十七年而死。

江都易王劉非，景帝前二年（西元前一五五年）封為汝南王。吳楚七國之亂時，非年十五，上書自請擊吳。景帝賜非將軍印，滅吳後，徙劉非江都，治吳王濞所統治的吳國。元光年間，匈奴侵犯漢邊境，劉非上書武帝願擊匈奴，不許。劉非好氣力，治宮館，招四方豪傑，驕奢甚。約在元朔元年或元朔二年死，[51]其子劉建繼位。劉建荒淫無度，為王太子時，邯鄲人梁蚡想把女兒獻給易王，劉建聞其美，私招入，留之不出；梁蚡說：這是子與父爭妻。劉建指使人殺梁蚡，梁蚡上書朝廷告發，下廷尉審理，又逢大赦，沒有處理。再有易王劉非死後還未安葬，劉建竟然召易王所愛的美人淖姬等十人奸淫；劉建的妹妹徵臣出嫁，回來為易王送喪，劉建又復與其奸。劉建的異母弟劉定國知道他的罪行，花錢讓一個叫荼恬的上書告劉建淫亂，事下廷尉審理；廷尉卻以荼恬受人錢財上書，判荼恬棄市罪，不對劉建治罪。劉建後來更加放肆，如同禽獸，幹出椿

49《資治通鑑》卷十八，〈漢紀十〉。
50《漢書》卷五十三，〈景十三王傳．贊曰〉。
51《漢書》卷五十三，〈景十三王傳〉載劉非為王以後，二十七年死。《漢書》卷十四，〈諸侯王表〉載其封王後二十八年死，並載其子劉建元朔二年嗣。故其死年應在元朔元年或元朔二年。

椿壞事，如有意弄翻小船讓人淹死、縱狼吃人、令人與禽獸交等等，專為淫虐。又自知罪多，國中頗有人想告發，劉建害怕受誅，就同王后成光共同讓越婢下神祝詛皇帝，後與淮南王、衡山王勾結謀反，作黃屋蓋，刻皇帝璽，鑄將軍、都尉金銀印等等。事發覺後，列侯、二千石、博士皆說，劉建「所行無道，雖桀紂惡不至於此。……當以謀反法誅」。元狩二年（西元前一二二年）劉建自殺，其後成光等人皆棄市，其封國除，改為廣陵郡。

膠西于王劉端，景帝前三年（西元前一五四年）立為王，膠西國在今山東膠河以西、高密以北地區。為人賊戾，陽痿，一近婦人，病數月。他所愛幸的少年為郎，與後宮亂，端擒滅之，殺其母子。數次犯法，漢朝公卿幾次請皇上誅滅劉端，因劉端是天子的兄長，不忍，所以劉端更加放任，有關機構再請加以處罰，遂削去其國三分之二的土地。漢朝派去的二千石的國相，遵照漢朝法律治國，劉端常常尋求他們的罪狀加以告發；對無罪的國相又以欺詐的辦法用藥殺害；國相如按國王劉端的辦法治國，漢朝就以法治罪。所以，膠西國雖是個小國，殺傷的二千石的官員卻很多，而且這個國王劉端還是位「強足以拒諫，智足以飾非」的人物，《漢書》本傳說他立為王四十七年而死，無子，國除。地入於漢，為膠西郡。

董仲舒曾先後任江都王劉非，膠西王劉端的國相。約在元狩二年（西元前一二一年）因膠西王劉端暴戾，懼禍辭官，此後以修學著書為事。

三、賈夫人生二人：趙敬肅王劉彭祖、中山靖王劉勝

趙敬肅王劉彭祖，景帝前二年（西元前一五五年）立為廣川王，後徙趙為趙王。彭祖為人巧佞，好法律，憑詭辯以中傷人，多寵姬及子孫。二千石的國相，在趙相依法治國，會有害於趙

王，故一旦有國相至國，彭祖就穿帛布單衣到他住的房舍去迎接，並多設疑事以詐動之，得其失言，立即記錄下來；國相欲依漢法治國，就以記下的失言相脅迫，如不聽就上書告發或誣以奸利事。所以彭祖立為王六十餘年，歷任國相沒有一位能滿二年的，總是以罪免職，罪大者死，罪小者刑，因此二千石不敢治，在國內形成了趙王專權的局面，又在國內壟斷專賣，收入多於國家稅收。彭祖所立太子劉丹與其妹和其同母的姊姊奸，又使人椎殺人而埋之，江充告丹淫亂，武帝派遣使發吏卒捕丹，下魏郡獄，論罪當死。彭祖上書為丹訟冤，願隨從國中勇敢之士擊匈奴，以贖丹罪，武帝不許，時間久了，竟然受到赦免出獄。後來，彭祖入朝，通過武帝姊妹平陽、隆慮公主請求再立劉丹為太子，武帝不許。彭祖曾娶江都易王寵姬、劉建所奸者淖姬為妻，生一子，號淖子；武帝和臣下商議，立淖子為趙王太子。征和元年（西元前九二年）彭祖死，謚敬肅王。

中山靖王劉勝，景帝前三年（西元前一五四年）立，中山國治所在今河北定縣。吳楚七國亂後，漢朝削弱諸侯王勢力，諸侯王感到「今或無罪，為臣下所侵辱，有司吹毛求疵，笞服其臣，使證其君，多有冤案」。建元三年（西元前一三八年）代王登、長沙王發、中山王勝、濟川王明來朝，天子設酒招待，席間劉勝聞樂聲而泣哭，武帝問其原因，劉勝就談了諸侯王的上述感受，並談了朝廷官吏侵害的具體情況。武帝聽了後「乃厚諸侯之禮」，並減省了有關機構所奏諸侯之事，以此表示「加親親之恩」。劉勝好酒色，兒子有一百二十餘人，常與趙王彭祖說：「兄為王，專代吏治事。王者當日聽音樂，御聲色。」趙王也說：「中山王但奢淫，不佐天子撫循百姓，何以稱為藩王。」武帝元鼎四年（西元前一一三年）中山靖王劉勝死。從一九六八年發掘的河北滿城中山靖王墓出土金縷玉衣等隨葬品來看，其生活確實奢侈。

四、唐姬生一人：長沙定王劉發

唐姬原為程姬侍者。景帝招程姬，程姬迴避，不願去，而飾侍者唐兒使夜進，景帝醉，不知，以為程姬幸之，遂有身孕，生子，名發。景帝前二年立（西元前一五五年），因其母無寵，故封在地方的貧窮的長沙國。元朔元年（西元前一二八年）死，子劉庸嗣。

五、王夫人生四人：廣川惠王劉越、膠東康王劉寄、清河哀王劉乘、常山憲王劉舜

此王夫人即武帝母王太后妹，廣川國治所在今河北冀縣。劉越在景帝中二年（西元前一四八年）封為廣川王，十三年死；子劉齊繼，後四十四年死。劉齊有幸臣乘距，乘距有罪逃亡，劉齊擒其宗族，距怨王，上書告劉齊與其姊妹奸淫。此後，劉齊數次誣告別人，有司案驗，與王所言不合，遂彈劾劉齊誣罔，大不敬（不敬天子之罪），請逮治。劉齊恐懼，上書願與廣川勇士奮擊匈奴，武帝允許；未出發，病死。有關官府奏請除去封國，為武帝批准，過了幾個月，武帝又下詔說：「廣川惠王乃朕的兄弟，朕不忍絕其宗廟，其以惠王孫去為廣川王。」劉去即劉齊的太子，讓劉去為廣川王，就恢復了廣川國。哪知劉去是個很荒唐的人，繼王位後有幸姬王昭平、王地餘兩人，許諾其為后。劉去有病時，陽成昭信侍視甚勤謹，更為愛慕，這激起了昭平、地餘兩人不滿。劉去與地餘遊戲，發現地餘袖裡有刀子，笞打追問地餘為什麼帶刀子，地餘回答說想與昭平共殺侍王好的陽成昭信；劉去又笞打著追問昭平，昭平不服，就以鐵針刺之，強迫昭平服罪。劉去就把諸姬都找來旁觀，他用劍擊殺地餘，又令陽成昭信擊殺昭平，昭信怕此事洩露出去，又殺死從婢三人。劉去後來就立昭信為后，昭信愛進讒言，在昭信慫恿之下，劉去就殘酷地不斷殺人。太始三年（西元前九四年），相、內史奏明其狀況，武帝遣大鴻臚、丞相長史等治其獄，奏

請逮捕劉去及其後昭信，武帝下制說：「王后昭信、諸姬奴婢證者皆下獄。」有關官府請誅王，武帝又下制說：「與列侯、中二千石、二千石、博士議。」議者都以為「劉去悖虐，聽王后昭信讒言，焚燒烹煮，生割剝人，距師之諫，殺其父子。凡殺無辜十六人，至一家母子三人，逆節絕理。……當伏顯戮以示眾。」武帝又下制說：「朕不忍致王於法，議其罰。」有關官府請廢其王爵勿王，與妻子遷徙上庸，被批准，與其湯沐邑百戶。劉去在道上自殺，其後昭信棄市。

膠東康王劉寄，景帝中二年（西元前一四八年）立為王，膠東王的治所在今山東平度，轄地包括平度、萊陽、萊西等地，立王後二十八年死。淮南謀反時，劉寄聽說後，曾私作兵車鏃矢，準備戰守，以備淮南起。劉寄因是王太后妹王夫人之子，與武帝最親近，審理淮南王謀反獄時，他的事情也暴露了出來，自己哀傷發病而死，不敢置后。武帝聽說劉寄的長子叫劉賢，生母不受劉寄寵愛，武帝可憐劉賢的處境，就立他為膠東王；同時又封劉寄的少子劉慶為六安王，封原來衡山王所轄地區。膠東王劉賢立為王以後十五年而死，劉慶立為六安王以後三十八年而死。

清河哀王劉乘，景帝中三年（西元前一四七年）立為王，清河國治所在今河北清河東南，轄境約當今河北棗強、南宮的一部分及今山東清河、臨清、武城等地的一部分。立王後十二年而死，無子，國除。

常山憲王劉舜，景帝中五年（西元前一四五年）立為王，常山國轄區約相當今河北唐河以南、任丘以北一帶。劉舜，景帝少子，驕淫，數犯禁，武帝常從寬對待，元鼎四年（西元前一一三年）死，其子勃繼為王。憲王劉舜有不愛姬妾生長男名棁，棁因母親無寵的緣故，自己也得不到憲王的喜歡。王后脩生太子勃，而受王寵幸的姬妾又生兒子劉平、劉商，王后很少與王同居。憲王病重時，諸受王寵幸的姬妾侍病，王后因嫉妒不常隨侍，而往往在自己的房間。醫生讓用茶時，太子劉勃自己不嘗茶，也不在憲王病房留宿侍疾；憲王死，王后、太子才到。憲王不以棁為兒子，不分與財物，有人說太子、王后，讓分給棁財產，皆不聽。太子繼立為王，也不承認和體恤棁，棁怨王后及太子。漢朝使者視察憲王劉舜喪事時，棁向使者告發憲王病時，王后、太子不侍候，及死，過了六天才出來辦理喪事，太子勃私奸、飲酒、博戲、擊筑（樂器），用車載著女子奔馳，環城過市，到獄中看視囚犯。天子派大行張騫驗問，逮捕各有關證人，劉勃又藏匿了證人，吏要逮捕證人，劉勃就使人擊、笞、掠吏，並擅自放出漢朝所關押的囚犯。有關官府奏請誅劉勃和憲王劉舜的王后脩，武帝說：「脩素無行，使棁陷之罪。勃無良師傅，不忍加以誅殺。」有關官府又奏請廢勃勿王，因此就徙劉勃及家屬去房陵，武帝批准了。劉勃繼王位數月，廢，國除。過了一個多月後，天子認為憲王劉舜和自己最親近，又詔有關官府說：「常山憲王早夭，后妾不和，嫡庶誣爭，陷於不義以滅國，朕甚閔焉。其封憲王子劉平三萬戶，為真定王；子劉商三萬戶，為泗水王。」這就又把憲王劉舜的另外兩個兒子都封了王。

武帝的這十三位兄弟及其兒子，除河間獻王一人「卓爾不群」有德有才外，其他諸人大多荒唐淫佚、犯法違禁、生活奢靡。這完全是他們的貴族地位、特權生活所養成的，所以班固在〈贊曰〉深刻指出：

> 昔魯哀公有言：「寡人生於深宮之中，長於婦人之手，未嘗知憂，未嘗知懼。」信哉斯言也。雖欲不危亡，不可得已。是故古人以宴安為鴆毒，亡（無）德而富貴，謂之不幸。漢興，至於孝平，諸侯王以百數，率多驕淫失道。何則？沉溺放恣之中，居勢使然也。

班固這幾句話是歷史經驗的總結，也是告誡後世王公貴族、富貴者的，奢侈驕淫的生活就如鴆毒一樣能毀滅他們自己！

六、武帝生母生四姊妹

武帝即位後其生母為王太后，王太后兄弟王信、田蚡、田勝均封侯。王太后與其前夫金王孫生一女，武帝知道後，乃以車駕前往迎接，其家在長陵縣小市。武帝車駕至其門，使左右入求之，家人驚恐，其女逃匿，後扶出，武帝下車說：「大姊，何藏之深也？」載至長樂宮，與武帝一同拜見王太后，母女垂涕悲泣。武帝賜其錢千萬，奴婢三百人，公田百頃，甲第（上等的住宅），並賜湯沐邑，號修成君。修成君後生男女各一人，女嫁諸侯，男號修成子仲，因王太后緣故，「橫於京師」。[52] 酷吏義縱為長陵及長安令時，用法「不避貴戚」，曾捕王太后「外孫修成君子仲」，武帝「以為能」。[53]

據《史記・外戚世家》、《漢書・外戚傳・孝景王皇后》載，王美人與景帝生三女，其中平陽公主、南宮公主為武帝姊，隆慮公主為武帝妹（女弟）。[54] 隆慮公主之子昭平君犯法當死，後得武帝同意以錢贖死罪，後又犯死罪，終被處死。當時貴戚子弟，驕縱不法，實當時社會通病。武帝既要打擊其不法行為，又礙於親情而又不能不減輕打擊力度，武帝當時能作到這一點還是難能可貴的。然而，特權滋生腐敗，在封建社會這個問題是無法徹底解決的，這是歷史的局限性使然，後世應引以為戒。

52 《漢書》卷九十七，〈外戚傳・孝景王皇后〉。

53 《史記》卷一百二十二，〈酷吏列傳〉。

54 隆慮公主，本名隆慮，避東漢殤帝諱，改名林慮。

第十一章　後宮制度與淫侈生活

漢武帝時改革後宮制度使嬪妃等級增多，並使宮女數量大量增加。在這方面，漢武帝也大大超越了前代。

第一節　後宮制度的發展變化

中國古代對帝王之家的夫婦關係是極為重視的，《史記》卷四十九〈外戚世家〉說：「夫婦之際，人道之大倫也。……陰陽之變，萬物之統也。可不慎與？」又指出：「自古受命帝王及繼承先王體制的守文君主，非獨內德茂也，蓋亦有外戚之助焉。夏朝的興起，是因娶了塗山氏之女，而桀之被放逐是因為娶了妹喜；殷商的興起也是因為娶了有娀國的女子，而紂的被殺則是因為寵愛妲己。」這些觀點雖然不一定完全正確，但反映了古代人們對婚姻問題的重視和認識。至於古代的後宮制度，據說周代是「王者立后，三夫人，九嬪，二十七世婦，八十一女御，以備內職。」[1]秦漢的後宮制就是在這個基礎上形成的。

皇后、嬪妃與宮女制

據《漢書》卷九十七〈外戚傳〉所載，漢武帝時期的皇后、嬪妃、宮女制度主要情況如下。

一、「漢興，因秦之稱號，帝母稱皇太后，祖母稱太皇太后，適（嫡）稱皇后」

這就是說漢代皇后的稱號是因襲秦代而來的，按輩數區別分為三級：皇帝的母親稱皇太后，皇帝的祖母稱太皇太后，皇帝的正妻稱皇后。唐代顏師古注曰：「后，亦君也。天曰皇天，地曰后土。故天子之妃，以后為稱。」所以，皇后的地位不是臣，而是君，這是值得特別注意的。從漢朝的歷史來看，太皇太后、皇太后都常常干預朝政，如武帝即位後，武帝祖母太皇竇太后就曾干預朝政，武帝母親王太后也曾干預竇嬰、田蚡案件的處理。太皇太后、皇太后還可以用長輩的身分管教皇帝，太皇太后、皇太后、皇后的家族在朝廷中一般也都有很高的地位。

二、嬪妃十四等級制的形成

皇帝除正妻稱皇后之外，還可以有妾，「妾皆稱夫人」，夫人可以有若干位。此外，有「美人、良人、八子、七子、長使、少使之號」，漢武帝時又制定出「倢伃、娙娥、傛華、充依」等稱號，並「各有爵位」；到漢元帝時又加「昭儀之號」，這就形成了「十四等」妃嬪制度。這十四等制不

1《禮記正義》卷六十一，〈昏義〉，並見《後漢書》卷十，〈皇后紀〉。

包括皇后在內，是皇后之下的宮中的妃嬪（女官）制度，據記載十四等制度如下：（一）昭儀：「位視丞相，爵比諸侯王。」（二）倢伃：「視上卿，比列侯。」（三）娙娥：「視中二千石，比關內侯。」這就是說，娙娥是當作「中二千石」的官員看待的。師古曰：「中二千石，實得二千石也。中之言滿也，月得百八十斛，是為一歲凡得二千一百六十石。」（四）傛華：「視真二千石，比大造。」真二千石，月得百五十斛，一歲得千八百石。（五）美人：「視二千石，比少上造。」二千石，即月得百二十斛，一歲得一千四百四十石。（六）八子：「視千石，比中更。」中更，為二十等爵制中的第十三等爵。（七）充依：「視千石，比左更。」左更為第十二等爵。（八）七子：「視八百石，比右庶長。」右庶長為第十一等爵。（九）良人：「視八百石，比左庶長。」左庶長為十等爵。（十）長使：「視六百石，比五大夫。」五大夫為第九等爵。（十一）少使：「視四百石，比公乘。」公乘為第八等爵。（十二）五官：「視三百石。」（十三）順常：「視二百石。」（十四）無涓、共和、娛靈、保林、良使、夜者皆視百石。這十四等嬪妃制是在漢初的制度基礎上經武帝、元帝時的變化而形成的。

三、宮女

「上家人子，中家人子視有秩斗食云。」師古曰：「家人子者，言採擇良家子以入宮，未有職號，但稱家人子也。」秩祿謂鬥食者，「言一歲不滿百石，日食一斗二升。」這些沒有入等，未有職號的，從民間選拔入宮的女子就是宮女。

上述西漢的後宮制度可能太繁雜了，所以光武中興以後，改為「六宮稱號，唯皇后、貴人。……又置美人、宮人、采女。」實際上分為五個等級，較西漢大為簡化。[2]

後宮等級與人數增加

從西周經東周至秦，後宮的人數逐漸增加。《禮記正義》卷六十一〈昏義〉載：「古者天子、後立六宮、三夫人、九嬪、二十七世婦、八十一御妻，以聽天下之內治。」從這記載中可以看出周代後宮從王后、夫人、九嬪、世婦、御妻共五個等級；從人數上看，從王后到三夫人、九嬪、二十七世婦、八十一御妻，總共為一百一十二人。秦滅六國後，宮室、嬪妃人數都比以往增加，《後漢書》卷十〈皇后紀〉說：「秦并天下，多自驕大，宮備七國，爵列八品。」《史記》卷六〈秦始皇本紀〉載：「秦每破諸侯。」仿其宮室，「作之咸陽北阪上（坡上），南臨渭……，所得諸侯美人鐘鼓，以充入之」。這都說明，秦滅六國後，宮室和後宮的美女人數大為增加，但具體人數不詳。至於說後宮「爵列八品」也是事實，據前引《漢書．外戚傳上》載這八品應是——王后、夫人、美人、良人、八子、七子、長使、少使。而西漢時武帝、元帝時的增加，僅嬪妃就有十四個等級，如果再加上皇后和最下層的宮女那就達到了十六個等級，這比西周與秦朝後宮的等級都大大增加。

值得注意的是漢武帝時後宮的人數比以往增加了很多。《漢書》卷七十二〈貢禹傳〉載諫大夫貢禹說：「至高祖、孝文、孝景皇帝，循古節儉，宮女不過十餘，廄馬百餘匹。孝文皇帝衣綈履革，器亡（無）琱（雕）文金銀之飾。後世爭為奢侈……。武帝時，又多取好女至數千人，以填

2 《後漢書》卷十，〈皇后紀〉。

後宮。及棄天下，昭帝幼弱，霍光專事，不知禮正，妄多臧（藏）金錢財物、鳥獸魚鱉牛馬虎豹生禽，凡百九十物，盡埋藏之，[3]又皆以後宮女置於園陵，大失禮，逆天心……。昭帝晏駕，光（霍光）復行之。至孝宣皇帝時，……群臣亦隨故事，甚可痛也。」

《漢武故事》載，武帝「又起明光宮，發燕趙美女二千人充之。率取年十五以上，二十以下，滿四十者出嫁，掖庭令總其籍，時有死出者補之。凡諸宮美人，可有七八千。建章、未央、長樂三宮，皆輦道相屬，懸棟飛閣，不由徑路。」《後漢書・皇后紀》也說西漢「自武、元之後，世增淫費，至乃掖庭三千，增級十四。」這裡所說的「掖庭三千」與後來所說的「後宮三千」是一個意思，均指後宮美女數量眾多而言，而非限定就是三千。

從上述記載可以看出，武帝以後不僅後宮嬪妃設了十四個等級，而且數量至「數千」，或「七八千」，這在歷史上是前所未有的。

漢武帝這種淫侈奢靡的生活，不僅影響了其繼承者昭、宣以後的諸帝生活方式，而且也影響了整個社會。元帝時，貢禹就痛切地指出：「故使天下承化，取女皆大過度，諸侯妻妾或至數百人，豪富吏民畜歌者數十人，是以內多怨女，外多曠夫。及眾庶葬埋，皆虛地上以實地下。其過自上生，皆在大臣循故事之罪也。」《鹽鐵論・散不足篇》也指出：「古者，夫婦之好，一男一女，而成家室之道。及後，士一妾，大夫二，諸侯有姪娣九女而已。今諸侯百數，卿大夫十數，中者侍御，富者盈室。是以女或曠怨失時，男或放死無匹。」整個社會上的統治階級都盛行著淫侈的習風，這與武帝以來社會的貧富分化加劇等現象有關，與武帝以來皇帝後宮生活的淫侈無度的影響也有極大關係。上述貢禹所說「其過自上生」就說明了這一點。

第二節　皇后、嬪妃與淫侈生活

陳皇后與衛皇后

中國封建時代皇帝、皇太子也無婚姻自由，在利益的趨動下，皇太后常把自己的近親嫁給皇太子、皇帝。如漢初呂后就把自己女兒魯元公主之女，許配給自己的兒子惠帝為皇后，並想讓生子以繼承帝位，然而想盡了一切辦法還是不能生孩子。文帝之母薄太后也想辦法把娘家的一個女兒嫁太子為妃，太子繼帝位（景帝），薄妃為皇后，薄皇后一生無子無寵。武帝第一個皇后叫陳阿嬌，陳阿嬌的母親是文帝竇皇后的長女、景帝之姊、武帝的姑姑，名為嫖；陳皇后也是由其母作主，在武帝四歲時許配武帝。

一、陳皇后

陳皇后父乃堂邑侯陳午。陳午的曾祖父叫陳嬰，秦末為東陽縣令史，時縣中少年殺縣令，聚數千人，就立陳嬰為長，縣中隨從者有二萬人。嬰率眾投項梁，後曾為楚上柱國。項羽死後，陳嬰歸漢。《史記．高祖功臣侯者年表》載陳嬰歸漢後，因平定豫章、浙江有功，高帝六年十二月封為堂邑侯。文帝三年，陳嬰曾孫陳午繼承侯位，後與館陶長公主相匹配，陳午與長公主生的女兒

3　原文為「盡瘞臧之」，意為「盡埋藏之」。

就是武帝的陳皇后。由於館陶長公主與景帝是同父母所生，所以長公主在皇室成員中地位非同一般，長公主嫖想讓女兒阿嬌當太子妃，所以當武帝母親王夫人答應了阿嬌與劉彘的婚事後，就在劉彘被立為太子問題上起了重要作用。阿嬌在母親的操辦下當上太子妃繼而又當了皇后，然而阿嬌一生的生活並不幸福，一則是因為她自己不能生育，二是由於漢武帝太好色；而她不能生育子嗣又為漢武帝的貪色提供了理由和借口。然陳皇后也不是好惹的，「陳皇后驕貴，聞衛子夫大幸，因憤怒怨恨，幾次鬧得差點兒死去」，武帝為此愈來愈惱怒。於是，陳皇后就讓女子楚服等人通過用巫術詛咒來達到目的，武帝也頗知此事。元光五年（西元前一三〇年），武帝派侍御史張湯「治陳皇后巫蠱獄」，女子楚服等坐為皇后巫蠱，大逆不道，牽連被誅者三百餘人。武帝使有司賜皇后書曰：「皇后失序，惑於巫祝，不可以承天命。其上璽綬，罷退居長門宮。」這就是指責說皇后失去綱紀，原因是她為巫蠱所迷惑，因此不能承天命為皇后，所以要交上印綬，罷去皇后，從原先住的宮殿退居長門宮。此後，陳皇后的母親大長公主幾次對武帝姊平陽公主說：「若不是我，武帝怎麼會繼帝位，後來居然拋棄了我的女兒，為什麼如此不自重而忘本呢？」平陽公主回答說：「是因為沒有孩子而廢棄的。」陳皇后為生孩子，求醫看病花錢花了九千萬，最後還是沒有孩子。

陳皇后被廢的第二年，堂邑侯陳午去世，其子陳須繼承了侯爵。大長公主寡居，與男寵董偃親近，十餘年後去世。其子陳須因淫亂和與兄弟爭財，當死，自殺，封國被除，又過了幾年，廢后阿嬌也離開了人世，結束了她不幸的一生。

二、衛皇后

衛皇后及其母均為武帝姊平陽公主家的家奴。武帝母王太后入宮後生了三個女兒，大女兒就是平陽公主，平陽公主原為陽信長公主，後因與平陽侯曹壽匹配，所以稱平陽公主。平陽侯家有一奴婢稱衛媼（年老之號），衛媼生了三個女兒，長女君孺、次女少兒、三女子夫，另還生了三個兒子，衛長君、衛步廣、衛青。[4] 衛子夫不僅母親是奴婢，她自己也是平陽侯家一位唱歌的奴婢。武帝即位幾年以後，路過平陽公主家，看見了公主家從良家女選出的美人十餘名，都沒有什麼表示，飲酒時，唱歌的奴婢進來，獨喜歡衛子夫。帝起身更衣，衛子夫侍候武帝換衣服，在軒車中為帝所幸，武帝回來後，十分高興，賜平陽公主金千金。平陽公主遂奏送子夫入宮，子夫上車時，公主拍著她的背說：「好好去吧，如果以後富貴了，不要忘了我啊！」子夫「入宮歲餘，不復幸」，武帝選擇宮人中「不中用者斥出之，子夫得見，涕泣請出」，武帝憐之，復幸，遂有身孕。因此，受到了寵幸。[5] 其後，武帝召其兄衛長君及其弟衛青為侍中。子夫為武帝生了三個女兒，大女兒就是衛長公主，武帝把她嫁給了方士欒大；二女兒就是諸邑公主、三女兒是陽石公主，後兩個女兒在征和元年（西元前九二年）公孫賀父子巫蠱之獄時被處死。[6] 元朔元年（西元前一二八年）衛子夫生了一個男孩，名叫劉據，就是後來的戾太子；這一年，漢武帝二十九歲，立衛子夫為皇后。

衛皇后雖然出身卑賤，但衛氏家族卻是一個對漢朝作出重大貢獻的家族。衛皇后的姊妹兄

4 《漢書．外戚傳》孝武衛皇后傳載武帝「召其兄衛長君、弟青侍中」。《漢書．衛青傳》載「子夫男弟步廣，皆冒衛氏」。這說明衛子夫，有兄衛長君，及弟衛步廣、衛青。

5 同註4。

6 《漢書．武帝紀》載征和二年夏四月「閏月，諸邑公主、陽石公主皆坐巫蠱死」。

弟，除了其兄衛長君當侍中早死和其弟衛步廣沒有什麼業績外，其他各家都有善可述。衛皇后的弟弟衛青以軍功封大司馬、大將軍、長平侯，武帝為關照皇后家，把衛青的三個孩子也封了侯，其中衛伉為宜春侯、衛不疑為陰安侯、衛登為發乾侯；衛皇后的二姊衛少兒的兒子霍去病以軍功封大司馬、驃騎將軍、冠軍侯，地位與衛青等。《漢書．外戚傳上》說「衛氏支屬侯者五人」，而且衛青後來還與武帝姊平陽公主婚配，衛氏家族可謂隆貴已極；衛皇后大姊衛君孺的丈夫公孫賀，在去世前曾作過十一年的丞相。

從有關古籍的記載來看，衛皇后是一位守本分的人，她善於自處，處事也很小心謹慎。《漢武故事》：「大將軍四子皆不才。皇后每因太子涕泣，請上削其封，上曰：『吾自知之，不令皇后憂也。』少子竟坐奢淫誅，上遣謝後，通削諸子封爵，各留千戶焉。」這一記載說明皇后因武帝對太子不滿意的事，常常「涕泣」，再加上衛青的四個兒子「皆不才」，所以心中不安，請武帝削其封，武帝依法誅殺了驕奢淫佚的少子，其他的留下一千戶的封邑。據《史記》卷二十〈建元以來侯者年表〉載：衛青子衛伉元朔五年因衛青擊匈奴右賢王大勝封侯，元鼎元年因矯制犯法，除國。衛青死後，太初元年嗣長平侯，太初五年因私自入宮犯法，判處完為城旦罪（四歲徒刑）。衛不宜元朔五年封陰安侯，元鼎五年坐酎金律免。衛登也是元朔五年封侯，元鼎五年坐酎金免。[7]公孫賀巫蠱之獄的起因也是因其子公孫敬聲為太僕時，「驕奢不奉法」，擅用北軍錢千九百萬而引發的，而衛皇后的兩個女兒和衛青子衛伉都被牽連受誅。對太子與武帝的矛盾，皇后也「戒太子，宜留取上意，不應擅有所縱舍」，就是要求太子按武帝的意旨辦事，以免獲罪。漢武帝是個食色不倦的皇帝，使皇后深深受其傷害，但皇后並沒有什麼不理智的表現，而是「善自防閑，避嫌疑」，所以能夠「雖久無寵，尚被禮遇」。[8]在巫蠱之禍中，皇后在被逼無奈的情況下，才與太子決定「共誅」江充，最後在武帝下詔派人「收皇后璽綬」的情況下，皇后再也無法忍受了，所以「自殺」身亡。直到衛皇后的曾孫漢宣帝即位後，才對這位出身卑賤、蒙受冤屈的皇后，進行了改葬，「追謚曰思后，置園邑三百家」，以守護陵園。「衛氏悉滅」了，不過霍去病的同父異母弟霍光卻是憑藉霍去病的軍功當了侍中的，在血統上霍光與衛氏家族無關，在政治上霍光應視為衛氏家族勢力的延續。昭帝去世後，在霍光的支持下，衛皇后的曾孫、戾太子的孫子劉詢繼皇位為宣帝，而宣帝則是一位使漢朝實現了中興、國力達到極盛時期的皇帝。所以，綜觀衛皇后家族不僅出現了卓越的軍事家衛青、霍去病，而其影響延及後世，對漢朝歷史所作出了重大貢獻，這一點是千古不朽的。一個出身如此卑賤的家族對歷史竟然作出這樣重大貢獻，也是永遠值得後人深思的。

幾位寵妃

中國古代帝王侍妾稱妃，妃的地位次於皇后。宮中的女官稱嬪，所以妃嬪就成了次於皇后的妾、夫人的通稱。據《史記．外戚世家》載武帝的妾或夫人有王夫人、李夫人、尹婕妤、邢夫人、鉤弋夫人。《漢書．外戚傳》載則有王夫人、李夫人、尹婕妤、鉤弋夫人，此外還有一位生了燕王旦、廣陵王胥的李姬。今據記載，就有關這幾位夫人的事蹟列述如下。

7《漢書》卷十八，〈外戚恩澤侯表〉。
8《資治通鑒》卷二十二，〈漢紀一四〉。

一、王夫人

《史記．外戚世家》載：「衛后色衰，趙之王夫人幸，有子。」為齊王劉宏。元狩四年（西元前一一九年）王夫人死去，武帝思念，方士齊人少翁能在夜間招引來與王夫人相貌相似的鬼，武帝從帳帷中可以望見，於是作詩曰：「是邪，非邪？立而望之，偏何姍姍其來遲！」[9]王夫人所生劉閎，於元狩六年（西元前一一七年）被冊立為齊王；元封元年（西元前一一〇年）死，無子。《漢書》卷六十三〈武五子傳〉載：「閎母王夫人有寵，閎尤愛幸，立八年，薨，無子，國除。」據學者考證，武帝元鼎四年，幸河東，祠后土，作〈秋風辭〉，[10]可能與懷念王夫人有關，其辭曰：「秋風起兮白雲飛，草木黃落兮雁南歸。蘭有秀兮菊有芳，懷佳人兮不能忘。泛樓船兮濟汾河，橫中流兮揚素波。簫鼓鳴兮發棹歌，歡樂極兮哀情多，少壯幾時兮奈老何。」這首辭寫景喻情，感情真摯，表述了武帝對已故佳人的深切懷念。

二、李夫人

漢武帝所寵愛的李夫人，中山國人，出身音樂、歌舞之家。李夫人之兄李延年通音律、善歌舞，被武帝所喜愛。李延年有一次侍奉武帝，起舞唱歌，歌辭曰：

> 北方有佳人，絕世而獨立，一顧傾人城，再顧傾人國。寧不知傾城與傾國，佳人難再得！[11]

武帝聽後歎息地說：「善！世豈有此人乎？」平陽公主就介紹說，李延年有女弟，武帝就召見，確實「妙麗善舞」，由此得武帝寵幸，生一男，即昌邑王劉髆。劉髆天漢四年（西元前九七年）立為王，後元元年（西元前八八年）死。李夫人早卒，武帝憐憫她，畫其形象於甘泉宮。李夫人病重時，武帝親自臨床探視，李夫人蒙著被子說：「妾久寢（臥）病，形貌毀壞，不可以見帝，願以王（昌邑王）及兄弟為託。」武帝曰：「夫人病甚，殆（恐怕）將不起，一見我囑託王及兄弟，豈不快哉？」李夫人回答說：「婦人貌不修飾，不見君父。妾不敢……見帝。」武帝對她說：「夫人一但見我，將加賜千金，而予兄弟尊官（給予你的兄弟以尊貴的高官）。」夫人回答曰：「尊官在帝，不在一見。」武帝必欲見之，夫人轉向而泣不再說話，武帝不悅起身而去。武帝走後，夫人的姊妹責備夫人說：「貴人最後都不讓武帝見一面，怎能囑託兄弟之事？為何恨上如此呢？」李夫人回答說：「所以不欲（想）見帝者，乃是為了深託兄弟也。我以容貌之好，得從微賤愛幸乎上。夫以色事人者，色衰而愛弛，愛弛則恩絕，上所以戀戀顧念我者，乃以平生容貌也。今見我毀壞，顏色非故，必畏懼、厭惡而吐棄我，怎麼還會再追思憐憫而錄用我的兄弟呢？」李夫人認為，她所以受武帝寵幸是因為容貌好、色美，如果色衰則會導致恩絕，恩絕了如果再囑託兄弟之事怎麼會被答應呢？所以堅持最後不讓武帝看自己已被毀壞的容貌，認為此舉反而能讓武帝答應自己託付中提出的要求。果然，李夫人死後不僅自己已破格以皇后的規格被「禮葬」，而且他的兄長李廣利被封為海西侯、李延年被遷為協律都尉。在李夫人的心目中，武帝對她的寵幸，完全是建築在武帝好色的基礎上的。李夫人死後，漢武帝很哀傷，為此作〈悼李夫人

9 《資治通鑑考異》曰：《漢書》以此事置李夫人傳中，並據《史記．封禪書》記載指出，此處應為王夫人。

10 逯欽立輯校，《先秦漢魏晉南北朝詩．上》（中華書局，一九八三年），九四—九五頁。

11 《漢書》卷九十七，〈外戚傳〉。

賦〉，其辭曰：「美連娟以修嫮（美）兮，命樔（截）絕而不長，飾新宮以延貯兮，泯（滅絕）不歸乎故鄉。……秋氣憯以淒淚兮，桂枝落而銷亡。……」這首賦說明對李夫人的死，武帝是很悲傷的。後來，因李延年弟季（年齡最小的弟弟）奸亂後宮犯罪和李廣利降匈奴，李夫人家族被滅。

三、鉤弋夫人

武帝另一位受寵愛的夫人就是鉤弋夫人。鉤弋夫人家在河間（今河北獻縣東南），武帝巡狩（視察）路過河間，方士說此地有奇女子，武帝使使者召來相見。《漢武故事》對此事記載較詳，內云：「上巡狩過河間，見有青紫氣自地屬天，望氣者以為其下有奇女，必天子之祥，求之，見一女子在空館中，姿貌殊絕，兩手一拳。上令開其手，數百人擘（分剖）莫能開。上自披，手即申。由是得幸，為『拳夫人』，進為婕妤，居鉤弋宮。……大有寵，有身，十四月產昭帝。上曰：『堯十四月而生，鉤弋亦然。』乃命其門曰堯母門。」《漢書．外戚傳》又說：「鉤弋子年五、六歲，壯大多知（智），上常言『類我』，又感其生與眾異，甚奇愛之，心欲立焉，以其年稚母少，恐女主專恣亂國家，猶豫久之。」從上述這些記載中不難看出，武帝一生很迷信，多次受方士欺騙，鉤弋夫人的奇事，應是地方官吏與方士為討好武帝而設的圈套，武帝本來就是個貪色之徒，一看見此女子長得漂亮，就上了鉤。從鉤弋夫人一出現方士就說是祥瑞，及到劉弗陵十四個月才出生，武帝又認為他與眾不同；及長到五六歲，又認為他「壯大多智」類似自己，所以遂生立其為太子之心。實際上，劉弗陵還是個兒童，根本當不了政。而太子劉據元朔元年（西元前一二八年）出生，征和二年（西元前九一年）發生巫蠱之禍時周歲已三十七歲，而且在巫蠱之禍中有主見、有決斷，仍然不愧是太子的最佳人選。所以，武帝從生活上的貪色到思想上的迷信，最後發展到更換太子，實是導致巫蠱之禍過程中國家動亂的總根源。司馬光說：「為人君者，動靜舉措不可不慎，發於中必形於外，天下無不知之。當是時也，皇后、太子皆無恙，而命鉤弋之門曰堯母，非名也。是以奸人逆探上意，知其奇愛少子，欲以為嗣，遂有危皇后、太子之心，卒成巫蠱之禍，悲夫！」[12]司馬光的這一評論是值得後人深思的，武帝從生活上的貪色最後導致國家的一場動亂也是值得後人引以為鑒的。

四、李姬

受武帝寵幸的夫人還有一位李姬，生了燕王劉旦和廣陵王劉胥。關於李姬史籍缺乏記載，《史記・外戚世家》說燕王、廣陵王「其母無寵，以憂死」，從上述情況看李姬可能一度曾受武帝寵愛，所以生了兩個孩子，後來被冷落或受處罰，所以「以憂死」。兩個孩子中燕王劉旦，「壯大……，為人辯略，博學經書雜說，好星歷數術倡優射獵之事」。巫蠱之禍後，太子劉據亡，齊王劉閎早卒，旦自以按次第排立自己當立為太子，遂「上書求入宿衛」。武帝怒，下令捕其使者入獄，後劉旦因「藏匿亡命」犯罪，封國被削去良鄉、安次、文安三縣，武帝由此厭惡旦。昭帝時，劉旦與上官桀等人勾結謀反，事發覺，自殺。廣陵王劉胥與齊王劉閎、燕王劉旦同年同日被策立為王；劉胥「壯大，好倡樂逸遊，力扛鼎，空手搏熊彘猛獸。動作無法度，故終不得為漢嗣」。[13]

12《資治通鑒》卷二十二，〈漢紀十四〉。
13《漢書》卷六十三，〈武五子傳〉。

五、尹夫人與邢夫人

《史記．外戚世家》載武帝還有兩位受寵的夫人，即尹夫人與邢夫人。尹夫人即尹婕妤，婕妤秩比列侯；邢夫人號娙娥，娙娥秩比中二千石。這兩位夫人同時受到武帝的寵幸，有詔令二人彼此不能相見。尹夫人向武帝請求，願望見邢夫人，得到了武帝的許可。武帝即令其他夫人化妝為邢夫人，隨從御者數十人，以邢夫人的名義來見。尹夫人上前見之，曰：「此非邢夫人身也。」武帝曰：「為何如此說呢？」對答說：「視其身貌形狀，不足以當人主矣。」因此武帝就下詔讓邢夫人穿著原來穿的衣服，獨身來見。尹夫人望見後說「此真邢夫人也。」於是乃低頭而泣，而痛其不如也。從中山李夫人卒後「則有婕妤之屬，更有寵。然皆以倡（歌舞藝人）見，非王侯有土之士女，不可以配人主也。」這就是說，儘管漢武帝以唱歌的奴婢衛子夫為皇后，對歌舞藝人中山李夫人以皇后禮儀而安葬，但就整個社會習俗來說對歌舞藝人這樣的婦女仍然是看不起的，認為他們「不可以配人主」。那麼，什麼人可以與人主相匹配呢？答案是「王侯有土之士女」。可見社會的偏見是何等地難以打破！

上述武帝的幾位夫人，如果依次加以排列的話，應是生了齊王劉閎的趙之王夫人；生了燕王劉旦、廣陵王劉胥之李姬；生了昌邑王劉髆的中山李夫人；尹夫人與邢夫人；生了劉弗陵的鉤弋夫人，共計六位夫人。其中以王夫人、中山李夫人、鉤弋夫人三位最為有寵。

前述武帝在夫人中增加了四個等級，上述幾位夫人中已有婕妤、娙娥兩個等級。《漢武故事》載：武帝讓宮女中「其有孕者，拜爵為傛華，充侍衣之屬」。傛華是「充侍衣之屬」，似乎爵位比真正的「侍依」要高。因此不難看出，武帝增加的「侍依」這一等級的職務，就是侍奉皇帝穿衣了。

中國封建社會中，在政治、經濟上占統治地位的統治者婚姻方面，實行的是一妻多妾制，皇帝是這一情況的典型代表。皇宮中除皇后、妃嬪外，還有幾百名甚而上千的宮娥彩女，而漢武帝比一般皇帝在這方面的所為要超過很多，所以古籍留下了這方面的記載和傳說。

《漢武故事》載：「上行幸平陽主家，子夫為謳（唱歌）者，善歌，能造曲，每歌挑上，上意動，起更衣，子夫因侍衣得幸，頭解，上見其美髮，悅之，歡樂。主遂內子夫於宮。上好容成道，信陰陽書。[14] 時宮女數千人，皆以次幸；子夫新入，獨在籍末，歲餘不得見。上釋宮人不中用者出之，子夫因涕泣請出；上曰：『吾昨夢子夫庭中生梓樹數株，豈非天意乎？』是日幸之，有娠，生女。」又載：「凡諸宮美人，可有七八千。……常從行郡國，載之後車。與上同輦者十六人，員數恒使滿；皆自然美麗，不假粉白黛黑，侍衣軒者亦如之。自言能三日不食，不能一日無婦人。善行導養術，故體常壯悅。」不僅如此，武帝還常常外出獵豔，《太平廣記》載：「漢武帝嘗微行造（到）主人家。家有婢，國色。帝悅之，仍（乃）留宿。夜與主婢臥。」[15] 從上述記載和傳說來看，漢武帝真是一位超級風流天子。

漢武帝不僅生前風流，傳說中死後也風流。《漢武故事》載，武帝死後「常所御，葬畢，悉居茂陵園。上自婕妤以下二百餘人，上幸之如平生，而旁人不見也。光（霍光）聞之，乃更出宮人，

14 容成道、陰陽書，指房中術一類方法、著述。《漢書・藝文志》著錄有載：「《容成陰道》二十六卷。」

15 《太平廣記》卷一百六十一，〈感應一〉。

增為五百人」，等等。

漢武帝時宮廷、妃嬪用器奢侈，如李夫人用「玉簪搔頭。自此後，宮人搔頭皆用玉，玉價倍貴焉。」[16]又武帝時，「西域獻吉光裘，入水不濡（濕），上時服此裘以聽朝。」[17]又「武帝時，身毒國獻連環羈（馬籠頭），皆以白玉做之，馬瑙石為勒（有嚼口馬絡頭），白光琉璃為鞍。鞍在暗室中，常照十餘丈，如晝日。自是長安始盛飾鞍馬，竟加雕鏤，或一馬之飾直百金。」[18]漢朝的皇帝死後送葬時，都穿用「玉匣」即金縷玉衣送葬。「武帝匣上，皆鏤為（刻著）蛟、龍、鸞、鳳、龜、鱗之象（圖案），世謂為蛟龍玉匣。」[19]漢武帝用多種寶物裝飾的床，名為七寶床，「雜寶桉、廁寶屏風、列寶帳，設於桂宮，時人謂之四寶宮。」[20]在上述情況下，統治階級上層彌漫著淫侈的風氣，如武帝的寵臣韓嫣「好彈，常以金為丸。一日所矢者十餘。長安為之語曰：『若饑寒，逐金丸。』京師兒童每聞嫣出彈，輒隨逐之，望丸之所落，而競拾取焉。」[21]

武帝奢靡、淫侈的生活方式，古籍多有記載，此不一一贅述。他的奢靡生活絕不能視為僅僅是個人生活問題，這種生活方式影響了整個社會，其結果大大加重了人民負擔，激化了社會矛盾和階級矛盾。東方朔就指責這種風氣是「以靡麗為右，奢侈為務，盡狗馬之樂，極耳目之欲，行邪枉之道，徑淫辟之路，是乃國家之大賊，人主之大蜮。」[22]其後，不斷有人對此加以批判。

16《西京雜記》卷二，〈搔頭用玉〉。
17《西京雜記》卷一，〈吉光裘〉。
18《西京雜記》卷二，〈武帝馬飾之盛〉。
19《西京雜記》卷一，〈送葬用珠襦玉匣〉。
20《太平廣記》卷二百二十九，〈桂宮〉。
21《太平廣記》卷二百三十六，〈奢侈一〉；又見《西京雜記》卷四，〈韓嫣金彈〉。
22《漢書》卷六十五，〈東方朔傳〉。

第十二章　漢武帝的歷史地位

漢武帝在中國歷史上應有什麼樣的歷史地位呢？換句話就是說應給漢武帝一個什麼樣的評價呢？這個問題不僅牽涉到歷史上對漢武帝評價的爭論、及武帝成就其事業的原因等問題，而且也牽涉到歷史人物評價的理論、方法問題。

第一節　漢武帝評價種種

功過論與代價論

武帝生前朝臣們對他的舉措的爭論就是很激烈的。武帝去世不久，昭帝始元六年（西元前八一年）召開的鹽鐵會議上對武帝時鹽鐵酒專賣、平準均輸等經濟政策的討論分成了兩派，從民間來的賢良文學全面否定武帝時推行的各項經濟政策，這些意見一直延續到了後世。

宣帝即位的第二年即本始二年（西元前七二年）夏，圍繞祭祀武帝要不要增加廟樂的問題，對武帝的功過進行了爭論。先是這年五月宣帝下詔書說：「孝武皇帝躬行仁義，厲行武威，北征匈奴，使單于遠遁；南平氐羌、昆明與甌駱兩越；東定薉、貉、朝鮮。擴地開境，立郡縣，百鑾率部歸服，從邊塞外自至，珍寶貢納、陳列於宗廟。協調音律，造作樂府歌詩，祭祀上帝、封禪太山、立明堂、改正朔、易服色；明開聖業，尊賢顯功。興滅繼絕，褒周之後；備天地之禮，廣道術之路。上天報賜，符瑞並應，寶鼎出、獲白麟、海致巨魚、神人並見，山稱萬歲，功德茂盛，不能盡宣。然而，祭祀時卻無廟樂，朕甚悼焉。請與列侯、二千石、博士商議此事，應怎麼辦？」[1] 郡臣為此在朝廷上進行了討論，都說應如詔書所說，武帝功業盛大，祭祀時應奏廟樂。此時，光祿大夫夏侯勝卻說：「武帝雖然有攘四夷廣土開拓境域之功，然而多殺士眾，竭民財力，奢侈無度，天下虛耗，百姓流離，物故（死）者半。又蝗蟲大起，赤地數千里，或人民相食，蓄積至今未能恢復，無德澤於民。因此，不宜為武帝立廟樂。」並說，宣帝所下「詔書不可用也。人臣之議，宜直言正論，不能苟合阿意順旨，議已出口，雖死不悔。」其結果，夏侯勝等人被下獄。經朝臣廷議，尊孝武帝廟為世宗廟，祭祀奏樂舞，以明盛德。武帝巡狩所到郡國凡四十四，皆立廟，如高祖、太宗（文帝）。[2]

夏侯勝對漢武帝失誤造成的社會惡果也有誇大之處。《漢書．昭帝紀》贊中說武帝活動付出的代價是「天下虛耗，戶口減半」，「戶口減半」說明農民流亡人口多，前引《鹽鐵論．未通篇》等材料就說明了這一點，夏侯勝則把「戶口減半」說成「物故（死）者半」明顯是誇大之詞。

元帝時，賈誼曾孫賈捐之又說：「至孝武皇帝，……西連諸國至於安息，東過碣石以玄菟、樂浪為郡，北卻匈奴萬里，更起營塞，制南海以為八郡，則天下斷獄萬數，民賦數百，造鹽鐵酒

1 《漢書》卷七十五，〈夏侯勝傳〉載宣帝這一詔書詳文，但未記詔書頒佈時間。《漢書》卷八，〈宣帝紀〉載這一詔書下達時間與詔書簡略大意。

2 《漢書》卷七十五，〈夏侯勝傳〉。

權（專賣）之利以佐用度，猶不能足。當此之時，寇賊並起，軍旅數發，父戰死於前，子鬥傷於後，女子乘亭鄣，孤兒號於道，老母寡婦飲泣巷哭，遙設虛祭，想魂乎萬里之外。淮南王盜寫虎符，陰聘名士，關東公孫勇等詐為使者，是皆廓地泰大，征伐不休之故也。」[3]

從上述評價漢武帝的不同意見中可以看出：其一，對武帝持否定意見者，一是強調武帝時期長期戰爭給民眾帶來的深重災難；二是否定武帝時期筦鹽鐵、酒類專賣、平準均輸等經濟政策，而這些政策又恰是武帝「制四夷、安邊足用之本」。[4] 所以，按這一意見，最後必然導致否定武帝反擊匈奴的戰爭、否定武帝的歷史功績，這自然是人們所不能完全同意的。其二，肯定武帝歷史功績的意見，常常否定武帝時期長期戰爭及其經濟政策給民眾帶來的苦難，如桑弘羊等人在鹽鐵會議上說「籠天下鹽鐵諸利，以排富商大賈，買官贖罪，損有餘，補不足，以齊黎民。是以兵革東西征伐，賦斂不增而用足」。[5] 這種意見也不實事求是，也難以令人信服。上述兩種意見不斷爭論勢必影響對武帝的評價。

漢元帝與成帝時朝廷幾次討論，功勞大的漢朝皇帝可單獨立宗廟受祭祀，其他的按中國古代的昭穆制度配祭祖廟。[6] 朝臣在討論中公認除高祖外，太宗（漢文帝）應立廟受祭，至於世宗（漢武帝）則有不同意見。成帝崩，哀帝即位，丞相孔光、大司空何武上奏議後，朝臣再一次討論，認為漢武帝過失太大，其廟「宜毀」。[7] 在這種情況下，太僕王舜、中壘校尉劉歆詳細地論述了漢武帝的歷史功績，由於這篇文獻對如何評價武帝具有重要性，所以引證如下：

「臣聞周室既衰，四夷並侵，玁狁最強，於今匈奴是也。至宣王而伐之，詩人美而頌之曰：『薄伐玁狁，至於太原。』又曰『……顯允方叔，征伐玁狁，荊蠻來威（被威服）』，故稱中興。及至幽王，犬戎來伐，殺幽王，取宗器。自是之後，南夷與北夷交侵，中國不絕如線。春秋紀齊桓南伐楚，北伐山戎，孔子曰：『微管仲，吾其被髮左衽矣。』是故棄桓之過而錄其功，以為伯（霸）首。及漢興，冒頓始強，破東胡，禽月氏，並其土地，地廣兵強，為中國害。南越尉佗總百粵，自稱帝。故中國雖平，猶有四夷之患，且無寧歲。一方有急，三面救之，是天下皆動而被其害也。孝文皇帝厚以貨賂，與結和親，猶侵暴無已。甚者，興師十餘萬眾，近屯京師及四邊，歲發屯備虜，其為患久矣，非一世之漸也。諸侯郡守連匈奴及百粵以為逆者非一人也。匈奴所殺郡守都尉，掠取人民，不可勝數。孝武皇帝愍中國罷勞無安寧之時，乃遣大將軍、驃騎、伏波、樓船之屬，南滅百粵，起七郡；北攘匈奴，降昆邪十萬之眾，置五屬國，起朔方，以奪其肥饒之地；東伐朝鮮，起玄菟、樂浪，以斷匈奴之左臂；西伐大宛，並三十六國，結烏孫，起敦煌、酒泉、張掖，以鬲婼羌，裂匈奴之右肩。單于孤特，遠遁於幕北。四垂無事，斥地遠境，起十餘郡。功業既定，乃封丞相為富民侯，以大安天下，富實百姓，其規橅可見。又招集天下賢俊，與協心同謀，興制度，改正朔，易服色，立天地之祠，建封禪，殊官號，存周後，定諸侯之制，永無逆爭之心，至今累世賴之。單于

3《漢書》卷六十四，〈賈捐之傳〉。

4《漢書》卷二十四，〈食貨志〉。

5《鹽鐵論》卷十四，〈輕重〉。

6《後漢書．志九．祭祀下》注引《決疑要注》：「凡昭穆，父南面，故曰昭。昭，明也。子北面，故曰穆。穆，順也。始祖，特於北，其後以次夾始祖而南，昭在西，穆在東，相對。」

7《漢書》卷七十三，〈韋賢傳〉。

守藩，百蠻服從，萬世之基也，中興之功未有高焉者也。高帝建大業，為太祖；孝文皇帝德至厚也，為文太宗；孝武皇帝功至著也，為武世宗。……孝宣皇帝舉公卿之議，用眾儒之謀，既以為世宗之廟，建之萬世，宣佈天下。臣愚以為孝武皇帝功烈如彼，孝宣皇帝崇立之如此，不宜毀。」上覽其議而從之。制曰：「太僕舜、中壘校尉歆議可。」[8]

上述這段文字是西漢時期從積極面較為全方位評價漢武帝的最有力文字，它主要從歷史角度出發，講了從犬戎殺周幽王滅西周，東周時出現了「南夷與北夷交侵，中國不絕如線」的危急狀況；到漢朝初年匈奴強盛、南越趙佗稱帝；漢朝雖屈辱求和實行和親政策，但匈奴卻一再侵暴不已，諸侯王又勾結匈奴、南越試圖謀反，漢中央朝廷也處在岌岌可危的狀態。而漢武帝一改這種被動受淩辱侵欺的局面，外事四夷，取得了勝利，使「百蠻服從」，又採取一系列的「定制度」、「定諸侯之制」、「富實百姓」的措施，因此是一位「中興之功未有高焉者也」、「功至著」的皇帝，因此為他建的宗廟「不宜毀」，而應傳之萬世。漢哀帝看了這一奏議，認為可以，保留了武帝的宗廟，這是西漢時期朝廷對武帝的最後一次定位。在劉歆等人論議的影響下，終於保住了武帝的宗廟。東漢時班彪考察西漢後期「毀宗廟」與保宗廟的爭論，感慨地說「考觀諸儒之議，劉歆博而篤矣。」劉歆的觀點是值得後人深思的。

一直到明清對武帝的評價仍在爭論，不過從消極面評價的觀點卻少有新意，從積極面評價的觀點卻有所發展。如李贄說，漢武反擊匈奴「雖民勞財傷，騷然稱費，精力已幾竭矣。蓋至於易姓更主，而百姓安堵如故者，然後知其為孝武之賜而不自知也。截長補短，其利百倍，有為之功業亦大矣。」[9]夏燮也說，武帝「窮追匈奴，雖曰勞民傷財，邊患亦因之稍息。……微漢武，則漢之所以世備邊患，戍役轉餉，以尤累縣官者，可得而預計哉！」[10]這就是說，漢武帝反擊匈奴，外事四夷，雖當時給民眾帶來了災難和痛苦，卻換來了後世邊境的安寧，這也就是說不能因為漢武帝的活動給當時人民帶來的痛苦，而否定他給後世人民帶來的好處，所以上述觀點是有新意的，值得注意。《漢書．匈奴傳》贊中說，呼韓邪單于臣服於漢後，「是時邊城晏閉，牛馬布野，三世無犬吠之警，黎庶無干戈之役」，這表示武帝對後世所建樹的功績是不可抹煞的。總之，只要把漢武帝外事四夷的活動放在整個歷史發展過程中加以考察，漢武帝不僅對漢朝——更且對中華民族的發展都有著巨大的歷史功績，這一點應是毫無疑問的。

漢武帝一方面有巨大的歷史功績，另一方面又給人民造成了深重的災難，前者是建立在後者的基礎上的，故這是一個問題的兩個方面。然而，如果著眼於他給當時人民帶來的痛苦，從「民為邦本」的觀點出發，看消極面多了，就會否定其巨大的歷史功績。反之，如果著眼於他建樹的巨大歷史功績，又會忽略其消極面。如何把這二者有機地結合起來給漢武一個正當的歷史地位，就成了一個問題。在這種情況下，就出現了「代價論」，如范文瀾先生說，漢武帝「付出『海內虛耗，人口減半』的代價，造成軍事、文化的極盛時期」，[11]又說，漢武帝的活動「為現代中國的廣大疆域奠定了初步的基礎」。[12]因此，可以說代價論在評價漢武帝時把他的積極面和消極面有機地

---

8 《漢書》卷七十三，〈韋賢傳〉。

9 《藏書》卷三十二，〈德業儒臣後論〉（中華書局，一九五九年）。

10 《中西紀事》卷二十二（同治刊本）。

11 范文瀾，《中國通史簡編．修訂本第二編》（人民出版社，一九五八年），三九頁。

12 范文瀾，《中國通史簡編．修訂本第二編》（人民出版社，一九五八年），八〇頁。

結合了起來，把二者有機地統一在一起，為正確評價漢武帝提供了一個好的供人選擇的思路。

代價論首先指出「匈奴從殷周以來，一向是侵略」南方農業民族的「強敵」。從「秦末到漢初三四十年間，匈奴族……武力達到空前未有的強盛」，不僅擁有遼闊的土地，而且有「騎兵三十萬」。在漢朝「忍讓」的和親政策下，「匈奴愈益驕橫，連年入侵邊郡，抄掠人口畜產，……西漢完全處於被動挨打的地位」。既然如此，那麼漢武帝反擊匈奴的戰爭就是正義的，是歷史發展所需要的。而要打仗，匈奴族又是那麼強大，不付出代價是不行的，總不能又讓馬兒跑得好、又讓馬兒不吃草吧！所以農民出力、富人多出錢就都是應該的。雖然代價論也承認漢武帝有嚴重失誤，但他在兩千多年前「就為現代中國廣大疆域奠定了初步基礎」的功績是巨大的，錯誤和巨大功績比較起來當然是次要的，所以漢武帝所建樹的巨大歷史功績是應當肯定的。總之，代價論這種觀點，在評價漢武帝時容易為持各種不同意見的人所接受，值得重視。

從上述評價武帝的不同意見來看，雖意見各有不同，但在方法論卻有共同之處，就是把武帝的一生分為功與過兩個方面，即武帝歷史作用的積極與消極兩個方面，有的以其過否定其功，有的則以其功而掩飾或否定其過，從西漢時期開始這兩種意見就在不斷進行爭論。范文瀾坦言，自己一度對漢武帝「沒有著重寫」他積極的一面，而「著重寫了」他消極的一面，對武帝的評價有欠全面。[13]代價論的優點是找出武帝功與過的內部聯繫，指出武帝的功（即在歷史上所起積極作用）是以其過（即在歷史所起消極作用）為代價而取得的。代價論是在評價漢武帝過程中，學者總結出來的一種理論。因此，我們應予以注意，以免在這個問題重蹈前人覆轍。

事業成敗與政策轉變說

評價漢武帝還有一種方法，就是把漢武帝在位的五十四年劃分為若干時期，看其每個時期事業的成敗；如果由於沒有及時轉變政策而導致失誤，原因就應當從沒有及時轉變政策上去找尋。田余慶先生就說：「漢武帝在元封年間已經完成了歷史賦予他的使命，從此著手實行政策轉折，應當說正是時候。」並且指出，「在元封年間改變政策以安撫百姓，也完全是形勢所需要的」。[14]這也就是說武帝後來的失誤主要是由於沒有及時轉變政策而造成的。

政策轉變說在評價武帝時突破了功過論的框框，試圖從事物的發展演變過程找到一個合理的界限，這應當說是很有新意的。現在我們就順著這一思路，探討一下漢武帝應何時轉變政策和未及時轉變的原因。從武帝當皇帝後的五十四年看，他的事業可以分為以下三個階段：

第一階段：建元元年（西元前一四〇年）至元鼎六年（西元前一一一年）

這一階段是武帝取得輝煌勝利的時期，這表現在以下幾個方面：

（一）尊儒術、重法制、悉延（引）百端之學，以儒家為統治思想而又兼用百家的格局就是在這一時期形成的等等。

（二）在統一國家方面，反擊匈奴戰爭獲勝，尤其是元朔二年取河南地之戰、元朔五年大敗

13 范文瀾，〈關於中國歷史上的一些問題〉，見《范文瀾歷史論文選集》（中國社會科學出版社，一九七九年），一九頁。

14 〈論輪臺詔〉，《歷史研究》一九八五年一期；又見《秦漢魏晉史探微》，三〇頁。

右賢王高闕之戰、元狩二年河西之戰、元狩四年漠北之戰，取得重大勝利，使漢朝軍事力量的壓倒優勢不可逆轉。這一時期平定兩越，建元三年遷東甌於江、淮間，元鼎六年平定南越，在其地置九郡，次年即元封元年又徙東越民於江、淮間。通西南夷方面，元光五年通夜郎、置犍為郡、開道路，元光六年以邛都為越巂郡、莋都為沈黎郡、冉駹為汶山郡、白馬為武都郡、南夷為牂柯郡，問題基本解決。

(三) 在打擊分封割據勢力與豪強方面，元朔二年行推恩分封，元狩元年淮南王、衡山王謀反被誅，元鼎五年坐酎金律列侯奪爵者一百零六人。在打擊豪強和高貲富人方面，元朔二年徙郡國豪傑及資三百萬以上者於茂陵，元狩四年「摧浮淫並兼之徒」，酷吏義縱、王溫舒等人嚴厲打擊豪強。在經濟方面一些主要措施也基本浮上檯面。

從上述事實看，在第一階段武帝可以說基本上完成了自己所承擔的歷史任務，不僅對內在思想文化、打擊分封勢力、豪強、富商大賈等方面是如此；在統一國家方面也是如此，不僅勝利平定了南越、東越，西南夷的問題基本上獲得了解決。而且，反擊匈奴的戰爭也取得了勝利，漢朝從匈奴方面取得河南地和河西，給了匈奴以沉重打擊，漠南無王庭，匈奴對漢朝已構不成重大威脅，說明對匈奴的戰爭也基本告一段落。

第二階段：元封元年（西元前一一〇年）至太初四年（西元前一〇〇年）

這十年歷經了元封、太初兩個年號，這兩個年號都有標誌政策轉變的含義。元封以舉行封禪大典而得名，其意思是「王者功成治定，告成功於天」，既然如此接下來實行政策轉變就是順理成章的事情。太初以頒布太初曆而得名，實行改正朔、易服色等方面的改制，標誌著要除舊佈新、改弦更張之義，也是政策轉變的好時機。而且這十年社會矛盾、階級矛盾已相當尖銳，元封四年關東流民二百萬口就說明了這一點；但是，農民起義與戰爭的失敗還未發生，所以這時正是轉變政策的最佳時機。那麼這時武帝為什麼沒有能實行政策轉變呢？這一點從元封元年武帝的詔書和以後的行動中可以看出。元封元年冬十月武帝下詔說：「南越、東甌咸伏其辜，西蠻北夷頗未輯(和)睦，朕將巡邊垂，擇兵振旅，躬秉武節，置十二部將軍，親率師焉。」接著又遣使告單于說：「南越王頭已懸於漢北闕闕。單于能戰，天子自將待邊；不能，亟來臣服，……。」這就是說武帝要求匈奴「臣服」漢朝，單于震懾於漢武帝的威勢，沒有前來接戰，也沒有「臣服」，此後漢武帝試圖通過和談讓匈奴「臣服」，這不能不說是政策上的一個調整。

這種政策的調整，還可從元封二年（西元前一〇九年）武帝派汲仁、郭昌率數萬人堵塞瓠子決口看出。瓠子決口堵塞後，朝臣爭言水利，如果順著這個勢頭發展下去，就會逐漸轉變為以重農、富民為中心的路線上去。然而，這時漢武帝並沒下定不再出兵的決心，而這時下述兩方面的事情又促成了他繼續出兵：一是邊境不斷發生事情，有發兵的需求，如西南夷方面，侵犯漢使吏卒，所以元封二年派郭昌擊滇，滇王降，置益州郡。這年朝鮮派兵擊遼東，殺遼東都尉，武帝派楊僕等擊之，次年朝鮮降，置四郡。元封六年，益州郡昆明地區反，武帝又派郭昌擊昆明。二是「西蠻北夷，頗未輯睦」。西域各國原為匈奴屬國，漢朝使者通西域後，有的國家阻攔、攻掠漢使，於是有元封三年(西元前一〇八年)趙破奴破樓蘭、車師之事。從元封六年(西元前一〇五年)漢朝以宗世女為公主嫁烏孫，武帝是想通過和平友好的辦法爭取西域，但此時發生了大宛不與漢使買賣天馬，並設法殺漢使取其財物的事件，結果遂發生從太初元年（西元前一〇四年）秋開始到太初四年（西元前一〇一年）春李廣利的兩次伐大宛。兩次伐大宛，雖取得勝利，但耗費巨大，大大激化國內的社會矛盾和階級矛盾。如果李廣利第二次伐大宛取勝後，立即轉變政策，從此不再出軍，仍然可以。然而武帝沒有抓住這一時機，結果就陷入了困境。

第三階段：天漢元年（西元前一〇〇年）至後元二年（西元前八七年）

這一階段共十三年，經歷天漢、太始、征和、後元四個年號。武帝開始用年號為一個年號六年，太初改制後一個年號四年。太初四年（西元前一〇一年）春李廣利伐大宛後，西域各國紛紛臣服漢朝，武帝沒有抓緊時機轉變政策。天漢元年（西元前一〇〇年）漢朝和匈奴和談失敗，漢使蘇武被匈奴扣留，這使武帝想通過和談讓匈奴臣服的希望落空。接著，武帝就想通過軍事征伐迫使匈奴臣服，征和二年（西元前九一年）武帝分別派李廣利、李陵統兵討伐匈奴都以失敗而告終。尤其值得注意的是，這一年各地小股農民起義紛紛發生，所以武帝就立即又轉而鎮壓農民起義，這次農民起義經幾年才鎮壓下去。農民起義還未鎮壓下去，天漢四年（西元前九七年）李廣利等四將討伐匈奴又無功而歸。過了五年，即征和元年（西元前九二年）就發生了丞相公孫賀家因巫蠱被族。巫蠱之禍剛告一段落，征和三年（西元前九〇年）李廣利率七萬大軍敗降匈奴。征和四年（西元前八九年）武帝在內外交困的情況下頒輪臺詔，表示從此不復出軍，才下決定實行政策轉變。

高指標是失誤的主要原因

從漢武帝上述三個階段的情況不難看出，元封以後未能及時實行政策轉變的主要原因是：低估了匈奴的綜合國力，因此制定了要匈奴「臣服」這一當時漢朝還無力達到的高指標所造成的。為什麼說這個指標是無力達到的高指標呢？從漢武帝為達到這一目標先是和談後又用兵，對此可以說是孜孜以求、不達目的誓不甘休，最後還是以達不到目的而告終就可以看出這一點。昭、宣、元時匈奴歸降漢朝的全過程也可以看出這一點。昭、宣時期匈奴又遭受天災、漢與烏孫聯軍、內部分裂的沉重打擊，呼韓邪單于才從本民族的利益與個人前途出發，於宣帝甘露三年（西元前五一年）臣服漢朝，這離武帝去世已有三十六年。又過了十四年即元帝建昭三年（西元前三七年）陳湯等人才率軍擊斃了郅支單于，匈奴才淪為漢朝的藩屬國。漢朝付出的代價是以不同形式給匈奴大量的錢財、糧食，換得邊境的和平安寧。如果從元光二年（西元前一三三年）馬邑之謀算起整整用了九十六年，歷武、昭、宣、元四代才取得了這樣一個結果。這個結局不僅是匈奴在戰爭中失敗的產物，同時也是匈奴內部分裂、鬥爭的產物。所以，武帝給自己定下的上述指標是個自己一代無法實現的高指標，這個高指標就是武帝沒有及時轉變政策的根本原因。

高指標來源於對匈奴綜合實力估計過低，不能實事求是地認識對方造成的。這一點並不始於武帝，賈誼在〈治安策〉中就說：漢朝與匈奴的關係顛倒了，本應漢為君、匈奴為臣，而漢天子歲貢金絮采繒以奉之，是臣下之禮也，匈奴反而成了君主。「匈奴之眾，不過漢一大縣，以天下之大困於一縣之眾，甚為執事者羞之」云云，就反映過低估計匈奴綜合實力的傾向。在這種情況下，武帝元封元年提出讓匈奴臣服於漢朝的要求自然是不奇怪的，但匈奴認為自己是「天子驕子」怎麼能屈居漢朝之下呢？所以無法接受。在漢朝方面看匈奴人數少，地處漠北苦寒，再打幾個勝仗，就會使匈奴臣服；在匈奴方面則有廣大迴旋的餘地，雖地處寒苦，然漢人得地不能久留，這正是自己的有利條件，漢朝又能把他怎麼樣？因此雙方談判達不成協議，武帝後期幾次出兵只是勞民傷財，不僅沒得到好處反而使自己沿著下坡路加速滑去。反之，如果武帝不堅持讓匈奴臣服，標準低一點，雖然多次打敗匈奴，雙方仍可以兄弟相稱，爭取達成互不侵犯、開關市公平交易的協定則是有可能的。這樣，武帝也可早早轉變政策，改弦更張，利國利民。

歷史上由於不從實際出發、不實事求是地給自己制定高標準，勞民傷財的事例比比皆是，即使像漢武帝這樣英明地留意吸取秦朝亡國教訓的君主也不能倖免，惜哉！惜哉！

評價漢武帝時的政策轉變說，要求隨著歷史發展適時轉變政策，其目的是為了改正過去的失誤，也是為了使政策符合未來的實際和需要，以利民利國。漢武帝主要由於以上原因，轉變政策延誤了約二十年到三十年，造成了重大損失，這個教訓是值得後人汲取的。

第二節　漢武帝的歷史地位與貢獻

漢武帝的歷史地位

漢武帝在歷史上應有什麼樣的歷史地位，歷史上有不同意見。

最初，漢代人認為漢武帝是兩漢時期四個有作為的皇帝之一，這四個皇帝是漢高帝、漢文帝、漢武帝、漢光武帝。漢高帝崩於長樂宮，葬長陵，埋葬後群臣曰：「帝起細微，撥亂世反之正，平定天下，為漢太祖，功最高。」上尊號曰高皇帝。[15] 漢文帝崩於未央宮，葬霸陵；景帝元年，丞相申屠嘉等奏：「世功莫大於高皇帝，德莫盛於孝文皇帝。高皇帝廟宜為帝者太祖之廟，孝文皇帝廟宜為帝諸太宗之廟。天子宜世世獻祖宗之廟。郡國諸侯宜各為孝文皇帝立太宗之廟。」

制曰「可。」[16]漢武帝崩於五柞宮，葬茂陵。孝宣帝本始二年（西元前七二年）詔尊孝武廟為世宗廟，因有的臣下認為漢武帝過失大，不宜立宗廟，反覆議此事。哀帝即位後，劉歆等人力陳漢武帝功大，應立「世宗之廟，建之萬世」。此後才有了共識。東漢因光武帝有復興漢朝之功，廟號被尊為世祖，在兩漢範圍內，把漢武帝與漢高帝、漢文帝、漢光武帝並列，作為漢代四位功德大的皇帝，這是一種意見。

然而，以漢武帝所成就的事業，僅僅局限在兩漢範圍內來評價是很不夠的，這實際上等於降低了武帝的歷史地位。所以，東漢末年應劭打破了朝代的界限，從中國歷史的發展出發說：

> 高祖踐祚（皇位），四海乂（治）安。世宗（漢武帝）攘夷辟境，崇演禮學，制度文章，冠於百王矣。[17]

這一段話第一次指出，在秦末大亂之後，漢高帝登皇位，使天下安定。漢武帝在「攘夷辟境，崇演禮學，制度文章」諸方面的功績都「冠於百王」，即在以前的帝王之上。這也就是說，在黃帝之後，歷夏商周三代，春秋戰國至秦漢，漢武帝的功績為各位帝王之首（冠於百王），這就給了漢武帝一個極其崇高的歷史地位。值得注意的是，應劭這一評價是符合歷史實際的。從「攘夷辟境」方面講，漢武帝不僅制止了少數民族對中原地區的威脅，平定了南越、東越、西南夷，臣服了西

15《漢書》卷一，〈高帝紀〉。
16《漢書》卷五，〈景帝紀〉。
17 應劭，《風俗演義》，〈皇霸．六國〉。

域三十六國，而且打敗了從商代起就威脅著北方的匈奴，導致宣元時期匈奴臣服於漢，開拓的疆土當然是歷史上任何帝王都無法與他相比。從「崇演禮學」方面講，漢武帝制禮作樂，像以前一切帝王一樣祭天、祭祖宗、名山大川；秦始皇到泰山封禪過一次，漢武帝卻封禪六次，以告成功於天；又在甘泉祭三一，在汾陰祭后土；漢武帝之前郊祀不用樂舞，他用了樂舞等等，都表明「崇演禮學」超過了以往的帝王。從「制度文章」方面看，漢武帝尊儒術而悉延百端；發展樂府歌詩，訂立采詩夜誦收集民歌的制度；為強化專制主義中央集權，改革選舉制度、監察制度、設立內朝、改革軍制、設置官營農業、鹽鐵官營等等；他在實行德治的同時，又重視法治；他重視知識分子，在哲學、文學、史學以至天文曆法諸方面的成就都聞名後世，這說明在「制度文章」方面也超越了以前的帝王。總之，漢武帝是位既吸收了以前帝王的長處，又超越以前帝王的皇帝，他文治、武功俱佳，是位在事業上超越以前帝王功績卓著的皇帝。應劭說他「冠於百王」就反映了他應具有的崇高的歷史地位，同時這也是符合歷史實際的評價。

從應劭稱讚漢武帝「冠於百王」之後，後來稱漢武帝對整個中國歷史有重大影響的人不斷出現。如曹植贊漢武帝說：「世宗光光，文武是攘，威震百蠻，恢拓土疆，簡定律曆，辨脩舊章，封天禪土，功越百王。」從讚揚武帝「功越百王」來看，其意與應劭類似。[18]到了明代，李贄評價武帝說：

> 孝武紹（繼）黃帝以增廓，皆千古大聖，不可輕議。[19]
>
> 孝武乃大有為之聖人也。當其時拓地幾二萬餘里，視漢高所遺不啻倍之。……有為之功業已大矣。[20]

近代人夏曾佑（一八六五—一九二四）在其所著《中國古代史》中說：

有為漢一朝之皇帝者，高祖是也。有為中國二十四朝之皇帝者，秦皇、漢武是也。[21]

夏先生用這種形象的語言，告訴人們漢武帝是中國和中華民族歷史上影響各代的歷史人物。此外，還有的學者分別從某一方面如從文化上、制度上、疆域上等論述了漢武帝對後世的深遠影響的，這些就是前人對他在中國歷史上地位的論述。

漢武帝的創新精神

漢武帝時期是一個充滿生機且不斷創新的時期，而漢武帝本人也是個富於創新精神的人，所以那個時期有許多創設。

（一）漢武帝是第一位使用年號的皇帝，先是六年一個年號，後來四年一個年號。

（二）漢武帝是第一位在統一的國家制定、頒佈太初曆的皇帝，以正月為歲首這一點，一直用到現在。

18《藝文類聚》卷十二，〈帝王部二．漢武帝〉。
19 李贄，《藏書》卷一，〈世紀總論〉。
20 李贄，《藏書》卷三十二，〈德業儒臣後論〉。
21 夏曾佑，《中國古代史》（三聯書店，一九五五年），二五五頁。

（三）漢武帝時期寫出了中國第一部紀傳體的史書《史記》，對後世的史學產生了巨大影響。

（四）漢武帝時期出現了秦統一後中國見於史籍記載的《輿地圖》，元狩四年四月丙申，「太僕臣公孫賀行御史大夫事……，奏輿地圖，請所立國名。」[22]《漢書·武帝紀》載元鼎六年秋「遣浮沮將軍公孫賀出九原」，注引臣瓚曰：「浮沮，井名，在匈奴中，去九原二千里，見漢輿地圖。」據顏師古說，臣瓚生活的時代「在晉初」。[23]這也說明漢代已明確出現了關於國家的地域概念，對後世自然地理研究有不可忽視的影響。

（五）舉賢良方正直言極諫之士對策，武帝親自策問，選拔人才做官。後世科舉之制始此。

（六）漢武帝尊儒術，以儒家思想作為國家的統治思想始於此。

（七）元朔五年為五經博士置弟子五十人，復其身；地方郡國可按一定條件選送一些人，可受業如弟子。經考試，能通一藝以上，可用作官吏。從國立太學生中選拔官吏始於此。

（八）漢武帝在尊儒術時，又「悉延（引）百端之學」，形成了在以儒家思想為統治思想的同時，又兼用百家的格局。這點對後世也影響巨大。

（九）元封二年（西元前一〇九年），漢武帝親臨現場督察堵塞黃河瓠子決口。秦統一後，皇帝親臨現場治理黃河，這是第一次。

（十）漢武帝時推廣耬車（土法播種機）下種，此後這一方法在中國用了兩千多年。

（十一）漢武帝派張騫通西域，打通了絲綢之路，促進了中、西雙方的經濟、文化交流。這在中國史上屬首次。

（十二）漢武帝元封六年（西元前一〇五年）以宗世女細君為公主嫁烏孫和親。這是中國歷史上首次與西域國家和親。

（十三）在輪臺、渠犁屯田，並置使者、校尉。這是中國歷史上首次在今中國新疆地區屯田。

（十四）漢武帝時用井渠法作龍首渠，後傳入今中國新疆地區，並進而入波斯等地。

（十五）從西域引進葡萄、苜蓿種植，從大宛引進了良種馬——天馬，西域的樂曲、魔術傳至中國，中國的鑄鐵技術、絲織品、漆器傳至大宛等地。

（十六）漢武帝外施仁義，實行德治；同時又重視法治，用嚴刑峻法治理國家。這在歷史上也是首次。

（十七）元封五年（西元前一〇六年），為加強對地方官吏和豪強的監察，置十三州部刺史，令六百石級別的刺史督察二千石級別的郡國守相。

（十八）為加強皇權，改革丞相制度，設立中朝（內朝），對後來的丞相制度演變發生了重大影響。

（十九）元鼎二年（西元前一一五年）禁郡國鑄錢，專令國家所屬上林三官鑄錢，非三官錢不得流通，郡國以前所鑄錢皆廢銷。從此國家壟斷了鑄造錢幣的權力，對後世影響重大。

（二十）漢武帝通過大量移民在西北邊郡屯田，這對反擊匈奴戰爭的勝利、經營西域起了重大作用。對後世也有重大影響，曹操在〈置屯田令〉中曾說「孝武以屯田定西域，此先代之良式也」，[24]就說明了這一點。

---

22 《史記》卷六十，〈三王世家〉。

23 顏師古《漢書敘例》。這說明漢代的輿地圖晉初臣瓚還見過。

24 《三國志》卷一，〈魏志．武帝紀〉注引《魏書》。

（二十一）漢武帝時任用官吏是多元化的。二千石以上官吏可通過任子制度使子孫當官；有錢人可通過「貲選」當官；先賢的後裔可以受照顧，如賈誼的兩個兒子就被關照當了郡守。然而，尤為突出的是武帝用人唯才是舉、不拘一格，如皇后衛子夫是從奴婢中選拔出來的；衛青、霍去病分別是從奴僕和奴產子中選拔出來的，而丞相公孫弘、御史大夫兒寬，以及嚴助、朱買臣等人都是從貧苦平民中選拔上來的；御史大夫張湯、杜周和廷尉趙禹則是從小吏中選拔出來的。尤其值得注意的是漢武帝任用的一些將軍是越人、匈奴人，而金日磾這樣一位匈奴俘虜在宮中養馬的奴隸，竟然與霍光、上官桀一齊被選拔為託孤的重臣。這些情況說明漢武帝選拔人才是不受階級出身與民族差別限制的。然而，這不是說漢武帝用人沒有標準，標準還是有的，標準就是「博開藝能之路，悉延百端之學」，「州郡察吏民有茂材異者，可為將相及使絕國者」。這就是說，只要願為漢朝事業奮鬥，有藝能、有才幹的人，能為將相和可以出使遙遠國度的人都可任用。一句話，用人的標準是唯才是舉。正因如此，漢武帝時人才濟濟，班固就驚歎地說：「漢之得人，於此為盛！」這種現象的出現是值得認真研究的。

（二十二）漢武帝是中國歷史上第一位派大軍深入匈奴腹地進行決戰的皇帝。

（二十三）漢武帝是中國歷史上第一位提出要北方遊牧民族匈奴臣服於中原王朝的皇帝，為此又在今內蒙築受降城。武帝生前雖未達此目的，但在宣、元時期，匈奴歸服漢朝為藩臣。

（二十四）李廣利伐大宛後，西域南道諸國多臣服於漢，宣帝神爵二年（西元前六〇年），匈奴日逐王降漢，匈奴不敢爭西域，罷僮僕都尉。宣帝任命鄭吉為西域督護，管理西域南、北道諸國，西域諸國臣服於漢。這在中國歷史上是首次。

（二十五）漢武帝平定南越後，首次在今海南島置儋耳郡、珠崖郡。

除上述二十五項創設之外，還可列出其他在中國歷史上的若干個第一，此處不再一一贅述。

武帝創設對後世的影響

漢武帝時期的創新，有的是武帝吸取歷史上的經驗教訓而創設的，有的是根據當時的需要而創設的。這些創設中許多對後世產生了深遠的影響。

其一，在學術思想政策方面。秦始皇尊法而焚毀「詩、書、百家語」；漢初以黃老「無為而治」為指導，各家並進，國家設立研究各家學問的博士官；漢武帝尊儒術，以儒家思想為統治思想，國家在太學設儒家的五經博士，提高了儒學的地位；同時又「悉延（引）百端之學」。形成了尊儒術而又兼用百家，這一點奠定了中國以後封建社會學術思想的格局，即以儒家思想為統治思想，而諸子百家兼用。不僅如此，漢武帝時西域胡樂、魔術的傳入，說明在文化上也通過開放，發展、壯大自己。

其二，在政治制度方面。周代重視德治，儒家的仁義、仁政、王道政治倫理思想就是對周代德治思想的總結與發揮；秦始皇「毀先王之法，滅禮誼（義）之官，專任刑法」，即割斷歷史傳統，廢先王之道，廢除德治，只講法治，靠嚴刑峻法治國。後來賈誼在〈過秦論〉指出秦滅亡的主要原因是「不施仁義」。[25] 漢武帝則是外施仁義，實行德治；同時又重視法治，以嚴刑峻法治國，二

25 賈誼原文為：「仁義不施，而攻守之勢異也。」出自〈過秦論〉

者兼用，恩威並舉。《漢書．元帝紀》載漢宣帝說：「漢家自有制度，本以霸王道雜之，奈何純任德教，用周政乎！」這就是說，漢代的根本政治體制是既用周代的德治，又重視法治，以嚴刑治國，二者兼施，這種體制的形成，漢武帝是主要的創始者和完成者，並且此制對後世影響巨大，以後各個朝代一般均是二者兼用的。這裡既有社會的需要，也有歷史繼承發展的邏輯規律在內，一下子割斷歷史、一切從頭開始是不行的。秦始皇廢先王之道，要割斷歷史傳統，結果使秦朝短命而亡；漢武帝吸取了歷史的經驗，既施仁義，又重法治、用刑罰，結果他成功了。

其三，漢武帝時官吏來源的多元化，而又唯才是舉，不是偶然產生的，而是春秋戰國時期士人奔走各國求官入仕現象的邏輯發展。漢武帝時通過「舉賢良對策」和在太學生中選拔官吏當官等途徑，把選拔知識分子和有才能的人當官制度化了。後來隨著大統一局面的出現又從少數民族選拔人才當官，這種國家選拔官吏沒有地區、家庭出身、民族區別的限制，後來就變成科舉制度與歷史傳統，這一點正是中國古代選拔官吏制度的優點和特點。如果與印度古代的種姓制度、歐洲領主制下的世襲官吏制度相比，就不難看出。中國古代從被統治階級中大量吸收優秀人才加入封建統治階級，不僵化、凝固化，從而使國家、社會保持生機，不斷發展，這一點應當說是中國封建社會的一個優點、特點。

其四，漢武帝時社會上多種經濟成分共存，有地主經濟、個體農民經濟、工商業者的民營經濟與國有經濟。漢武帝雖非封建國有經濟成分的創始者，然而漢武帝時期國有經濟成分卻大大擴大和增強了，各種類型的國有經濟對國家和社會發展作用不同，不可一概而論，如國家壟斷鑄錢，鑄的五銖錢品質好，對穩定物價和發展經濟起了積極作用；再如邊郡的養馬業與屯田對反擊匈奴、鞏固邊防有積極作用。有的如官營鹽鐵既有積極作用，也有不同程度的消極作用，有的則完全是消極作用，如武帝時「增海租三倍」，使東萊地區「魚不出」。又官府壟斷捕魚，使「海魚不出」，後又允許民眾捕魚，「魚乃出」。[26]漢武帝時按當時需要使國有經濟比重大大增加，加重了對民眾的盤剝和搜刮，所以武帝之後適當減少國有經濟成分、降低其在國民經濟中的比重是需要的。然而如果對國有經濟完全取消或取消過多也行不通，漢元帝時一度罷鹽鐵官，後因「用度不足」，又恢復「鹽鐵官」，就說明了這一點。因此，武帝以後在整個中國封建社會中，國有經濟在社會經濟中所占比重雖時大時小，然而始終是社會中不可缺少的一種重要的經濟成分。這個事實說明，漢武帝擴大封建國有經濟成分的措施對後世有重大影響，同時也說明在中國封建社會中出現多種經濟成分是客觀需要所決定的，不是某個人的主觀意志所能左右的。總的看來，多種經濟成分並存對經濟發展有利。

其五，漢武帝的統一「為現代中國的廣大疆域奠定了初步的基礎」。「在北方擊敗了強敵匈奴，在西方取得了三十六屬國，在西南恢復莊蹻滇國的舊業，在南方消滅了南越趙氏的割據。」[27]值得注意的是，在平定南越後，漢武帝在海南島設立珠崖、儋耳兩郡，在今越南境內設立了交趾郡（今越南北部）、九真郡（今越南中部）、日南郡（今越南南部的部分地區）。從秦朝開始中國設置的南海郡的郡治在今廣州市，漢武帝平定南越後，南海郡的郡治依舊設在今廣州。南海郡不僅管轄著沿海陸地，也管轄南中國海的島礁。「一九七五年在廣州發掘一處秦漢之際的造船工廠，……

26《漢書》卷二十四，〈食貨志〉

27 范文瀾，《中國通史簡編・第二編》（人民出版社，一九五八年），八〇頁。

可以造長約三十公尺、寬約八公尺、載重量可達六十噸的大木船」。[28]當時可經海路從廣東、廣西到達海南島等沿海地區和南海一些島嶼。

其六，實行「一國兩制」。漢武帝有宏大理想，他想著要「德潤四海，澤臻（至）草木」，「德澤洋溢，施乎方外，延及群生」。這也就是說，他想施德政，使恩澤洋溢流於四方，延及草木與群生。既然如此，他自然要使自己的恩澤達到周邊的少數民族地區，這除了表現在儘量用招徠的辦法讓四夷臣服、優待歸降，如匈奴渾邪王及其下屬等之外，實行一國兩制也是一個重要的原因。漢武帝平定南越、西南夷、羌人之後，採取「以其故俗治」的方針，他對匈奴渾邪王降漢的部眾也採取了「因其故俗為屬國」的方針，對西域各國也是如此。如烏孫老的昆莫（國君）子、孫為昆莫，要妻其後母、後祖母。為此，細君公主曾上書請示，武帝指示令「從其國俗，欲與烏孫共滅胡」，既然為達到與烏孫共滅匈奴的目的，連漢人看來是亂倫的習俗都可服從，其他與漢朝不同的習俗、制度自然也都可以共處了；宣帝時果然漢與烏孫聯軍大破匈奴。這些事實說明漢武帝實行一國兩制，在漢朝統一中國的過程中確實起了重要作用。這一點不管人們是否認識到，對中國後世的影響都是無法忽視的。

第三節　武帝成就事業的深層原因

歷史的蘊積

「人們自己創造自己的歷史，但是他們並不是隨心所欲地創造，並不是在他們自己選定的條件下創造，而是在直接碰到的、既定的、從過去承繼下來的條件下創造。」[29] 漢武帝一生事業的成就正是中國此前世代歷史發展所造成的條件的合乎邏輯的產物。

中國在西周中後期出現了人工制鐵，春秋中後期出現了鑄鐵。戰國初期出現了生鐵柔化技術，和用鐵加熱滲碳而製成鋼的技術，這使中國的冶鐵技術大大領先於世界各地。鐵器的廣泛使用不僅促進了水利興修與農業勞動生產率的提高，而且使木工、竹工、石工、土工等的效率不斷提高，並使大規模的建築工程得以順利完成。以木工為例，在廣州這樣的偏遠地區，可製造長約三十公尺、寬約八公尺、載重量可達六十噸的大木船，《三輔黃圖》載昆明池中有「可載萬人」的大船，造船業的進步大大促進了水上交通的發展。以石工為例，西漢中期以前出現了「穀物加工用的轉盤式雙扇石磨盤」，大大提高了糧食加工的效率。由於農業、手工業迅速發展，人口增加，據估計戰國時七國人口共二千萬左右，西漢末人口近六千萬。漢武帝全盛時期估計人口當在四千萬左右，其末年「天下虛耗，戶口減半」，國家控制的人口當在兩千萬左右。

28　廣州市文物管理處，〈廣州秦漢造船工廠遺址試掘〉，《文物》一九七七年四期。
29　馬克思，〈路易．波拿巴的霧月十八日〉，《馬克思恩格斯選集．第一卷》（人民出版社，一九七二年），六〇三頁。

西漢前期有一些手工業製品舉世無匹，其一為兵器，「鐵制的長劍在西漢前就完全取代了戰國以來的青銅短劍」。戰國時的青銅劍，長度不到半公尺，漢代鐵劍往往長達一公尺左右；漢代的鐵戟、鐵矛，僅戟頭、矛頭就近半公尺，加上木柄，全長可達二公尺半以上。[30] 其他如箭鏃、鐵甲等均比以前大有進步。從西漢初年開始，漢朝先後禁止鐵器輸入南越、匈奴，其主要目的之一就是怕先進的兵器傳入那裡。其二為蠶絲製品，蠶絲是中國傳統的優勢項目，漢代繅絲、織造技術有了新的進步，出現了在世人眼中堪稱精妙絕倫的高品質絲織品，絲織品的數量大為增加，《史記·平準書》載漢武帝元封年間，一年之間「均輸帛五百萬匹」就說明了這一點。這些絲織品不僅用於交換，而且用作賞賜和饋贈的禮品。其三是漆器，漆器也是中國傳統的手工藝品，到了漢代成了製作精巧、色彩鮮豔、花紋優美、精緻耐用的生活用品和收藏品，為中原地區和偏遠地區統治階級所喜愛。總之，經過世代的發展，到了漢代，中國成為有先進的冶鐵技術、鐵器，且擁有當時世界上發達的農業、手工業生產，是個富裕、先進、令人羨慕和嚮往的經濟強國。

隨著鐵器的使用與生產力的提高，春秋戰國時以齊國的「相地而衰征」；晉國「作爰（轅）田」；魯國「初稅畝」、「用田賦」；秦國「廢井田」、「制轅田」為代表發生了土地、賦稅制度的變化。這次土地、賦稅制度變化的實質是庶民「共耕公田」與村社「三年一換土易居」定期輪換耕地的制度遭到了破壞，廣泛出現了向國家納稅服役、有一定程度自主經營權、一家一戶就是一個生產單位的個體農民，這種個體農民就是後來兩千多年中國封建專制制度的經濟基礎。秦漢時期的土地所有權具有兩重性：一方面國家對全國的土地具有最高的所有權、壟斷權、支配權，不僅戰國時的受田制和漢代的假民公田、徙民屯田可以說明這一點，漢代為加強中央集權遷徙東方六國的強族豪傑、高資富人的措施也可說明這一點。另一方面國家又在有一定條件下允許地主土地私有權的存在與發展，「名田制」（以名占田）的出現和允許土地買賣就說明這一點。

在上述土地所有制兩重性的制約下，農民被分為兩部分：一部分是國家控制的自耕農，另一部分是地主的和封建國家的佃農。這兩部分農民都有一定程度的自主經營權。在上述所有制和階級結構下，封建國家可以在發揮地主私有制和農民自主經營積極性的前提下加強賦役的徵收及對全國的調控，能集中全國力量辦大事。這是秦漢封建國家經濟體制強大的根源。

周朝實行分封制，天子王畿小，春秋戰國時出現了郡縣制。秦始皇總結了春秋戰國諸侯國攻戰不休的教訓，為求天下「寧息」，所以廢分封、立郡縣。漢初迫於形勢，先分封異姓王，後又消滅異姓王；同時為翦除分裂割據勢力的社會基礎，又徙關東六國強族豪傑於關中地區。然而，漢初又總結秦朝速亡的歷史教訓、「懲戒亡秦孤立之敗」，[31]認為分封制在鞏固一家一姓王朝的統治方面是有作用的，所以在消滅異姓王之後，又分封同姓王，採分封、郡縣兩種制度而兼用。這樣又造成了同姓諸侯王與漢中央政權的鬥爭，後經文景時鎮壓濟北王與吳楚七國的叛亂，漢中央政權才鞏固了起來。漢武帝繼續鎮壓諸侯王的叛亂、徙關東高資富人於關中、打擊豪強，同時又改革選官制度、設立中朝改革丞相制度、強化監察制度等等，來加強中央集權。這些就是漢武帝能成就其事業的政治體制方面的原因和保證。

中國經夏商周三代的發展，形成了一套禮儀制度和行為道德倫理規範，在儒家典籍上都有記載和總結，這既是統治階級維護統治的需要，也是人類社會文明向前發展的一種表現。春秋戰國

30 王仲殊，《漢代考古學概說》（中華書局，一九八四年），六五頁。

31 《漢書》卷十四，〈諸侯王表〉。

出現的諸子百家學說，有時表面看起來互相矛盾的主張，實際上又都是可以互補的。漢初總結吸取秦始皇「燔詩書百家語」的教訓，以道家「無為而治」為指導，各家共進，使經濟迅速發展。漢武帝尊儒術、重法治，悉延百端之學，取各家之長以治國，辦法多，套路廣，獲得了前所未有的成功。這是漢武帝的事業取得成功的文化、思想上的原因和保證。

從以上情況不難看出，到了漢代，中國在經濟、科技、政治、文化諸方面的綜合國力已居於世界領先地位。在周邊少數民族看來，漢朝不僅是個富庶的經濟大國，而且是個具有高度文明的禮儀之邦，這些情況就為國家的大統一、為漢武帝成就其事業創造了必要的條件。漢武帝要完成的事業，賈誼在〈治安策〉中幾乎都一一列述了，無怪乎現在有的學者說漢武帝是賈誼主張的實踐者了。賈誼在〈過秦論〉中說秦王政「續六世之餘烈，振長策而御宇內，吞二周而亡諸侯，履至尊而制六合，執棰（槌）拊以鞭笞天下，威振四海」，而統一六國、南取百越，並從匈奴佔領下取河南地而置新秦中郡的。如果說秦王政是繼續秦孝公、惠文王、武王、昭王、孝文王、莊襄王六代的事業而完成其事業的，那麼漢武帝的事業則是繼承周、秦和漢初高惠文景諸帝世代成就的業績基礎上，經武帝時代的努力而最後完成其事業的，這也就是說漢武帝所成就的事業是長期歷史發展在各個方面蘊涵、積累的產物。因此，可以說漢武帝成就的事業有著深刻的歷史根源，不能簡單地歸結於哪一代人或哪一個人奮鬥的結果。

愛好、思維、性格特點的作用

漢武帝有大治天下的宏偉理想，然而理想能否實現及實現程度卻決定於當時所具備的主客觀條件，可能性並不一定必然變為現實性。從漢武帝一生的業績來看，其愛好、思維與性格特點對其事業有重要影響。這一點從下述諸方面可以看出：

其一，《漢武故事》說漢武帝長得「長大」，是個大個子，身材魁梧、結實，青年時代的一個愛好就是喜歡打獵。《漢書．東方朔傳》載建元三年武帝十八歲左右時常去長安南山「入山下馳射鹿豕狐兔，手格熊羆（棕熊）」。《漢書．司馬相如傳》載因「是時天子方好自擊熊豕，馳逐野獸」，所以司馬相如上諫詞曰：

今陛下好陵阻險，射猛獸，卒然遇逸（異）材之獸，駭（驚擾）不存之地……與不及還轅，人不暇施巧，雖有烏獲（秦武王時力士）、逢蒙（善射者）之技不能用，枯木朽株盡為難矣。

這一諫詞說，現在皇帝愛好經過險阻地段，追射猛獸，如突然遇上奇特的猛獸及令人驚異的不安全的地段，……車子來不及轉轅掉頭，人來不及施展自己的技能，雖有秦武王時大力士烏獲的勇力、逢蒙善射之技能也不能用，雖有如同枯木朽株一樣眾多的人也難有好的救護辦法，這不太危險了嗎？這說明武帝在狩獵活動中常表現出不畏艱難險阻的勇敢大無畏的精神。此外，武帝也愛好遊山玩水與智力遊戲，如「射覆」之類等等，這些活動對健康有益。從歷史上看，漢武帝比高帝、文、景三帝的壽命都長，做皇帝的時間也長。高帝六十二歲去世，稱帝十二年；文帝四十七歲去世，稱帝二十三年；景帝四十八歲去世，稱帝十五年；武帝七十歲去世，稱帝五十四年。從上述數位可以看出，高帝、文帝、景帝這三位漢初著名的皇帝共稱帝五十年，而武帝一人卻稱帝五十四年，比他曾祖父、祖父、父親三位皇帝稱帝的總和時間還長。因此武帝成就的功業大，與他身體健康的體質條件及與此相聯繫不怕困難的精神都是有關係的，換一個體弱多病的皇帝是成就不了他所成就的英雄偉業的。

其二，漢武帝對國家、對漢朝的江山有著高度的責任心。如欒大是武帝女兒衛長公主的丈夫，欒大的詐騙行為被發現後，武帝誅殺欒大與薦欒大的樂成侯丁義。王船山評論說：「懲一人而天下誡，國家之福也。」[32] 這充分說明，武帝不因自己女兒已嫁欒大而赦免他，並把舉薦欒大的丁義也一同處死，制止了以後再有人舉薦欒大這類人進行詐騙。再如，武帝在處理其妹之子昭平君的案子時「垂涕歎息良久」說「法令者，先帝之所造也，用（因）弟（女弟）故而誣先帝之法，吾何面目入高廟乎！又下負萬民」，為此東方朔稱讚他如古代聖王「賞不避仇仇，誅不擇骨肉」。[33] 再如武帝在晚年悔過，下〈輪臺詔〉，轉變政策，改弦更張，指出「當今之務，在於力農」，後人做詩稱讚說：「親承文景升平業，開闢唐虞未有天。到底英雄晚能悔，輪臺一詔是神仙。」[34] 這首詩把輪臺詔視為神仙之舉，而一般的皇帝是做不到的，只有武帝這樣以社稷為重的大智大勇的皇帝才能做到。武帝為漢朝江山著想，有時也作出「暴」的事來，如立鉤弋夫人之子劉弗陵為太子，卻賜鉤弋夫人死，實際是考慮「主少、母壯」，為阻止再出現呂后專權之事而採取的預防措施；司馬光評論此事說，武帝「鑒於諸呂，先誅其母，以絕禍源，其於重天下、謀子孫深遠矣」。[35] 上述事實說明，武帝對國家、社稷有高度責任心，這是他能成就其事業的一個十分重要的原因，也是他成就其事業的一個先決條件。

其三，漢武帝善於用人，對臣下嚴格要求，不養懶漢，不養不認真幹事的人，要求他們全身心地投入其事業，完成其任務，否則決不寬貸。漢武帝是位尊儒重法的皇帝，不僅選拔人才、加以任用，具有很強的人情味，但同時要求嚴、急，鐵面無私。對他「性嚴急」，用法深刻，殺戮多的一面，汲黯曾與他進行辯論，《漢武故事》對此有生動的記載，內云：

上喜接士大夫，拔奇取異，不問僕隸，故能得天下奇士，然性嚴急，不貸小過，刑殺法令，殊為峻刻。汲黯每諫上曰：「陛下愛才樂士，求之無倦，比得一人，勞心苦神，未盡其用，輒已殺之，以有限之士，資無已之誅。臣恐天下賢才將盡於陛下，欲誰與為治乎？」黯言之甚怒。上笑而喻之曰：「夫才當世出，何時無才，且所謂才者，猶可用之器也，才不應務，是器不中用也，不能盡才以處事，與無才同也，不殺何施！」黯曰：「臣雖不能以言屈陛下，而心猶以為非，願陛下自今改之，無以臣愚為不知理也。」上顧謂群臣曰：黯……自言其愚，豈非然乎。

這一記載袒露了武帝的人才觀。汲黯說他「愛才樂士，求之無倦」，得到以後，「未盡其用，輒已殺之，以有限之士，資無已之誅」，如果這樣下去，人才殺盡了，將來誰和陛下一塊治理天下呢？武帝笑著對他說：人才「猶可用之器」，如人才不能適應任務的需要，如同「器不中用」一樣，「不殺何施？」況且「何時無才？」言外之意是說，不愁找不到人才，這說明了武帝對官員的要求是很嚴的。如果他們不能忠心不二地完成所擔負的任務，他們將受到嚴厲懲罰，馬邑之謀王恢就因不能主動出擊敵人而被處死。武帝不僅在戰爭中對將領實行重獎重罰，對國家行政官員要求嚴格。這種高標準、嚴要求雖有殺人過多的弊病，但保證了政令、軍令暢通，雷厲風行，言必行，

32 王船山，《讀通鑒論》卷三，〈武帝〉。
33 《漢書》卷六十五，〈東方朔傳〉。
34 袁枚，《隨園詩話》卷三，〈三〇齊侍郎〉。
35 司馬光，《溫國文正公集》卷七十三。

行必果。督促各級官員、將領振奮精神，去完成自己所肩負的任務，試想國家任用大量官員、軍事將領不就是為了讓他們把國家的事情辦好嗎？如果他們不幹事情，不完成任務，國家還有什麼希望？他們為什麼不應受懲處？從這種意義上說，武帝對臣下的高標準、嚴要求正是他能完成其英雄偉業的一個重要原因。武帝時期有許多情況是很特殊的，如與匈奴長期處在戰爭狀態，一次戰爭分兵幾路，各路軍隊定期在什麼地點匯合，輜重糧草如何攜帶運送等等，必須嚴格要求，一著不慎，全盤皆輸等等，在這種情況下必須嚴格要求。因此，汲黯對武帝的批評雖然有一定道理，但並不完全正確。從總體上看，武帝的意見倒是正確的。

其四，武帝個人的聰明才智在其事業成功中的作用。漢武帝是中國傳統文化和文景時期孕育出來的歷史人物，從小受過很好的教育，博覽諸子群書，有很高的智慧，思路縝密。這從對匈奴戰爭中可以看出：從元朔年間幾次對匈奴戰爭看，主要都是為收復長安北邊的河南地、置朔方郡。幾次戰役下來，穩固了這一地區控制，取得了勝利。而後在元狩二年春、夏兩次派霍去病統大軍大敗匈奴，取河西地。這兩個時期的戰爭，使漢朝控制了河南、河西兩塊戰略要地，遂使匈奴對關中地區的威脅得以解除。同時，這兩個時期的戰爭還大量殲滅了匈奴的有生力量，並使渾邪王率眾四萬歸服漢朝，在這個基礎上，元狩四年武帝派衛青、霍去病率大軍進行漠北會戰，尋殲匈奴單于主力，並取得勝利。匈奴問題是漢武帝所要解決的主要問題，打敗匈奴，其他問題就迎刃而解。在這一過程中，武帝充分顯示了他大政治家、大軍事家、戰略家的素質與才幹。

武帝才幹自然是在學習、實踐中成長起來的，然而與天賦聰明也有關係。朱熹曾說，武帝「天資高，足以有為，……末年天下虛耗，其去亡秦無幾。然他自追悔，亦其天資高也。」[36] 又云：武帝「天資高，志向大，足以有為」，「輪臺之悔，亦是天資高，亦如此」。[37] 這些話有一定道理。

不過應當指出，歷史上一些天資高的人，因無機遇，並沒有成就什麼像樣的事業，漢武帝是在特定歷史條件、文化教育氛圍，特定地位出現於歷史舞臺上的。在這種情況下，天資高低對其成就事業自然影響很大，如果當時在位的皇帝是位如漢惠帝劉盈那樣「仁弱」的人，是絕對成就不了漢武帝所成就的事業的。這個事實說明，是否「天資高」、是否聰明，在特定條件下，對其成就的事業會有重大影響。正如武帝成就的英雄偉業既有歷史提供的現成條件，也有他個人的貢獻一樣，他的失誤同樣也是如此，在巫蠱之禍中他的嚴重失誤就是明顯的一例。

漢武帝時代離我們今天已經很遙遠了。雖然如此，漢武帝在繼承發展中國傳統文化、統一中國、發展生產、科技等方面所建樹的豐功偉績將永遠照耀在中國歷史上。漢武帝開拓、進取的創新精神，勇於悔過的改革精神，善於總結歷史經驗辯證處理繼承、發展關係的精神，勇於吸收外來優秀文化的精神，以及那時中國各族人民驚天動地的英勇奮鬥精神，將永遠啟迪、激勵著後人奮進。漢武帝時代，中國邁向世界強國所積累的經驗教訓，今天仍然有可資借鑒之處，從這個意義上說，漢武帝時代在中國歷史上是永垂不朽的。

36 朱熹，《朱子語類》卷八十四。

37 朱熹，《朱子語類》卷一百三十五。

後記

本書從開始動筆到完成初稿，斷斷續續用了三年時間。在編輯過程中，張昭軍同志提出了寶貴的意見，而後經修改付梓的。他的辛勤勞動，提高了本書的品質，在此特向他表示誠摯的謝意。

本書在寫作過程中，得到了黃今言先生的支持與鼓勵。今言先生是江西師範大學歷史系經濟史研究所所長、秦漢史學會副會長。我們曾就本書的一些問題坦誠地交換了意見，本書寫漢武帝對少數民族採取了「一國兩制」的辦法，就採納了他的意見。在此，我向他表示深深的謝意，祝願他多做貢獻。

我在上大學、當研究生時的三位老師，梁方仲教授、成慶華教授、湯明教授已經離開了人世。我深深地懷念三位老師，他們的成就、精神、對學生負責的態度，都深深感動著我。三位先生與我的師生之情，鼓舞著我前進！在此，我向三位先生表示深切的哀悼。

天悠悠，地悠悠，人悠悠，事悠悠，不廢江河萬古流。要安定，要科學，要民主，要文明，祝願中國向著振興、富強急馳騁。

楊生民　一九九九年七月於首都師範大學歷史系

國家圖書館出版品預行編目 (CIP) 資料

漢武帝傳 / 楊生民著 . -- 二版 . -- 新北市 : 臺灣商務印書館股份有限公司 , 2021.08
528 面 ; 17 ╳ 22 公分 . -- (歷史・中國史)

ISBN 978-957-05-3337-8（精裝）

1. 漢武帝 2. 傳記

622.1 110009389

歷史・中國史

漢武帝傳

作　　者——楊生民
發 行 人——王春申
選書顧問——林桶法、陳建守
總 編 輯——張曉蕊
責任編輯——何宜儀
封面設計——李東記
內頁排版——薛美惠

營業組長——何思頓
行銷組長——張家舜
影音組長——謝宜華

出版發行——臺灣商務印書館股份有限公司
23141 新北市新店區民權路 108-3 號 5 樓（同門市地址）
電話：（02）8667-3712　傳真：（02）8667-3709
讀者服務專線：0800056196
郵撥：0000165-1
E-mail：ecptw@cptw.com.tw
網路書店網址：www.cptw.com.tw
Facebook：facebook.com.tw/ecptw

本書由人民出版社授權臺灣商務印書館股份有限公司出版發行，
限定中國大陸以外地區銷售。

局版北市業字第 993 號
初　　版——2005 年 5 月
二版一刷——2021 年 8 月

印 刷 廠——沈氏藝術印刷股份有限公司
定　　價——新臺幣 630 元

法律顧問——何一芃律師事務所